Albrecht Ritschl · Deutschlands Krise und Konjunktur 1924–1934

Jahrbuch für Wirtschaftsgeschichte BEIHEFT 2

Im Auftrag der Herausgeber
des Jahrbuchs für Wirtschaftsgeschichte
herausgegeben von Reinhard Spree

Albrecht Ritschl

Deutschlands Krise und Konjunktur 1924–1934

Binnenkonjunktur, Auslandsverschuldung und Reparationsproblem zwischen Dawes-Plan und Transfersperre

Akademie Verlag

Die Deutsche Bibliothek – CIP-Einheitsaufnahme

Ein Titeldatensatz für diese Publikation ist bei
Der Deutschen Bibliothek erhältlich.

ISBN 3-05-003650-8

Das eingesetzte Papier ist alterungsbeständig nach DIN/ISO 9706.

Einbandgestaltung: Ingo Ostermaier, Berlin
Druck und Bindung: Druckhaus „Thomas Müntzer“, Bad Langensalza

Gedruckt in Deutschland

INHALT

Danksagung

Das vorliegende Buch ist die überarbeitete Fassung einer Habilitationsschrift, entstanden als Ergebnis langjähriger Förderung durch Knut Borchardt und angenommen von der volkswirtschaftlichen Fakultät der Universität München im Jahr 1998.

Finanzielle Unterstützung erfuhren die Arbeiten an diesem Buch besonders von der Deutschen Forschungsgemeinschaft, zunächst aus den Fördermitteln des an Knut Borchardt verliehenen Leibnizpreises, später im Rahmen eines Habilitationsstipendiums. Forschungsaufenthalte an der International Finance Section der Princeton University sowie am IGIER der Università Bocconi in Mailand haben diese Untersuchung wesentlich beeinflußt. Während meiner Zeit an der Universitat Pompeu Fabra in Barcelona, wo der Hauptteil des Manuskripts entstand, wurde das Projekt durch das DGICYT-Programm des spanischen Erziehungsministeriums gefördert. Reinhard Spree gilt mein herzlicher Dank für die Aufnahme dieses Bandes in die vorliegende Reihe sowie für seine Geduld angesichts meiner Terminüberschreitungen.

Für Kommentare und Kritik zu Vorträgen und Manuskripten aus dem Themenkreis dieses Buchs danke ich neben vielen anderen Brian A'Hearn, Theo Balderston, Helge Berger, Steve Broadberry, Christoph Buchheim, Barry Eichengreen, Gerald Feldman, Marc Flandreau, Tim Hatton, Paul Hohenberg, Carl-Ludwig Holtfrerich, Harold James, John Komlos, Pierre Sicsic, Mark Spoerer, Reinhard Spree, Peter Temin, François Velde und Eugene White. Hans-Joachim Voth hat die Umarbeitung des Manuskripts mit zahlreichen Anregungen und wertvoller Kritik begleitet. Hinweise zur Datenbasis dieser Arbeit kamen von vielen Seiten, besonders von Rainer Fremdling und Bart van Ark. Andreas Hornstein hat den Datenanhang minutiös durchgesehen und mit seinen kritischen Rückfragen Anlaß zu umfangreichen Revisionen gegeben.

Meine studentischen Mitarbeiter haben mit großem Einsatz die Herstellung der vorliegenden Endfassung ermöglicht. Manuel Hiestand hat in mehrmonatiger Kleinarbeit Fehler in der Datenbasis beseitigt. Mattia Wegmann und Loretta Seglias haben die Bibliographie überarbeitet und das Manuskript korrekturgelesen. Ihnen allen gilt mein besonderer Dank.

Inhaltlich hat diese Arbeit in unverdientem Maß von den Anregungen eines Außenseiters in dieser Debatte profitiert, des viel zu früh verstorbenen Adam Klug. Seine Untersuchungen zur beginnenden deutschen Schuldenkrise der Jahre 1931/2 haben als erste die deutschen Auslandsschulden unter dem Gesichtswinkel der damals neuen Theorie der souveränen Verschuldung betrachtet. Wenn ich auch seine Schlußfolgerungen nicht ganz teile und am Ende von anderen Fragestellungen ausgehend zu anderen Ergebnissen komme, so hat seine Vorgehensweise womöglich doch den Schlüssel zum Verständnis der Zwangslagen und Handlungsspielräume in der deutschen Wirtschaftskrise der frühen dreißiger Jahre geliefert.

Zürich, am 8.September 2001

1. EINFÜHRUNG

1.1. Zur Themenstellung

Im Jahre 1931 brachte der Münchener "Simplicissimus", damals schon über seinem Zenit, doch immer noch gefürchtet, eine Karikatur des gewesenen Reichsbankpräsidenten Hjalmar Schacht. Sie zeigt in zwei Bildern Schacht in dem für ihn typischen, seinerzeit längst veralteten Vatermörder, wie ihm ein Journalist gegenübertritt mit der Frage:

„Herr Schacht, was würden Sie tun, wenn Sie Wirtschaftsdiktator wären?"
- „Keinen Pfennig Reparationen mehr bezahlen!"
- „Und wenn sich daraus nun Schwierigkeiten ergeben?"
- „Dann ziehe ich mich in meinen Stehkragen zurück."

Und so zeigt es das zweite Bild: Schachts Kopf verschwindet zur Hälfte im Stehkragen, nur sein altmodischer Kneifer bleibt außen in grotesker Weise hängen. Die ganze Szenerie vermittelt einen lächerlichen, fast rührenden Eindruck - man möchte meinen, die Hilflosigkeit der Zeitgenossen gegenüber den wirtschaftlichen Schwierigkeiten der Weimarer Republik ließe sich nicht besser dokumentieren.

Jene Hilflosigkeit und die Untersuchung ihrer möglichen ökonomischen Ursachen bilden den Gegenstand dieses Buches. Wie konnte es kommen, daß nach der vielversprechenden Stabilisierung der Mark 1923/24 und dem anschließenden Aufschwung eine Krise so ungekannten Ausmaßes hereinbrach? Die Erholung von der großen Inflation hatte ja verheißungsvoll begonnen. Unter dem Dawes-Plan von 1924 wurden die deutschen Reparationen zunächst herabgesetzt und ihr anschließender Anstieg von der allgemeinen Wirtschaftsentwicklung abhängig gemacht. Die Reichsbank war schon während der Hyperinflation von der Regierung unabhängig geworden. Unter ihrem neuen, energischen Präsidenten Schacht erwarb sie sich rasch wieder den Ruf einer seriösen, streng nach den orthodoxen Grundsätzen des Goldstandards wirtschaftenden Institution. Angelockt von der so offensichtlich gelungenen Stabilisierung Deutschlands, kam in großem Umfang Auslandskapital herein. Deutsche Anleihen fanden im Ausland reißenden Absatz, und amerikanische Investoren strömten scharenweise ins Land, um nach gewinnbringenden Investitionsmöglichkeiten Ausschau zu halten. Es waren jene Jahre vor dem Beginn der Großen Krise, in denen Firmen wie General Motors, Ford und General Electric in großem Stil Werke und Beteiligungen auf dem deutschen Markt aufbauten. Deutschland schickte sich an, in rascher Folge alle Errungenschaften des American way of life zu übernehmen: Massenmotorisierung, die Verbreitung elektrischer Haushaltsgeräte und der Siegeszug des Radios waren nur noch eine Frage der Zeit. So wenigstens hatte es den Anschein.

Und doch kam alles anders, und dies in dramatischer Weise. Schon vor dem Ausbruch der eigentlichen Krise im Jahr 1929 schien der öffentliche Sektor erneut in Schuldenprobleme verstrickt. Binnen zweier Jahre brach das Sozialprodukt um über ein Viertel ein. Im Sommer 1931 wurde das Land von einer schweren Bankenkrise heimgesucht, und nur ein Moratorium auf die deutschen Reparationszahlungen, ausgerufen von US-Präsident Herbert Hoover, verhinderte in letzter Sekunde einen Zusammenbruch der deutschen Währung und das erneute Abgleiten in einen unkontrollierten Inflationsprozeß. Binnen eines weiteren Jahres stand Deutschland am Rande des Bürgerkriegs bei nochmals verschärfter Massenarbeitslosigkeit. Mit der Entlassung des Reichskanzlers Brüning im Mai 1932 und dem anschließenden „Preußenschlag", einem kalten Staatsstreich zur Gleichschaltung Preußens mit dem Reich, entledigte sich die reaktionäre Elite des alten Preußens der verhaßten Weimarer Demokratie – oder dessen, was davon noch übrig war. Der Sommer und Herbst 1932 sahen Massenagitation, Straßenterror und zwei aufeinanderfolgende Reichstagswahlen, die eine demokratiefeindliche Verhinderungsmehrheit von Kommunisten und Nationalsozialisten hervorbrachten. Ein weiteres halbes Jahr verging, und der Nationalsozialismus war an der Macht. Was war geschehen? Welche Faktoren verbanden sich zu dieser Katastrophe? Wäre sie zu verhindern gewesen? Hätte die unglückliche Weimarer Republik ein besseres Schicksal nehmen können? Oder mußte sie scheitern, blind einem unentrinnbaren Verhängnis entgegentaumelnd, zwischen Hybris und Vorahnung gefangen wie der verblendete Held in der griechischen Tragödie?

Der Sprachgebrauch und eine in den fünfziger Jahren gängige Forschungsmeinung haben die verschiedenen Elemente dieser Fragestellung oftmals getrennt voneinander sehen wollen. Und so gibt es die Rede von den Goldenen Zwanzigern, dem Schwarzen Freitag, und zuletzt der Weltwirtschaftskrise. So betrachtet, würde sich die Zwischenkriegszeit vor Hitler beinahe als eine Abfolge unverbundener Ereignisse darstellen, die gleichsam als Naturschicksal von außen über Deutschland hereinbrachen – ganz so, als gäbe es keine eigene Verantwortung, keine Fehlentscheidungen, keine eigene Schuld und kein strukturelles Versagen. Allenfalls läßt ein solches Weltbild Raum für sinistre Verschwörungen in den Hinterzimmern der Macht, für die anonymen Kräfte eines internationalen Finanzkapitals, und eben die Reparationen.

Diese Sichtweise ist schon bei oberflächlicher empirischer Betrachtung nicht ohne Probleme: In Deutschland zumindest waren die Goldenen Zwanziger durchaus nicht nur Jahre der Blüte, der Schwarze Freitag traf die Börse in Berlin bereits am 13. Mai 1927 (der New Yorker Black Thursday vom 24. Oktober 1929, in Deutschland noch heute oft mit dem Schwarzen Freitag verwechselt, ereignete sich erst zweieinhalb Jahre später), die Reparationszahlungen waren vor 1930 höher als danach, und ob die Weltwirtschaftskrise tatsächlich ein gleichförmiges, globales Phänomen war oder vielmehr ein durchaus punktuelles Ereignis, das die Volkswirtschaften Europas und Amerikas in ganz unterschiedlicher Weise heimsuchte, wäre erst noch zu prüfen.

Offensichtlich reicht aber die Dimension der deutschen Krise auch in die dreißiger Jahre hinein. Anders als viele Industrieländer erlebte Deutschland in den dreißiger Jahren einen fulminanten wirtschaftlichen Wiederaufstieg. Schacht, 1930 im Protest gegen den Young-Plan zur Neuregelung der Reparationen vom Präsidium der Reichsbank zurückgetreten, wurde 1933 von Hitler erneut in sein Amt eingesetzt. Ein Jahr später übergab man ihm zusätzlich die kommissarische Leitung des Reichswirtschaftsministeriums. Und so gelangte Schacht in der Tat für mehrere Jahre in die Stellung eines Wirtschaftsdiktators. An die Stelle des hilflosen Rückzugs in den Stehkragen, wie ihn die Karikatur von 1931 beschreibt, trat ein ausgefeiltes System von Kapitalverkehrskontrollen und gespaltenen Wechselkursen. Sie halfen, den Transfer von Zinsen auf Deutschlands Auslandsschulden wirksam zu unterbinden und eine heimische Kreditexpansion unerhörten Ausmaßes in Gang zu setzen.

Die unmittelbare zeitliche Abfolge zweier ganz entgegengesetzter konjunkturpolitischer Regimes – vor 1933 der resignierten Anpassung an die Krise, gar noch ihrer Verschlimmerung, danach des scheinbar überaus erfolgreichen Gegensteuerns – hat zu allen Zeiten Unwerturteile über die Wirtschaftspolitik in den Jahren vor Hitler hervorgerufen. Stichworte wie Reparationen, Goldstandard und Deflationspolitik werden in den Kontext einer zwar möglichen, jedoch aus Unkenntnis oder gar mit Absicht unterlassenen aktiven Konjunkturpolitik gebracht[1]. In dieser Sichtweise ist die Schärfe des deutschen Kriseneinbruchs nach 1929, die Desintegration der parlamentarischen Ordnung und zuletzt eben der Weg in die nationalsozialistische Vernichtungsherrschaft eine direkte Folge vermeidbarer Fehler der Wirtschaftspolitik gewesen, die darum wenigstens indirekt für die Schrecken des Nationalsozialismus in der Verantwortung steht.

Diese traditionelle Interpretation ist in jüngerer Zeit Gegenstand einer von Knut Borchardt vorgetragenen kritischen Revision gewesen[2]. Borchardt lenkte den Blick auf mögliche Belastungen der deutschen Volkswirtschaft, die schon in den zwanziger Jahren bestanden und während der Weltwirtschaftskrise den Spielraum für eine expansive Konjunkturpolitik einengten. Dann liegt der Grund für den dramatischen Verlauf der Krise vielleicht weniger in konjunkturpolitischen Fehlern während der Krisenjahre selbst als vielmehr in wirtschaftspolitischen Fehlentwicklungen während der Jahre zuvor. Die revisionistische Argumentation läßt sich thesenhaft wie folgt zuspitzen[3]:

---

[1] So bereits Haberler (1937). Einflußreich in diesem Sinne wurden die Darstellungen von Krisenverlauf und -politik durch vormals am politischen Prozeß im Kreise der frühkeynesianischen Reformer Beteiligte, so Dräger (1934), Grotkopp (1954) sowie besonders Lautenbach (1952) und Kroll (1958). Hilfreich zum Überblick sind Garvy (1975) sowie die Dokumentation des deutschen Frühkeynesianismus bei Bombach (1976)

[2] Borchardt (1979), Borchardt (1980a).

[3] So in Borchardt (1990b).

- *Borchardt-These I* (These von der kranken Wirtschaft der zwanziger Jahre): Verteilungskonflikte und untaugliche Versuche ihrer Lösung, insbesondere übermäßige Lohnsteigerungen während der zwanziger Jahre, bildeten eine besonders ungünstige Ausgangslage für die deutsche Volkswirtschaft in der Weltwirtschaftskrise.

- *Borchardt-These II* (Zwangslagenthese): Während der Weltwirtschaftskrise war die öffentliche Hand wegen der vorgenannten Belastungen vom Zugang zu Krediten abgeschnitten; die Deflations- und Budgetausgleichspolitik Brünings war somit das Ergebnis einer Zwangslage und nicht einer bewußt gewollten Konjunkturpolitik.

Damit würde sich der Schwerpunkt der Fragestellung von der Weltwirtschaftskrise in die zwanziger Jahre zurückverlagern. Die ausgedehnte Diskussion um Borchardts Thesen[4] konzentrierte sich allerdings zunächst auf die Frage, ob Zwangslagen der Konjunkturpolitik tatsächlich vorlagen, oder ob es nicht doch dieses oder jenes Schlupfloch gab, das eine expansive Konjunkturpolitik ermöglicht hätte.

Zugleich weist aber die Problematik auch vorwärts in die dreißiger Jahre. Ein oft vorgebrachter Einwand lautet: Wenn es möglich war, nur ein Jahr nach Brünings Rücktritt eine dramatische Wende hin zu expansiver Geld- und Fiskalpolitik einzuleiten, warum stand dasselbe Instrumentarium nicht schon früher zur Verfügung? Daß eine expansivere Politik schon während der Krise möglich gewesen wäre, war für die ältere Interpretation der Krise in Deutschland selbstverständlich, ebenso wie für die Kritik an Borchardts Zwangslagenthese. Zu untersuchen ist daher die Frage, ob es zwischen der deutschen Bankenkrise vom Sommer 1931 und dem Sommer 1933, dem Beginn eigener konjunkturpolitischer Aktivitäten des NS-Regimes, einen ökonomischen Regimewechsel gegeben hat, also einen Wandel der fundamentalen Voraussetzungen für makroökonomische Politik. Zugespitzt läßt sich dies formulieren als:

- *(implizite) Borchardt-These III* (These vom Wegfall der Zwangslage 1932): Die konjunkturelle Expansion ab 1933 wurde erst durch den Wegfall derjenigen Restriktionen ermöglicht, die zwingend zur Deflationspolitik Brünings geführt hatten.

Borchardt selbst hat diese letzte These so nicht vorgetragen, wiewohl sie sich implizit aus seinen Betrachtungen ergibt. Eine noch stärkere Version dieser These, wonach die Brüningsche Deflationspolitik wesentliche Erfolgsvoraussetzungen der späteren expansiven Politik im Nationalsozialismus überhaupt erst geschaffen habe, findet sich in Borchardt und Ritschl (1992)[5].

---

4 Für ausführliche Überblicke aus unterschiedlicher Sicht vgl. die Beiträge von Borchardt (1990b), Holtfrerich (1990) und v. Kruedener (1990a).

5 Zur Vorwegnahme des Arguments vgl. allerdings bereits James (1983) sowie in Teilen Petzina (1973) und T.Kuczynski (1972).

1.2. Plan der Arbeit

Die folgenden Kapitel gehen teils historisch, teils wirtschaftswissenschaftlich vor. Darum kann die Gedankenführung nicht linear vorangetrieben werden; ökonomische Modellierung und die Erörterung des historischen Gegenstandes verschränken sich miteinander. Der eher historisch interessierten Leserschaft muß etwas wirtschaftswissenschaftliche Methodik zugemutet werden. Umgekehrt werden eher wirtschaftswissenschaftlich Interessierte nicht ganz am historischen Gegenstand vorbeigehen können.

Nachfolgend gibt Abschnitt 1.3 einen Überblick über die Hypothesen dieser Arbeit. Kapitel 2 wertet die bestehenden ökonomischen Deutungsversuche aus. Kapitel 3 bildet das Kernstück der Untersuchung. Es führt mit der Theorie der souveränen Staatsverschuldung in den konzeptionellen Rahmen ein und berichtet über die Entscheidungsprozesse in der deutschen Konjunkturpolitik während der Weltwirtschaftskrise. Kapitel 4 versucht eine explizite ökonomische Modellierung der Reparationsabkommen und ihrer Anreizwirkungen. Das abschließende Kapitel 5 entwickelt kontrafaktische Überlegungen zur Vermeidbarkeit der deutschen Krise, die dem Ökonomen unschwer als Anwendung der Theorie dynamischer Regelbindungsmechanismen erkennbar sein werden.

Nicht alle Stränge des Arguments sind für alle denkbaren Lesergruppen gleicherweise relevant. Um den Zugang zu dieser Arbeit zu erleichtern, bietet daher die nachfolgende Übersicht zwei mögliche Pfade durch die Lektüre des Textes (Abbildung 1.1).

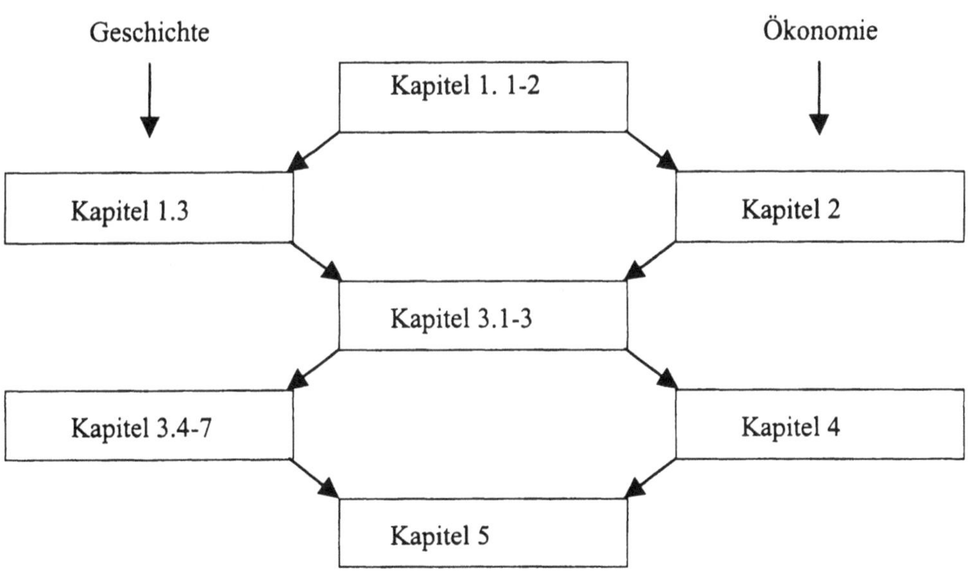

Abbildung 1.1: Suchpfade für eine erste Lektüre dieses Buchs

Der linksseitig abgebildete Pfad leitet durch eine historisch orientierte Lektüre dieses Buchs, der rechtsseitige durch eine stärker wirtschaftswissenschaftliche. Keiner der beiden Wege führt schon zu einer vollständigen Kenntnis des Arguments. Immerhin aber minimiert er das Risiko, daß die geneigte Leserin oder der geneigte Leser erschöpft das Buch aus der Hand legen könnte, ohne auf die am ehesten dem eigenen Interesse entgegenkommenden Passagen gestoßen zu sein.

1.3. Das Leitmotiv der Untersuchung: Deutschlands Weg in die Weltwirtschaftskrise als Krise des Reparationssystems

Neue Einsichten folgen oft aus alten Wahrheiten. Blickt man zurück in das ökonomische und wirtschaftspolitische Schrifttum der zwanziger Jahre, so überrascht die überragende Bedeutung der deutschen Reparationen für die zeitgenössischen Beobachter[6]. Es scheint die Regel zu gelten, daß ein Autor sich um so optimistischer über die wirtschaftlichen Zukunftsaussichten Deutschlands äußerte, je früher er das Ende der Reparationen erwartete. Am unteren Ende dieser Skala des Optimismus ist ohne Zweifel Englands damals bedeutendster Wirtschaftswissenschaftler John Maynard Keynes anzusiedeln. Keynes machte zum ersten Mal eine breitere Öffentlichkeit auf sich aufmerksam, als er 1919 unter Protest aus dem Beraterstab der englischen Delegation bei den Verhandlungen in Versailles austrat und seine Position in einer Streitschrift über „die wirtschaftlichen Folgen des Friedensvertrags" öffentlich machte. Keynes (1920) vertrat darin die Auffassung, daß Deutschland mit dem Moment, in dem es tatsächlich zur Zahlung der auferlegten Reparationen gezwungen werden sollte, in eine wirtschaftliche und politische Krise ungekannten Ausmaßes stürzen würde, an deren Ende der Umsturz der politischen Ordnung und eine neue Gefährdung des Friedens in Europa stände.

Keynes' Kassandraruf führt auf kürzestem Weg zum Gegenstand der vorliegenden Arbeit. Denn es liegt auf der Hand, daß sich ab 1929 der erste Teil seiner Prophezeiung bewahrheitete und ab 1933 der zweite – womöglich allerdings aus anderen als den von Keynes vorgetragenen Gründen.

Tatsächlich ist Keynes' These keineswegs unproblematisch. Es hat Gründe dafür gegeben, daß sie bald verworfen wurde und zuletzt fast außer Sicht geriet. Die konkreten Umstände, unter denen Deutschland in die Weltwirtschaftskrise eintrat, sind in wichtigen Punkten durchaus verschieden von dem Szenario, das Keynes 1920 entworfen hatte. So trifft es nicht notwendig zu, daß die Reparationszahlungen von vornherein Deutschlands Zahlungsfähigkeit überstiegen. Ebensowenig gilt zwingend die spätere

---

[6] Zum Überblick Petzina (1994).

keynesianische These zum Transferproblem (Metzler, 1942), daß Reparationstransfers von gegenläufigen Kapitalbewegungen weitgehend aufgehoben würden. Dennoch besteht eine enge Verbindung zwischen dem Reparationsproblem und den verschiedenen makroökonomischen Wechsellagen der deutschen Zwischenkriegszeit, so sehr, daß man fast versucht ist, von einem Wechselbad an Reparationskonjunkturen zu sprechen. Dies führt direkt zur

> *Kernthese der Untersuchung*: Die Verbindung zwischen den Reparationen und dem deutschen Konjunkturverlauf liegt in der fehlenden Anreizkompatibilität der verschiedenen Reparationsregimes. Kein Reparationsarrangement vor dem Young-Plan von 1929/30 gab der deutschen Seite einen Anreiz zu einem Nettotransfer von Ressourcen. Deutschland unterlief den Reparationstransfer im Dawes-Plan planmäßig durch massive Auslandsverschuldung. Die Vorbelastung der deutschen Zahlungsbilanz durch diese Auslandsverschuldung hat ursächlich zur Schwere der Krise in Deutschland beigetragen.

Dies wird später ausführlich zu begründen sein. Keines dieser Abkommen – den Young-Plan eingeschlossen – gab den Empfängerländern Anreize, sich auf den realen Ressourcentransfer durch Reparationen wirklich einzulassen, worin das Hauptargument von Keynes (1920) lag. Im Gegenteil stand das Reparationsproblem den eigenen wirtschaftspolitischen Zielen der Gläubigerländer in mancher Hinsicht durchaus entgegen.

Hyperinflation und die Besetzung des Ruhrgebiets durch französische und belgische Truppen im Jahr 1923 waren nicht zuletzt die Folge des gescheiterten Versuchs jeder Seite, Maximalstandpunkte durchzusetzen und – je nach Standpunkt – Reparationen ganz zu vermeiden bzw. die Erfüllung von Reparationen zu erzwingen[7]. Die Ruhrbesetzung erwies sich für beide Seiten als Mißerfolg: In Deutschland hatte man den passiven Widerstand ausgerufen und die Folgen für das Ruhrgebiet durch Unterstützungszahlungen abzumildern gesucht. Dadurch beschleunigte sich jedoch lediglich die Inflationsspirale; allgemeines politisches Chaos, Unruhen bis hin zu kommunistischen Aufstandsversuchen, und zuletzt der gescheiterte Hitlerputsch vom 9.11.1923 waren die Folge. Auch auf alliierter Seite forderte die Ruhrbesetzung mehr Kosten, als sie Profite abwarf. Trotz allem Aufwand kamen die versprochenen hohen Reparationszahlungen nicht herein, die jeweilige Wählerschaft wandte sich ab, und die Haushaltsdefizite wuchsen weiter. Am Ende stand in Frankreich der Machtverlust der Konservativen und in Deutschland die Stabilisierung mit den Mitteln der Notverordnung (Schuker, 1976).

Mit dem Dawes-Plan von 1924 für Deutschlands wirtschaftliche Stabilisierung, zustandegekommen unter amerikanischem Druck und mit amerikanischem Geld, fand man jedoch nur eine Zwischenlösung für die Reparationen. Ein ausgeklügeltes System von Schutzbestimmungen für die neue deutsche Währung begrub die heikle Frage des

[7] Hierzu Trachtenberg (1980) sowie Feldman (1993). Zu einer längerfristigen Einordnung vgl. unten Kapitel 5.

Reparationstransfers unter einer monströsen Kreditpyramide. Bald setzte nämlich ein System der Reparationszahlung auf Kredit ein. Per Saldo wurde jeder Zahlungstransfer durch hereinkommende Kredite wettgemacht, und sogar mehr als das: Während des Dawes-Plans blieb die deutsche Leistungsbilanz fast ständig im Defizit, das Land sog also Ressourcen aus dem Ausland an, statt wie vereinbart Ressourcen abzugeben. Zunächst waren es also nicht die deutschen Steuerbürger, sondern die internationalen, besonders die amerikanischen Sparer, die für Deutschlands Reparationsrechnung aufkamen. Stephen Schuker hat diesen Vorgang treffend als „American Reparations to Germany“ bezeichnet[8].

Kurzfristig war dieses Reparations-Recycling durchaus angenehm. Es ersparte allen Seiten den eigentlichen Reparationstransfer und damit die volkswirtschaftlichen Kosten einer Anpassung an diesen Transfer. Genau dies wird in der keynesianischen Theorie des Transferproblems (Metzler, 1942) beschrieben: Bei freien internationalen Kapitalbewegungen kommt es zunächst nicht zum Realtransfer aus Überschüssen, sondern der Transfer wird durch gegenläufige Kapitalströme ungefähr kompensiert. Der Preis dieses Zahlungskreislaufs war allerdings ein rasch wachsender Berg deutscher Auslandsschulden. Die wirklichen Lasten wurden erst sichtbar, als es an das Abzahlen dieser Kredite ging. Einstweilen aber herrschte Aufschwung in Deutschland, wenn auch nur auf Pump. Der deutsche Außenminister Gustav Stresemann sagte 1928 einmal ahnungsvoll, Deutschland tanze auf einem Vulkan (McNeil, 1986, S. 229).

Nicht lange, und dieser Vulkan sollte ausbrechen. Als die Seifenblase der geborgten Konjunktur platzte, rückte die Frage nach der Beherrschbarkeit der deutschen Auslandsverschuldung in den Vordergrund. Dies und die gleichzeitige Erfüllung der Reparationsverpflichtungen wurden zum bestimmenden Thema der Auseinandersetzungen zwischen Deutschland und den Alliierten. Man mag diesen Zeitpunkt für die Jahresmitte 1928 ansetzen. Damals betrug die deutsche Auslandsverschuldung mit 25 Mrd. RM bereits die Höhe von einem Drittel des deutschen Sozialprodukts. Bis zum weitgehenden Abstoppen kommerzieller Kredite an Deutschland 1930 wuchs dieser der Betrag auf 30 Mrd. RM an. Daraus ergaben sich natürlich beträchtliche Zins- und Tilgungsverpflichtungen. Ihnen standen zunächst erhebliche Defizite in der deutschen Handelsbilanz gegenüber. Selbst die Zinsen wurden also auf neue Kredite überwälzt. Bedingt durch die Enteignungen des deutschen Auslandsbesitzes im Versailler Vertrag, waren die hereinkommenden Erträge aus deutschem Auslandsvermögen minimal. Ohne einen drastischen Kurswechsel zu einer scharfen Deflationspolitik schien also ein Ausgleich selbst im entferntesten nicht möglich.

Durch die Reparationszahlung auf Kredit hatte Deutschland also in wenigen Jahren eine kommerzielle Auslandsverschuldung aufgehäuft, die auch nach heutigen Maßstäben durchaus ansehnlich, wenn auch noch nicht gefährlich wäre. Der Schuldenstand

---

8 So der Buchtitel von Schuker (1988).

betrug Ende 1929 ungefähr 40% des deutschen Sozialprodukts, der Zinsendienst etwa 2% des Sozialprodukts oder 8% der deutschen Exporteinnahmen. Problematisch wurden diese Größenordnungen erst durch die Reparationsverpflichtungen selbst, die nach den Annuitäten des Dawes-Plans und des Young-Plans mit weiteren 30-40 Mrd. RM in Barwerten anzusetzen sind. Gerechnet für das Jahr 1929, lag demnach das Verhältnis von Auslandsverschuldung einschließlich Reparationen zum Sozialprodukt bei rd. 90%. Rechnet man mit diesem Gesamtbetrag, dann allerdings schien eine Schuldenkrise geradezu vorprogrammiert.

Die Entstehung dieses neuen Schuldenproblems hatte Keynes im Jahr 1920 so nicht vorausgesehen. Allerdings hat er nach Annahme des Dawes-Plans von 1924 bald vor den möglichen Konsequenzen gewarnt und den Teufelskreis der Reparationsleistung auf Kredit beschrieben (Keynes, 1926). Jedoch war der Kreis der Pessimisten keineswegs auf Keynes beschränkt. Daß die deutsche Delegation bei den Friedensverhandlungen in Versailles mit malthusianischen Hungerszenarien argumentiert hatte, mag noch am wenigsten verwundern – allenfalls der Grad, zu dem Keynes sich von dieser Argumentation hatte beeindrucken lassen[9].

Von Belang für unseren Gegenstand ist eher, daß diejenigen Figuren, die bei der Stabilisierung der Mark 1924 und dem Versuch, den Dawes-Plan mit Hilfe einer wirtschaftlichen Erfüllungspolitik zu implementieren, eine tragende Rolle spielten – Hjalmar Schacht als Präsident der Reichsbank, Hans Luther ab 1925 als Reichskanzler sowie, damals noch im Hintergrund, Heinrich Brüning als parlamentarischer Mehrheitsbeschaffer der Lutherschen Koalition – sämtlich von der Notwendigkeit einer scharfen, in Deutschland zuvor nicht gekannten fiskalischen Restriktion überzeugt waren, um einen echten Reparationstransfer tatsächlich in Gang setzen zu können[10].

Ihr Versuch, eine solche Politik 1925/26 durchzusetzen, hat in der Tat zunächst der Stabilisierung der Mark zum Durchbruch verholfen[11], scheiterte aber in der Folge wegen des scharfen Konjunktureinbruchs von 1926 an den Mehrheitsverhältnissen im Reichstag. Rasch wurden neue Ausgabengesetze beschlossen, mit einigem propagandistischen Aufwand – sieben Jahre vor Hitler – eine kreditfinanzierte Arbeitsbeschaffung verkündet, und bald war die Krise vorüber. Allerdings kam mit dem Wiederaufschwung auch das Defizit in der Leistungsbilanz zurück, das schon einmal 1924/25 den Erfolg der Währungsstabilisierung zu gefährden schien. Und mit den Defiziten in der Leistungsbilanz setzte auch die Reparationszahlung auf Pump wieder ein.

Schacht versuchte unter einiger Überdehnung seiner Kompetenzen als Präsident der Reichsbank, sich der aufkommenden spekulativen Kreditexpansion entgegenzustem-

---

[9] Vgl. die zahlreichen Belege in Keynes (1920).

[10] Vgl. hierzu Morsey (1974), Hertz-Eichenrode (1982). Zum Ereignisgang Netzband und Widmaier (1964), Blaich (1977).

[11] Zu der Rolle restriktiver Budgetpolitik als Erfolgsfaktor der Stabilisierung vgl. übereinstimmend Dornbusch (1987), Sargent (1984).

men. Allerdings mußte das Kabinett Luther bald einer neuen Regierung Platz machen, die wesentlich weniger auf die Erfüllung des Reparationsabkommens abzielte und lieber das Schwungrad der neu hereinströmenden Auslandsgelder in Gang hielt. Erst 1930 finden sich Luther, jetzt Nachfolger Schachts als Reichsbankpräsident, und Brüning als Nachfolger des Sozialdemokraten Müller im Amt des Reichskanzlers erneut vereint in dem Versuch, nunmehr unter dem Druck bitterer Notwendigkeit und eines drohenden, erneuten Staatsbankrotts die gescheiterte Anpassungspolitik von 1925 in die Tat umzusetzen[12].

Über die ungeheuren sozialen Kosten, welche die deutsche Deflationspolitik von 1930 bis 1932 verursachte, war sich wohl keiner der Akteure im unklaren – auch wenn das manchmal so gesehen worden ist. So muß die Fragestellung lauten, welches die Ziele und die Beschränkungen einer solchen makroökonomischen „Erfüllungspolitik" gewesen sein können. Hieraus folgt die Frage, worin die Änderung der Restriktionen lag, die es 1925/26 noch unmöglich machte, eine Stabilisierung der Zahlungsbilanz innenpolitisch durchzusetzen, während 1930 dafür sogar der Übergang zur autoritären Reserveverfassung des präsidialen Notverordnungsregimes nach Art. 48 der Weimarer Reichsverfassung in Kauf genommen wurde – übrigens ganz wie in der kritischen Phase der Stabilisierung der Mark 1923. Unter zähneknirschender Tolerierung durch die SPD wurde seit Herbst 1930 die Einberufung des Reichstags weitgehend verhindert, und die Gesetzgebungsinitiative ging auf Notverordnungen des Reichspräsidenten unter Gegenzeichnung durch den Reichskanzler über – dies alles mit dem erklärten wirtschaftspolitischen Ziel, nunmehr zu deflationieren und die öffentlichen Haushalte auszugleichen[13].

Gemessen am Charakter der Weimarer Republik als einem höchst instabilen Konfliktfeld mit kurzlebigen, beständig von Mißtrauensvoten und Koalitionskrisen bedrohten Regierungen bedeutet der Übergang zum Notverordnungsregime einen fundamentalen Strukturbruch. Für Politologen und Historiker stellt bereits dieser Einschnitt und nicht erst die Machtübernahme des NS-Regimes das eigentliche Ende der Weimarer Republik dar (so besonders Bracher, 1971, Erdmann, 1973). Wie konnte es kommen, daß sich im Angesicht der dramatischen Wirtschaftslage die parlamentarischen Parteien zurückzogen, den verfassungsmäßigen Konfliktlösungsmechanismus gewissermaßen einmotteten und durch ihr Stillhalten eine halbautoritäre Regierungsform zu einer Anpassungs- und Sparpolitik ermächtigten, der keine der zuvor so hoch gepriesenen sozia-

---

12 Hierzu sowie zur Bedeutung der gescheiterten Stabilisierung von 1926 für die spätere Deflationspolitik Brünings besonders Hertz-Eichenrode (1982). Zu Brünings Position während der zwanziger Jahre vgl. auch schon Morsey (1974).

13 Dieser Vorgang hat über die Vermittlung von Eichengreen (1986) mittlerweile Eingang in die theoretische Literatur über makroökonomische Stabilisierungen Eingang gefunden, vgl. Alesina und Drazen (1991). Es wird sich im Zuge der folgenden Erörterungen allerdings zeigen, daß der dort angesprochene Mechanismus den Übergang zum Deflationskurs in der Weimarer Republik nur ungenügend erklären kann.

len Errungenschaften des Weimarer Wohlfahrtsstaats heilig war und die eine Schrumpfung des deutschen Volkseinkommens um fast 30% in zweieinhalb Jahren als Nebenwirkung ihrer Sparpolitik hinnahm?

Eine zu allen Zeiten populär gebliebene Deutung hat hinter Brünings Deflationspolitik eine bewußte Obstruktion gegen den Young-Plan vermutet. Danach hätte die Brüning-Regierung absichtlich deflationiert und die deutsche Wirtschaft mit kalter Berechnung dem Schrecken der Weltwirtschaftskrise ausgeliefert, um die Reparationen loszuwerden[14]. Genährt durch Brünings eigenes, durch seine in den siebziger Jahren posthum erschienenen Memoiren bekanntgewordenes Eingeständnis[15], daß die Beseitigung der Reparationsverpflichtungen, gar der Weimarer Demokratie selbst zu den Zielen seiner Politik zählte, hat dieses Argument auch in der Kritik an Borchardts Geschichtsbild zur Brüning-Zeit eine hervorgehobene Rolle gespielt[16].

Allerdings bleibt die Reichweite einer solchen Obstruktionstheorie aus zwei Gründen beschränkt. Zum ersten führt sie direkt auf ein innenpolitisches Kooperationsproblem hin. Eine bewußte, auf Sprengung der Reparationsverpflichtungen angelegte Konfrontationspolitik unter Inkaufnahme schwerer Krisenerscheinungen hätte zu ihrer Verwirklichung einen allgemeinen politischen Konsens vorausgesetzt, denn anders wäre die temporäre, jederzeit aufkündbare Selbstentmachtung der parlamentarischen Kontrollorgane seit 1930 nicht denkbar gewesen. Eine reparationspolitische Obstruktionstheorie der deutschen Krise müßte darum entweder vom Bestehen eines entsprechenden reparationspolitischen Konsenses ausgehen und damit den Charakter einer Verschwörungstheorie annehmen[17] oder aber die Präsidialregierung Brünings in die Nähe einer Diktatur rücken, gegen deren Entscheidungen Widerstand nicht möglich gewesen sei.

[14] So bereits Haberler (1937), ähnlich auch die Deutung in der deutschen Nachkriegsliteratur bei Kroll (1958), Grotkopp (1954). In der neueren Literatur ist dies in wechselnder Schärfe als Instrumentalisierungsthese vertreten worden. Hierbei beruft man sich im allgemeinen auf Helbich (1962), was allerdings ein Mißverständnis seiner Position bedeuten dürfte, vgl. dazu Glashagen (1980). Helbichs eigener Ansatz geht von der objektiven Notwendigkeit einer Priorisierung der Reparationspolitik aus; hierin folgen ihm teilweise Sanmann (1965), besonders aber Conze (1967). Die eigentliche Instrumentalisierungsthese im Sinne Haberlers kehrt wieder bei Mommsen (1978), Jochmann (1978), ähnlich bei Schulz (1980).

[15] Brüning (1970, posthum). Zur Entstehungsgeschichte der Brüning-Memoiren: Morsey (1975). Neuerdings aus dem Nachlaß: Müller (1983).

[16] Vgl. besonders Holtfrerich (1982), Holtfrerich (1990), kritisch hierzu James (1983); im Überblick v. Kruedener (1990a).

[17] Tatsächlich ist das Vorhandensein eines gegen expansive Budget- und Geldpolitik gerichteten Konsenses während der Weltwirtschaftskrise von Borchardt (1979) behauptet und gegen Kritik (besonders Holtfrerich, 1982) verteidigt worden Borchardt (1983c) Borchardt (1984), Borchardt (1985), Borchardt (1991), ebenso James (1985b). Allerdings bedeutet dies nicht, daß dies sowie der vorherrschende Konsens über die Unwünschbarkeit der Reparationen im allgemeinen bereits als hinreichend für eine konzertierte, gegen die Reparationen gerichtete Budget- und Geldpolitik angesehen würden. Eine solche Verschwörungsthese – allerdings auf hohem Niveau – stellt im Kern die Polemik Schuker (1988) gegen die deutsche Reparationspolitik dar, auf die weiter unten zurückzukommen sein wird.

Noch aus einem zweiten Grund ist die Obstruktionsthese problematisch. Denn sie läßt die Frage ungeklärt, warum dieselbe Politik nicht bereits nach der Stabilisierung der Mark 1924 und mehr noch in den ausgehenden zwanziger Jahren betrieben wurde, ganz nach der Überzeugung der beteiligten Handlungsträger, wonach eine Überwindung der Reparationsabkommen nur möglich sein konnte durch den Versuch ihrer Erfüllung. Die Frage nach den Rahmenbedingungen, die eine Stabilisierung nach 1929 möglich oder nötig machten, zuvor aber vereitelten, würde dann übergehen in die Frage nach den Umständen, die eine Kooperation der politischen Entscheidungsträger bis 1929 verhinderten, danach aber ermöglichten oder geradezu erzwangen.

Über weite Strecken haben Konflikte, nicht Kooperation der wirtschaftlichen Interessengruppen die politische Grundstruktur der Weimarer Republik geprägt[18]. Eine Interpretation ihrer Wirtschaftspolitik kann ohne Berücksichtigung dieses Umstandes kaum in Angriff genommen werden. Borchardts (1979) Kritik des damaligen wirtschaftshistorischen Forschungsstandes zur Weimarer Republik galt gerade diesem Gesichtspunkt. Seine damalige Anregung, die politische Ökonomie Weimars als Verteilungskonflikt zu interpretieren, hat einige aufschlußreiche Studien beeinflußt[19], ist aber als Forschungsprogramm bisher nicht konsequent umgesetzt worden. Statt dessen hat sich die Debatte fast ausschließlich auf Borchardts eigene, oft skizzenhafte Erklärungsangebote innerhalb des weiter gesteckten Rahmens konzentriert und hierbei wiederum auf Meß- und Schätzprobleme.

Borchardt hatte die im langfristigen Vergleich geringe Investitionstätigkeit, das Problem hoher Lohnkosten und die Finanzierungsschwierigkeiten öffentlicher Haushalte in den ausgehenden zwanziger Jahren als Anzeichen für eine fundamentale Wachstumsstörung der Weimarer Wirtschaft schon vor dem Eintritt in die Weltwirtschaftskrise interpretiert und vorgeschlagen, alle drei Phänomene als Folge eines verschärften Verteilungskampfes zwischen Kapital und Arbeit anzusehen. Die Diskussion zur Konjunkturpolitik der Brüning-Zeit ist diesem Angebot weitgehend gefolgt und hat sich zum einen auf die Feststellung und Messung der stilisierten Fakten konzentriert[20], zum anderen aber, ganz innerhalb des gesteckten Rahmens, auf ihre Neubewertung. So erscheint auch manchen Kritikern der Borchardt-These die Krise nun als Folge eines Verteilungskonflikts, nicht oder nicht allein der Reparationsfrage wegen, sondern vor allem als Mittel des heimischen Verteilungskampfes zwischen den organisierten Interessen von Arbeit und Kapital. Damit würde die Brüning-Deflation als Instrumentalisierungs-

---

[18] Vgl. grundlegend für diese Interpretation und die damit verbundene Abkehr von einer mehr an der Verwendung als der Verteilung des Sozialprodukts orientierten keynesianischen Sichtweise Borchardt (1976) sowie Maier (1975).

[19] Hierzu zählen insbesondere die Arbeiten von James (1985a), James (1986) sowie aus neomarxistischer Sicht Abraham (1986).

[20] Vgl. Kapitel 2. Einen noch aktuellen Überblick zur Diskussion der stilisierten Fakten gibt Spoerer (1994).

strategie zur Umverteilung von unten nach oben entlarvt[21] – die Reparationsfrage spielt dann nurmehr die Rolle eines Vorwands.

Diese Reduzierung der Thematik ist in mancher Hinsicht unglücklich. Denn damit sind die internationalen Nebenbedingungen dieses Konflikts weitgehend außer Ansatz geblieben[22]. Als die hauptsächliche dieser Nebenbedingungen identifizieren wir die wechselnden Reparationsregimes, die über die erwartete Größe des zu verteilenden Kuchens entschieden. Stellt man sich die in der Literatur oftmals anzutreffende Frage, warum sich in der Weimarer Republik ein wachstumspolitischer Konsens zwischen Arbeit und Kapital, wie er später für die Bundesrepublik kennzeichnend geworden ist[23], nicht herausgebildet hat und statt dessen Verteilungspolitik nach Art eines Nullsummenspiels betrieben wurde, so bieten sich nach unserer Auffassung die negativen Anreizwirkungen der Reparationsregimes als aussichtsreichster Kandidat für eine Erklärung an.

Auch in der hier vorgelegten Untersuchung werden also die Themen der jüngeren Debatte um die Wirtschaftspolitik der Weimarer Zeit wiederkehren. Allerdings ist der Gang der Argumentation ein etwas anderer. Nach der hier vorzutragenden Sichtweise ist es sinnvoll, sich von den konkreten Erklärungsangeboten der Borchardt-Thesen zunächst zu lösen. Statt dessen soll sein Forschungsprogramm, die Weimarer Konjunktur als Ergebnis eines politisch-ökonomischen Verteilungskonflikts zu betrachten, in größerer Allgemeinheit als bisher verfolgt werden. Dabei ist der internationale Verteilungskonflikt um die deutschen Reparationen mit einzubeziehen, der für die Auseinandersetzungen der Zeitgenossen das Leitmotiv dargestellt und die Handlungsspielräume und Zwangslagen der deutschen Wirtschaftspolitik zwischen 1924 und 1933 in entscheidender, wenig günstiger Weise vorgeformt hat.

Daß dies so sei, ist keineswegs als selbstverständlich akzeptiert und in der jüngeren Literatur auch wenig thematisiert worden[24]. Die in der deutschen Diskussion traditionelle, keynesianisch geprägte Interpretation der Weltwirtschaftskrise hat gemäß der keynesianischen Doktrin von der Unabhängigkeit der Verwendung von der Verteilung

---

[21] Hierzu wiederum Holtfrerich (1982) sowie Weisbrod (1985). Vgl. auch die Polemik zwischen Krohn (1982), Borchardt (1983b) und Köhler (1983).

[22] Gelegentliche Hinweise auf die Bindungswirkung, die von den Reparationsverpflichtungen oder dem Young-Plan auf den Spielraum der deutschen Konjunkturpolitik während der Krise ausgegangen seien, finden sich eingestreut in Borchardts eigenen Arbeiten, Borchardt (1979), Borchardt (1984), akzentuierter: Borchardt (1990a), unabhängig von der Borchardt-Kontroverse bei K. Hardach (1980) sowie in Reaktion auf das Argument der reparationspolitischen Instrumentalisierung der Krise bei James (1986), James (1983).

[23] Paradigmatisch: Maier (1975). Das Hauptargument, wonach Kooperation von Kapital und Arbeit den deutsche Wachstumskonsens ermöglicht habe, bereits bei Wallich (1955). Zum direkten Vergleich mit den zwanziger Jahren Borchardt (1984). Ähnlich Paqué (1994) in Anwendung des Ansatzes von Giersch (1992).

[24] Die wesentliche Ausnahme ist Helbich (1962), dessen Ergebnisse auf breiterer Aktenbasis bei Glashagen (1980) bestätigt werden. Diese Studie ist in der Literatur weitgehend so interpretiert worden, als betrachte sie die Reparationsproblematik lediglich als Motiv für Brünings Deflationspolitik, nicht aber als Notwendigkeit, ganz im Sinne der These Haberler (1937), vgl. oben Fn. 13.

des Sozialprodukts die Reparationsthematik im wesentlichen als Problem der Verwendungsseite verstanden. Im Verlauf der sechziger Jahre ist die Reparationsproblematik bei der Erklärung der makroökonomischen Wechsellagen in Deutschland oftmals ganz außer Ansatz geblieben, so daß die Weltwirtschaftskrise weitgehend als Folge einer konzeptionell verfehlten, aus mangelnder theoretischer Einsicht durchgeführten Deflations- und Budgetausgleichspolitik erscheint[25].

Diese Vernachlässigung des reparationspolitischen Kontextes steht noch in anderer Hinsicht im Kontrast zum älteren Schrifttum. Dort verwies man oft allzu pauschal auf die Reparationslasten, nicht selten in unverhüllt apologetischer Absicht. Damit gerieten nicht allein die problematischen Entscheidungen der deutschen Reparationspolitik außer Sicht, sondern man begab sich zudem in ideologische Nähe zum Nationalsozialismus. Hitlers einziges, für seinen politischen Aufstieg jedoch durchschlagendes wirtschaftspolitisches Argument war gewesen, zu einer Überwindung der Wirtschaftskrise bedürfe es nicht eines Kredits hier oder einer Sparmaßnahme da, sondern eines gewaltsamen Umsturzes der gesamten Versailler Friedensordnung und mit ihr der Weimarer Republik.

Insofern ist es als analytischer Fortschritt zu bewerten, wenn sich Interpretationen der Weltwirtschaftskrise in Deutschland nach dem Zweiten Weltkrieg von vereinfachenden, politisch belasteten Gleichsetzungen der Krise mit der Reparationsfrage lösten und statt dessen begannen, kritische Fragen an die Krisenpolitik auf deutscher Seite zu richten[26]. Allerdings dürfen auch in dieser Phase der Diskussion ideologische Elemente nicht verkannt werden. Zum einen entsprach es einer damaligen Stimmungslage, in einer Zeit der erfolgreichen, von Reparationen weitgehend unbelasteten Integration Westdeutschlands in die Weltwirtschaft die Reparationsthematik inhaltlich abzuwerten und damit emotional zu entlasten. Zum anderen stellte die keynesianische Interpretation – vor dem Hintergrund des gerade aufkommenden stabilisierungspolitischen Steuerungsoptimismus, der in Deutschland seine Kulmination im Stabilitäts- und Wachstumsgesetz von 1967 fand - eine analytisch attraktive, leicht faßbare Fehlerdiagnose mit klaren politischen Implikationen bereit. Diesem neuen Geschichtsbild stand in der Person Heinrich Brünings eine zur Verkörperung des Überholten durchaus geeignete Figur zur Verfügung. Bis heute reißt ein Strom von Arbeiten nicht ab, die zwischen Brünings asketischer Persönlichkeit, seinem reaktionären preußisch-kaiserlichen Offiziersethos

[25] So etwa bei Kroll (1958), Stolper (1960), den Beiträgen von Albers (1976), Haberler (1976) und Irmler (1976) zur Bundesbankfestschrift sowie etwa bei der lange Zeit für die Bewertung der Bankenkrise von 1931 maßgebenden Arbeit von Born (1967). In deutlichem Kontrast hierzu die, offenbar an seinerzeit unveröffentlichtem Archivmaterial entstandene, allerdings kaum dokumentierte Untersuchung von Lüke (1958).

[26] Hierbei maßgebend die Arbeiten von Grotkopp (1954) und Kroll (1958); ähnlich Erbe (1958). Im Kontrast dazu allerdings seinerzeit einflußreich Lüke (1958).

und seinem wirtschaftspolitischen Sparkurs psycho-historische Zusammenhänge hergestellt haben[27].

Vor diesem Hintergrund scheinbar klarer Urteile über die Weltwirtschaftskrise in Deutschland tritt das Provokative in Borchardts Einspruch gegen den damaligen Konsens besonders deutlich hervor. Seine „Revision des Geschichtsbilds" bedeutete zum ersten eine offensichtliche Entlastung Brünings. Wenn Deflationierung und Budgetausgleich durch ökonomische Restriktionen objektiv geboten waren, spielte die Persönlichkeit Brünings keine wesentliche Rolle mehr – auch wenn Borchardt vorsichtig genug war, nicht anzuzweifeln, daß Brüning für die Rolle eines Sparkommissars der richtige Mann am richtigen Platze war. Zum zweiten kündigte Borchardts Neubewertung der Krisenpolitik Brünings den bislang vorherrschenden Konsens über die faktischen Ursachen des Kriseneinbruchs auf. Denn die Behauptung, daß es ökonomisch zwingende Gründe gab, die eine expansive Fiskalpolitik unmöglich machten, bedeutete – ausgerechnet für die Deflationspolitik in den traumatischen Jahren vor Hitlers Aufstieg zur Macht – eine Abkehr vom keynesianischen Globalsteuerungsoptimismus.

Diese Revision fiel nicht zufällig mit dem Ende der Blütezeit des Keynesianismus in den ausgehenden siebziger Jahren zusammen. Zur selben Zeit zog der Sachverständigenrat zur Begutachtung der gesamtwirtschaftlichen Entwicklung in seinen Jahresgutachten gegen die Staatsverschuldung zu Felde und entwickelte das Meßkonzept des konjunkturneutralen Haushalts, das auf die Verdrängung privater Investitionen, nicht aber auf keynesianische Nachfragewirkungen öffentlicher Haushalte abzielte und rasch zum Gegenstand kontroverser Diskussionen wurde[28]. Ein ebenso kontroverses Konzept des Sachverständigenrats, die kumulierte Reallohnposition als Index für die Abweichung der realen Lohnstückkosten von denen eines als „normal" angesehenen Basisjahrs, fand direkt Eingang in Borchardts zentrale Arbeit über Brünings Deflationspolitik[29].

Für viele Kritiker Borchardts hat es sich daher so dargestellt, als sei seine Neuinterpretation der Weltwirtschaftskrise in einem doppelten Sinne kontextabhängig: Zum einen stellte sie einen Beitrag zur damals aktuellen wirtschaftspolitischen Debatte dar. Zum anderen schien sie analytisch vom verwendeten angebotstheoretischen Instrumentarium abzuhängen. Besonders deutlich wurde die angebotstheoretische Argumentation in einem Zeitungsartikel Borchardts (1983a), der explizit von Verzerrungen relativer Faktorpreise hin zu einer Investitionsschwäche und einem gesamtwirtschaftlichen Ungleichgewicht argumentierte. Auch hier war ein aktueller Zusammenhang sichtbar; in

---

27 Brüning (1970, posthum) hat diesem Bild in seinen Memoiren durchaus Vorschub geleistet. Zur Bestätigung dieses Bildes neuerdings Schuker (1994).

28 Vgl. zur seinerzeitigen Diskussion besonders Gandenberger (1973), Sachverständigenrat (1978), Meissner (1980), Wissenschaftlicher Beirat (1977).

29 Borchardt (1979) entnahm seine Zeitreihe der kumulierten Reallohnposition von Glismann (1978), einer im Kieler Weltwirtschaftlichen Institut entstandenen Langzeitstudie, deren Ziel die empirische Überprüfung der Meßkonzepte des Sachverständigenrats war.

einem Gutachten hatte der Wissenschaftliche Beirat beim Bundeswirtschaftsminister (1982) kurz zuvor mit ganz ähnlichen Argumenten Faktorpreisrigiditäten und Belastungen der privaten Kapitalbildung durch Defizite öffentlicher Haushalte als treibende Elemente für die Wachstumsschwäche der ausgehenden siebziger Jahre benannt.

So konnte es naheliegen, den Kontext und die angebotstheoretische Einkleidung der Borchardt-These stärker zu diskutieren als das Argument selbst. In mancher Hinsicht ist dies in der Tat geschehen. Sofern der Ansatz nicht überhaupt als „neokonservativ" abgelehnt wurde[30], hat sich ein signifikanter Teil der Diskussion auf Borchardts eigene Erklärungsangebote, die kumulierte Reallohnposition, die Investitionsquote, der Anstieg staatlicher Transferleistungen und anderes mehr konzentriert - also den Themenkreis der oben so bezeichneten Borchardt-These I[31].

Dagegen ist der empirische Kern des Arguments von den Zwangslagen während der Krise (die Borchardt-These II) gründlich und mit produktiven Ergebnissen diskutiert worden. Borchardt selbst (1979) hatte eine detaillierte Kasuistik bemüht, um nachzuweisen, daß eine Ausweitung von Staatsausgaben und Kreditvolumen an kritischen Stellen des Krisenablaufs – besonders nach der Bankenkrise Mitte 1931 – zwar diskutiert, aber als nicht gangbar verworfen wurde, und daß Ansätze zu einer solchen Expansion tatsächlich an Restriktionen scheiterten. Als Ergebnis einer umfangreichen Debatte um diesen Punkt scheint festzustehen, daß ein empirischer Gegenbeweis für eine versäumte Chance zu expansiverer Budget- und Geldpolitik nicht angetreten wurde und der Hinweis auf Kreditrestriktionen auch in den archivalischen Quellen immer wiederkehrt[32].

Charakteristisch bleibt jedoch die Spaltung der Borchardt-Diskussion in zwei Teilbereiche. Das ist überraschend, denn es impliziert, daß auch die Kritiker des Arguments die intertemporale Verknüpfung seiner beiden Teile anerkannt haben. So scheint sich bislang keine Untersuchung mit der Frage auseinanderzusetzen, ob die Borchardt-These I von den Wachstumsstörungen in den zwanziger Jahren für die Borchardt-These II von den Zwangslagen der deutschen Geld- und Fiskalpolitik während der Weltwirtschaftskrise notwendig oder hinreichend ist. Anders gefragt: Folgt aus der Diagnose einer Wachstumsschwäche in den zwanziger Jahren zwingend der katastrophale Einbruch der Weltwirtschaftskrise, oder hätte es auch bei empirischer Geltung der Borchardt-These I einen milderen Krisenverlauf geben können?

Mögliche Antworten auf diese Frage liegen keineswegs auf der Hand. Es ist durchaus nicht offensichtlich, warum eine geringe Investitionsquote und hohe Löhne in den

---

30 Vgl. Krohn (1982) und Köhler (1983).

31 Vgl. unten Kap. 2.3. Zentral hierzu insbesondere Holtfrerich (1984). Für die daran anschließende Diskussion vgl. v. Kruedener (1985), Ritschl (1990a), Petzina (1990), Corbett (1991), Balderston (1993), Broadberry (1994), Voth (1993) Voth (1994), Spoerer (1994), Spoerer (1995).

32 Vgl. unten Kap. 2.2. Zentrale Fundorte sind Holtfrerich (1982), James (1983), Borchardt (1983b) sowie die Beiträge der Kontrahenten in Kruedener (1990a).

ausgehenden zwanziger Jahren sich in einen Einbruch des Sozialprodukts um fast 30% während der Weltwirtschaftskrise umsetzten, gar warum dies mit zwingender Notwendigkeit so gewesen sei. Geringe Investitionen und Umverteilungen zugunsten der Arbeiterschaft gab es zur gleichen Zeit auch in England, und doch war der englische Krisenverlauf viel milder als der deutsche (Broadberry und Ritschl, 1995). Es gibt also Gründe zu vermuten, daß zu einer vollständigen Erklärung des deutschen Eintritts in die Weltwirtschaftskrise – ebenso wie übrigens der schon vor dem Machtantritt der Nationalsozialisten einsetzenden Erholung von der Krise[33] - noch ein weiteres Element beitragen muß.

Einen Hinweis liefert die weitgehende Abwesenheit der Reparationsthematik in der neueren Debatte um die Sonderfaktoren der Weimarer Konjunktur. Unsere zuvor skizzierte Vorüberlegung macht klar, daß ein Zusammenhang plausibel ist. Wenn Verteilungskonflikte die politische Ökonomie Weimars dominiert haben, dann müssen die verschiedenen Reparationsregimes wechselnde Erwartungen über die Größe des verteilbaren Kuchens hervorgerufen haben. Dies hatte wiederum mögliche Folgen für die relative Verteilungsposition der Interessengruppen. Auch umgekehrt waren die deutschen Strategien gegenüber der Reparationsfrage womöglich eine Funktion von Positionsverschiebungen auf der innenpolitischen Bühne. Für die Zeit der Hyperinflation, die hier nicht behandelt werden soll, ist dies wohlbekannt und dokumentiert (Feldman, 1993). Nichts spricht dagegen, daß analoge Rückwirkungen auch unter den gewandelten Rahmenbedingungen ab 1924 und unter den nochmals anderen Restriktionen ab 1929 anzutreffen sind.

Insofern hat es den Anschein, als sei insgesamt die neuere deutsche Literatur in dem Bestreben, die Weimarer Konjunktur allein innenpolitisch zu erklären, ein Stück weit über das Ziel hinausgeschossen. Zu deutlich erscheinen uns die Wechselbeziehungen zwischen Politik und Ökonomie der Reparationsfrage einerseits und den wechselnden Macht- und Verteilungskoalitionen auf der politischen Bühne der Weimarer Republik andererseits. In Zusammenfassung dieser Überlegungen gehen die weiteren Untersuchungen dieser Arbeit von den folgenden Arbeitshypothesen aus:

Zum ersten kann die gesamtwirtschaftliche Entwicklung in Deutschland zwischen 1924 und 1935 gewinnbringend aus der Perspektive dreier Reparations- und Transferregimes analysiert werden. Das Dawes-Plan-Regime reicht formal von 1924 bis 1930, entfaltet seine Wirkungen aber kaum länger als bis zur Jahresmitte 1928. Entsprechend ist der Beginn des darauffolgenden Young-Plan-Regimes, das formal im Frühjahr 1930 in Kraft tritt, inhaltlich bereits für das Frühjahr 1929 anzusetzen. Es reicht formal bis zur Lausanner Konferenz über die deutschen Reparationen im Juni 1932, inhaltlich jedoch kaum weiter als bis zur Wiederwahl Hindenburgs im April 1932 oder der Entlas-

[33] Beobachtungen hierzu übereinstimmend bei Borchardt (1979), Borchardt (1990a), K. Hardach (1980), James (1983), Buchheim (1994). Selbstverständlich ist auch in der älteren Literatur dieser Umstand nicht unbemerkt geblieben, so etwa bei Grotkopp (1954), Erbe (1958), Stucken (1964).

sung Brünings im Mai 1932, kurz vor Beginn der Reparationskonferenz im Juni desselben Jahres. Das dritte Regime wäre zeitlich mit Schachts Wiederernennung zum Präsidenten der Reichsbank im März 1933 anzusetzen oder mit der Londoner Weltwirtschaftskonferenz im Juni 1933. Aus noch zu erörternden Gründen erscheint es jedoch vorteilhaft, die Übergangsperiode ab etwa April 1932 mit einzubeziehen; den Abschluß dieses Regimes kann man mit der Implementierung von Schachts Neuem Plan 1935/36 ansetzen. Zu diesem Zeitpunkt sind die Konsolidierung einer Binnenwährung, die zentrale Kontrolle der Devisenströme sowie der Steuerungsmechanismen zum sukzessiven Umlenken des deutschen Außenhandels weg von den westlichen Gläubigerländern so weit fortgeschritten, daß von einem Transferregime nurmehr *ex negativo* gesprochen werden kann.

Zum zweiten korrelieren die Übergänge zwischen diesen Reparations- und Transferregimes mit wesentlichen Strukturbrüchen des politischen Regimes, 1923/24 mit dem Ende des Konflikts um die Ruhrbesetzung, 1929/30 mit dem Ende der Großen Koalition und dem Übergang zum Notverordnungsregime und zum Kabinett Brüning, Ende 1931 bis Mitte 1932 mit der letzten Zuspitzung der Deflationspolitik, dem Scheitern der Tolerierungskoalition im Reich und in Preußen und dem Entstehen einer systemfeindlichen Mehrheit im Reichstag, 1935/36 mit dem raschen Machtverfall Schachts und der Konzentration der Wirtschaftslenkung auf Person und Apparat Görings im Vierjahresplan. Diese Übereinstimmungen sind kaum zufällig.

Zum dritten sind die Übergänge zwischen diesen Reparations- und Transferregimes kausal für die Sonderfaktoren der deutschen Konjunktur. Ohne Rückgriff auf die wechselnden Restriktionen, welche durch das jeweilige Regime auf die deutsche Zahlungsbilanz gelegt werden, kann die deutsche Konjunktur Deutschlands nicht hinreichend analysiert werden. Der deutsche Weg durch die zwanziger und dreißiger Jahre stellt sich als eine Abfolge von Sonderkonjunkturen dar, von denen nur die Krise von 1931/32, mit der internationalen Konjunktur halbwegs zusammenfällt (ihr vermutlich sogar vorausläuft), sich in ihrer Schärfe allerdings ganz auffallend von dem wesentlich milderen Verlauf in allen westeuropäischen Ländern unterscheidet. Man ist versucht, von einer Abfolge von Reparations- und Transferkonjunkturen zu sprechen.

Zum vierten ist die wechselnde Rangfolge oder Seniorität der Reparationen und kommerziellen Auslandsschulden der wesentliche Bestimmungsgrund für die wechselnde Schärfe der Zahlungsbilanzrestriktion, der sich die deutsche Volkswirtschaft gegenübersieht. Alle aufeinanderfolgenden Reparations- und Transferregimes sind durch eine abnehmende relative Rangstellung der mittel- und langfristigen deutschen Auslandsverschuldung gekennzeichnet, an deren Ende eine nicht vollständige, aber weitreichende Zahlungseinstellung steht. Dieser Umstand tritt gegenüber dem viel spektakuläreren Reparationsproblem allzu leicht in den Hintergrund. Mit dieser Abnahme der Seniorität geht ein zunehmendes Abschnüren Deutschlands von langfristigem Auslandskredit einher. Die so skizzierten Reparations- und Transferkonjunkturen sind allerdings der deutschen Politik nicht völlig exogen. Ein gewisser Anteil unserer Betrachtungen wird der kontrafaktischen Analyse der Frage gelten, wie eine deutsche Politik auszusehen gehabt hätte, die solche Konjunkturen hätte vermeiden wollen. Diese kontrafaktische Frage führt zurück zum Gegenstand der Borchardt-Debatte und zu einer letzten, fünften Arbeitshypothese:

Der empirische Befund der Borchardt-These I ist das binnenwirtschaftliche Korrelat des Dawes-Plan-Regimes und ursächlich am Zusammenbruch des Dawes-Plans und dem Übergang zum Young-Plan beteiligt. Der Befund der Borchardt-These II ist das binnenwirtschaftliche Korrelat des Young-Plans und mit ursächlich für dessen Zusammenbruch. Es kann auch argumentiert werden, daß der Befund der impliziten Borchardt-These III das binnenwirtschaftliche Pendant zum Ende der Reparationen und zum sukzessiven Austrocknen des Schuldendiensts ab 1932 sei. Ob auch dieses letztere Regime sich mit dem Übergang zum Vierjahresplan gleichsam selbst vereitelt habe, ist eine offene Frage, deren Beantwortung über den Zeitrahmen dieser Untersuchung hinausführen würde; zu stark sind die Sonderfaktoren, die durch die Entscheidungsprozesse in einer zum Krieg rüstenden Diktatur gegeben sind. Es gibt allerdings Indizien, die eine positive Beantwortung auch dieser Frage nahelegen.

Die hier vorgelegten Arbeitshypothesen bedeuten keine Rückkehr zu einer mechanistischen Reduktion der Weltwirtschaftskrise in Deutschland und ihrer Überwindung auf das Reparationsproblem. Hier wird insbesondere nicht die Auffassung vertreten, der Transfer der deutschen Reparationen sei nicht oder nur in trivialen Beträgen möglich gewesen. In Kapitel 4 dieser Arbeit werden Bedingungen skizziert, unter denen sowohl die volle Reparationsleistung als auch ein wesentlich milderer Verlauf der Weltwirtschaftskrise in Deutschland vorstellbar werden. Ebensowenig soll hier nahegelegt werden, die Reparationsfrage sei hinreichend für das Ende der Weimarer Republik und den Weg Deutschlands in den Faschismus gewesen. In Kapitel 3 und 5 dieser Arbeit werden Bedingungen skizziert, unter denen auch die Brüningsche Deflationspolitik zum Erfolg hätte führen können.

Allerdings muß im Rückblick vor übertriebenem ex-post-Optimismus gewarnt werden. Keines der Reparationsregimes war in vollem Umfang anreizkompatibel, sie boten der deutschen Seite Schlupflöcher, die sowohl 1924 bis 1928 als auch ab 1933 wieder genutzt wurden. Gerade der Umstand, daß im Dawes-Plan der reale Reparationstransfer nicht erzwungen wurde, hat zur Schärfe des späteren Kriseneinbruchs beigetragen. Ob daraus allerdings der Umkehrschluß gezogen werden darf, eine andere Reparationsregelung hätte im Sinne der Reparationsgläubiger zu einem Erfolg geführt, bleibt angesichts der historischen Sonderfaktoren internationaler Politik in Europa nach dem Ersten Weltkrieg ungewiß. Die Schlußbetrachtungen dieser Arbeit bleiben daher pessimistisch bezüglich der Möglichkeit, für die Weimarer Republik ein plausibles, erfolgreiches Szenario zu konstruieren.

2. Weimar im Widerstreit: Ein Überblick

Über Ursachen und Verlauf der deutschen Krise herrscht in der Forschung Uneinigkeit, ebenso über die damals anwendbaren konjunkturpolitischen Rezepte. Hiervon ist im vorigen Kapitel schon ausführlich die Rede gewesen. Die vorhandenen Arbeiten zum Thema spiegeln weitgehend den jeweiligen wirtschaftstheoretischen Kenntnisstand ihrer Entstehungszeit wider; aus methodischer Sicht ist ihnen wenig Bemerkenswertes zu entnehmen. Zeitgenössisch ist das nicht so gewesen, damals hat das deutsche Krisenproblem befruchtend auf die Theoriebildung gewirkt, allerdings im speziellen Zusammenhang der deutschen Reparationsfrage[1]. Mit der keynesianischen Theorie des Transferproblems in den vierziger und fünfziger Jahren geriet dieser Gegenstand außer Sicht, dann jedoch fast vollständig[2]. Im folgenden soll es darum gehen, den Stand der Diskussion zu sichten, zu ordnen, und kritisch zu bewerten, bevor weiter unten an die Herausbildung einer eigenen Hypothese gegangen werden kann.

2.1. Das keynesianische Paradigma

Bis heute wird die deutsche Krise der Zwischenkriegszeit fast reflexartig in keynesianischer Weise interpretiert, d.h. im Zusammenhang von Multiplikatortheorie, IS-LM-Analyse und Phillips-Kurven[3]. Paradigmatisch ausformuliert wurde die keynesianische Kernthese zur Weltwirtschaftskrise in Deutschland von Gottfried Haberler (1937) in ei-

---

[1] Hierzu besonders Moulton und MacGuire (1923), die Diskussion über das Transferproblem bei den deutschen Reparationen, die im Economic Journal von 1929 zwischen Keynes (1929a,b), Ohlin (1929b) und Rueff (1929) geführt wurde, sowie ein später, im Zusammenhang der erneuten Reparationsdebatte nach dem Zweiten Weltkrieg zu interpretierender Angriff auf die Keynessche Position in Mantoux (1946). Eine Zusammenschau der angelsächsischen Diskussion während der Zwischenkriegszeit bietet Petzina (1994).

[2] Hierzu zentral Johnson (1956).

[3] Der bislang vollständigste Beitrag zur keynesianischen Interpretation der deutschen Krise ist Tilly und Huck (1994). Bei der Endredaktion dieser Zeilen gerade einige Monate alt ist der Beitrag von Dimsdale, van Riel und Horsewood (2001) , der eine dynamische Phillips-Kurve untersucht. Zuvor wirkungspessimistisch Borchardt und Ritschl (1992), Eschweiler (1993) mit interdependenten Schätzungen eines IS-LM-Modells, sowie Sommariva und Tullio (1987) mit einer Langzeitperspektive und Plumpe (1985) mit einer keynesianischen Konsumfunktion. Ältere Schätzungen von Konsumfunktionen für Deutschland bieten Erbe (1958), sowie im Rahmen einer klassisch gewordenen internationalen Übersicht Stone und Stone (1938-9).

nem damals vielgelesenen Standardwerk. Danach hat die Deflations- und Budgetausgleichspolitik unter der Kanzlerschaft von Heinrich Brüning 1930 bis 1932 den Hauptgrund für die Schärfe der Krise in Deutschland dargestellt. Alternativen zum Deflationskurs Brünings waren nach dieser These vorhanden und gangbar, und Brüning betrieb seine orthodoxe Finanzpolitik aus einer falschen konjunkturpolitischen Doktrin heraus, womöglich sogar entgegen besserer Einsicht aus sinistren reparationspolitischen Motiven.

Beide Annahmen – die Schädlichkeit der Deflationspolitik und das Vorhandensein ungenutzter Alternativen – bestimmen den keynesianischen Diskurs zur Weltwirtschaftskrise bis heute[4]. Hierbei handelt es sich allerdings um beweisbedürftige Hypothesen, nicht schon um feststehende Tatsachen, was in der Diskussion um Brüning manchmal außer acht gelassen worden ist. Hat man die Voraussetzung gangbarer Alternativen zur Sparpolitik der Brüning-Zeit erst einmal akzeptiert, so liegt eine Reihe von Schlußfolgerungen nahe:

1. Der Kriseneinbruch hätte durch eine Politik der Nachfragestützung abgefangen oder wesentlich gemildert werden können,
2. Der Aufstieg des Nationalsozialismus sei eine Nebenwirkung der Deflationspolitik und darum mit konjunkturpolitischen Mitteln zu verhindern gewesen[5],
3. Der NS-Aufschwung selbst sei ein Beispiel für erfolgreiche keynesianische Konjunkturpolitik[6].

Diese keynesianische Gedankenwelt blieb bis in die siebziger Jahre weitgehend unangefochten. Kritik bedeutete kaum mehr, als anscheinend einen bekannten Anfängerfehler zu begehen, nämlich ein Politikdilemma zwischen Geld- und Fiskalpolitik in einer offenen Volkswirtschaft zu behaupten, das es in Wirklichkeit gar nicht geben konnte (vgl. etwa die Lehrbuchdarstellung bei Dornbusch und Fisher, 1977). Die Einzelheiten dieses Arguments unterscheidet sich nach dem Grad der internationalen Kapitalmobilität, der Leichtigkeit also, mit der anlagesuchendes Kapital über die Landesgrenzen ein- und ausströmt und die Wirkung der heimischen Geldpolitik verringert.

---

[4] Richtungsweisend für die neuere keynesianische Interpretation in Reaktion auf die Borchardt-Thesen ist Holtfrerich (1982). Weitere wichtige Arbeiten sind Hagemann (1984) sowie Balderston (1983), Balderston (1993). Einen Überblick gibt Holtfrerich (1990), ähnlich bereits Maier (1985).

[5] Diese Frage ist unter dem Rubrum "Hat Arbeitslosigkeit den Aufstieg des Nationalsozialismus bewirkt?" (Frey und Weck, 1981) zwischen Wahlforschern strittig gewesen, vgl. besonders Falter (1986); Riel und Schram (1993). Die Gegenfrage, unter welchen Bedingungen Brünings Deflationspolitik hätte erfolgreich sein können, ist nur selten gestellt worden, eine Ausnahme ist Kruedener (1990b).

[6] Dies reicht bis in die zeitgenössische Literatur zurück. Aus dem Nachkriegsschrifttum besonders Grotkopp (1954) und Kroll (1958). Kritisch unter Hinweis auf niedrige expansive Wirkungen der Fiskalpolitik sowie auf restriktive Wirkungen der NS-Kapitalmarktlenkung Erbe (1958).

2.1.1. Unvollständige Kapitalmobilität

Unvollständige Kapitalmobilität ist die Annahme all jener Arbeiten, die der deutschen Geldpolitik einen aktiven Anteil an der Krise zuweisen wollen. Für die Zeit vor 1929 hat die keynesianische Interpretation primär die Geldpolitik der Reichsbank als zu restriktiv angesehen, weniger die Fiskalpolitik[7]. Als Folge einer Geldverknappung verschiebt sich die Kurve des Geldmarktgleichgewichts LM nach links, hin zu LM' (Abbildung 2.1.A). Im neuen, kurzfristigen Gleichgewicht B liegt der Zinssatz höher, die Geldknappheit wird zum Teil durch Kapitalimporte ausgeglichen. Als Folge der höheren Zinsen wird weniger investiert. Damit liegt auch das Sozialprodukt Y und mit ihm der Beschäftigungsgrad niedriger als im alten Gleichgewicht A. (Abbildung 2.1.A):

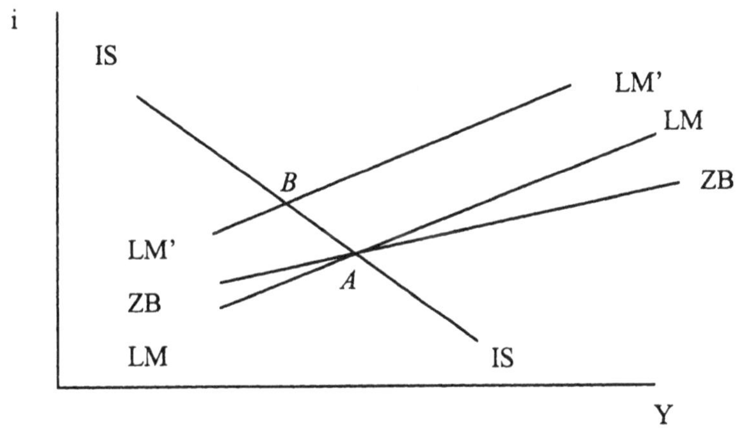

Abb. 2.1.A: Zu restriktive Geldpolitik in den zwanziger Jahren

Für die Weltwirtschaftskrise selbst verschob sich die Aufmerksamkeit der keynesianischen Kritiker auf die Fiskalpolitik[8] (Abb. 2.1.B):

---

7 Mit scharfen Angriffen auf die Reichsbank und die Unabhängigkeit der Geldpolitik im allgemeinen Müller (1973). Einflußreich für die weitere wirtschaftshistorische Debatte besonders G. Hardach (1974, 1976), Holtfrerich (1982), daran anschließend Voth (1994). Mit wechselnden Sichtweisen Balderston (1982, 1983, 1985). Zu einer Beschreibung der Finanzpolitik vgl. Maurer (1973). Eine Sicht der Finanzpolitik in den ausgehenden zwanziger Jahren als Finanzkrise bei James (1985a, 1988). Schwankend zwischen Bewunderung des antizyklischen Effekts der deutschen Finanzpolitik ab 1925 und Kritik an der dadurch ausgelösten Finanzkrise des Jahres 1928/29 Hertz-Eichenrode (1982), ebenso Witt (1985).

8 So einhellig sämtliche Kommentatoren von den zeitgenössischen Frühkeynesianern, resümiert in Lautenbach (1952), Grotkopp (1954), Kroll (1958) sowie dokumentiert in der Edition von Bombach (1976), bis hin zu Holtfrerich (1982) und Hagemann und Kurz (1984).

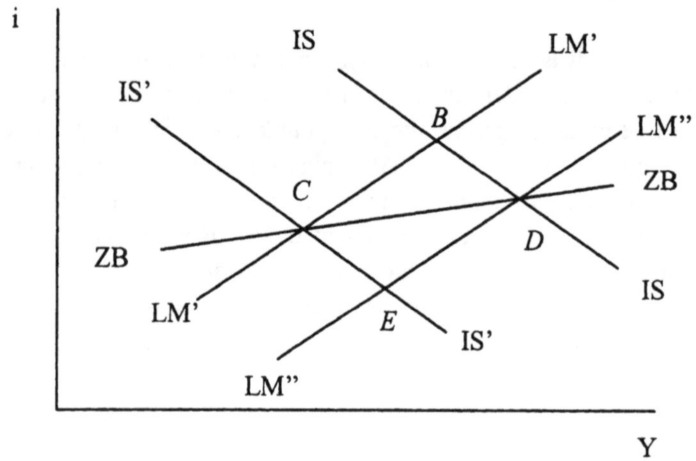

Abb. 2.1.B: Die keynesianische Alternative zu Brünings Sparkurs

In Abbildung 2.1.B ist Punkt B das Gleichgewicht bei Unterbeschäftigung und Kapitalimporten, das sich als Folge restriktiver Geldpolitik in Abb. 2.1.A ergeben hat. In dieser Lage führt ein Nachfrageschock zu einer Linksverschiebung der IS-Kurve nach IS'. Im neuen kurzfristige Gleichgewicht C ist die Zahlungsbilanz ausgeglichen. Expansive Fiskalpolitik (von IS' zurück nach IS) würde in dieser Lage zu einer Expansion der gesamtwirtschaftlichen Nachfrage (von Punkt C zurück nach B) führen. Die expansivere Fiskalpolitik verursacht eine Zinssteigerung und damit Kapitalzuflüsse. Dadurch eröffnet sich sogar die Möglichkeit zu einer leichteren Geldpolitik, etwa von LM' nach LM" und zu einer weiteren Einkommensexpansion ohne Verletzung des Zahlungsbilanzgleichgewichts ZB (von C nach D). Eine Kombination von expansiver Geld- und Fiskalpolitik finanziert sich also gleichsam von selbst. Diese Lehrbuchargumentation ist die Essenz der keynesianischen Kritik am Brüningschen Spar- und Deflationskurs sowie an Borchardts Zwangslagenthese: Unter den Voraussetzungen eines keynesianischen Standardmodells gibt es kein Politikdilemma, das bei festen Wechselkursen, aber unvollständiger Kapitalmobilität eine expansive Politik verhindert.

2.1.2. Vollständige Kapitalmobilität

Hohe Kapitalmobilität läßt der heimischen Geldpolitik bei festen Wechselkursen nur mehr geringe Spielräume. Die Geldmenge und mit ihr die LM-Kurve werden endogen. Als Folge fällt die Anpassungslast vollständig auf die Fiskalpolitik; Änderungen des öffentlichen Budgetsaldos schlagen gemäß dem einfachsten Ausgabenmultiplikator auf das Sozialprodukt durch (Abb. 2.1.C):

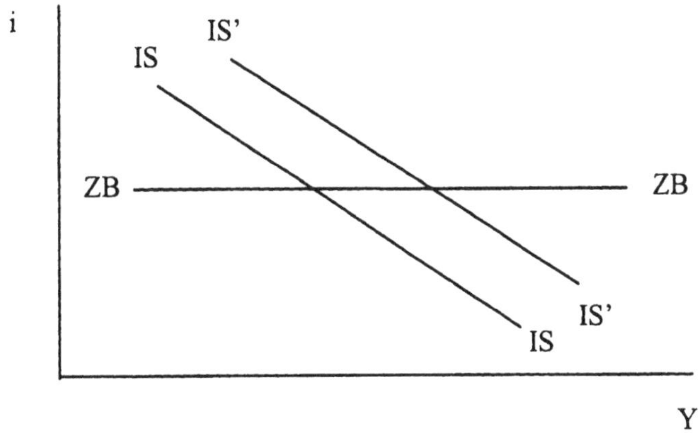

Abb. 2.1.C: Fiskalpolitik bei vollständiger Kapitalmobilität. Geldpolitik unwirksam.

Diese Variante des IS-LM-Modells hat für die Diskussion des deutschen Falles kaum eine Rolle gespielt, implizit liegt sie jenen Argumentationen zugrunde, die vornehmlich die Wirkungen der Fiskalpolitik betrachten und eine passive Rolle der Zentralbank akzeptieren[9].

Für die Bewertung von Brünings Sparpolitik bedeutet vollständige Kapitalmobilität keinen wesentlichen Unterschied; wie zuvor schafft sich eine expansive Fiskalpolitik ihren geldpolitischen Spielraum gleichsam von selbst. Unterschiede ergeben sich gegenüber der Geldpolitik in den zwanziger Jahren. Bei hoher Kapitalmobilität ist Geldpolitik unwirksam, auch eine Geldverknappung durch die Reichsbank vor 1929 hätte dann keine Rolle gespielt[10]. Alle Last für eine unbefriedigende Konjunktur fiele dann auf eine zu sparsame Haushaltspolitik. Hohe Kapitalzuflüsse, wie man sie zwischen 1924 und 1929 beobachten konnte, wären dann allenfalls ein Anzeichen dafür, daß selbst die gegebene IS-Kurve stark expansiv wirkte. Offensichtlich verbleibt auch innerhalb des keynesianischen Zusammenhangs die Erklärungslast auf der Frage der internationalen Kapitalbewegungen, die innerhalb des IS-LM-Modells nicht vollständig modelliert werden können.

[9] Eine Trennung ist hierbei kaum möglich, und es ist fraglich, ob in jedem Fall die konzeptionellen Unterschiede gesehen worden sind. Am ehesten ist sie verwirklicht in den rein auf Möglichkeiten der Budgetpolitik abstellenden Passagen von Holtfrerich (1982), James (1983) und Borchardt (1983c).

[10] G. Hardach (1974) ist ebenso wie Balderston (1983) vorsichtig genug, hohe Kapitalmobilität als unplausibel abzulehnen, um so die jeweilige Kritik an der Reichsbank nicht haltlos erscheinen zu lassen, ohne aber Evidenz für diese Annahme einführen zu können.

2.1.3. Die Lokalisierung des Krisenausbruchs und seine konjunkturpolitische Bedeutung

Im Deutschen herrscht bekanntlich die Redewendung von der Weltwirtschaftskrise vor. Sie gibt den Hinweis auf ein gleichförmiges, weltweit hereingebrochenes Unglück und reflektiert die traditionelle Vorstellung, daß sich die Krise von außen her nach Deutschland übertragen habe. Im keynesianischen Einkommensmechanismus könnte dies ein realer Schock durch Linksverschiebung der IS-Kurve aufgrund verringerter Exporte sein. Hierfür gibt es allerdings, wie sich später in Kapitel 3 zeigen wird, aus den deutschen Daten kaum einen Anhaltspunkt. Ein monetärer Schock durch Linksverschiebung der LM-Kurve bei begrenzter Kapitalmobilität würde die Zinsen im Vergleich zum Ausland senken und zu Kapitalabflüssen führen. Auch dafür finden sich keine Anhaltspunkte. Alternativ ist ein Transmissionsmechanismus über verringerte autonome Kapitalbewegungen als Folge der beginnenden Rezession in den USA vorgeschlagen worden.. In diesem Fall hätte sich bei voller Kapitalmobilität die Kurve des Zahlungsbilanzgleichgewichts nach oben verschoben (Abbildung 2.2).

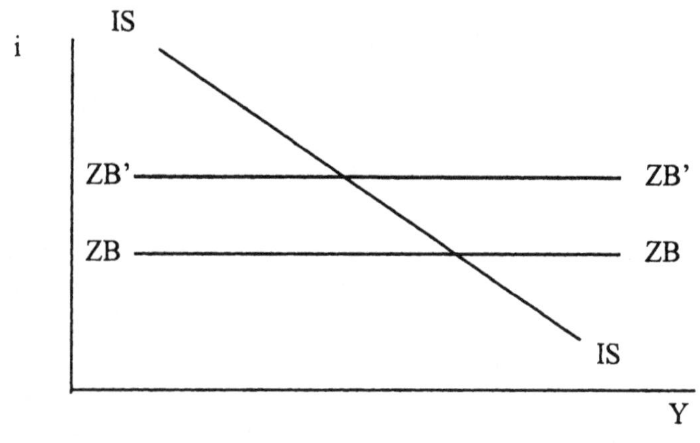

Abb. 2.2: Restriktive Wirkung einer internationalen Zinserhöhung bei hoher Kapitalmobilität.

Wie zuvor fließt Kapital ohne Hindernisse über die Grenzen ein- und auswärts, allerdings sind die Zinsen auf dem Weltmarkt gestiegen. Als Folge wird weniger investiert, das gleichgewichtige Sozialprodukt ist geringer als zuvor.

Temin (1971) stellte die Gegenthese auf, wonach die Depression in Deutschland selbst ihren Anfang genommen habe, verursacht durch eine Abnahme der heimischen Investitionen. Diese zweite These wird später für unseren eigenen Argumentationsgang von Bedeutung sein, denn sie leitet direkt zur Borchardt-Hypothese über. Für den Moment kann sie allerdings unberücksichtigt bleiben; in der IS-LM-Mechanik verschiebt ein „autonomer" Rückgang der Investitionen die IS-Kurve nach links und wirkt wie eine Konjunkturübertragung durch gedämpfte Exporte. In allen Fällen wäre die politische

Implikation dieselbe, nämlich dem Schock mit expansiver Fiskalpolitik entgegenzuwirken und allenfalls die Zahlungsbilanz danach mit Geldpolitik auszugleichen. Bei vollständiger Kapitalmobilität läge die Anpassungslast wieder allein bei der Fiskalpolitik.

2.1.4. Bankenkrise, Sterlingabwertung und die Erholung von der Krise

Die traditionelle keynesianische Interpretation hat eindeutige Ergebnisse für die optimale Reaktion auf die Bankenkrise vom Sommer 1931 und die britische Pfundabwertung im September desselben Jahres[11]. Bei beschränkter Kapitalmobilität wirkt eine Abwertung im Ausland kurzfristig wie eine Verschlechterung der Wettbewerbsfähigkeit, die IS-Kurve verschiebt sich nach links (in Abbildung 2.3 unten von IS nach IS'). Es ergibt sich ein neues kurzfristiges Gleichgewicht mit Kapitalexporten im Punkt C. Ohne selbst abzuwerten, könnte eine keynesianische Regierung mit expansiverer Fiskalpolitik reagieren, bis der negative Impuls abgeklungen ist, und so das Gleichgewicht von C nach A zurück verschieben. Versuche einer expansiven Geldpolitik würden, immer feste Wechselkurse im verbliebenen Goldblock vorausgesetzt, bei beschränkter Kapitalmobilität zusätzlich das Zahlungsbilanzgleichgewicht beeinflussen, bei voller Kapitalmobilität aber unwirksam bleiben. In jedem Fall läge die Hauptlast bei der Fiskalpolitik[12].

In dieses Szenario läßt sich auch die Annahme der Borchardt-These II einführen. Will man annehmen, daß nach der Bankenkrise tatsächlich eine kreditfinanzierte Stabilisierung der gesamtwirtschaftlichen Nachfrage nicht möglich war, dann wäre eine

[11] Zur Chronologie der Bankenkrise in Deutschland vgl. immer noch Born (1967); für Österreich Stiefel (1987). Mit Spekulationen über den Zusammenhang der österreichischen und deutschen Krise, jedoch wenig dokumentiert, Lüke (1958). Eine stärker an der Reichsbank orientierte Darstellung gibt James (1985a). Apologetisch und dem Anschein nach nicht jederzeit auf der Höhe des konzeptionellen Problems die Memoiren des damaligen Reichsbankpräsidenten Luther (1961). Eine durch Eigeninteresse gefärbte, dennoch interessante Kritik an Luther findet sich in den Memoiren Brünings (1970).

[12] Vor diesem Hintergrund bleibt die für diese Phase nunmehr einsetzende Kritik an der Reichsbankpolitik (etwa bei Holtfrerich, 1982, 1990) widersprüchlich. Solange fixe Wechselkurse vorherrschten, gab es nach keynesianischer Logik weder Raum noch Notwendigkeit für eine isolierte expansive Geldpolitik. Der Umstand, daß entgegen der Kritik an einem zu starren Festhalten am Goldautomatismus die Golddeckung – bei fortgeltender, durch Stillhalteabkommen nur teilweise eingeschränkter Konvertibilität – seit der Bankenkrise schrittweise herabgesetzt wurde (diese Beobachtung wird angestellt bei James, 1985b), ist bereits zeitgenössisch und in der Nachkriegsliteratur mit der parallel laufenden monetären Expansion in den USA begründet worden, vgl. Kroll (1958). Die Kritik der Zeitgenossen setzte an dem Umstand an, daß es sich hierbei um rein buchmäßige, nicht aber "produktive" Kreditschöpfung handelte. Ganz dieselbe Kritik übte auch Brüning in einer Rede vor dem Wirtschaftsbeirat, der nach einer Kabinettsumbildung im Herbst 1931 Vorschläge für eine konjunkturelle Wiederbelebung machen sollte. Vgl. Akten der Reichskanzlei (AdR) Brüning, S. 1980, ebenso Kapitel 3 unten.

Rechtsverschiebung der IS-Kurve durch Fiskalpolitik als Reaktion auf die englische Pfundabwertung ausgeschlossen. Bei weiter fixen Wechselkursen bleibt dann der Politik als einziger Ausweg (für den Moment, weiter unten sollen zusätzliche Alternativen bedacht werden) die Anpassung durch eine restriktivere Geldpolitik (von LM nach LM' in Abbildung 2.3. unten), soll eine Aufzehrung der Reserven mit anschließender eigener Abwertung vermieden werden. Es ergibt sich das „Deflationsgleichgewicht" B.

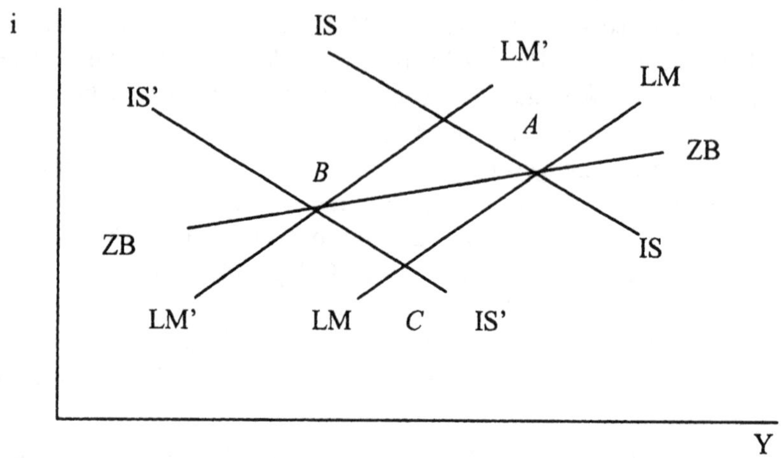

Abb. 2.3.: Reaktion auf ausländische Abwertung gegenüber dem eigenen Fixwechselkursblock

Eine Abwertung, der eigene Abschied vom Goldstandard, ist in der keynesianischen Interpretation der überlegene Ansatz[13]. Bei vollständiger Kapitalmobilität und flexiblen Wechselkursen erweist sich die Fiskalpolitik (etwa eine versuchte Expansion von IS nach IS') als ebenso unwirksam wie unnötig. Sie induziert Zinsänderungen, die zu entgegengesetzten Änderungen des realen Wechselkurses führen und damit die IS-Kurve wieder in ihre Ausgangsposition zurück verlagern (Abbildung 2.4):

---

[13] Die Diskussion um eine deutsche Abwertung hat unmittelbar nach der englischen Pfundfreigabe im September 1931 eingesetzt, vgl. Kapitel 3 unten. Zur älteren Diskussion vgl. Grotkopp (1954), Kroll (1958). In der neueren Literatur nach Holtfrerich (1982) besonders Borchardt (1985), Schiemann (1985), Maier (1985), Sommariva und Tullio (1987).

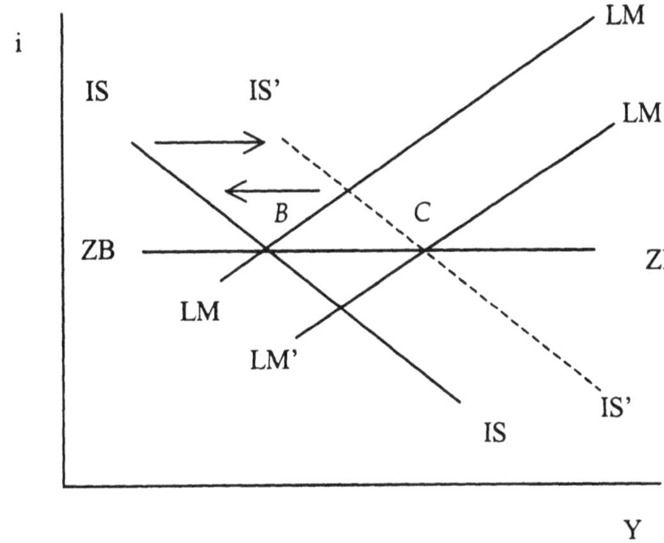

Abb. 2.4: Keynesianisches Idealszenario: Monetäre Expansion bei flexiblen Wechselkursen

Eine Expansion der Geldmenge (etwa von LM nach LM') bleibt dagegen ohne Folgen für den Wechselkurs und hat somit reale Einkommenseffekte. Bei flexiblen Wechselkursen und voller Kapitalmobilität ist die IS-Kurve endogen, Fiskalpolitik ist unwirksam. Das ist der zentrale Lehrsatz des Mundell-Fleming-Modells, der noch heute in jedem Lehrbuch zur Zahlungsbilanz- und Wechselkurstheorie vorgetragen wird.

Wichtig an diesem Zwischenergebnis ist seine politische Bedeutung: Nach keynesianischer Auffassung hätte eine konjunkturelle Erholung auch ohne Fiskalpolitik eingeleitet werden können, nämlich durch Abwertung und anschließende monetäre Expansion.. Deutschland brauchte lediglich die „goldenen Fesseln" (Eichengreen, 1992a) des Goldstandards abzustreifen, der englischen Abwertung folgen, und auch ohne Fiskalpolitik hätte sich ein Aufschwung eingestellt.

Im keynesianischen Paradigma muß dies geradezu als *coup de grace* an der Borchardt-These erscheinen: Selbst wenn aus hier nicht erklärten, außerhalb der keynesianischen Modellwelt angesiedelten Gründen der Fiskalpolitik die Hände gebunden waren, kann daraus noch keine konjunkturpolitische Zwangslage für Brüning konstruiert werden (vgl. besonders Holtfrerich, 1990). Abwertung und expansive Geldpolitik konnten auch ohne Erhöhung der staatlichen Defizite zur Vollbeschäftigung zurückführen. So jedenfalls stellt es sich dar, wenn man sich strikt an die IS-LM-Modellwelt hält und weitere Gesichtspunkte nicht in Betracht zieht.

2.1.5. Zusammenfassung: Die Kernthesen der keynesianischen Interpretation

Zusammenfassend stellt die keynesianische Standardinterpretation zwei Kernthesen zur deutschen Krise und Konjunktur sowie eine Reihe von Nebenthesen auf:

Kernthese I: Die deutsche Fiskalpolitik war während der Weltwirtschaftskrise restriktiv, vor der Bankenkrise von 1931 trägt sie die Hauptlast für die Erklärung der Schwere des deutschen Kriseneinbruchs.

Kernthese IIa: Zu einer Fiskalpolitik des Haushaltsausgleichs existierten Alternativen. Der Weg in die Bankenkrise von 1931 hätte durch expansivere Budgetpolitik vermieden oder abgemildert werden können.

Kernthese IIb: Die Krisenverschärfung nach der Bankenkrise hätte durch eine Abwertung vermieden werden können – auch dann, wenn tatsächlich die öffentliche Kreditnahme beschränkt war.

Nebenthese I: Während der zwanziger Jahre war die internationale Kapitalmobilität beschränkt und die deutsche Geldpolitik zu restriktiv.

Nebenthese II: Der Krisenauslöser liegt entweder in einer Abnahme autonomer Kapitalzuflüsse aus den USA oder in einer autonomen Verringerung der Investitionen in Deutschland.

Wie schon zuvor bemerkt, ist es zentral, die beiden Kernthesen voneinander zu unterscheiden. Die zweite These skizziert zwei Alternativen zur Deflationspolitik Brünings. Auch wenn aus Gründen außerhalb des keynesianischen Modells eine expansive Fiskalpolitik nicht möglich war, hätte eine Abwertung mit expansiver Geldpolitik den Rückweg zur Vollbeschäftigung eröffnet. Nebenbei ergibt sich übrigens, daß auch die fiskalpolitisch erklärte NS-Konjunktur lediglich eine zweitbeste Stabilisierungspolitik darstellt (so etwa Buchheim, 1994). Gegenüber einer Staatskonjunktur bei festem Wechselkurs erscheint die Abwertung bei festgehaltenem Budget weitaus attraktiver.

Vorsorglich sei festgehalten, daß die hier dargestellte Erklärung der deutschen Krise unvollständig ist, unabhängig von der Geltung des Modells im allgemeinen. Wichtige Vorgänge im Geld- und Kapitalmarkt – US-Kapitalströme nach Europa, Bankenkrise, Pfundabwertung, Kreditklemme – lassen sich nur höchst unvollkommen im IS-LM-Modell erklären und sind bislang nur en passant eingeführt worden. Jede der hier angeführten Thesen macht implizite Annahmen über das Verhalten der internationalen Kapitalströme, die den Rahmen des Modells sprengen. Unter anderen Annahmen hierüber wird sich zeigen (Kapitel 4.1), daß auch in einem keynesianischen Kontext die zweite Kernthese nicht zwingend und angesichts der Fakten auch nicht tragfähig ist.

Immerhin aber ist festzuhalten, daß innerhalb der beiden Kernthesen die Borchardt-These nicht haltbar wäre; sie erschiene wie ein wirtschaftswissenschaftlicher Anfängerfehler. Weder würde eine Kreditklemme im Reichshaushalt in eine konjunkturpolitische Zwangslage führen, noch bestände ein Zusammenhang zwischen einer zu leichten Politik in den zwanziger Jahren und einer Zwangslage während der Weltwirtschaftskrise, den die Borchardt-These behauptet. Entweder ist die Borchardt-These nur außerhalb eines keynesianischen Kontextes richtig, oder die bisher geleistete Erklärung bleibt auch innerhalb des keynesianischen Modells unvollständig. Beides läßt sich unabhängig voneinander überprüfen.

2.2. Was leistet das keynesianische Paradigma zur Erklärung der deutschen Krise?

Eine empirische Überprüfung mit deutschen Daten für die Zwischenkriegszeit steht beträchtlichen Schwierigkeiten gegenüber. Das gesamtwirtschaftliche Datenmaterial ist in der Vergangenheit nur unvollständig erfaßt und aufbereitet worden. Der Betrachtungszeitraum reicht allenfalls von der Jahreswende 1924/25, nach dem Ende der Hyperinflation und der Stabilisierung der Mark, bis in das Jahr 1938. Während dieser wenigen Jahre war die deutsche Wirtschaft schwersten Verwerfungen ausgesetzt. Daher kann man kaum guten Gewissens nach bewährter Stichprobenmethodik vorgehen und seine Rohdaten als zufällige Ziehung von Beobachtungen aus einem regelmäßig wiederkehrenden Prozeß wirtschaftlicher Gesetzmäßigkeiten ansehen.

Das Probleme der Datenqualität läßt sich durch eine Vervollständigung und methodische Aufbereitung der vorhandenen Ziffern weitgehend lösen. Die Anhänge A bis C dieser Untersuchung unterrichten über die Konstruktion einer Datenbasis mit Hilfe der zeitgenössischen amtlichen Statistik, deren Lücken durch die Erschließung von Archivmaterial der Reichsstatistik gefüllt werden konnten.

Prinzipielle Schwierigkeiten ergeben sich durch mögliche Strukturbrüche in einem sehr kurzen Beobachtungszeitraum. Der hier gewählte Ansatz besteht darin, Abschätzungen sowohl mit klassischen Strukturmodellen als auch mit Hilfe bayesianischer Zeitreihenverfahren zu versuchen und die Strukturstabilität der Schätzungen durch rekursive Schätzverfahren zu überprüfen. Nachdem sich eine Verlängerung des Beobachtungszeitraums durch die Weltkriege und die Hyperinflation verbietet, bleibt wenig mehr übrig, als sich pragmatisch an die Aussagegrenzen des Materials heranzutasten.

2.2.1. Die Messung der keynesianischen Budgetwirkungen

Nicht jedes Defizit ist ein Anzeichen für eine expansive Fiskalpolitik; ebensowenig weisen Überschüsse auf kontraktive Budgetwirkungen hin. In einem einkommensabhängigen Steuersystem schwanken die Einnahmen mit der Konjunktur, und je nach dem Auslastungsgrad der Gesamtwirtschaft treten im Staatshaushalt Defizite und Überschüsse endogen auf. Der Full Employment Budget Surplus (FEBS)[14] bereinigt die De-

[14] Nach Brown (1956).

fizite um diese konjunkturell bedingten Mindereinnahmen und Mehrausgaben. Dazu wird der Überschuß oder das Defizit im öffentlichen Budget auf die Vollbeschäftigung hochgerechnet. Dieser Full Employment Budget Surplus und seine Veränderung, der Fiskalimpuls, stellen ein keynesianisches Maß für die Wirksamkeit der Fiskalpolitik dar[15].

Allerdings ist die Messung des staatlichen Budgetsaldos für die Zwischenkriegszeit durch Datenprobleme erschwert. In den zwanziger Jahren wiesen die veröffentlichten Statistiken den Budgetsaldo systematisch verzerrt aus. Erreicht wurde dies durch selektive Berücksichtigung von Schattenhaushalten sowie Manipulationen der ohnehin problematischen kameralistischen Buchungsmethode, eine Maßnahme im Reparationskonflikt, die uns im weiteren Verlauf (Kapitel 3 unten) noch beschäftigen wird. In den dreißiger Jahren weist die veröffentlichte Finanzstatistik große Lücken auf, so daß die Darstellung des Reichshaushalts aus den veröffentlichten Daten nicht mehr möglich ist.

Für die Korrektur des Budgetsaldos kann im Prinzip zum einen aus der Statistik der Reichsschuld, zum zweiten aus vorhandenen Nachberechnungen geschöpft werden. Den ersten, indirekten Weg beschreitet für die dreißiger Jahre Erbe (1958)[16]. Allerdings ist die veröffentlichte Schuldenstatistik weder vollständig noch zeitlich korrekt abgegrenzt. Zudem sind zahlreiche Einträge durch Aufwertung von Altschulden entstanden, denen in der Periode keine Zahlungsströme gegenüberstanden[17]. In den dreißiger Jahren treten die Schattenhaushalte der Arbeitsbeschaffung und Aufrüstung hinzu. Aus den Akten der Nürnberger Prozesse gibt es hierzu Material, das vielfach verwendet worden ist[18], es bleibt aber unvollständig. Über Einzelheiten hierzu berichtet Anhang A zu dieser Arbeit. Für die zwanziger Jahre entstehen größere Ungenauigkeiten durch die Altschulden und eine wechselnde Einbeziehung der kurzfristigen schwebenden Schuld in den Schuldenausweis. Ein drittes Problem bildet der Münzgewinn aus der Reichsmarkprägung im Jahr 1924, der in den Folgejahren zur Verschleierung von Budgetdefiziten verwendet wurde und nicht im Budget von 1924 erscheint[19].

Alternativ zur Reichsschuldenstatistik läßt sich der jährliche Budgetsaldo neu berechnen und um die Buchungssalden mit den Schattenhaushalten bereinigen. Dieses Verfahren ist zuerst in den Berichten des Reparationsagenten (1927 und Folgejahre) angewendet worden. Die damaligen Schätzungen wurden in einer Reihe von korrigierten

---

15 Zum Fiskalimpuls Hansen und Snyder (1969). Zur Diskussion vgl. Gandenberger (1973), Lenk (1979).

16 Für die zwanziger Jahre ähnlich neuerdings Bachmann (1996).

17 Hierbei handelt es sich insbesondere um die Aufwertung bestimmter mündelsicherer Vorkriegsschulden sowie in geringem Maß um Schuldbuchforderungen aus dem Kriegslastenausgleich mit Polen. Zur genauen Beschreibung vgl. Maurer (1973) sowie Bachmann (1996).

18 Zuerst ausgewertet in Stuebel (1951), später z.T. übernommen bei Erbe (1958), Andic und Veverka (1963/64), Hoffmann (1965), Keese (1967), Hansmeyer und Caesar (1976), James (1988).

19 Hierzu zuerst im Detail Netzband und Widmaier (1964). Über Einzelheiten informieren Hertz-Eichenrode (1982) sowie Bachmann (1996).

Rückrechnungen zum Reichshaushalt bestätigt, die in der Reichsstatistik ab 1930 veröffentlicht wurden – auch dies ist ein Vorgang, der eng mit dem Thema dieser Arbeit verknüpft ist. Auf Basis dieser Berechnungen hat Witt (1982) eine teilweise Neuberechnung des Reichshaushalts bis 1930 vorgelegt. In Anhang A wird auf gleicher methodischer Grundlage, aber breiterer Materialbasis, eine ähnliche Nachberechnung bis zum Fiskaljahr 1933/34 fortgeführt[20].

Für die dreißiger Jahre läßt sich die Statistik der öffentlichen Haushalte aus zwei Quellen fortsetzen. Für Länder- und Gemeindehaushalte und die Sozialversicherung lassen sich alle erforderlichen Angaben den Veröffentlichungen der zeitgenössischen Reichsstatistik oder späteren Zusammenstellungen entnehmen[21]. Für den Reichshaushalt selbst, ohne Einbeziehung der Schattenhaushalte, wurden die bisher allein bei Stuebel (1951) ausgewerteten unveröffentlichten Haushaltsrechnungen des Reichs[22] herangezogen, während sich der Nettoumlauf an Arbeitsbeschaffungs- und Rüstungswechseln aus den Archivmaterialien der beteiligten Ministerien sowie der Reichsbank rekonstruieren ließ[23].

In der Haushaltsstatistik des Deutschen Reichs (wie später in der Bundesrepublik bis 1960) wich das Fiskaljahr (1.4. bis 31.3.) vom Kalenderjahr ab. Die Umrechnung ist bislang nur mit grober Interpolation versucht worden (so bei James, 1988, daran angelehnt Cohn; 1992). Einer genauere Schätzung war mit Hilfe der Vierteljahresstatistik möglich. Über Einzelheiten und Berechnungsmethoden berichtet Anhang A zu dieser Arbeit.

Zur Berechnung des FEBS sind auch Informationen über die Steuerbasis, d.h. das Volkseinkommen erforderlich. Anhang B zu dieser Arbeit stellt eine methodisch aktualisierte Fassung der amtlichen Volkseinkommensstatistik vor.

Abbildung 2.5.A zeigt auf dieser Grundlage den Full Employment Budget Surplus, hier dargestellt als Vollbeschäftigungsdefizit ("FEBD"), zusammen mit dem tatsächlichen, unbereinigten Budgetdefizit. Die Angaben sind auf den Höchststand der Beschäftigung vor der Weltwirtschaftskrise im Jahr 1928 normiert – ohne daß dies bedeutet, für dieses Jahr würde Vollbeschäftigung angenommen.

---

[20] Hierbei wird, anders als bei Witt oder anderen bisher vorgenommenen Schätzungen (Hoffmann und Müller, 1959), insbesondere die Aufteilung des Schuldendienstes zwischen Verzinsung und Tilgung aus Materialien rekonstruiert, die zwar nicht in den "Statistischen Jahrbüchern" oder "Wirtschaft und Statistik", wohl aber in der „Statistik des Deutschen Reichs" (Nr. 459) veröffentlicht sind.

[21] Hier insbesondere das nach Kriegsende von einer Arbeitsgruppe im Auftrag der Länder im amerikanischen Besatzungsgebiet herausgegebene Statistische Handbuch von Deutschland (1949).

[22] Institut für Zeitgeschichte München, Bestand IfZ Da 03.03.

[23] Zu den Einzelheiten der Rückrechnungen und den Fundorten vgl. Anhang A.

Abb. 2.5.A: Defizite und Vollbeschäftigungs-Defizite im Reichshaushalt, 1925-1938, Vergleichsbasis 1928=0

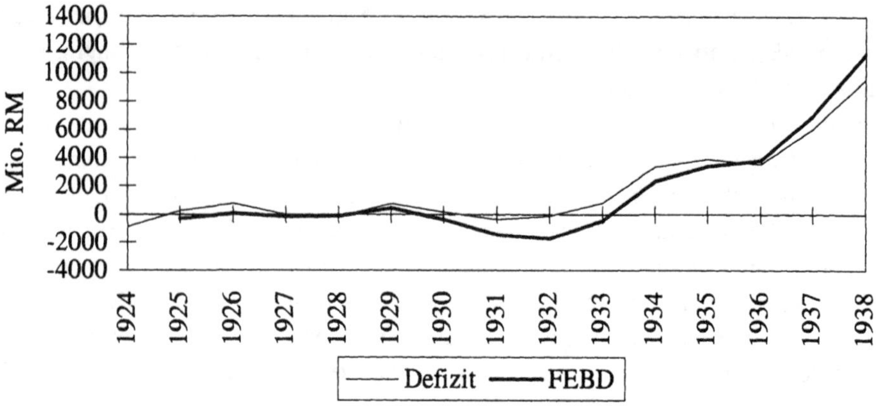

Das hervorstechende Merkmal ist weniger die restriktive Wirkung der öffentlichen Haushalte während der Weltwirtschaftskrise. Dieses Phänomen gilt allgemein als akzeptiert und wurde mit anderen Daten bei Cohn (1992) dokumentiert. Interessant ist besonders die prozyklische Haushaltspolitik in anderen Jahren. In den dreißiger Jahren erhöhte sich das Vollbeschäftigungsdefizit auch nach der Annäherung an die Vollbeschäftigung weiter. Nach der Rezession von 1925/26 blieb dagegen das Vollbeschäftigungsdefizit bis zum Jahr 1929 an der Nullinie, die durch die Vergleichsbasis 1928 definiert wird. In der Literatur hat man der Krise von 1926 und ihrer Überwindung durch eine Frühform antizyklischer Fiskalpolitik viel Aufmerksamkeit entgegengebracht[24]. Tatsächlich sind aber die Ausschläge minimal. Auch im Aufschwung von 1927 verringerte sich das Defizit nicht. Für die Weltwirtschaftskrise selbst besteht jedoch an der kontraktiven Wirkung des Reichshaushalts aus Sicht des FEBS-Konzepts kein Zweifel.

Für die keynesianische Dynamik der Fiskalpolitik kommt es auf die Veränderung des Budgetsaldos an. Abbildung 2.5.B zeigt diese Änderung zusammen mit der Veränderung des FEBD, d.h. dem Fiskalimpuls. Hier zeigt sich, daß in einigen Jahren die Veränderung des Vollbeschäftigungsdefizits den Änderungen des tatsächlichen Defizits vorausläuft, in anderen Jahren jedoch nachfolgt.

[24] So besonders bei Hertz-Eichenrode (1982), zuvor mit reichen Details Netzband und Widmaier (1964).

Abb. 2.5.B:Fiskalimpuls und Änderung des Defizits, 1925-1938

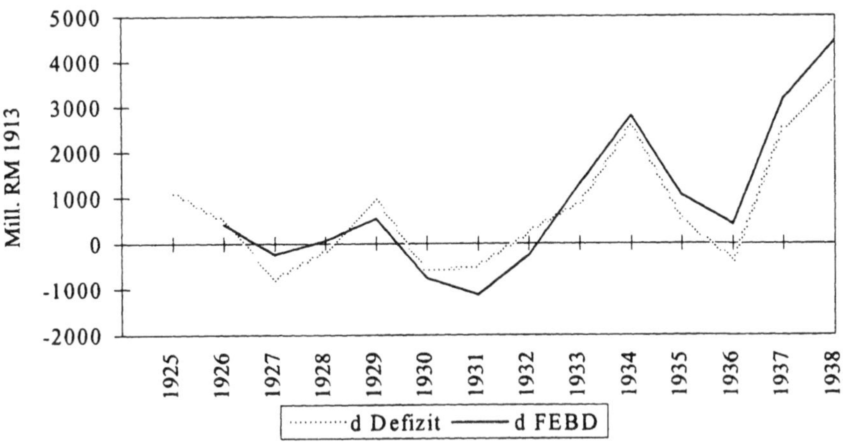

Besonders charakteristisch sind die Überschneidungen in den Jahren 1928 sowie zwischen 1932 und 1933, also gerade in der Umgebung der Krise. Im Jahr 1932 wäre der Impuls durch die Veränderung des unbereinigten Defizits bereits positiv. Das FEBS sinkt jedoch noch weiter. Umgekehrt ist der fiskalische Impuls das FEBD in den zwei Jahren vor der Krise weniger kontraktiv als im unbereinigten Defizit.

Bezieht man direkt die Veränderung des Sozialprodukts auf den Fiskalimpuls, ergibt sich ein Maß für den keynesianischen autonomen Ausgabenmultiplikator. Hier zeigen sich markante Schwankungen im Zeitablauf (Abbildung 2.6).

Abb. 2.6: Die Instabilität des Ausgabenmultiplikators

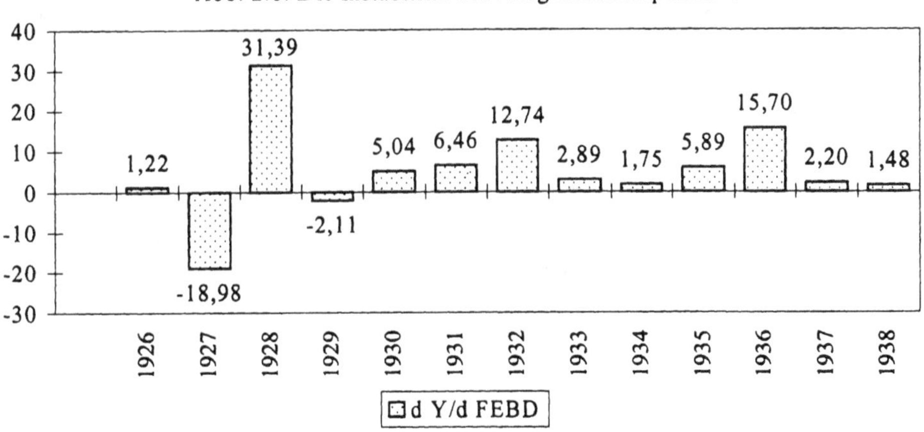

Wäre der Zusammenhang stabil, so müßte sich eine Bewegung um den Wert Eins herum ergeben, dem FEBS-Konzept entspricht; Abweichungen wären allenfalls durch Wirkungsverzögerungen der Fiskalpolitik bedingt. Von dieser Situation ist Abbildung 2.6 weit entfernt. Die Auslenkung des Sozialprodukts ist bei weitem zu hoch, um durch keynesianische Wirkungen der Fiskalpolitik erklärbar zu sein. Der besonders extreme Ausschlag 1928 läßt sich darauf zurückführen, daß in diesem Jahr der bereinigte Fiskalimpuls im Nenner besonders klein ist. Dies wäre unter der Annahme von Wirkungsverzögerungen mit dem keynesianischen Kontext immerhin noch vereinbar. Nicht damit vereinbar ist dagegen die Kombination des starken negativen Ausschlags 1927 mit dem entgegengesetzten Ausschlag 1928: In beiden Jahren steigt das Sozialprodukt gegenüber dem Vorjahr bei unterschiedlichen Vorzeichen des FEBS. Eine fiskalische Interpretation der Erholung von der Krise des Jahres 1926 scheidet demnach aus der Betrachtung aus; für den Aufschwung müssen andere Gründe maßgeblich gewesen sein[25]. Dasselbe Argument gilt für die Weltwirtschaftskrise. Innerhalb von drei Jahren steigt der gemessene Multiplikator von etwa 5 auf etwa 12. Mit Nachwirkungen eines Fiskalimpulses kann das nicht erklärt werden; der scharfe Krisenausschlag übersteigt die möglichen Effekte von Brünings Fiskalpolitik um ein Vielfaches[26].

Auch im NS-Aufschwung liegen, abgesehen vielleicht vom Jahr 1934, die empirischen Werte viel zu hoch, um eine keynesianische Interpretation zu stützen. Im besonderen kann es keine plausible fiskalische Erklärung der Konjunkturbewegung im Jahr 1933 geben; das Einsetzen des Aufschwungs nach der großen Krise ist nach diesem Befund unabhängig von der Arbeitsbeschaffung und Konjunkturankurbelung im Dritten Reich gewesen[27].

---

25 Diese Beobachtung würde gegen eine keynesianisch orientierte Interpretation des Ereignisverlaufs wie bei Blaich (1977) und Hertz-Eichenrode (1982) sprechen. – Fragwürdig wäre die Vorstellung, der fiskalische Impuls von 1925/26 könnte allein über Multiplikatoreffekte bis 1927/28 nachgewirkt haben. Bei monatlicher Lohn- und Gehaltszahlung (tatsächlich war in der gewerblichen Wirtschaft großenteils noch wöchentliche Entlohnung vorherrschend) müßte ein keynesianischer Multiplikator bereits 3 bis 4 Monate nach Einsetzen des ersten Einkommensimpulses mehr als 75% seines Endwerts erreicht haben – viel zu rasch, um ohne Zusatzhypothesen wie etwa Akzeleratoreffekte eine signifikante Fernwirkung über 20-24 Monate hinweg zu entfalten.

26 Vgl. auch das bei Tilly und Huck (1994) graphisch dargestellte Simulationsergebnis einer Anwendung des von ihnen errechneten Multiplikators auf ihre Schätzung des Budgetsaldos. Auch dort sind die Auslenkungen der Budgetsalden viel zu gering, um die ungeheuren Schwankungen des Sozialprodukts hervorrufen zu können. Die Ergebnisse von Tilly/Huck können daher auch nicht, wie etwa bei Holtfrerich (1996), für eine Untermauerung der These von den verderblichen gesamtwirtschaftlichen Effekten der Brüningschen Budgetausgleichspolitik in Anspruch genommen werden.

27 In diese Richtung bereits Erbe (1958), der ebenfalls dem keynesianische Multiplikatormechanismus als einer Ursache des NS-Aufschwungs skeptisch gegenübersteht. Zur Evidenz für den Beginn eines selbsttragenden Aufschwungs bereits vor Machtantritt Hitlers vgl. Petzina (1973), Borchardt (1979), James (1988), Buchheim (1994). Die paradigmatische Gegenposition, ge-

Wenn es also im Betrachtungszeitraum von 1925 bis 1938 keynesianische Nachfrageimpulse der Fiskalpolitik gab, so wurden sie von anderen Schocks auf das Sozialprodukt dominiert: Ein einfaches Nachfragemodell der Fiskalpolitik kann die Schwere des Kriseneinbruchs 1930-1932 nicht erklären, ebensowenig die Intensität des nachherigen Aufschwungs. Dieses Ergebnis stimmt mit den Beobachtungen für andere Industrieländer überein, vgl. für die USA Brown (1956), für England Peppers (1973) und Broadberry (1984), im Überblick Eichengreen (1992a).

2.2.2. Der private Konsum

Zur makroökonomischen Diskussion um die Bestimmungsgründe des privaten Konsums soll hier nicht beigetragen werden. Allerdings kann einer empirischen Betrachtung des Zusammenhangs zwischen Einkommen und Konsum nicht ausgewichen werden, wenn die Frage nach den Wirkungen der öffentlichen Ausgabenpolitik in der Weltwirtschaftskrise behandelt werden soll. Das IS-LM-Modell beruht wesentlich auf der Stabilität der Konsumfunktion und kann seine politischen Implikationen ohne sie nicht entfalten.

Im folgenden soll zweistufig vorgegangen werden. Zunächst werden *ad absurdum* Ergebnisse zu einer statischen Konsumfunktion präsentiert – nicht um ihrer Glaubwürdigkeit willen, eher im Gegenteil. Ein zeitgemäßerer Ansatz besteht darin, die dynamischen Wechselbeziehungen zwischen Einkommen und Konsum mit Hilfe von Vektorautoregressionen (VAR) zu betrachten. Weiter unten werden daher die Impuls-Antwort-Funktionen einer bivariaten VAR untersucht, um dem keynesianischen Multiplikatoreffekt näherzukommen.

Zeitreihendaten zum privaten Konsum sind aus der amtlichen Sozialproduktsschätzung nicht zu entnehmen, sie müssen entweder als Residuum konstruiert oder auf andere Weise erhalten werden. Eine ausführliche Schätzung des privaten Konsums unternimmt Hoffmann (1965, S. 667ff.). Trotz ihrer Detailliertheit ist sie allerdings mit Skepsis zu betrachten und wird hier nicht verwendet, da sie erstens auf teils fragwürdigen eigenen Berechnungen Hoffmanns zur Produktion von Konsumgütern abhebt und zweitens durchgängig von der Annahme ausgeht, im Dritten Reich habe sich das Verhältnis von privatem zu staatlichem Konsum nach Gütergruppen nicht geändert[28]. Eine solche Annahme mag bei Nahrungsmitteln noch unproblematisch sein, obwohl sie im Prinzip mit der stark anschwellenden Beschäftigtenanzahl im öffentlichen Dienst und bei der

---

schrieben aus der Perspektive des Kreises frühkeynesianischer Reformer, bei Grotkopp (1954) und besonders bei Kroll (1958).

[28] Eine unabhängige, auf den Sozialproduktsdaten der amtlichen Volkseinkommensrechnung aufbauende Schätzung des privaten Konsums ist Mester (1962). Allerdings beruht die dort gewonnene Zeitreihe auf derselben Annahme, wenngleich nicht wie bei Hoffmann für einzelne Gütergruppen, sondern für das Aggregat von privatem und öffentlichem Konsum.

Wehrmacht korrigiert werden könnte. Sie stößt aber an Plausibilitätsgrenzen angesichts des starken Anschwellens der Staatstätigkeit im Dritten Reich. Eine Neuberechnung der Konsumreihe nach Einzelkomponenten kann hier nicht geleistet werden, darum wird mit dem in Anhang B berechneten, mit Hilfe der IfK-Statistik der Konsumgüterproduktion interpolierten Residuum gearbeitet. Diese Zeitreihe paßt sowohl mit den verstreuten Daten zur Konsumgüterproduktion als auch mit den Einkommensschätzungen des Statistischen Reichsamts wesentlich besser zusammen. Im besonderen stimmt sie ab 1936/37 im Gegensatz zu Hoffmanns Daten mit dem von Zeitgenossen und Historikern gezeichneten Bild einer "Kriegswirtschaft in Friedenszeiten" (Wagenführ, 1954) überein[29].

Nachfolgend geben Tabelle 2.1.A und B Auskunft über das Ergebnis des Versuchs, in hergebrachter Weise Konsumfunktionen für die Zwischenkriegszeit zu schätzen. Tabelle 2.1.A schätzt den privaten Konsum in Abhängigkeit vom verfügbaren Periodeneinkommen sowie von segmentierten deterministischen Trendkomponenten. Die Schätzung der ersten Spalte erstreckt sich über den Gesamtzeitraum und berücksichtigt mögliche Strukturbrüche in Regressionskonstante und Steigungsparameter für den Zeitraum der Krise und der NS-Jahre. Das Verfahren führt zu offensichtlich unsinnigen Ergebnissen; der Koeffizient der Einkommensvariable ist negativ und schlecht gesichert. Unterteilung des Schätzzeitraums in drei Teilabschnitte ändert wenig am Ergebnis; die Einkommensterme bleiben negativ. Schätzung in Niveaus statt Logarithmen oder in logarithmischen Differenzen führte ebenfalls nicht zu sinnvollen Resultaten.

29 Vgl. aus der jüngeren Literatur etwa Hachtmann (1988, 1989), Boelcke (1985).

Tabelle 2.1 (*ad absurdum*)
Strukturschätzungen keynesianischer Konsumfunktionen
Vierteljahresziffern, 2SLS
(A) Vollständige Hypothese

	I/25-IV/38	I/25-IV/29	I/30-IV/32	I/33-IV/38
KONSTANTE	7,733	6,659	3,164	16,601
	<1,579>	<1,035>	<1,642>	<1,246>
Y_VERF	2,390	-1,761	-0,582	-9,574
	<-1,125>	<-0,687>	<-0,244>	<-1,110>
TREND	0,031	0,080	-0,390	0,569
	<1,576>	<1,022>	<-0,347>	<1,176>
NAZI	8,529			
	<0,687>			
KRISE	-2,635			
	<-0,338>			
TREND*NAZI	0,161			
	<0,317>			
TREND*KRISE	-0,065			
	<-1,187>			
Y_VERF*NAZI	-6,711			
	<-0,856>			
Y_VERF*KRISE	-1,569			
	<-0,596>			
Ber. R^2	-0,1994	-1,116	0,8726	0,3407
DW	1,4893	1,0797	1,7338	1,8799

(1) KONSUM (C.2.1) und Y_VERF (C.2.2) in Logarithmen
(2) t-Werte in spitzen Klammern
(3) NAZI = 1, I/1933 – IV/1938
(4) KRISE = 1, I/1930 – IV/1932
(5) Y_VERF instrumentiert mit exogenem Ausgabenrest, (C.2.3) – (C.2.1)
(6) Quellen und Definitionen vgl. Anhang C

Auch schrittweise Elimination der insignifikanten Glieder aus den Schätzgleichungen ändert hieran wenig (Tabelle 2.1.B). Für die Teilabschnitte bleibt der Einkommensterm nach wie vor unplausibel und ungesichert. Für den Gesamtzeitraum ergibt sich eine marginale Konsumquote von 0,229, die zwar zufriedenstellend gesichert, aber pathologisch niedrig ist. Damit bestätigt sich ein Ergebnis in Borchardt und Ritschl (1992), wo für denselben Schätzzeitraum eine marginale Konsumquote von 0,3 erhalten wurde, und von Tilly und Huck (1994), wo die marginale Konsumquote bei 0,4 liegt.

Tabelle 2.1 (Fortsetzung)
Strukturschätzungen keynesianischer Konsumfunktionen
Vierteljahresziffern, 2SLS
(B) nach Entfernung der insignifikanten Schätzglieder

	I/25-IV/38	I/25-IV/29	I/30-IV/32	I/33-IV/38	I/30-IV/32	I/33-IV/38	I/25-IV/38
KONSTANTE	1,706	8,627	4,071	13, 159	0,816	0,936	1,481
	<8,225>	<0,622>	<1,944>	<1, 793>	<5,056>	<13,392>	<7,711>
Y_VERF	0,229	-1,790	-0,459	-7, 137	0,639	0,557	0,345
	<2,454>	<-0,403>	<-0,638>	<1, 546>	<9,212>	<19,722>	<4,351>
TREND	0,005		-0,026	0, 153			
	<2,619>		<-1,660>	<1, 667>			
TREND*KRISE	-0,013						
	<-3,023>						
Y_VERF*NAZI	-0,081						
	<-2,910>						
Y_VERF*KRISE	0, 110						
	<3, 149>						
Ber. R^2	0,8536	-6,6744	0,8373	0, 5707	0,9319	0,9446	0,6351
DW	0,8988	0,1928	1,3899	2, 0411	1,1232	1,9326	0,3667

Selbstverständlich läßt sich unter Gewaltanwendung eine lehrbuchmäßige Konsumfunktion reproduzieren, sobald sämtliche Saison- und Trendkomponenten aus der Regression entfernt werden (drei letzte Spalten in Tabelle 2.1.B). Dann nimmt die Einkommensvariable den Trend auf und reproduziert das Lehrbuchbeispiel einer inferenzstatistisch scheinbar hervorragend gesicherten, aber instabilen Korrelation zwischen trendbehafteten Zeitreihen[30]. Der keynesianische Multiplikatormechanismus ist somit für unseren Beobachtungszeitraum ein fragiles Gebilde, dessen empirische oder politische Anwendung einige Glaubensfestigkeit voraussetzen würde.

Nicht viel besser liegen die Dinge, wenn die Dynamik der Einkommens-Konsum-Relation explizit in einer Vektorautoregression (VAR) modelliert wird. Ein Vorteil die-

[30] Alle drei Regressionen im rechten Teil von Tabelle 2.1.B sind im Fehlerkorrekturansatz instabil.

ses Verfahrens liegt darin, daß die dynamischen Multiplikatoren direkt geschätzt und die Anteile der erklärten Prognosefehlervarianz durch Simulation bestimmt werden können. Der Ansatz verwendet eine bivariate bayesianische VAR in Konsum und verfügbarem Einkommen mit einem Litterman-Prior (Doan et al., 1984), wonach jede der betrachteten Zeitreihen einem univariaten AR1-Prozess mit Einheitswurzel folgt (hierzu im Überblick Hamilton, 1994, Kap. 13).

An einer Diskussion der Vor- und Nachteile bayesianischer Zeitreihenanalyse soll hier nicht teilgenommen werden, vgl. dazu Uhlig (1994). Immerhin erscheinen die Vorteile für eine wirtschaftshistorische Anwendung beträchtlich, da das bayesianische Verfahren gestattet, die beobachteten historischen Zeitreihenverläufe als deterministisch anzusehen, die angenommenen Parameter hingegen als stochastisch. Einer historischen Einzelfallstudie kommt das entgegen, denn weder sind die betrachteten Daten stichprobentheoretisch interpretierbar, noch ist ihre Auswahl zufällig. Zur Auswertung der VAR betrachten wir die dynamische Fehlerfortpflanzung eines Anstoßes auf je eine der Schätzgleichungen. Die Reihe der dynamischen Multiplikatoren dieser Impuls-Antwort-Funktionen stellt die (unvollständige) MA-Repräsentation des unterstellten Prozesses dar. Die Impuls-Antwort-Funktionen der VAR für Konsum (C.1.1, vgl. Anhang C) und verfügbares Einkommen (C.1.2, vgl. Anhang C) sind in Abbildung 2.7 abgetragen[31].

[31] Betrachtet werden Reaktionen auf mit Hilfe einer Cholesky-Faktorisierung orthogonalisierte Innovationen.

Abb. 2.7: Impuls-Antwort-Funktionen für Anstöße auf Konsum und Einkommen

(a) Ordnung Einkommen-Konsum

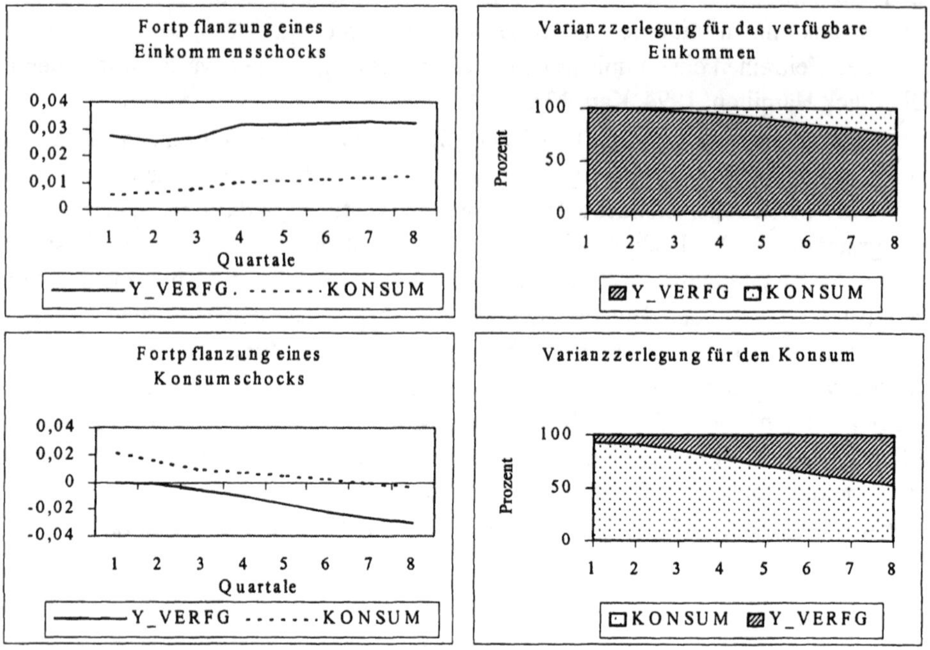

(b) Ordnung Konsum-Einkommen

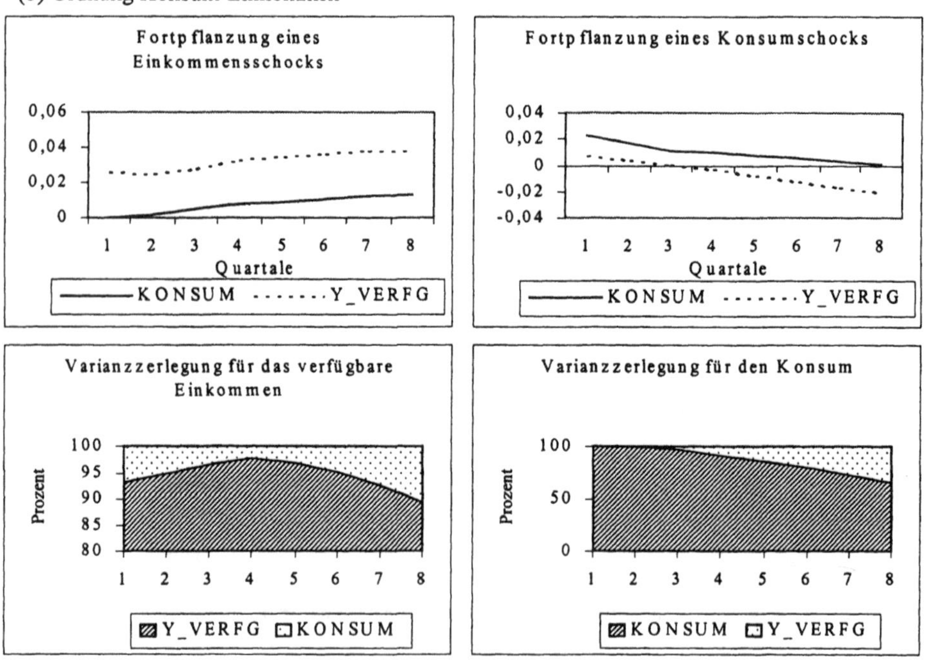

Die Ergebnisse haben mit einem keynesianischen Zusammenhang wenig zu tun. Variationen im Einkommen verursachen nur geringe Auslenkungen in Konsum, kaum mehr als ein Drittel der induzierten Einkommensänderung. Wie sich zeigt, ist dieses Ergebnis robust gegenüber einem Wechsel in der Anordnung der Variablen in der Cholesky-Zerlegung der Varianz-Kovarianz-Matrix. Vollends außerhalb des keynesianischen Paradigmas sind die Impuls-Antwort-Funktionen eines Schocks auf den Konsum. Hier müßte sich ein Multiplikatoreffekt auf das Einkommen wiederfinden lassen. Tatsächlich wird aber der dynamische Effekt eines Konsumschocks auf das Einkommen im Zeitverlauf zunehmend negativ, ohne während zweier Jahre je in den positiven Bereich zurückzukehren.

Dabei ist allerdings das Periodeneinkommen für die Dynamik des Konsums durchaus von Bedeutung: Schocks auf das Einkommen werden positiv auf den Konsum (und auf sich selbst) übertragen. Die Cholesky-Zerlegung der Prognosefehlervarianz zeigt, daß nach 2 Jahren gut die Hälfte der Varianz im Konsum durch Einkommensänderungen erklärt wird, aber kaum mehr als 10% der Varianz des Einkommens durch Konsumvariationen.

Insgesamt mag also der Konsum stärker abhängig von Schwankungen der Periodeneinkommen gewesen sein, als der Lebenszyklushypothese entsprechen würde – was angesichts der extremen Krisenjahre kaum überraschen kann. Umgekehrt aber liegt keinerlei Evidenz für Multiplikatorwirkungen vor: Anstatt innerhalb weniger Perioden starke Einkommenseffekte zu entfalten, führen autonome Variationen des Konsums zu uneinheitlichen, insgesamt minimalen Einkommensänderungen, die für die meisten Perioden das falsche Vorzeichen aufweisen.

Dieses Ergebnis läßt sich weiter vertiefen. In einer historischen Einzelfalluntersuchung interessiert nicht nur das Auffinden von Regelmäßigkeiten, sondern gelegentlich auch ihre Widerlegung. Im bayesianischen Zusammenhang stellen sich solche Strukturverschiebungen durch Innovationen ein, die im Bayes'schen Lernalgorithmus verarbeitet werden und zu aktualisierten Prognosen mit zeitabhängigen Parametern führen. In einem solchen Ansatz verändern sich in jeder Periode die beobachteten Werte in Abbildung 2.7, wobei die Prognosefehler jeder Vorperiode fortlaufend zur Anpassung des Priors beitragen[32]. Abb. 2.8 gibt solche rekursiv ermittelten Impuls-Antwort-Funktionen und die zugehörigen zeitabhängigen anteiligen Zerlegungen der Prognosefehlervarianz wieder.

[32] Die Vektorautoregression mit zeitabhängigen Parametern kann als Zustandsraummodell mit latenten Variablen aufgefaßt werden. Die Aktualisierung erfolgt mit Hilfe des Kalman-Filters. Zur Initialisierung wurde wiederum der Litterman-Prior verwendet. Eine Kurzdarstellung des Ansatzes gibt Hamilton (1994, Kapitel 13.1). Die dort angegebenen Parameterwerte wurden hier übernommen. Die Implementation der Kalman-Rekursionen erfolgte in RATS mit Hilfe der Routinen TVARSET und KALMAN nach den Vorgaben von Doan (1994) und Doan et al. (1984).

Abbildung 2.8: Die Veränderungen des dynamischen Zusammenhangs zwischen Einkommen und Konsum und der anteiligen Varianzerklärung im Zeitablauf

(a) Ordnung Einkommen-Konsum

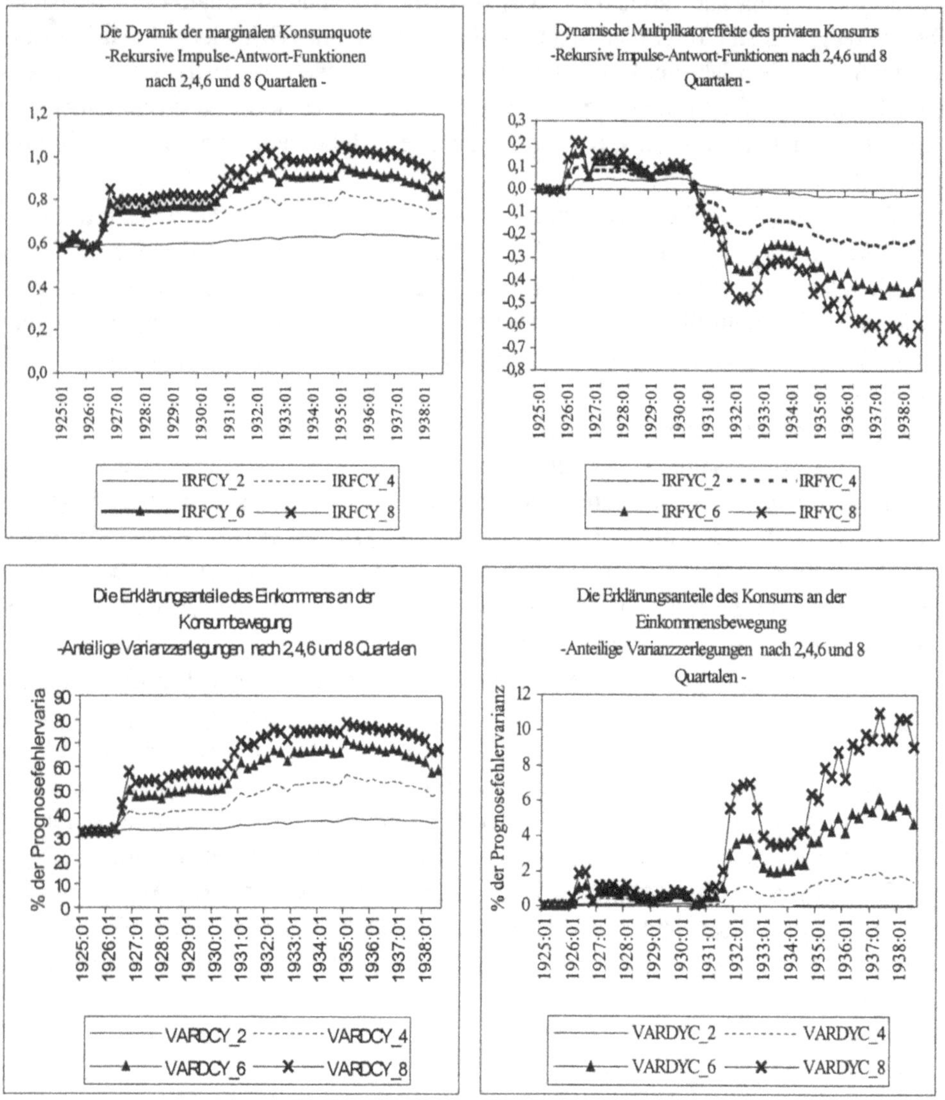

In Abbildung 2.8 a und b sind die Impuls-Antwort-Funktionen je für konstante Verzögerungen zwischen Impuls und Antwort in Abhängigkeit von der Zeit angetragen. Das Bild des dynamischen Zusammenhangs zwischen Einkommen und Konsum wird wieder durch die Anordnung der Variablen beeinflußt. In beiden Fällen wird ein deutlicher Strukturbruch im Jahr 1931/32 sichtbar. Zuvor bleiben im Modell die Wirkungen des

Periodeneinkommens auf den Konsum gering, um danach sprunghaft auf die vom keynesianischen Paradigma erwarteten hohen Werte zu springen und danach wieder leicht abzubröckeln.

(b) Ordnung Konsum-Einkommen

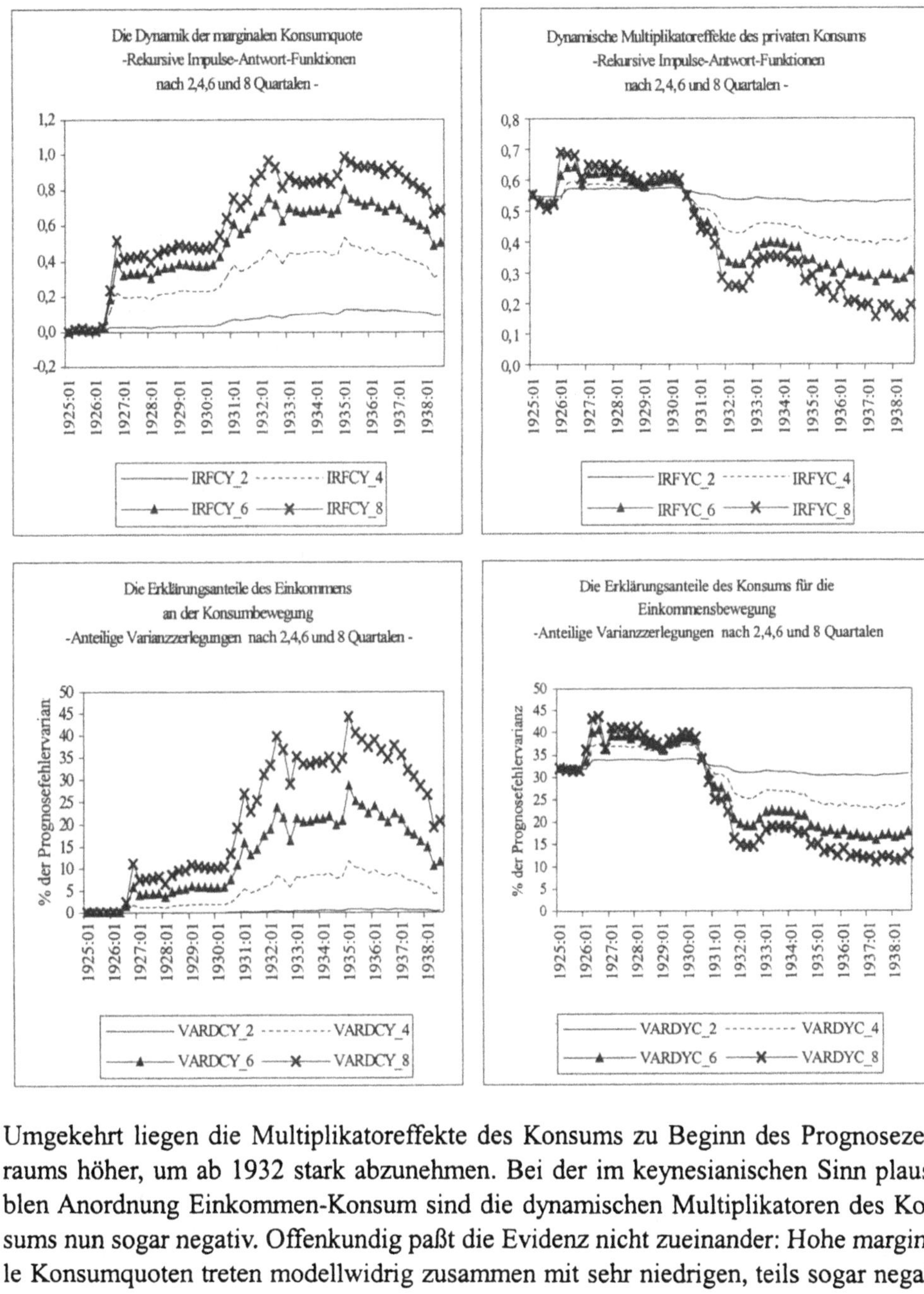

Umgekehrt liegen die Multiplikatoreffekte des Konsums zu Beginn des Prognosezeitraums höher, um ab 1932 stark abzunehmen. Bei der im keynesianischen Sinn plausiblen Anordnung Einkommen-Konsum sind die dynamischen Multiplikatoren des Konsums nun sogar negativ. Offenkundig paßt die Evidenz nicht zueinander: Hohe marginale Konsumquoten treten modellwidrig zusammen mit sehr niedrigen, teils sogar negativen Multiplikatoren auf und umgekehrt. Zudem liegen die Multiplikatoren für die NS-Zeit niedriger als zuvor.

Nicht viel besser steht es mit der gegenseitigen Varianzerklärung von Konsum und Einkommen. Nach einigen Initialisierungsschritten baut sich ein hoher Erklärungsanteil des Einkommens für die Prognosefehlervarianz des Konsums auf, ganz wie nach dem keynesianischen Paradigma zu erwarten wäre. Dieser Effekt war in den Ergebnissen von Abbildung 2.7 nicht sichtbar, er ist der Anpassung des bayesianischen Lernalgorithmus an die strukturellen Veränderungen während der Krise geschuldet. Allerdings baut sich dieser Anteil während des Aufschwungs der dreißiger Jahre tendenziell wieder ab. Dagegen hängt der Anteil des Konsums an der Varianzerklärung in der Einkommensreihe von der Wahl der Anordnung ab. In der eigentlich plausiblen Anordnung Einkommen-Konsum hat der Konsum an der Varianz des Einkommens fast keinen Erklärungsanteil. In der umgekehrten Anordnung liegt sein kurzfristiger Erklärungsanteil bei 30-40%, flacht aber auf längere Horizonte und über die Jahre hinweg ab. Weder die Krise selbst noch der anschließende NS-Aufschwung scheinen sich plausibel mit einem keynesianischen Einnahmen-Ausgaben-Modell erklären zu lassen: Das Modell ist im empirischen Befund strukturell instabil und widersprüchlich.

Zusammenfassend sind die Ergebnisse für den keynesianischen Nachfragemechanismus während der Zwischenkriegszeit wenig ermutigend. Gleich ob wir in deskriptiver Weise den Zusammenhang zwischen Budgetimpuls und Sozialprodukt betrachteten, statisch die strukturelle Form der Konsumfunktion schätzen oder in einer Vektorautoregression die dynamischen Reaktionen nachprüfen, in keinem Fall scheint ein robuster Einnahmen-Ausgaben-Zusammenhang vorgelegen zu haben, den die Politik nur auszubeuten vergaß. Der Versuch, sich am Schopf des Multiplikatoreffekts aus dem Sumpf der Krise herauszuziehen, wäre demnach ein fragwürdiges Unterfangen gewesen.

2.2.3. Die keynesianischen Budgetwirkungen: Zeitreihenanalytische Ergebnisse

Die Frage nach den Wirkungen der Fiskalpolitik läßt sich auch direkter beantworten. Mit demselben zeitreihenanalytischen Instrumentarium lassen sich die verzögerten Wirkungen von Defiziten im Reichshaushalt (C.2.4) auf das Sozialprodukt (C.2.3) messen. Wiederum wird ein bayesianischer Ansatz gewählt und schrittweise geschätzt und aktualisiert, so daß die Impuls-Antwort-Funktionen zu jedem Zeitpunkt neue Werte annehmen können (Abb. 2.10)[33].

[33] Für die Cholesky-Faktorisierung der Varianz-Kovarianz-Matrix unterstellen wir die Ordnung Sozialprodukt (C.2.3)-Budgetdefizit (C.2.4). Schocks auf den Budgetsaldo wirken gemäß dieser Annahme erst mit Verzögerung auf das Sozialprodukt, während umgekehrt Schocks auf das Sozialprodukt bereits in derselben Periode das Defizit beeinflussen. Das ist konsistent mit dem keyne-

Abbildung 2.10: Die dynamischen Wirkungen des Defizits im Reichshaushalt auf das Sozialprodukt

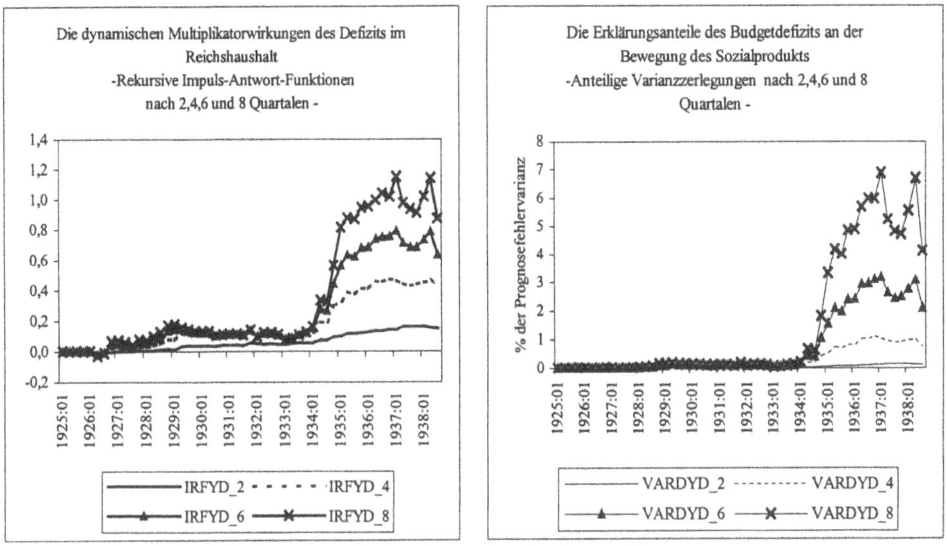

In Abbildung 2.10 zeigt das linke Bild die rekursiven Impuls-Antwort-Funktionen des Sozialprodukts in Antwort auf einen Anstoß im Niveau der Defizite. Diese Reaktionen haben das erwartete Vorzeichen: Schwankungen im Defizit des Reichshaushalts bewirken Änderungen des Sozialprodukts in gleicher Richtung. Im Jahr 1934 tritt ein starker Strukturbruch auf. Sobald Fiskalpolitik massiv eingesetzt wurde, war sie auch stärker wirksam – allerdings nicht vorher. Erneut legen die Auswertungen nahe, daß Brünings Haushaltsausgleich nur minimale Wirkungen hatte. Allerdings bleibt auch im NS-Aufschwung der Erklärungsanteil der Fiskalpolitik an der Prognosefehlervarianz des Sozialprodukts mit nie mehr als acht Prozent vernachlässigbar klein.

Für eine keynesianische Erklärung ist das denkbar unbefriedigend. In Abbildung 2.11 wird die Berechnung wiederholt, dieses Mal unter Einschluß des Konsumentenpreisindex (C.2.5) als nominaler Variablen, um mögliche Preisniveaueffekte der Fiskalpolitik mit einzubeziehen, wie sie etwa von der fiskalischen Theorie des Preisniveaus (Woodford, 1995) behauptet werden. Nun liegen die dynamischen Multiplikatoren höher als zuvor. Wiederum besteht ein Strukturbruch im Jahr 1934, neu schon gegen Ende 1931. Weiterhin bleibt aber der erklärte Anteil der Prognosefehlervarianz im Sozialprodukt zu niedrig, um den Aufschwung ab 1933 als Folge der Fiskalpolitik zu erklären. Dasselbe gilt noch stärker für Brünings Haushaltspolitik in den Vorjahren.

---

sianischen Einkommen-Ausgaben-Mechanismus, wonach der Budgetsaldo wegen der konjunkturellen Schwankungen des Steueraufkommens eine endogene Komponente enthält.

Abbildung 2.11: Die dynamischen Wirkungen des Defizits im Reichshaushalt bei gleichzeitiger Berücksichtigung des Preisniveaus

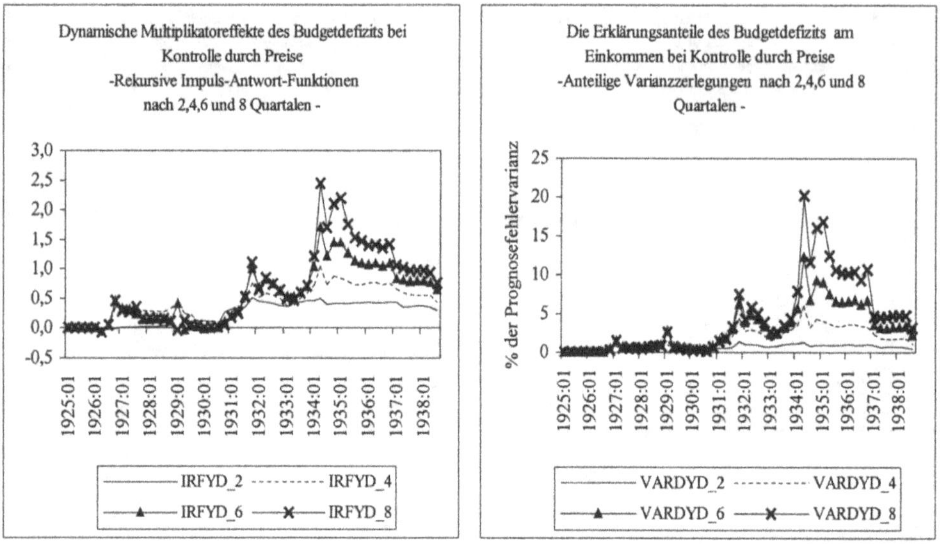

Es bleibt zu prüfen, ob Haushaltsdefizite tatsächlich als diskretionäres Mittel der Politik eingesetzt wurden und in welchem Maße sie regelgebunden waren. Eine diskretionäre Fiskalpolitik während des NS-Aufschwungs wird nicht überraschen. Zu fragen ist eher, ob sich ein Politikzyklus in der Fiskalpolitik auch schon vorher finden läßt, etwa als Mittel der Deflationspolitik unter Brüning.

Abbildung 2.12: Die Persistenz der Defizite im Reichshaushalt
-Rekursive Impuls-Antwort-Funktionen
nach 2,4,6 und 8 Quartalen -

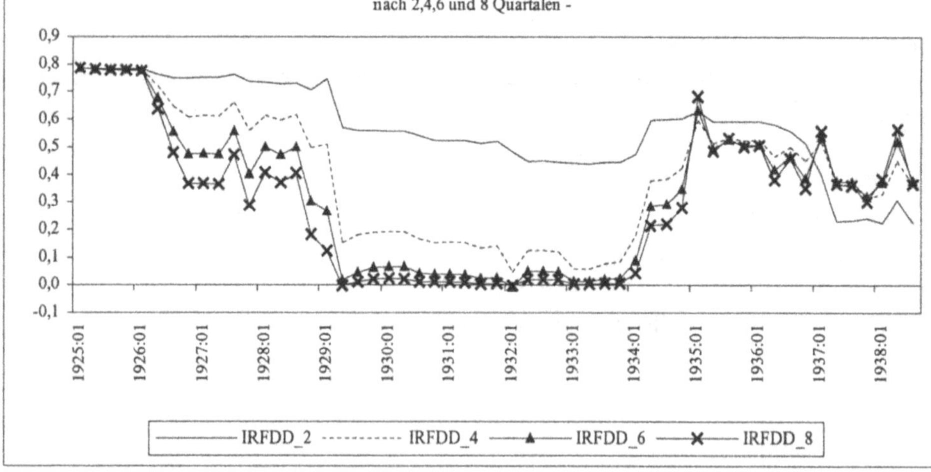

Abbildung 2.12 zeigt die Persistenz eines Anstoßes auf das Defizit. Scharfe Auslenkungen in diesen Daten im Zeitverlauf können einen Regimewechsel in der Fiskalpolitik andeuten. In der Tat sieht man solche Regimewechsel in den Impuls-Antwort-Funktionen: Hier ist wieder der keynesianische Politikzyklus der Jahre 1934 bis 1936 erkennbar. Von neuem bestätigt sich, daß der entscheidende Wechsel in der Defizitpolitik erst um die Jahreswende 1934 und nicht schon vorher einsetzte.

Welche Rolle hat die Persistenz der Fiskalpolitik während der Weltwirtschaftskrise und danach gespielt? In den Abbildungen 2.8-2.12 fällt übereinstimmend ein Wandel in den Strukturen zum Jahresende 1931 auf: Zuvor sind die Konsumausgaben vergleichsweise wenig abhängig vom Einkommen (Abb. 2.8), und Wirkungen der Fiskalpolitik auf das Sozialprodukt lassen sich nicht nachweisen (Abb. 2.10-11). Man ist versucht, die deutsche Volkswirtschaft vor dem Jahresende 1931 als eine neoklassische Wirtschaft zu bezeichnen: Die Konsumenten folgen einem anderen als dem keynesianischen Konsumplan, und für die Fiskalpolitik gilt angenähert das ricardianische Äquivalenztheorem. Fiskalpolitik wirkte nicht oder nur als kurzes Strohfeuer.

Das ändert sich in der zweiten Jahreshälfte 1931. Nun werden die Konsumausgaben stärker einkommensabhängig (Abb. 2.8) und entfaltet die Fiskalpolitik positive Wirkungen auf das Sozialprodukt (Abb. 2.11). Der Zusammenhang bleibt aber stark anfällig für Strukturbrüche und ist bei weitem nicht zeitinvariant. Offensichtlich war die Annahme konstanter Strukturen, die den ersten zeitreihenanalytischen Ergebnissen in Abb. 2.7 zugrunde lag, nicht gerechtfertigt. Das hatten schon die Strukturbrüche in den Strukturgleichungen zur Konsumfunktion in Tabelle 2.1 angedeutet. Als Ergebnis des rekursiven Ansatzes, in dem von Periode zu Periode die Informationsmenge aktualisiert wurde, scheint sich ein etwas günstigeres Bild zu ergeben. Die aktivere Fiskalpolitik hinterläßt ab 1934 gewisse Wirkungen, der keynesianische Ansatz scheint nicht völlig ins Leere zu gehen. Allerdings bleiben auch nach den günstigsten Ergebnissen die Erklärungsanteile der Fiskalpolitik für den Aufschwung der dreißiger Jahre bei weniger als 20%[34].

Komplementär zu den bisherigen Ergebnissen läßt sich die Wirksamkeit der Fiskalpolitik auch mit out-of-sample-Prognoseverfahren abschätzen. Diese werden gelegentlich als „unbedingte Prognosen" im Unterschied zu den „bedingten" Prognosen der Impuls-Antwort-Funktionen bezeichnet (etwa Canova, 1994). Diese Unterscheidung ist nicht exakt (auch „unbedingte" Prognosen sind bedingt durch die Informationsmenge zum Prognosezeitpunkt), aber immerhin hilfreich. Eine Prognose mit historischen Daten ist in einem engen Sinne zu verstehen. Ausgebeutet werden lediglich die Daten bis zu einem bestimmten Zeitpunkt, etwa dem 4. Quartal 1932. Für die Folgeperioden wird mit Hilfe der VAR der weitere Verlauf vorausberechnet, als wäre etwa das 4. Quartal 1932 der Gegenwartszeitpunkt und lägen spätere Informationen nicht vor.

---

[34] Fisher und Hornstein (2001) kommen auf Basis eines dynamischen Simulationsmodells mit Reallohnrigiditäten zu einem Erklärungsanteil der Fiskalpolitik für den NS-Aufschwung von ca. 30%.

Dieses Verfahren vermeidet den Fehler, den zeitgenössischen Akteuren das bessere Wissen des späteren Beobachters zuzumessen. Es begeht allerdings den umgekehrten Fehler, den Zeitgenossen zu viel Informationsverarbeitungskapazität zuzutrauen. Ein Konjunkturstatistiker des Jahres 1932 besaß weder die statistischen Programmpakete noch die Rechenkapazität, um die hier vorgelegten Prognosen aufstellen zu können.

Zum Teil kann diesen Einwänden durch die Überlegung begegnet werden, daß umgekehrt dem späteren Betrachter manche Alltagsinformation nicht mehr zugänglich ist, die den Zeitgenossen auch ohne Simulationsverfahren brauchbare Vorhersagen ermöglichten. Zum anderen führt aber die Koordination wirtschaftlicher Handlungspläne durch den Markt ihrerseits zu bestimmten statistischen Eigenschaften der im Aggregat gemessenen Zeitreihen, und nur diese Eigenschaften gilt es zu prüfen.

Wenn Defizite im Reichshaushalt eine Bedeutung für das Sozialprodukt und seinen Verlauf hatten, dann müßte die Zeitreihe der Budgetdefizite Granger-kausal für das Sozialprodukt sein. In diesem Fall würde sich zu jedem gegebenen Zeitpunkt die Prognose der Sozialproduktsentwicklung durch Einbeziehung der Zeitreihe der Defizite im Reichshaushalts verbessern (vgl. z.B. Ljungqvist/Sargent, 2000, Kap. 2). Dieser Umstand läßt sich mit Hilfe von Vektorautoregressionen direkt ausbeuten, indem man das Sozialprodukt ab einem gegebenen Zeitpunkt zunächst ohne, danach mit Einbeziehung der Politikvariablen prognostiziert. Verwendet werden ganz dieselben Schätzungen wie zuvor, nur wird jetzt in realer Zeit der Verlauf des Sozialprodukts prognostiziert, während zuvor in logischer Zeit (den Intervallen von zwei bis acht Quartalen) die dynamischen Wirkungen eines Schocks simuliert worden waren. Abbildung 2.13 zeigt die Prognoseergebnisse für das Sozialprodukt aus einer bayesianischen Vektorautoregression (mit den Variablen Sozialprodukt, C.2.3, und Konsumentenpreisindex, C.2.5) zu verschiedenen kritischen Stichdaten jeweils mit und ohne Einbeziehung der Politikvariablen, dem preisbereinigten Defizit im Reichshaushalt (C.2.4).

Abbildung 2.13 (a) zeigt Prognosen für das vierteljährliche Sozialprodukt, gestützt zunächst auf die Periode 1925 bis zum II. Quartal 1929 dem IV. Quartal 1930, und dem III. Quartal 1931. Aus den Ergebnissen läßt sich ablesen, daß der Kriseneinbruch von 1929/30 weder aus der gemeinsamen Zeitreihendynamik von Sozialprodukt und Preisniveau (linke Abbildung) noch unter Einbeziehung der Fiskalpolitik (rechte Abbildung) prognostizierbar ist. Fiskalpolitik kann also den Kriseneinbruch nicht verursacht haben. Führt man dieselbe Übung mit den Daten bis zum Jahresende 1930 fort, ergibt sich ein überraschendes Resultat: Das Verfahren prognostiziert einen unmittelbar bevorstehenden Wiederaufschwung bis dicht unter das Niveau der Jahre 1928/29. Wiederum sind die Ergebnisse unabhängig davon, ob man die Fiskalpolitik mit einbezieht oder nicht. Ein Konjunkturforscher, der auf diese Information gestützt die Politik der gerade gebildeten Notstandsregierung Brüning zu beurteilen gehabt hätte, wäre wahrscheinlich zu einem günstigen Ergebnis gekommen: Die einsetzende Haushaltskonsolidierung unter Brüning im Jahr 1930 hat zu keiner statistisch nachweisbaren Verschlechterung der zeitgenössischen Konjunkturaussichten geführt. Dieses Ergebnis gilt auch noch nach der Bankenkrise vom Sommer 1931.

Abbildung 2.13: Der Einfluss der Fiskalpolitik auf die Vorhersagbarkeit des Krisenverlaufs

(a) zu Beginn der Weltwirtschaftskrise

unter Einschluß des Haushaltsdefizits — unter Ausschluß des Haushaltsdefizits

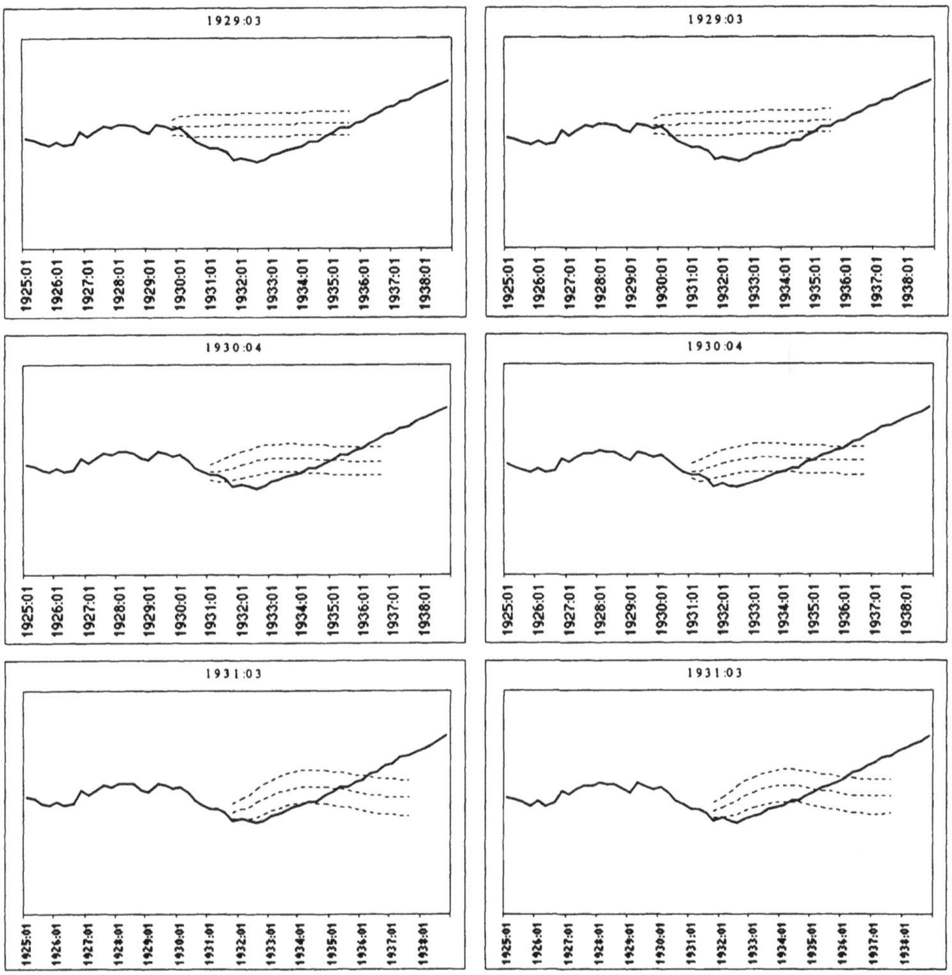

Das Verfahren läßt sich fortsetzen; interessant hieran ist die Frage, ob der untere Tiefpunkt der Krise im Sommer 1932 richtig vorhergesagt oder nur zufällig gestreift wird. Abbildung 2.13 (b) gibt die Vorhersagen für die Vertiefungsphase der Krise wieder, mit einem überraschenden Ergebnis: So sehr die Prognosen im Abschwung versagt haben, sind sie treffsicher in der Prognose des Aufschwungs.

(b) während der Vertiefungsphase der Weltwirtschaftskrise

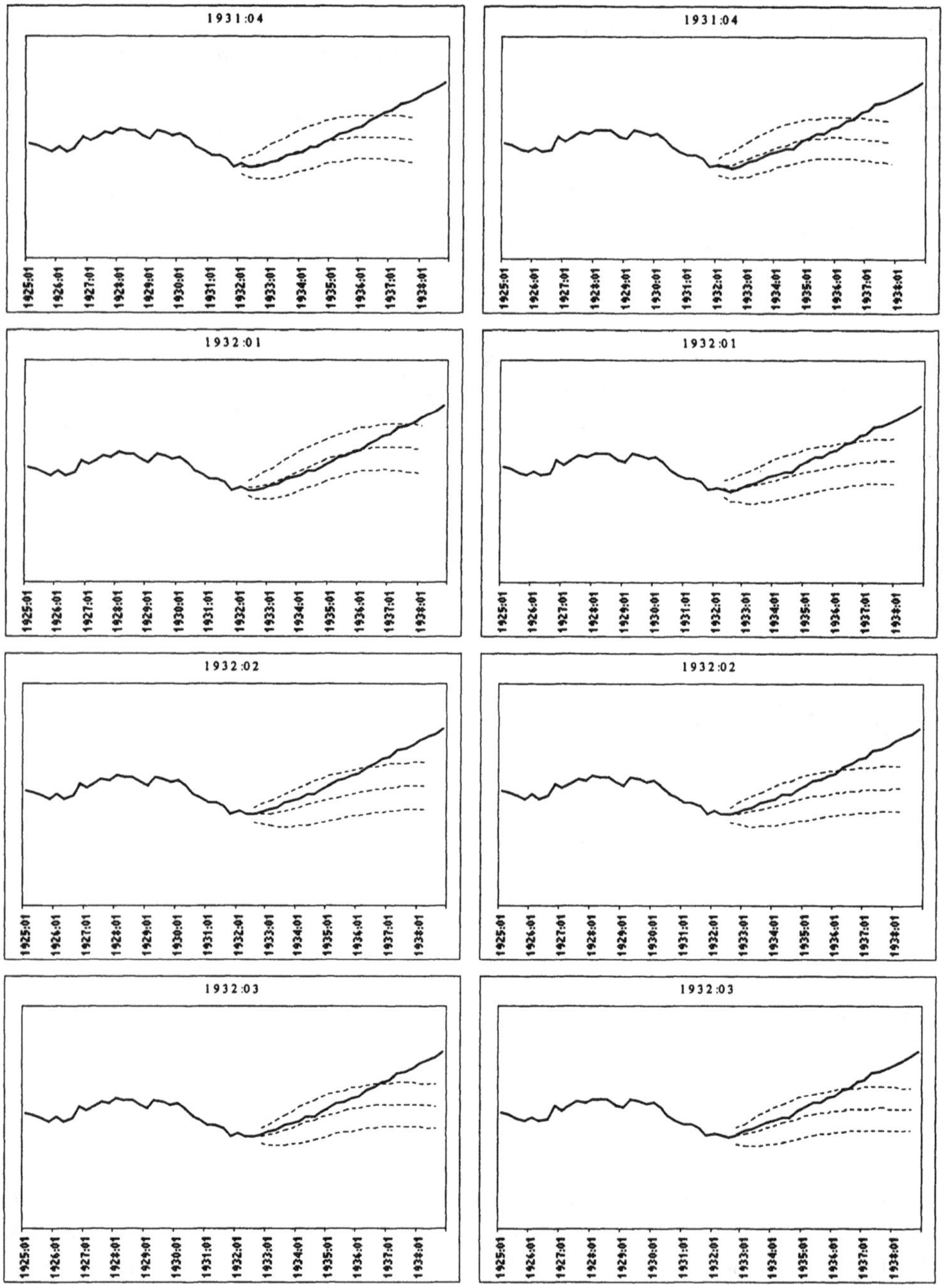

Bereits ab dem Jahresende 1931 werden Zeitprofil und Umfang des späteren Aufschwungs bis ins Jahr 1935 weitgehend richtig vorhergesagt. Im besonderen erkennt das

Verfahren nunmehr zuverlässig den unteren Umkehrpunkt der Krise in der Jahresmitte 1932; auch in dieser Hinsicht stabilisieren sich die Prognosen. Ein zeitgenössischer Konjunkturforscher hätte aus diesen Ergebnissen zwei Schlüsse ziehen können: Erstens kam anscheinend mit der Bankenkrise und der englischen Pfundabwertung die Kette der bösen Überraschungen zu einem Ende, die vorher alle Prognosen immer wieder vereitelt hatten. Zweitens schien eine normale Konjunkturdynamik wieder einzusetzen, so daß weitere konjunkturpolitische Eingriffe nicht mehr erforderlich waren. Immerhin fällt auf, daß in den Prognosen auf der Datenbasis des I. und II. Quartals von 1932 die bis dahin geübte Fiskalpolitik sogar einen leicht positiven Einfluß ausübt. Noch im Frühjahr 1932 war man nach diesen Prognosen berechtigt zu hoffen, daß eine Weiterführung der Brüningschen Politik zu einem Wiederaufschwung führen könnte, der der späteren NS-Konjunktur an Intensität bis 1936 in nichts nachgestanden hätte (mittlere Abbildungen).

Ein Blick auf die untere Reihe der Abbildungen zeigt allerdings, daß sich zur Jahresmitte hin das konjunkturelle Klima nochmals verschlechterte. Zwar zeigen die Prognosen weiterhin den bevorstehenden Aufschwung an, jedoch mit deutlich verringerter Intensität. Auch der bis dahin leicht positive Einfluß der Fiskalpolitik geht nunmehr verloren; die Prognose ohne Einbeziehung des Politikinstruments (rechte Abbildung) liegt leicht oberhalb derjenigen unter Einbeziehung des Instruments (linke Abbildung). Kurioserweise ist dies der erste Zeitpunkt in Abbildung 2.13, in dem dieser Effekt auftritt.

Es mag darüber spekuliert werden, ob und wie dies mit den seinerzeitigen politischen Tagesereignissen zusammenhängt: Brüning war spätestens im Frühjahr bei den Kreisen um Reichspräsident Hindenburg in Ungnade gefallen, im Mai 1932 wurde er entlassen. Zeitgenossen und spätere Kommentatoren haben erbittert gegen seine Politik des Haushaltsausgleichs polemisiert; im Sinn einer statistischen Konjunkturprognose scheint sie allerdings eher stabilisierend gewirkt zu haben. Erst mit Brünings Abtritt übt die Fiskalpolitik einen leicht negativen Einfluß auf das konjunkturelle Panorama aus.

Einen erneuten Regimewechsel der Fiskalpolitik erkennt man in den Daten im Herbst 1932, allerdings wiederum nur in minimalem Umfang. Im Herbst 1932 (oberste Zeile) übte die Fiskalpolitik, wie schon im Vorquartal, einen leicht negativen Einfluß auf die Konjunkturerwartungen aus. Die vielbesungenen Steuergutscheinprogramme der Regierung Papen, die zu diesem Zeitpunkt aufgelegt wurden und gerade auf die Zukunftserwartungen der Unternehmen abzielten, scheinen also ihre Wirkung eher verfehlt zu haben.

Dagegen kehren sich die Erwartungen zum Jahresende 1932 ins Optimistische. Die Abbildungen 2.13. (c) setzen die Prognosen mit immer weiterer Ausdehnung des Stützzeitraums bis ins dritte Quartal 1933 fort.

(c) im beginnenden Aufschwung

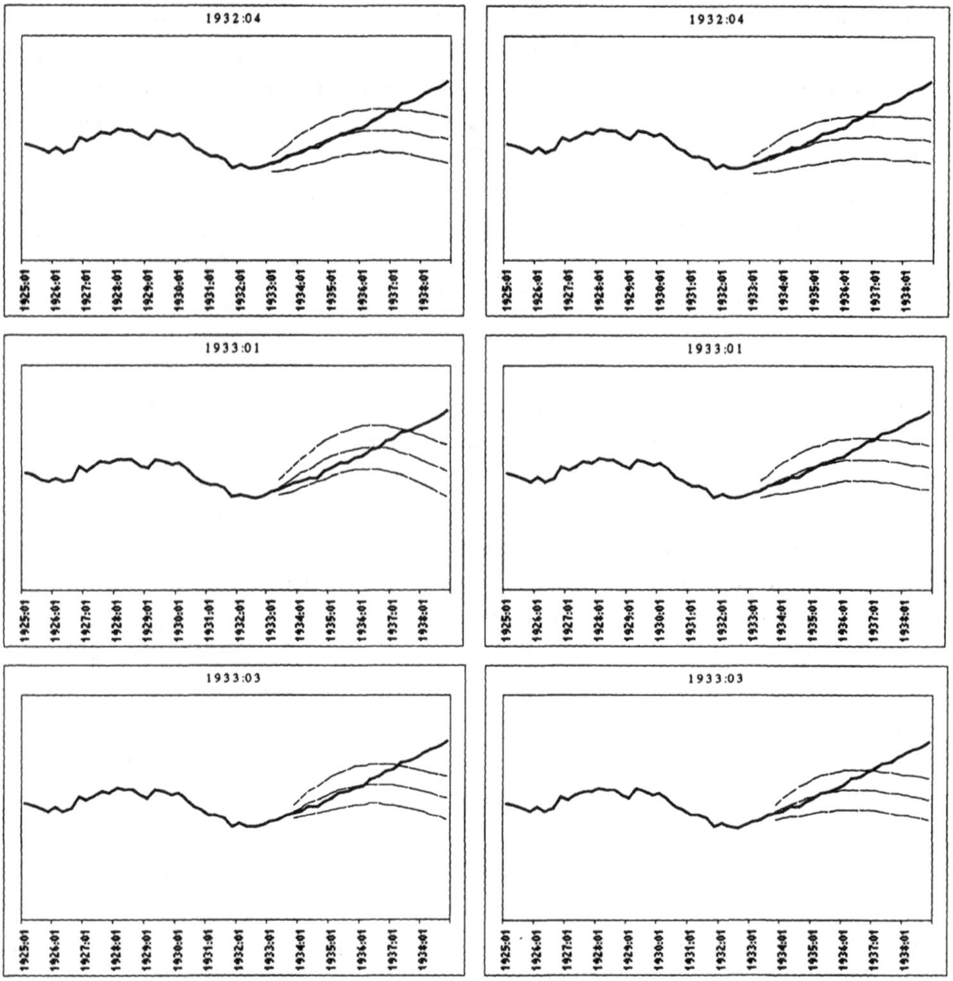

Die Konjunkturprognose vom Jahresende 1932 (1932:04), die letzte auf Basis des Zeitraums vor der Hitlerschen Machtergreifung, verdient ihre ganz eigene Aufmerksamkeit. Obwohl bis dahin nur einige wenige Millionen Reichsmark für Arbeitsbeschaffungsprogramme ausgegeben worden waren (über genauere Zahlen hierzu unterrichtet Anhang A), sagen diese Ziffern den gesamten späteren Aufschwung bis 1936 vollständig und richtig voraus. Selbst der internationale Abschwung von 1937 ist in den Prognosedaten des Jahresendes 1932 bereits sichtbar – eine Entwicklung, von der sich Deutschland dann allerdings im Rüstungsfieber des Vierjahresplans erfolgreich abkoppelte. Es sei bemerkt, daß zum Jahresende 1932 der Umfang der späteren NS-Ausgabenprogramme noch keineswegs absehbar war, geschweige denn die politische Entwicklung als ganzes. Die Ziffern (ebenso wie alle Prognosen seit dem Jahresende 1931)

deuten auf eine wirtschaftshistorische Alternative hin, die Deutschland zu diesem Zeitpunkt nicht mehr willens oder imstande war zu wählen: Einen Aufschwung ohne Hitler.

Im Frühjahr 1933 bestätigt sich die optimistische Sichtweise, auch im Hinblick auf die Fiskalpolitik. Bezieht man sie in die Prognose ein, liegt der erwartete Verlauf für den Aufschwung sogar deutlich über den später realisierten Werten. Ab der Jahresmitte 1933 verflacht dieser Effekt aber wieder – ausgerechnet zu dem Zeitpunkt, in dem die Defizitpolitik des NS-Regimes erst richtig in Gang kam.

Auch in den Folgejahren bleibt dieses Ergebnis erhalten: Die NS-Fiskalpolitik konnte anscheinend keinen bleibend positiven Effekt auf den erwarteten Konjunkturverlauf erzielen, weder im Vergleich zur Konjunkturprognose ohne Berücksichtigung des Defizits noch im Vergleich zu den Prognosen von Ende 1932. Selbst unter den extremen Umständen der forcierten Autarkisierung ab 1935 und der Vorbereitung des Vierjahresplans 1936 sagt das Verfahren für die Fiskalpolitik einen eher bremsenden Einfluß voraus. Gegenüber den früheren Prognosen fällt im übrigen auf, daß die weitere Geschwindigkeit des Aufschwungs ab Ende 1934 regelmäßig unterschätzt wird, ob mit oder ohne Fiskalpolitik, und ab Ende 1935 die Erwartung eines Abschwungs für ca. 1937 ganz zum Verschwinden kommt.

Insgesamt bestätigt sich also mit diesen Prognosen, was schon die Impuls-Antwort-Funktionen nahegelegt hatten: Für die Schwankungen im Sozialprodukt spielte das Defizit im Reichshaushalt anscheinend kaum eine Rolle. Die Prognosegüte unterscheidet sich nur geringfügig danach, ob das Defizit zur Stützung der Vorhersagen einbezogen wird oder nicht. Es bestätigt sich der bereits weiter oben gewonnene Eindruck, daß die Fiskalpolitik offenbar für den Verlauf der Wirtschaftskrise in Deutschland wie auch für den Wiederaufschwung unerheblich war.

(d) während des Aufschwungs der dreißiger Jahre

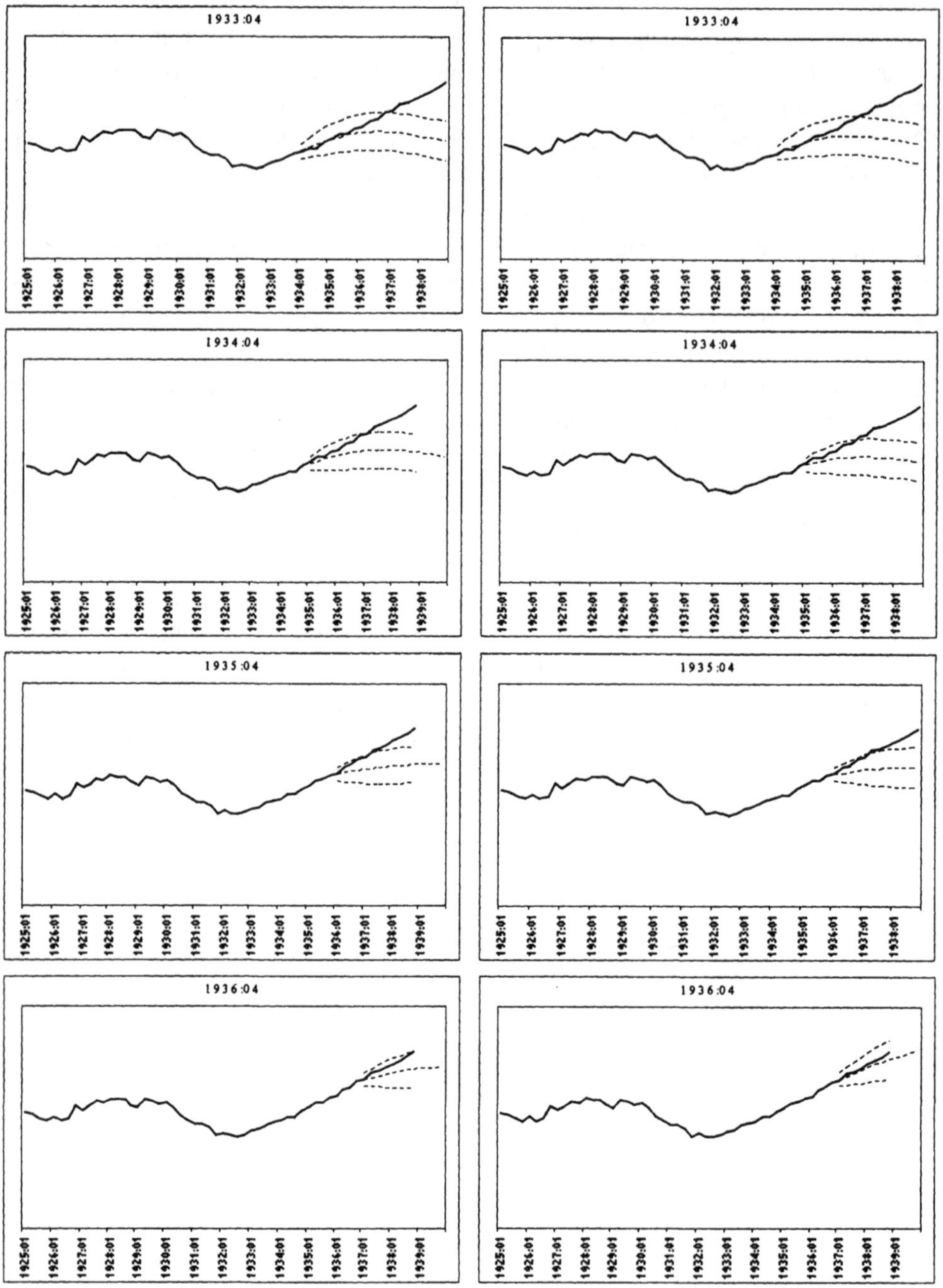

Die Gesamtergebnisse erlauben einige Schlußfolgerungen zur Haushaltspolitik während der Zwischenkriegszeit. Der Eintritt der Wirtschaftskrise kann mit den hier einbezogenen Variablen offensichtlich nicht vorhergesagt werden. Das bedeutet, daß die Ausgabenpolitik des Reichs nicht ohne weiteres für den Eintritt der Krise in Anspruch genommen werden darf – wie schon zuvor in den Auswertungen der Impuls-Antwort-Funktionen. Wiederum bestätigt sich, daß es sich nicht einen normalen Konjunkturabschwung gehandelt haben kann, denn auch die Ausbreitungs- und Vertiefungsphasen der Krise werden von den Prognosen nicht erfaßt: Regelmäßig sagt das Verfahren einen raschen und nachhaltigen Konjunkturaufschwung voraus, nur um schon im folgenden Quartal durch eine weitere Abwärtsentwicklung widerlegt zu werden. Besonders markant ist allerdings der Umstand, daß dasselbe Prognoseverfahren, der beim Eintritt der Weltwirtschaftskrise so vollständig versagt, bereits ab dem Jahresende 1931 den Tiefpunkt der Krise in der Jahresmitte 1932 sowie die anschließende Erholung zutreffend voraussagt. Zum Jahresende 1932 haben sich diese Prognosen soweit stabilisiert, daß sie den ganzen NS-Aufschwung bis 1936 in seiner Intensität richtig vorwegnehmen. Wiederum spielt die Fiskalpolitik bei diesem Umstand keine Rolle: Weder zum Ende 1932 noch gar zum Ende 1931 waren die Richtung oder gar die Größenordnung der späteren Finanzpolitik des Dritten Reichs bekannt; auch ohne sie liegt die Konjunkturprognose eines starken Aufschwungs jedoch richtig, obwohl sie nur die Daten bis zum jeweiligen Stichquartal einbezieht.

Damit bestätigen sich auch im statistischen Befund die Vermutungen der Literatur zum Ende der Krise in Deutschland. Es liegt wiederum der Verdacht nahe, daß die NS-Konjunktur vor dem Vierjahresplan im wesentlichen auf einem selbsttragenden Aufschwung beruhte, der von den fiskalpolitischen Weichenstellungen der Jahre 1933/34 weitgehend unabhängig war. Die Auswertungen lassen vermuten, daß eine konjunkturelle Anomalie, die an der immer weiteren Vertiefung der Krise beteiligt gewesen war, ab der Jahreswende 1931/32 nicht mehr bestand und von da an die Krise den Verlauf einer normalen Selbstheilung nehmen konnte.

Zusammenfassend scheint sich herauszukristallisieren, daß eine fiskalpolitisch orientierte keynesianische Erklärung der Weltwirtschaftskrise in Deutschland scheitern muß, ebenso wie eine keynesianische Deutung des NS-Aufschwungs: Die Defizite und Überschüsse im Reichshaushalt waren zu gering, um wesentliche konjunkturelle Anstöße bewirken zu können. Zudem scheinen die Wirkungen der Fiskalpolitik im Zeitraum der Untersuchung insgesamt deutlich geringer gewesen zu sein, als es die keynesianische Doktrin ihnen zuschreiben würde. Damit bestätigen sich auch die Thesen früherer quantitativer Arbeiten, die bezüglich einer fiskalpolitischen Erklärung der deutschen Krise und ihrer Überwindung skeptisch geblieben waren (besonders Erbe, 1958).

2.2.4. Die privaten Investitionen

Selbstverständlich bedeuten diese Ergebnisse nicht, daß Nachfrageprobleme während der Weltwirtschaftskrise keine wesentliche Rolle gespielt hätten. Im keynesianischen Modell entscheidet die Zinselastizität der Investitionen über die Neigung der IS-Kurve. Bei stärker zinsabhängiger Investitionsneigung nimmt im IS-LM-Paradigma die Wirksamkeit der Geldpolitik zu. Wie oben dargestellt, hat diese Überlegung in der keynesianischen Kritik an der Geldpolitik der Reichsbank in den zwanziger Jahren eine Rolle gespielt; hohe Zinsen und niedrige Investitionen wurden einer zu knappen Geldversorgung zugeschrieben.

Das Investitionsverhalten spielt aber auch für Borchardts These von den schädlichen Wirkungen des Verteilungskonflikts zwischen Arbeit und Kapital auf die Weimarer Konjunktur eine Rolle. Die Borchardt-These I besagte, daß die Umverteilung von Einkommen zugunsten der Arbeiterschaft in den zwanziger Jahren die Investititonstätigkeit beeinträchtigt habe. Voth (1993a, 1993b), sowie Tilly und Huck (1994) und Ritschl (1994) gingen mit verschiedenen Ansätzen zur Schätzung einer Investitionsfunktion der Frage nach, welches relative Gewicht in den zwanziger Jahren Nachfrage- und Verteilungsvariablen bei der Bestimmung der Investitionstätigkeit zukam. Das Ergebnis dieser Debatte blieb unbestimmt: während Broadberry und Ritschl (1994) Evidenz für die Geltung der Borchardt-These fanden, legte Voth (1995) gegenteilige Ergebnisse vor und versuchte zu zeigen, daß die Investitionstätigkeit in Deutschland vor Anbruch der Weltwirtschaftskrise von den Profiten unabhängig und statt dessen positiv mit den Lohnkosten korreliert gewesen sei.

Daten zur Investitionsentwicklung in Deutschland während der Zwischenkriegszeit entstammen aus zwei Quellen, der amtlichen Investitionsstatistik sowie der Produktionsberichterstattung zur Erzeugung von Investitionsgütern. In einer grundlegenden Arbeit ist von Gehrig (1961) gezeigt worden, daß beide Zeitreihen weitgehend miteinander konsistent sind. Eine Schätzung von Hoffmann (1965), S. 215ff., die auf demselben Material aufbaut, kommt zu teilweise erheblich höheren Werten. Zum Großteil ist das auf Diskrepanzen im Bereich der Bauinvestitionen zurückzuführen. Um eine nach Hoch- und Tiefbau getrennte Statistik vorlegen zu können, schätzt Hoffmann (1965, S.227ff.) die Bauinvestitionen auf Grundlage einer allerdings unvollständigen Statistik der Bauproduktion, in denen besonders die öffentlichen Bauinvestitionen verzerrt aufscheinen. Im Ergebnis gelangt Hoffmann zu teilweise deutlich überhöhten Ziffern, die weder mit den Angaben der amtlichen Investitionsstatistik noch mit der Produktionsstatistik zusammenpassen. Über Einzelheiten hierzu und eine methodisch einheitliche Schätzung auf Grundlage von Gehrig (1961) berichtet Anhang B zu dieser Arbeit. Die Investitionsdaten werden mit Hilfe der vierteljährlichen Statistik der Investitionsgüterproduktion interpoliert (C.2.6).

Zeitreihen zur Zinsentwicklung lassen sich den zeitgenössischen Angaben entnehmen. Allerdings besteht hierbei das Problem, daß die an sich interessierenden Daten zu den langfristigen Kapitalmarktzinsen auf monatlicher oder vierteljährlicher Basis nur sehr lückenhaft vorliegen. Ein allerdings unbefriedigender Kompromiß besteht darin, mit Geldmarktzinsen zu arbeiten. Eine gewisse Rechtfertigung für ein solches Vorgehen mag darin gesehen werden, daß die Zeitreihen zum Kapitalmarktzins im Beobachtungszeitraum eine nur minimale Varianz aufweisen. Einzelheiten über die Datenbasis zu den Zinsen (C.2.7) enthält Anhang C. Vierteljahresdaten zu den Lohnkosten lassen sich aus der zeitgenössischen Lohnsummenstatistik gewinnen (C.2.8).

Von einem neoklassischen Standpunkt aus sollten sowohl Löhne als auch Zinssätze selbstverständlich einen negativen Einfluß auf die Investitionen ausüben. Empirisch ist allerdings die Zinselastizität von Investitionen nur unter Schwierigkeiten zu bestimmen. Als Standardergebnis erhält man bei Schätzungen von ad-hoc-Investitionsfunktionen einen insignifikanten Zinsterm (Meyer und Kuh, 1957; Chirinko, 1993). Zwei methodisch allerdings nicht befriedigende Versuche zur Schätzung der Zinselastizität der Investitionen in der Weimar Republik unternimmt Voth (1993a, 1995) und erhält signifikante Zinsterme, die er als Evidenz für die Richtigkeit der These von der investitionshemmenden Wirkung der Geldpolitik in den zwanziger Jahren interpretiert. Broadberry und Ritschl (1994, 1995) sowie Ritschl (1994) schätzen ad-hoc-Investitionsfunktionen in Abhängigkeit von verzögerten Profiten und den Zinsen. Dabei weist der Zinsterm zwar das erwartete negative Vorzeichen auf, bleibt aber jedoch übereinstimmend mit den Ergebnissen in Chirinko (1993) insignifikant.

Einen wesentlich direkteren und ökonomisch besser begründeten Schätzansatz stellt Tobins q-Theorie der Investitionen bereit. Tobins q ist der relative Preis von existierenden und neuen Produktionsanlagen. In einem neoklassischen Problem der Firmenwertmaximierung mit Anpassungskosten des optimalen Kapitalstocks sollte immer dann investiert werden, wenn q oberhalb von eins liegt. Hayashi (1982) hat gezeigt, daß Tobins q bei schwach effizienten Kapitalmärkten durch einen preisbereinigten Aktienindex gemessen werden kann, wobei als Deflator ein Index von Investitionsgüterpreisen zu verwenden ist. Schwache Kapitalmarkteffizienz bedeutet, daß im Aktienindex zu jedem Zeitpunkt die neu hereinkommende, öffentlich zugängliche Information über die Fundamentaldaten des Firmenwerts vollständig verarbeitet wird (es gilt nicht aber die stärkere Bedingung, daß die Aktienkapitalisierung den Firmenwert insgesamt richtig abbildet). Wenn der Kapitalmarkt in diesem eingeschränkten Sinn effizient ist, sollte ein Kapitalmarktmaß für q bereits sämtliche Informationen enthalten, die für die Investitionsentscheidung relevant sind. In einer empirischen Investitionsfunktion wäre die Wachstumsrate des Kapitalstocks abhängig allein von q (mit einer Elastizität von eins), andere Bestimmungsgrößen wie Löhne oder Zinsen wären insignifikant und haben strenggenommen in der Investitionsfunktion keinen Platz.

Tilly und Huck (1994) schätzen für die deutsche Zwischenkriegszeit Investitionsfunktionen in Abhängigkeit von Tobins q mit einem Zinsterm und einem Akzeleratoreffekt und erhalten in einer ihrer Spezifikationen eine signifikante Zinsabhängigkeit. Funke (1992) sowie Ritschl (1994) schätzen ebenfalls Investitionsfunktionen in Abhängigkeit von q, wobei der Zusammenhang sich als äußerst robust erweist, der Koeffizient allerdings erheblich zu klein ist (vgl. auch zu diesem Problem Chirinko, 1993). Vom Standpunkt der neoklassischen Investitionstheorie sind diese Ergebnisse problematisch, denn die Hypothese schwach effizienter Kapitalmärkte besagt ja, daß zusätzliche Variablen nicht signifikant sein dürften. Im folgenden schätzen wir erneut eine solche Investitionsfunktion und beziehen sowohl Löhne als auch Zinssätze in die Spezifikation mit ein (Tabelle 2.2)

Tabelle 2.2
Bestimmungsgründe der Investitionen in Deutschland
Vierteljahresziffern
OLS

	INVESTITIONEN DER UNTERNEHMEN			MASCHINENBESTELLUNGEN DES INLANDS		
	I/25-III/38	I/25-IV/32		I/25-II/35	I/25-IV/32	
KONSTANTE	-11,707	-11,868	-12,211	-6,930	-9,248	-9,772
	<-21,493>	<-16,023>	<-15,524>	<-8,141>	<-15,763>	<-17,506>
TOBINS Q	0,910	0,915	0,809	1,171	1,077	0,915
	<13,351>	<10,341>	<6,505>	<10,669>	<15,370>	<10,366>
LÖHNE	-2,305	-2,252	-1,590	-4,645	-2,499	-1,488
	<-8,473>	<-3,618>	<-1,926>	<-7,432>	<-5,071>	<-2,538>
ZINSEN	0,014	0,029	0,027	-0,034	-0,007	-0,010
	<1,383>	<1,894>	<1,781>	<-2,090>	<-0,590>	<-0,926>
TREND	0,015	0,012	-0,003	0,036	0,003	-0,020
	<7,234>	<1,595>	<-0,202>	<5,447>	<0,427>	<-1,974>
DUMMY			0,150			0,229
			<1,201>			<2,591>
Ber. R^2	0,894	0,877	0,880	0,887	0,963	0,971
DW	0,815	1,134	1,115	0,719	0,983	1,031

(1) Alle Variablen außer Zinsen in Logarithmen
(2) t-Statistiken in spitzen Klammern
(3) DUMMY=1, III/27-III/38, Saisonvariablen in allen Schätzungen
(4) Quellen und Definitionen vgl. Anhang C

Tabelle 2.2 enthält als abhängige Variablen zum einen die Investitionen des Unternehmenssektors (C.2.6), zum anderen die Inlandsaufträge für den Maschinenbau (C.2.9) als Indikator für die ex-ante-Investitionsentscheidungen der Unternehmen. In allen Schätzungen ist Tobins q (C.2.10) wie erwartet hochsignifikant, zudem liegt die Elastizität theoriegemäß nahe bei eins[35]. Zugleich bleibt der Lohnsatz signifikant, allerdings mit dem erwarteten negativen Vorzeichen, wie es neoklassischer Investitionstheorie entsprechen würde. Instabil ist der Einfluß des Zinssatzes. In den Schätzungen für die tatsächlichen Investitionen hat er regelmäßig das falsche Vorzeichen und liegt je nach Spezifikation knapp an oder über der Signifikanzschwelle. Setzt man in die Funktion die Auftragseingänge für den Maschinenbau als ex-ante-Indikator der Investitionsentscheidung ein, so läßt sich dieser Schönheitsfehler beheben: in den Schätzungen rechts in Tabelle 2.2 ist der Zinsterm wie erwartet jedesmal negativ, allerdings nur für den Gesamtzeitraum auch signifikant.

Diese Ergebnisse würden den Schluß nahelegen, daß beide Seiten in der Diskussion um die Borchardt-These I recht hatten: Höhere Zinsen am Ende der zwanziger Jahre mögen die Investitionen gehemmt haben (G. Hardach, 1976; Voth, 1993a, 1995), trotzdem scheint sich empirisch Borchardts Behauptung zu bestätigen, daß höhere Löhne ebenfalls investitionsdämpfend wirkten.. Aus neoklassischer Sicht ist das natürlich nicht überraschend; beide Hypothesen schließen einander in keiner Weise aus. Offen bleibt allerdings die Frage nach der Gewichtung: Zu welchen Teilen haben Verteilungsprobleme und Lohnkonflikte, zu welchen Teilen haben Zinskosten und die Geldpolitik der Reichsbank die Investitionen vor und während der Krise beeinflußt?

Mit den Ergebnissen von Tabelle 2.2 kann hierauf keine schlüssige Antwort gegeben werden. Die Frage nach den Bestimmungsgründen der Investition in einer Marktwirtschaft geht immer auch über in die Frage nach der Effizienz der Kapitalmärkte. Voth (1999) hat die Kurs-Gewinn-Verhältnisse am deutschen Aktienmarkt in der Zwischenkriegszeit sowie die Zeittrends des deutschen Aktienindex untersucht und bestätigt eine schon zeitgenössische Interpretation, wonach im Frühjahr 1927 der deutsche Markt eine Spekulationswelle erlebte, die erst abebbte, nachdem Schacht als Reichsbankpräsident mit der Kontingentierung von Rediskonten bei der Reichsbank gedroht hatte. Tabelle 2.2 unternimmt den Versuch, diesen Zusammenhang mit einer qualitativen Variablen zu berücksichtigen, die ab dem zweiten Quartal 1927 den Wert eins annimmt. Allerdings berührt diese Dummyvariable die Koeffizienten für Tobins q kaum, sondern interagiert lediglich mit dem Trend und den Lohnsätzen. Sie scheint also eher die Konjunkturdynamik zu reflektieren als wirkliche Veränderungen in der Kapitalmarktreagibilität der Investitionen.

---

[35] Dieser Effekt ist in empirischen Arbeiten zu Tobins q selten anzutreffen, dazu Chirinko (1993). In Tabelle 2.2 wird er dadurch erzielt, daß die verzögerte endogene Variable entgegen dem Vorgehen in der Literatur außer Ansatz bleibt. Dies wird auch durch die niedrigen Werte der Durbin-Watson-Statistiken angezeigt.

Anscheinend läßt sich also die Hypothese schwacher Kapitalmarkteffizienz für Deutschland nicht ohne weiteres verwerfen: Entweder haben die Kapitalmärkte ihre Nachrichtenfunktion richtig ausgeübt, oder die Spekulationswelle von 1927 blieb nicht auf den Kapitalmarkt beschränkt, sondern erfaßte auch die Investitionsplaner in den Vorstandsetagen der gewerblichen Wirtschaft. Immerhin zeigt sich in Tabelle 2.2, daß nicht allein die Verhältnisse auf dem Kapitalmarkt über die Investitionen bestimmt haben mögen, sondern insbesondere den Lohnsätzen theoriewidrig eine eigene Erklärungskraft zukäme. Eine neue Antwort hierauf kann wiederum mit zeitreihenanalytischen Verfahren versucht werden.

Abbildung 2.14 gibt die Impuls-Antwort-Funktionen für den Zusammenhang zwischen den Investitionen und Tobins q sowie der Lohnhöhe wieder. Zugrundegelegt ist eine VAR in den genannten drei Variablen mit der Anordnung Löhne–Tobins q–Investitionen. Wie zuvor werden die Koeffizienten fortlaufend mit Hilfe des Kalman-Filters angepaßt, der mit Hilfe eines Litterman-Priors initialisiert wurde.

Die Auswertungen in Abbildung 2.14 sind mit wiederum zwei verschiedenen Investitionsvariablen gewonnen worden, einmal den Inlandsaufträgen für den Maschinenbau als Proxyvariabler für die Ausrüstungsinvestitionen, zum anderen mit der tatsächlichen Investitionstätigkeit. Ein halbwegs zeitinvarianter Zusammenhang zwischen Investitionen und Lohnhöhe besteht in beiden Fällen nur bei einer Verzögerung von zwei Quartalen. Auf längere Frist scheint der Zusammenhang dagegen äußerst instabil gewesen zu sein, mit einem starken negativen Ausschlag zum Jahreswechsel 1930/31. Dagegen wird in den Ziffern für die Maschinenbestellungen für die ausgehenden zwanziger Jahre bei Zeitintervallen von 6-8 Quartalen eine positive Beziehung zwischen Lohnhöhe und Investitionen sichtbar. Die von Voth (1995) gefundene prozyklische Parallelbewegung von Löhnen und Investitionen während der zwanziger Jahre findet hier einen gewissen Niederschlag. Allerdings kommt dieser Vorzeichenwechsel bei Verwendung der tatsächlichen Investitionen wieder zum Verschwinden.

Abbidung 2.14 gibt zudem rekursive Varianzzerlegungen wieder, womit strukturelle Verschiebungen in den Erklärungsanteilen einer Variablen an der Prognosefehlervarianz der anderen sichtbar werden. Wie sich zeigt, spielten die Löhne in den zwanziger Jahren eine nur untergeordnete Rolle für die Bewegung der Investitionen. Dies ändert sich schlagartig mit Beginn der Weltwirtschaftskrise; nun erklärt im Zeitintervall von 1-2 Jahren die Lohnbewegung bis zu mehr als der Hälfte der Investitionen. Zugleich ist bemerkenswert, daß die kurzfristige Varianzerklärung verhältnismäßig konstant bleibt.

Abbildung 2.14: Die Lohnreagibilität der Investitionen

(a) Mit Inlandsaufträgen für den Maschinenbau als Investitionsproxy

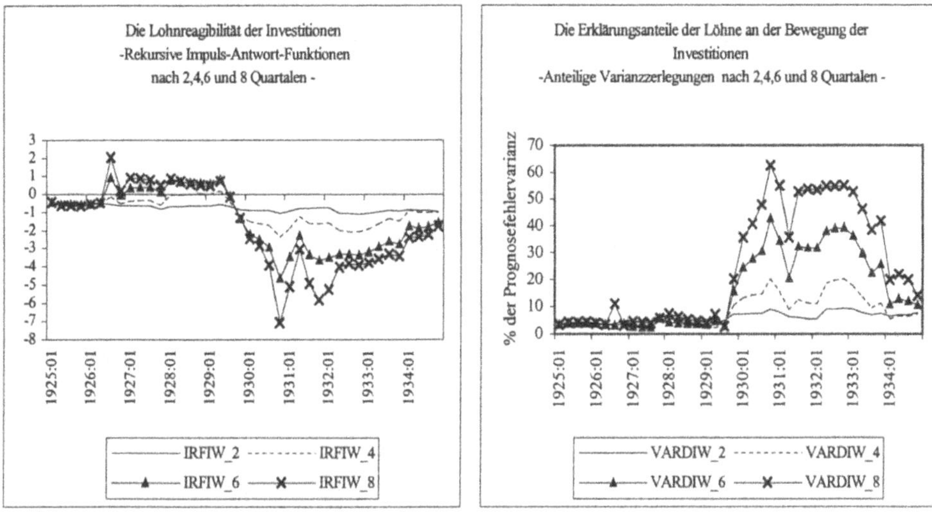

(b) Mit Daten zu den realisierten Investitionen

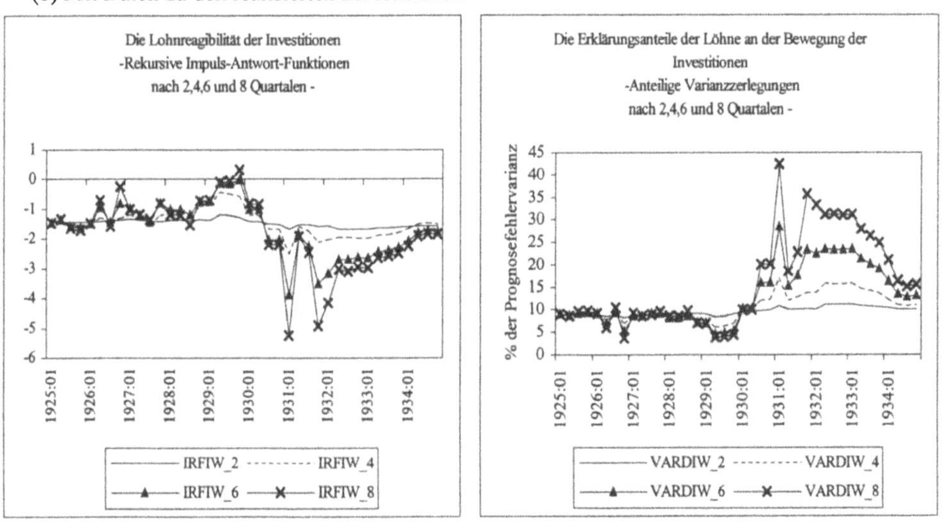

Ähnliches ist für die Abhängigkeit der Investitionen von den Zinsen und von Tobins q zu beobachten (Abb. 2. 15).

Abbildung 2.15: Die dynamische Abhängigkeit der Investitionen vom Zins und Tobins q

(a) Mit Inlandsaufträgen für den Maschinenbau als Investitionsproxy

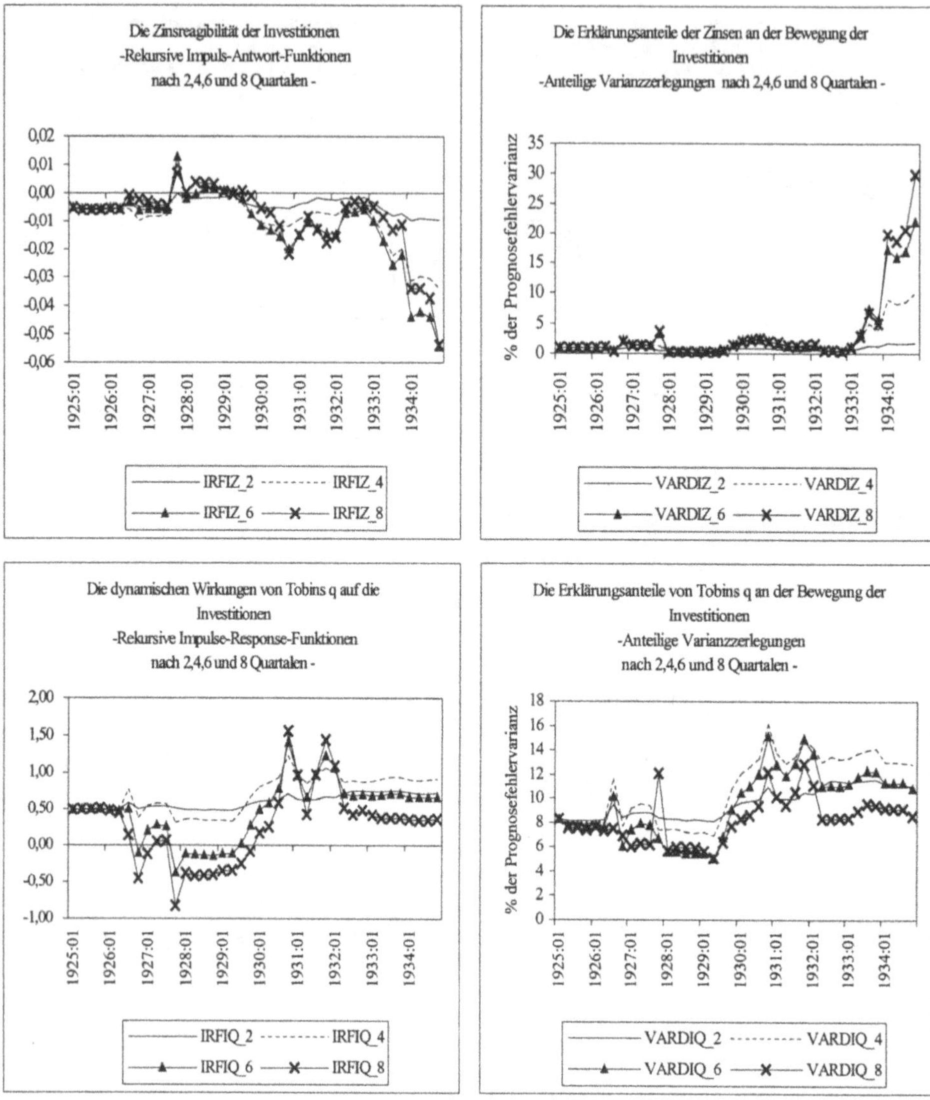

Tatsächlich zeigen die Impuls-Antwort-Funktionen in beiden Fällen erneut dieselbe Kombination von halbwegs zeitinvarianter kurzfristiger und stark instabiler langfristiger Beziehung. Im Fall der Zinsen hat die kurzfristige Beziehung das erwartete negative Vorzeichen. Für Tobins q dagegen variieren die Ergebnisse je nach Wahl der Investitionsvariablen. Der kurzfristige Zusammenhang mit den Maschinenbestellungen hat das richtige Vorzeichen, liegt allerdings lediglich bei 0,5 statt der theoretisch zu erwartenden Elastizität von eins. Bei Wahl der realisierten Investitionen tritt hingegen den Elastizität von eins. Bei Wahl der realisierten Investitionen tritt hingegen ein theoretisch nicht interpretierbares negatives Vorzeichen auf.

(b) mit Daten zu den realisierten Investitionen

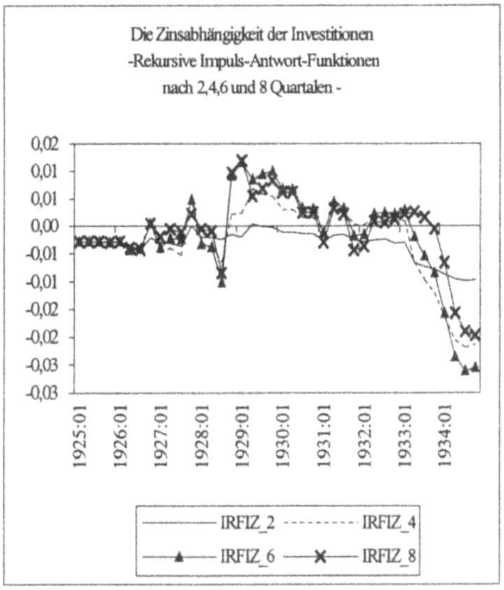

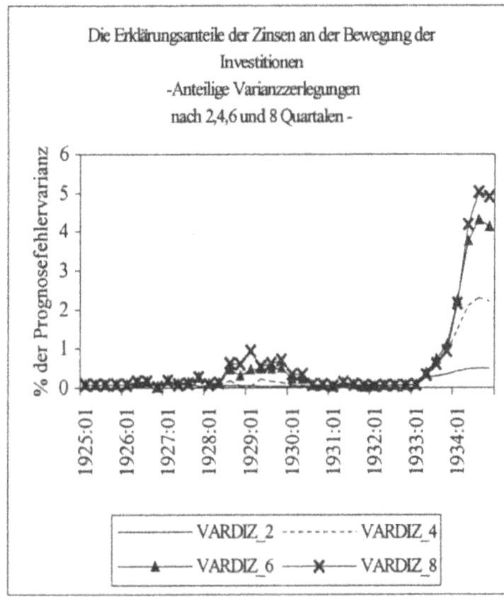

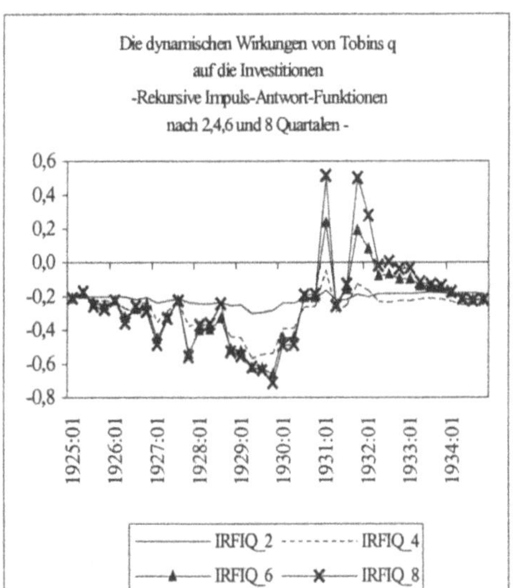

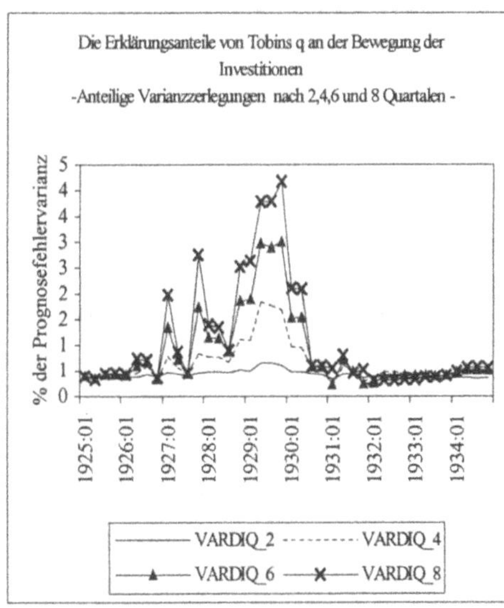

Wiederum sind zeitabhängige Varianzzerlegungen angegeben. Für die Zinsbewegung ergibt sich ein Bild radikaler Eindeutigkeit: Bis ins Jahr 1934 liegt der Erklärungsanteil der Zinsvariablen nahe bei null; über die schon in den Kapitalmarktdaten abdiskontierten Zinskosten hinaus hat die Zinsentwicklung zur Investitionsbewegung in den Weimarer Jahren nichts beigetragen. Tobins q nimmt kurzfristig etwa 8-10%, längerfristig bis zu 20% der Prognosefehlervarianz in den Investitionen auf. Auch dies ist zu wenig, um eine befriedigende Investitionserklärung aus neoklassischer Sicht zu leisten.

Offensichtlich hat also insbesondere die Lohnbewegung die Investitionsentscheidungen in einer Weise beeinflußt, die nicht schon in den Informationen des Aktienmarkts selbst enthalten gewesen ist – ohne daß dies aber die kurzfristig stabile Beziehung zwischen Aktienmarkt und Investitionstätigkeit in Deutschland in der Zwischenkriegszeit aufgehoben hätte. Am Rande sei darauf hingewiesen, daß der kurzfristige Zusammenhang zwischen Investitionen und Tobins q sowie den Löhnen auch ab 1933 stabil bleibt, während die Zinsabhängigkeit offenbar durch einen Strukturbruch gestört ist. Die Veränderung im Zinsterm mag der Kapitalmarktlenkung und der Zinskonvertierung im Dritten Reich zuzuschreiben sein. Bemerkenswert ist aber, daß sowohl die Berichtsfunktion des Aktienmarkts als auch der Lohnkosten für die Investitionsentscheidung im Dritten Reich unverändert blieben.

Damit kann ein Zwischenergebnis unserer Untersuchung bereits festgehalten werden: Borchardts (1979) These von den investitionshemmenden Wirkungen der Lohnbewegung in der Weimarer Zeit bestätigt sich zumindest dem Vorzeichen nach. Während der zwanziger Jahre bleibt die Erklärungsleistung der Löhne für die Investitionsbewegung zwar durchaus gering, die Löhne gewinnen aber überragende Bedeutung für den Verlauf der Investitionen während der Krise. Weiter unten wird auf diesen Umstand noch mehrmals zurückzukommen sein.

2.2.5. Die Geldnachfrage

Angesichts der keynesianischen Kritik an der zu restriktiven Geldpolitik der Reichsbank in den zwanziger Jahren (besonders G. Hardach, 1976) läßt sich zu einer Untersuchung der Geldnachfrage die Vorfrage stellen, inwieweit die heimische Geldpolitik auf die Geldmenge tatsächlich Einfluß nehmen konnte oder ob internationale Kapitalmobilität dies verhinderte.

Für unseren Gegenstand erschweren die Kürze des Untersuchungszeitraums, mögliche Strukturbrüche sowie die Qualität des Datenmaterials ein befriedigendes Herangehen. Als Kompromiß wird im folgenden wiederum zweistufig vorgegangen. Zunächst wird eine statische, konventionelle Spezifikation der Geldnachfrage vom Goldfeld-Typ gewählt und versucht, diese einigen ersten Tests zu unterwerfen. In einem zweiten Schritt folgen wiederum zeitreihenanalytische Ansätze.

Untersuchungen zur deutschen Geldnachfrage für die Zwischenkriegszeit sind selten; neben den eher langfristig orientierten Schätzungen von Sommariva und Tullio (1987) haben Tilly und Huck (1994) eine einfache Quantitätsgleichung sowie ein Bestandsanpassungsmodell der Geldnachfrage geschätzt. Im folgenden wird hieran anschließend ebenfalls eine Quantitätsgleichung geschätzt. Nachfolgend gibt Tabelle 2.3 eine Übersicht über die Ergebnisse:

Tabelle 2.3
Die Geldnachfrage in Deutschland
Vierteljahresziffern

	OLS			2SLS	
	I/25-IV/38	I/25-IV/29	I/25-IV/32	I/25-IV/29	I/25-IV/32
	I	II	III	IV	V
KONSTANTE	17,963	7,3038	11,0719	-12,245	11,2726
	(5,3338)	(2,5761)	(2,6416)	(31,9172)	(6,2303)
Y	0,2394	0,7614	0,5819	1,5735	0,5781
	(0,5096)	(0,2235)	(0,2444)	(1,4591)	(0,2661)
CPI	-1,224	0,0802	-0,3902	2,5692	-0,4172
	(0,7091)	(0,3250)	(0,3471)	(4,0509)	(0,8354)
ZINS	0,0051	0,0405	-0,0134	-0,1641	-0,0122
	(0,0172)	(0,0120)	(0,0083)	(0,1984)	(0,0338)
TREND	0,0246	0,0158	0,0181	0,0024	0,0181
	(0,0092)	(0,0039)	(0,0044)	(0,0245)	(0,0047)
KRISE	1,5280		0,4922		0,5175
	(0,8934)		(0,4427)		(0,8383)
NAZI	-1,9871				
	(0,7351)				
TREND*KRISE	-0,7919		-0,0297		-0,0308
	(1,8341)		(0,0213)		(0,0382)
TREND*NAZI	0,1022				
	(1,0721)				
Ber. R^2	0,8677	0,9533	0,8935	0,5398	0,8934
DW	0,5333	1,8277	1,4059	2,0767	1,3979

(1) Alle Daten außer ZINS in Logarithmen
(2) Standardfehler in Klammern
(3) NAZI = 1, I/33-IV/38
(4) KRISE = 1, I/30-IV/32
(5) Quellen und Definitionen im Anhang

Spalte I gibt die OLS-Schätzergebnisse für eine Quantitätsgleichung für Quartalsdaten der Geldmenge (C.2.11) des Gesamtzeitraums von 1925 bis 1938 wieder. Hierin bleibt die Schätzung für den Zinsterm (C.2.7) hochgradig ungesichert; der Koeffizient für das Preisniveau (C.2.5) hat das falsche Vorzeichen, und die geschätzte Einkommens-elastizität (bezüglich C.2.3) ist unplausibel gering. Der Zusammenhang ist offenkundig durch Strukturbrüche gestört, wie sie etwa durch die Dummyvariable "NAZI" angezeigt werden. Um die Regimewechsel der Geldpolitik beim Übergang zur Devisenzwangswirtschaft des Dritten Reiches aus der Betrachtung auszuschalten, wird die Schätzung in Spalte II für die Teilperiode 1925-1929 sowie in Spalte III für den gesamten Teilzeitraum vor 1933 wiederholt. Dabei zeigt sich, daß dasselbe pathologische Verhalten der Geldnachfragefunktion bereits das Geschehen in der Schätzung für den Zeitraum 1925-1932 dominiert (Spalte III). Lediglich für die Jahre vor der Weltwirtschaftskrise sind alle Parameter signifikant und haben das erwartete Vorzeichen (Spalte II). Allerdings sind auch hier die Einkommens- und besonders die Preiselastizität der Geldnachfrage geringer, als nach der Quantitätsgleichung zu erwarten wäre. Immerhin ist dies jedoch ein bekannter Defekt der hier gewählten Spezifikation und muß nichts mit den Besonderheiten des Datensatzes zu tun haben (vgl. z.B. McCallum, 1991).

Die starken Parametervariationen für die einzelnen Teilperioden deuten bereit darauf hin, daß der zugrundeliegende Zusammenhang womöglich von anderen Einflüssen überlagert wird. Der offenkundige Kandidat hierfür ist die Endogenität des Zinssatzes bei Verfolgung eines Geldmengenziels, wie es durch die Deckungsregeln des Goldstandards nahegelegt wird. Diese Endogenität soll durch Instrumentierung des Inlandszinses mit Hilfe der US-amerikanischen prime rate (C.2.12) berücksichtigt werden; später in diesem Kapitel wird das Geldangebotsverhalten der Reichsbank noch explizit modelliert werden.

Die Ergebnisse der zweistufigen Schätzungen in Tabelle 2.3 legen nahe, daß die in den OLS-Schätzungen für die Weimarer Zeit erscheinende heimische Geldnachfragefunktion in der Tat weitgehend von der gemeinsamen Abhängigkeit der heimischen Geldmenge und des heimischen Zinsniveaus von den US-Geldmarktzinsen gestiftet wird; instrumentiert man mit diesen, so spielt der heimische Zinsterm keine Rolle mehr. Auffallend ist, daß die Regression als ganzes zusammenbricht: Für den Zeitraum zwischen 1925 und 1929, in dem die OLS-Schätzung noch plausibel erscheinende Ergebnisse geliefert hatte, bleiben nunmehr sämtliche Parameter weit im insignifikanten Bereich. Was die OLS-Schätzung als Bewegung auf der Funktion erfaßt, entpuppt sich als Bewegung der Funktion, sobald man den internationalen Zinszusammenhang berücksichtigt.

Nachfolgend werden die Ergebnisse wiederum mit Hilfe rekursiver Impuls-Antwort-Funktionen und der zugehörigen Varianzzerlegungen überprüft. In Tabelle 2.3 waren die Koeffizienten auffallend instabil, was bereits vermuten läßt, daß starke Strukturbrüche vorliegen müssen. Die Untersuchung der dynamischen Beziehung zwischen Einkommen und Geldpolitik ist seit den Arbeiten von Sims (1972, 1980) das wesentliche Anwendungsfeld von Vektorautoregressionen in der Makroökonomik gewesen. Wiederum interessieren uns die Instabilitäten in dieser dynamischen Beziehung, die gemäß der Kritik von Lucas (1976) auf endogene Regimewechsel in der Geldpolitik hindeuten können.

Abbildung 2.16: Die dynamische Beziehung zwischen Geldmenge und Sozialprodukt

(a) Ordnung Geldmenge-Lebenshaltungskosten-Fertigwarenpreise-Sozialprodukt

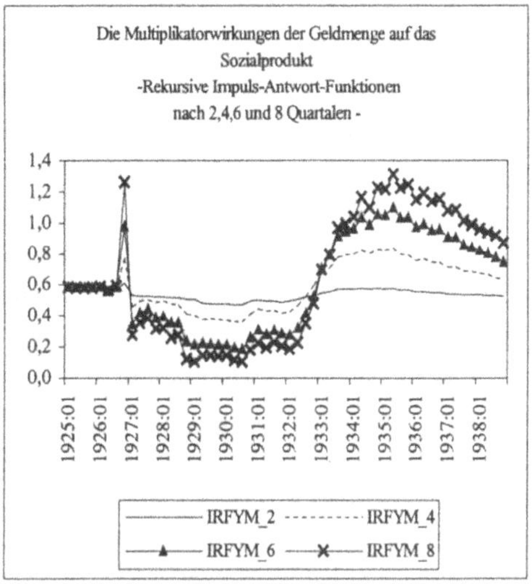

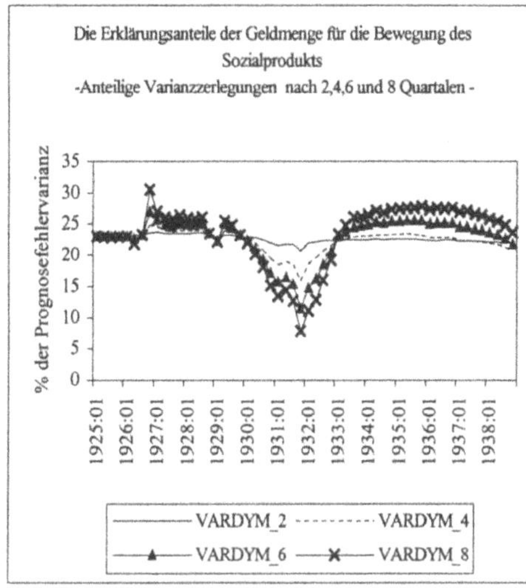

(b) Ordnung Sozialprodukt-Fertigwarenpreise-Lebenshaltungskosten-Geldmenge

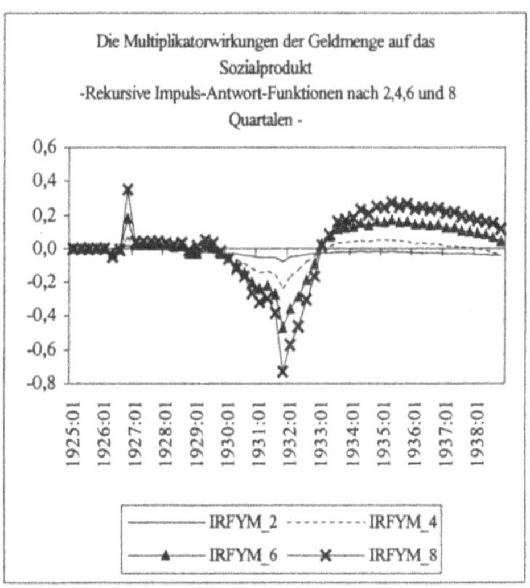

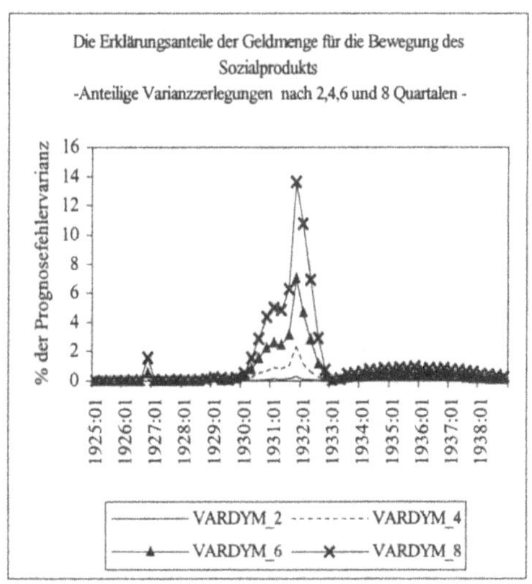

Abbildung 2.16 gibt einen Überblick über die Ergebnisse, die stark nach Anordnung der Variablen variieren. Die Reihenfolge der geldpolitischen Variablen innerhalb der Cholesky-Zerlegung der Varianz-Kovarianz-Matrix einer VAR kann als Annahme über die Exogenität der Geldpolitik angesehen werden. Hier wird die monetäre Transmission von der Geldmenge (C.2.11) mit Hilfe von Großhandelspreisen für Fertigwaren (C.2.13) anstelle des in Deutschland stark importbestimmten Großhandelspreisindex sowie zuletzt der Lebenshaltungskosten (C.2.5) auf das Sozialprodukt (C.2.2) model-

liert. Ist das Geldinstrument so angeordnet, daß eine Auslenkung in der Geldpolitik zugleich alle Störgrößen der anderen Variablen der VAR beeinflussen kann, aber nicht umgekehrt, so ist Geldpolitik rein diskretionär. Dagegen gilt eine Geldpolitik, die auch auf Anstöße in den anderen Variablen reagiert, als regelgebunden.

Die Ergebnisse von Abbildung 2.16 (a) sind überraschend, denn sie deuten zunächst auf eine rein diskretionäre, von Regelbindungen freie Geldpolitik hin, im Widerspruch zu den Regelbindungen der deutschen Geldpolitik im Goldstandard. Sie würden nahelegen, daß die kurzfristige Beziehung zwischen Geldmenge und Sozialprodukt vergleichsweise zeitinvariant war und konstant etwas über 20% der Bewegung im Sozialprodukt im Zeitabstand von einem halben Jahr erklärt. Das deckt sich recht genau mit Ergebnissen von Leeper, Sims und Zha (1996), die für die USA nach dem Zweiten Weltkrieg bei gleichem Zeithorizont einen Erklärungsanteil von knapp 20% fanden.

Bei längeren Zeithorizonten zeigen die Abbildungen in Teil (a) einen doppelt interessanten Verlauf. Bis in das Jahr 1932 hinein liegen die längerfristigen Wirkungen erwartungsgemäß regelmäßig unterhalb der kurzfristigen: Auf längere Frist gilt die walrasianische Dichotomie und ist die Geldpolitik neutral. Zur Jahresmitte 1932 allerdings kehrt sich dies um. Nun scheint es so, als ob die langfristigen Wirkungen der Geldpolitik stärker seien als die kurzfristigen, ein eigentlich pathologisches Ergebnis.

Nimmt man dagegen die Geldmenge als endogen an wie in Abbildung 2.16 (b), dann wäre auf kurze Frist die Geldpolitik praktisch unwirksam gewesen. Bei einer Frist von einem halben Jahr ist der Geldmultiplikator nahe an der Nullinie, sein Erklärungsanteil an der Prognosefehlervarianz des Sozialprodukts liegt ebenfalls bei null. Das deckt sich mit den Ergebnissen des Mundell-Fleming-Modells: Bei hoher Kapitalmobilität wird die Geldmenge endogen und bleiben Versuche einer autonomen Geldpolitik ohne Wirkung. Merkwürdig bei den Ergebnissen von Abbildung 2.16 (b) sind allerdings für die Zeit der Krise die negativen dynamischen Multiplikatoren der Geldpolitik auf längere Frist, verbunden mit einem kurzfristigen scharfen Anstieg der erklärten Varianzanteile. Auch der erneute Rückgang ab 1933 muß angesichts des Übergangs zur Devisenzwangswirtschaft und der Einführung einer Binnenwährung verwundern.

Mit diesem Zwischenergebnis wird die Problematik für die weitere Untersuchung keineswegs vereinfacht, denn es bestehen zwei einander widersprechende Erklärungsangebote nebeneinander, und keines ist frei von Widersprüchen. Immerhin zeigt sich aber, daß außenwirtschaftliche Einflüsse eine Rolle gespielt haben müssen, die wir bislang nicht modelliert haben. Hierauf wird weiter unten in diesem Kapitel noch einzugehen sein.

2.3 Angebots- und Wachstumsbedingungen

Gleichsam als Gegenentwurf zur IS-LM-Interpretation der Weimarer Konjunktur entstand die Borchardt-These ganz im Kontext des Aufstiegs von supply-side economics in den späten siebziger Jahren. Nunmehr richtete sich der Blick neu auf Produktivität, Wachstumsbedingungen und das Angebot von Produktionsfaktoren. Dieser damals aktuelle tagespolitische Zusammenhang besteht allerdings nur oberflächlich, denn ganz dieselben Gesichtspunkte waren schon Gegenstand der Aufmerksamkeit der Zeitgenossen. Die Produktivität der deutschen Volkswirtschaft unter dem Reparationsregime war seit den düsteren Prophezeiungen von Keynes (1920, 1922) ein heiß umstrittener Gegenstand. Der Versuch des Dawes-Plans von 1924, die Reparationen gemäß dem Keynesschen Vorschlag an einen Wohlstandsindex für Deutschland zu koppeln, führte direkt zum Ausbau der Industrieberichterstattung in der Reichsstatistik, die in die Hände eines neu gegründeten halbamtlichen Instituts, des beim Statistischen Reichsamt errichteten Instituts für Konjunkturforschung (heute Deutsches Institut für Wirtschaftsforschung) gelegt wurde (Tooze, 1999). Ähnliche politische und wissenschaftliche Aufmerksamkeit erfuhren Lohnniveau und Kapitalzins. Politisiert durch das in der Weimarer Republik vorherrschende System der staatlichen Zwangsschlichtung, wurde die Lohnhöhe zum Gegenstand der Dauerpolemik der Arbeitgeber[36] sowie fortgesetzter Kassandrarufe der Fachwelt. Der Nationalökonom Gustav Stolper gab seinerzeit in Berlin das Wochenblatt "Der Deutsche Volkswirt" heraus, in dem Joseph Schumpeter (1929) in einem Artikel zur Lohnfrage die These aufstellt, daß das damalige Lohnniveau in der Weimarer Republik notwendig zu einer schweren Depression führen werde. Damit wird die zuvor in dieser Arbeit so bezeichnete Borchardt-These I vollständig vorweggenommen – so weit, daß man fast versucht ist, von einer Schumpeter-Hypothese I zu sprechen. Später in Kapitel 3 wird sich im übrigen zeigen, daß dasselbe für die Borchardt-These II gelten kann. Die Rahmenbedingungen des Geldangebots waren kaum Gegenstand der Diskussion, da die Rückkehr zum Goldstandard im Jahr 1924 zu den Vereinbarungen des Dawes-Plans gehört hatte, mit dem ein Ende der Hyperinflation und des Konflikts mit Frankreich um das besetzte Ruhrgebiet und die Erfüllung der Reparationsleistungen möglich geworden war. Wohl aber geriet die Geldpolitik in die Schlagzeilen und scharfe Kritik, als die Reichsbank 1927 den Versuch unternahm, die Wirksamkeit der Geldpolitik auch bei hoher Kapitalmobilität zu testen[37]. Die nachfolgend zu erörternden neueren Diskussionen um die Weimarer Konjunktur sind also tatsächlich die ganz alten.

2.3.1. Wachstum und Produktivität

In Deutschland war bereits die Phase von 1925 bis 1929 durch niedriges Wachstum gekennzeichnet, mehr noch als in England. Dagegen wuchs das Pro-Kopf-Sozialprodukt

---

36 Statt vieler Angaben vgl. den Überblick bei Borchardt (1979).

37 Herausragend in der damaligen Polemik Hahn (1928), vgl. auch Hahn (1963), A. Weber (1928). Einen Überblick über die zeitgenössischen geldpolitischen Diskussionen gibt Kroll (1958).

in den USA mit deutlich höherer Durchschnittsrate (Abbildung 2.4). Ganz anders als in den 50er Jahren war also die Rekonstruktion nach dem Ersten Weltkrieg in Deutschland und in Großbritannien schon vor der Weltwirtschaftskrise durchaus fragil. Auffallend ist ganz besonders das fehlende Wachstum der totalen Faktorproduktivität in der Berechnung (2) für Deutschland: Danach ist vor dem Einsetzen der Depression der Produktivitätsstand von 1913 gerade wieder erreicht; alle zwischenzeitlichen Zuwächse der Arbeitsproduktivität kommen allein durch Kapitalintensivierung zustande.

Tabelle 2.4: Wachstum und Totale Faktorproduktivität 1913-1929 (% p.a.)

Wachstumsrate	Großbritannien	Deutschland (1)	Deutschland (2)	USA
Y/L	1.4	1.3	0,3	2.2
K/L	0.9	0.9	0,9	3.0
TFP	1.1	1.0	0,0	1.7

Quelle: Maddison (1982, 1991); Deutschland (2): eigene Berechnungen nach Anhang B.

Dieser Befund ist zunächst überraschend, zumal ein Verlauf wie in England ja bei erster Überlegung durchaus plausibel scheint. Der Unterschied zwischen beiden Schätzungen ergibt sich, je nachdem ob die Ziffern von Maddison (1991) oder die amtlichen Sozialproduktsdaten in die deutschen Berechnungen eingesetzt werden. Maddisons Zahlen basieren auf einer Verknüpfung der Schätzungen Hoffmanns (1965, S. 455) für 1913 und 1925 mit den amtlichen Sozialproduktsziffern, die für die Jahre danach Anwendung finden. Dagegen wird der Berechnung "Deutschland (2)" die amtliche Sozialproduktszeitreihe einheitlich für die Zwischenkriegszeit und 1913 zugrundegelegt[38]. Bedenkt man die möglichen Gründe für das offenbar schlechtere Abschneiden Deutschlands gegenüber England zwischen 1913 und 1929, so bieten sich zwei Kandidaten für mögliche Erklärungen an. Zum einen ist dies der kriegsbedingte Verlust besonders produktiver Industrieregionen, die in den Ziffern für 1913 aufscheinen, in den Daten ab 1925 jedoch nicht. Zum zweiten sind dies aber die schweren Rezessionen von 1923 und 1925, die den Effekt der internationalen Rezession von 1920/21, von der Deutschland weitgehend verschont blieb, offenbar deutlich überkompensieren. Deutschlands Nachkriegserholung lag insofern noch 1924 gegenüber dem Ausland deutlich zurück.

[38] Zu den Gründen für die Abweichung der Schätzungen Hoffmanns von den amtlichen Ziffern im einzelnen vgl. Ritschl (1998a), Ritschl und Spoerer (1997).

Bei der Investitionsquote, berechnet mit den amtlichen Sozialproduktsdaten, nimmt Deutschland eine Mittelstellung zwischen dem britischen und dem amerikanischen Fall ein (vgl. Tabelle 2.5).

Tabelle 2.5: Anteil der Bruttoanlageinvestitionen am Bruttosozialprodukt (v.H.)

	Deutschland	Großbritannien	USA
1925	13,5	8,9	19,9
1926	13,9	9,0	20,0
1927	15,3	9,4	19,3
1928	14,9	9,1	19,0
1929	13,9	9,4	17,9
1930	12,5	9,4	16,2
1931	9,9	9,8	11,4
1932	8,2	8,4	9,6
1933	9,4	8,7	8,6
1934	13,3	9,9	10,0
1935	16,6	9,9	10,8
1936	17,6	10,5	13,9
1937	18,2	10,4	13,5
1938	19,4	10,3	12,6

Quelle: Feinstein (1972) Tab. 5); Kendrick (1961), Tab. A-III); Anhang B, Tab. B-9.

Bezüglich der Investitionen, so möchte man schließen, verläuft die Weimarer Konjunktur vor 1929 demnach deutlich besser als das englische Äquivalent, reicht jedoch nicht an die Goldenen Zwanziger in den USA heran. Im Vergleich mit der zuvor gezeigten Evidenz zu den Komponenten des Wachstums erscheint dies überraschend: Warum ist einerseits die Investitionsquote in Deutschland so deutlich höher als in England und andererseits kein Wachstumseffekt dieser Investitionen sichtbar? Die Standarderklärung des Solow-Wachstumsmodells, wonach im Gleichgewicht das Wachstum von der Investitionsquote unabhängig ist, kann für die Betrachtungsperiode ausscheiden: In Deutschland war nach dem Ersten Weltkrieg die Rückkehr auf den langfristigen Wachstumspfad noch bei weitem nicht abgeschlossen Es müssen also andere Gründe für die mangelnde Produktivität der Investitionen in Deutschland maßgebend gewesen sein.

Borchardt (1979) hatte auf eine allgemeine Investitionsschwäche während der Weimarer Jahre und das Vordringen der öffentlichen Nachfrage hingewiesen. Daß eine solche Investitionsschwäche vorgelegen habe, ist wiederholt bestritten worden, etwa von

Holtfrerich (1984) sowie Voth (1994). Aus den obigen aggregierten Investitionsziffern ist eine auffallende Investitionsschwäche während der Weimarer Jahre nun in der Tat nicht zu erkennen. Ein Grund hierfür liegt in dem Umstand, daß den Ziffern in Tabelle 2.5 zwar im Zähler die allgemein akzeptierten Investitionsdaten des Statistischen Reichsamts zugrunde liegen, anders jedoch als in den meisten Arbeiten zur Weimarer Zeit üblich im Nenner nicht die Sozialproduktsschätzungen Hoffmanns, sondern die von uns umgerechneten niedrigeren offiziellen Sozialproduktsziffern (vgl. Anhang B zu dieser Arbeit). Allenfalls könnte man die Investitionsquoten um die 20%, die in Tabelle 2.5 für die USA ausgewiesen sind und in den fünfziger Jahren auch für Westdeutschland typisch werden, als Normalfall eines Nachkriegsaufschwungs zugrunde legen. In diesem Fall lag tatsächlich in Deutschland während der zwanziger Jahre eine anomale Investitionsquote vor. Ein verwandtes Argument liegt der These von Petzina und Abelshauser (1974) zugrunde, daß die deutsche Erholung nach dem Ersten Weltkrieg eine unvollständige Rekonstruktion war. Was sich in den gesamtwirtschaftlichen Ziffern nicht feststellen läßt, kommt in der sektoralen Gliederung zum Vorschein.

Tabelle 2.6: Der Anteil des öffentlichen Sektors am gesamtwirtschaftlichen Investitionsvolumen

	I	II	III	IV
	Öffentl. Verwaltung	I + öffentl. finanzierter Wohnungsbau	II + Bahn & Post	III + Versorgungs-Wirtschaft
1924	19,5	26,5	44,3	50,3
1925	18,0	27,1	43,1	50,4
1926	21,4	31,8	47,8	55,8
1927	20,7	31,1	47,8	53,4
1928	19,4	29,2	43,4	50,8
1929	20,9	30,5	44,6	53,1
1930	20,2	29,9	44,5	51,7
1931	22,6	29,5	44,2	50,3
1932	25,9	29,5	43,9	49,1
1933	27,6	31,3	46,9	50,8
1934	35,5	38,8	52,9	56,4
1935	45,7	47,6	56,4	61,2
1936	43,5	44,7	52,6	57,3
1937	42,5	43,8	52,0	57,9
1938	41,6	42,9	52,8	58,8

Quelle: 1925-34: Statistisches Jahrbuch für das Deutsche Reich 1941/42.
1935-38: Ritschl (1992a).

Tabelle 2.6 gibt einen Überblick über den Anteil der öffentlichen Investitionen an den Gesamtinvestitionen nach verschiedenen Abgrenzungen. Wie immer ist die Frage nach den öffentlichen Investitionen ein Definitionsproblem. Die amtliche Investitionsstatistik weist die Investitionen der "öffentlichen Verwaltung" in enger Abgrenzung aus (Spalte

I), entsprechend liegt nach dieser Statistik der Anteil der öffentlichen Investitionen in der Weimarer Zeit vergleichsweise niedrig. Dieses Bild ändert sich deutlich, wenn die öffentliche Wohnungsbaufinanzierung mitberücksichtigt wird, die in den amtlichen Übersichten nicht ausgewiesen ist und nur aus Spezialdarstellungen entnommen werden kann (Spalte II). Berücksichtigt man zusätzlich die Investitionen von Bahn und Post (Spalte III) sowie darüber hinaus die der halböffentlichen Versorgungswirtschaft (Spalte IV), so gelangt man schon für die Weimarer Zeit zu einem öffentlich finanzierten Anteil an den Gesamtinvestitionen von etwas unter oder gar etwas über 50%[39]. Entsprechend niedriger liegt der Anteil der tatsächlich privat finanzierten Investitionstätigkeit, und Deutschland bewegt sich wieder deutlich näher am englischen Muster stagnierender privater Investitionen bei komprimierten Unternehmensgewinnen. Nicht erst die NS-Zeit, sondern schon die Weimarer Konjunktur ist zum großen Teil Staatskonjunktur[40]. – Für England läßt sich solche eine Vergleichsübersicht nicht ohne weiteres erstellen. Immerhin aber zeigt sich bei erstem Hinsehen, daß in Deutschland bereits in der Zwischenkriegszeit ein Großteil des Investitionsvolumens durch die öffentlichen Hände läuft, während England erst nach dem Zweiten Weltkrieg zu einem ähnlichen Anteil der Staatstätigkeit aufschließt.

Diese tragende Rolle der öffentlichen Investitionen in der Weimarer Republik ist höchst unterschiedlich bewertet worden. Während manche Beobachter vor allem auf die nachfragestützenden Effekte und den Nachfrageentzug während der Weltwirtschaftskrise abgestellt haben (prominent vor allem Holtfrerich, 1991, wo ebenfalls die Rolle des Wohnungsbaus betont wird), stand für andere die resultierende Problematik von Abgabenquote, öffentlicher Verschuldung und Verdrängungseffekten im Vordergrund. So monierte der Reparationsagent (1929, S. 178f.), daß Deutschland zwar massiv den Wohnungsbau aus öffentlichen Mitteln fördere, private Investitionen jedoch durch die Mietbindung auf Vorkriegsbauten in Höhe von 120% des Vorkriegsniveaus bei einer Zunahme des Baukostenindex auf 174% abgeschreckt habe. Mit den zur Rekonstruktion der deutschen Wirtschaft aufgenommenen Kapitalien seien Schwimmbäder, öffentliche Sportanlagen und repräsentative Verwaltungsbauten errichtet worden, darüber aber werde die Modernisierung des Produktionsapparates vernachlässigt. Schacht, als Reichsbankpräsident eigentlich Gegenspieler Parker Gilberts, trat dieser Kritik ausdrücklich bei, wie er auch über mehrere Jahre hinweg versucht hatte, der Reichsbank die Kontrolle über die öffentliche Kreditnahme zu verschaffen, um das Volumen öffentlicher Investitionen an weiterer Aufblähung zu hindern. Noch während der Weltwirtschaftskrise führten französische Politiker bittere Klage, daß die Reichsregierung die Streichung der Reparationen verlange, zugleich aber die – mit Reparationszahlun-

39 Eine ähnliche Aufstellung bei Spoerer (1996b).

40 Dieser Effekt ist in der älteren Finanzwissenschaft wohlbekannt und allgemein als Eintreffen des von Wagner vorausgesagten säkularen Anwachsens der Staatstätigkeit interpretiert worden. Zur These eines Zusammenhangs zwischen Kriegsschock und dem ruckartigen Zunehmen des Staatsanteils vgl. Peacock und Wiseman (1961).

gen belastete – Reichsbahn die Elektrifizierung von Schnellzugstrecken in Angriff nehme, ein Luxus, den man sich in Frankreich nicht leiste (vgl. James, 1988).

Neuere Arbeiten über Produktivitätsvergleiche zeigen in der Tat, daß Deutschland während der zweiten Hälfte der zwanziger Jahre zwar gegenüber England einen gewissen Produktivitätsrückstand aufholen konnte, der Abstand zu den führenden USA sich jedoch weiter vergrößerte, Broadberry (1993). Tabelle 2.7 zeigt Deutschlands Produktivitätsentwicklung relativ zu England und den USA nach den Daten von Maddison (1991) und nach eigenen Berechnungen.

Tabelle 2.7: Bruttoinlandsprodukt pro Beschäftigten (England = 100)

	USA	Deutschland (Maddison)	Deutschland (korrigiert)
1870	95,1	48,8	55,0
1890	98,1	53,3	60,0
1913	127,9	64,1	72,3
1929	154,0	64,3	64,7
1938	143,0	74,9	71,8
1950	167,4	63,3	55,2

Quelle: Broadberry und Ritschl (1995) nach Maddison (1991), Angaben für Deutschland korrigiert nach den Sozialproduktsziffern in Anhang B.

Tabelle 2.7 gibt die Produktivität der deutschen und der amerikanischen im Vergleich zur britischen Wirtschaft an. Während die amerikanische Wirtschaft um die Jahrhundertwende am britischen Produktivitätsstand vorbeizieht und ihren Vorsprung vor dem Einsetzen der Großen Depression noch ausbauen kann, scheint der Aufholprozeß der deutschen Volkswirtschaft gegenüber England durch den Ersten Weltkrieg eine Unterbrechung zu erfahren. In Tabelle 2.7 sind für Deutschland wieder zwei Reihen angegeben, die Unterschiede ergeben sich wie in Tabelle 2.4 durch die Überschätzung des Niveausprungs zwischen 1913 und 1925 bei Hoffmann (1965), die in der zweiten Schätzung ausgeschaltet ist. Ein Nebenprodukt dieser Korrektur ist im übrigen die Aufwärtsverschiebung der deutschen Produktivitätsschätzung gegenüber England im ausgehenden 19. Jahrhundert in Richtung auf plausiblere Größenordnungen[41]. Für die Zwischenkriegszeit zeigt sich sowohl im Falle Englands als auch für Deutschland die "relative Stagnation" der deutschen Volkswirtschaft im Vergleich zu den Modernisierungsanstrengungen, die von den USA ausgingen, sehr eindrucksvoll. Der vielbesprochene Rationalisierungsboom der deutschen Industrie findet in den gesamtwirtschaftlichen Daten keine Entsprechung. Dieser Befund deckt sich mit den Berechnungen zur Totalen Faktorproduktivität in Tabelle 2.4 oben, die bis 1929 gegenüber 1913 für Deutschland kein Produktivitätswachstum ausweisen, während es für England um gut 40% niedriger liegt als für die USA.

Bei der Suche nach Gründen für diesen Rückstand mag es naheliegen, nach Verzerrungen in den Verteilungsrelationen zu suchen. Von einem solchen Maß, der kumulierten Reallohnposition, nahm die Borchardt-Debatte ihren Ausgang. Borchardt (1979) hatte hierzu aus einer Studie über Ursachen von Wachstumsschwächen im langfristigen Vergleich (Glismann u.a., 1978) eine Zeitreihe entnommen, die der Weimarer Zeit im intertemporalen Vergleich eine höchst ungünstige Position zugewiesen hatte. Borchardt hatte allerdings weniger auf den Vergleich mit späteren Perioden als mit 1913 abgestellt, eine Information, die aus der von ihm verwendeten Zeitreihe selbst gar nicht hervorging.

Holtfrerich (1984) verwendete Ziffern aus Hoffmanns (1965) Aufbringungsrechnung, um den fehlenden Vorkriegsvergleich nachzuholen. Nach seinen Ergebnissen befand sich die relative Verteilungsposition der Arbeit in den ausgehenden zwanziger Jahren recht genau auf dem Stand von 1913; auf dieser Basis konnte von einer Krise durch Umverteilung in den zwanziger Jahren nicht die Rede sein. Ritschl (1990a) hielt dagegen, daß die Ergebnisse von der Wahl zwischen den verschiedenen von Hoffmann angebotenen Schätzungen abhängen und Hoffmanns Aufbringungsrechnung für die zwanziger Jahre im Vergleich zu 1913 Produktion und Produktivität überzeichnet und damit die Lohnkostenbelastung unterschätzt. Das trifft auch für Produktivitätsberechnungen zu, die Balderston (1993) auf der Basis von Hoffmanns Ziffern und Methoden vorgelegt hat. Es läßt sich zeigen (Ritschl, 1998a), daß Hoffmanns Produktionsziffern für Industrie und die Gesamtwirtschaft großenteils auf Lohndaten basieren unter der Annahme, zwischen 1913 und 1928 hätten sich die Verteilungsrelationen zwischen Arbeit und Kapital nicht verändert. Dann ist die Berechnung von Produktivitätsziffern und Verteilungsindizes auf Basis dieser Daten wenig mehr als eine Reproduktion der zugrundeliegenden Annahmen über die Konstanz der Einkommensverteilung. Eine Übersicht zu den bislang existierenden Schätzungen der realen Lohnstückkosten gibt Tabelle 2.8.

---

[41] Maddisons (1991) Produktionsschätzungen sind in Kaufkraftparität des US-Dollars zu Preisen von 1985 ausgedrückt, so daß seine Daten durch Rückextrapolation gewonnen werden. Da die von Maddison für den Übergang von 1913 nach 1925 verwendeten Ziffern Hoffmanns (1965) den Sprung der Produktion zu hoch ausweisen, führt ihre Rückextrapolation zur Unterschätzung des Produktionsniveaus für die Jahrzehnte vor dem Ersten Weltkrieg.

Tabelle 2.8: Kumulierte Reallohnposition in Deutschland (1913 = 100)

	W	P	W/P	$(Y/L)_1$	$(Y/L)_2$	$(Y/L)_3$	KRP_1	KRP_2	KRP_3	KRP_4
1913	100,0	100,0	100,0	100,0	100,0	100,0	100,0	100,0	100,0	100,0
1925	146,2	141,8	103,1	105,7	92,2	95,2	97,5	111,8	110,9	108,5
1926	155,9	141,2	110,4	105,5	99,7	94,4	104,6	110,0	110,9	111,9
1927	171,1	147,9	115,7	118,0	101,3	109,8	98,1	114,2	113,8	108,8
1928	190,1	151,7	125,3	121,2	107,1	114,3	103,4	117,0	117,6	115,2
1929	200,2	154,0	130,0	131,5	112,8	116,2	98,9	115,2	116,2	116,5

Quellen und Methoden:

W, Effektivstundenverdienste in der Industrie, vgl. Ritschl (1990a), Tabelle 1).

P, amtlicher Preisindex der Lebenshaltung, ebda.

Y/L_1 Nettoinlandsprodukt pro Beschäftigtenstunde, berechnet nach der Aufbringungsrechnung von Hoffmann (1965), ebda.

Y/L_2 Nettoinlandsprodukt pro Beschäftigtenstunde, berechnet nach der Bereinigung der steuerstatistischen Volkseinkommensrechnung durch Hoffmann und Müller (1959), vgl. Ritschl (1990a).

Y/L_3 Bruttoinlandsprodukt pro Beschäftigtenstunde, berechnet nach den bereinigten steuerstatistischen Volkseinkommensziffern in Anhang B.

KRP_1, Kumulierte Reallohnposition, berechnet mit Hilfe von Y/L_1, vgl. Holtfrerich (1984), Ritschl (1990a), Tab. 5).

KRP_2, Kumulierte Reallohnposition, berechnet mit Hilfe von Y/L_2, Ritschl (1990a), Tab. 5).

KRP_3, Kumulierte Reallohnposition, berechnet mit Hilfe von Y/L_3.

KRP_4, Kumulierte Reallohnposition nach den Daten der Verwendungsrechnung in Hoffmann (1965), vgl.Ritschl (1990a, Tab. 5).

In diesen Daten zeigt sich deutlich der Unterschied zwischen der von der Aufbringungsrechnung Hoffmanns ausgehenden Schätzung Holtfrerichs (1984) einerseits (KRP_1) und unserer Nachberechnung andererseits (KRP_2), die sich an der Bereinigung der amtlichen Volkseinkommensstatistik in einer frühere Arbeit von Hoffmann und Müller (1959) orientiert. Die Ergebnisse werden weitgehend bestätigt durch die Verwendung der Datenbasis aus Anhang B zu dieser Arbeit (KRP_3). Eine vierte Schätzung (KRP_4) legt alternativ Hoffmanns (1965) Verwendungsrechnung zugrunde; auch hier ergibt steigen die Lohnstückkosten gegenüber dem Vorkriegsstand an, wenn auch in abgeändertem Zeitprofil.

Die Lohnstückkosten stiegen gegenüber 1913 nicht als Ergebnis eines Marktprozesses an, sondern aufgrund gewerkschaftlicher Verhandlungsmacht und staatlicher

Zwangsschlichtung von Lohnkonflikten. Das war die zentrale Behauptung der Borchardt-These I[42]. In der Tat ist der gewerkschaftliche Organisationsgrad in Deutschland während der zwanziger Jahre deutlich höher gewesen als vor dem Ersten Weltkrieg, ganz wie übrigens in England (vgl. Tabelle 2.9):

Tabelle 2.9: Gewerkschaftlicher Organisationsgrad, v.H.

	Deutschland	England
1913	21,3	23,1
1919	37,6	43,1
1920	52,6	45,2
1921	50,4	35,8
1922	51,0	31,6
1923	45,8	30,2
1924	31,8	30,6
1925	29,0	30,1
1926	27,6	28,3
1927	29,6	26,4
1928	32,5	25,6
1929	33,9	25,7

Quelle: Broadberry und Ritschl (1994)

Auch die nominellen Löhne veränderten sich in beiden Ländern ganz ähnlich: Zum Ende der Weimarer Konjunktur war Deutschlands Lohnkostenvorteil aus der Inflationszeit aufgezehrt; das nominelle Lohnniveau lag gegenüber England wieder gleich hoch wie im Jahr 1913 (Tabelle 2.10).

42 Borchardt (1979, 1980a). Kritisch hierzu Holtfrerich (1984), Maier (1985), eine Mittelposition vertritt Balderston (1985) und, sich wieder stärker sich von der Borchardt-These absetzend, Balderston (1993).

Tabelle 2.10: Nominelle Stundenverdienste von Industriearbeitern in Deutschland und Großbritannien, Index 1913 = 100

	W (D)	W (GB)
1913	100,0	100
1925	146,2	198
1926	155,9	193
1927	171,1	197
1928	190,1	194
1929	200,2	195

Quelle: Broadberry und Ritschl (1994)

Hieraus läßt sich in der Tat auf eine sukzessive Verschlechterung der Angebotsbedingungen in Deutschland schließen: In den zwanziger Jahren erlebte die deutsche Volkswirtschaft amerikanisch anmutende Lohnzuwächse, jedoch englische Produktivitätssteigerungen, und die staatliche Lohnschlichtung (dazu Zahn, 1993, Englberger, 1995) band die Lohnziele der Gesamtindustrie noch stärker an die Verhältnisse im Ausland an. Im Ergebnis verschlechterte sich die Kostensituation in Deutschlands Industrie[43]. Der Arbeitsmarkt wich also in zweierlei Hinsicht von seiner "Normallage" ab, einmal intertemporal gegenüber dem Vorkriegsstand, zum anderen im internationalen Vergleich.

Ein zweiter Aspekt einer angebotstheoretischen Argumentation ist der Ausbau des Sozialstaats in der Weimarer Republik. Der markante Anstieg der Sozialausgaben entfernte die Weimarer Ökonomie unwiderruflich von der Normalität der Vorkriegszeit. Die Expansion des Systems sozialer Sicherung kann zu großen Teilen als eine direkte Kriegs- und Inflationsfolge interpretiert werden, besonders bei den Kriegs- und Hinterbliebenenrenten. Es gilt aber viel allgemeiner, daß das überkommene System der privaten, individuellen Altersvorsorge im Ansparen nomineller Vermögenswerte, das vor dem Weltkrieg eine bedeutende Rolle gespielt hatte, durch die Inflation außer Kraft gesetzt war. Ein Blick auf die Verteilung des Volkseinkommens legt nahe, daß in den zwanziger Jahren die kollektiv organisierte Vorsorge, d.h. die Sozialversicherung, weitgehend in die Rolle der privaten Vermögensbildung eintrat (Tabelle 2.11).

43 Anders dagegen Bähr (1989), der die Ergebnisse der Tarifschlichtung als Reproduktion des Marktergebnisses sehen will. Der offenbar einzige Versuch eines rigorosen Tests des Zusammenhangs von Gewerkschaftsmacht und Lohnsetzung in der Weimarer Zeit ist Svejnar (1981), allerdings beeinträchtigt durch den Mangel an sektoralen Produktivitätsdaten für die Jahre vor 1928.

Tabelle 2.11: Anteile von Einkommen aus Kapitalvermögen und aus Renten und Pensionen am Volkseinkommen, v.H.

	Kapitalvermögen	Renten/Pensionen
1913	12,57	1,44
1925	0,95	9,67
1928	3,84	11,64

Quelle: Statistisches Jahrbuch für das Deutsche Reich, div. Jge., eigene Berechnungen

Wie Tabelle 2.11 zeigt, schwindet als Folge der Inflation der Anteil von „Kapitalvermögen", d.h. Zinseinkünften aus Nominalforderungen, bis zu Bedeutungslosigkeit. An seine Stelle treten in fast gleicher relativer Höhe laufende Einkommen aus der Sozialversicherung. Dieser Punkt ist noch aus einem weiteren Grund von Interesse. Holtfrerich (1984) hat argumentiert, alle intertemporalen Vergleiche der Lohnkostenbelastung – die auf makroökonomischer Ebene auf die Lohnquote am Volkseinkommen hinauslaufen – seien durch die inflationsbedingte Kompression der Gewinnquote verzerrt und darum als Maß für den Lohnkostendruck untauglich. Dieser Einwand hat wegen der Entwertung der nominalen Einkommen in der Hyperinflation einige Berechtigung. In Tabelle 2.12 wird eine mögliche Bereinigung betrachtet, um die Tragweite dieses Effekte abzuschätzen.

Tabelle 2.12: Rohe und bereinigte Lohnquote, Index 1913=100

	(1)	(2)
1913	100,0	100,0
1925	143,7	130,7
1926	144,4	131,3
1927	144,3	131,2
1928	147,4	134,1
1929	150,0	136,4

(1) Index der unbereinigten Lohnquote (42,7 % im Basisjahr 1913).

(2) Lohnquote am Volkseinkommen ohne nominale Zinseinkommen.

Quelle: Volkseinkommensziffern und Zahlen zu nominalen Zinseinkommen: eigene Berechnungen nach Statistisches Reichsamt, Das deutsche Volkseinkommen vor und nach dem Kriege, 1932, S. 89. Nominale Zinseinkommen = Einkommen aus Kapitelvermögen insgesamt abzüglich Dividenden und Ausschüttungen aus GmbH- und AG-Beteiligungen.

Tabelle 2.12 vergleicht den Anstieg der unbereinigten Lohnquote mit einer Quote der Löhne am Volkseinkommen ohne Zinsen aus nominalen Forderungen, d.h. einer Größe, die um den von Holtfrerich (1984) benannten Inflationseffekt bereinigt ist. Bedingt durch die Elimination des nominalen Zinseinkommens, wird der prozentuale Anstieg der so bereinigten Lohnquote geringer, ohne aber zu verschwinden. Der Verschiebungseffekt in der Restquote ist also in der Tat wirksam, erklärt aber den Anstieg der unbereinigten Lohnquote zwischen 1913 und 1928 nur zu weniger als 30 Prozent. Der Lohnkostenanstieg während der Weimarer Zeit ist also nicht lediglich ein statistischer Artefakt.

Neuere Arbeiten haben gegenüber dieser noch immer indirekten Methode, die Kompression der Unternehmensprofite in der Weimarer Republik abzuschätzen, einen wesentlich direkteren Zugang ermöglicht. Aus den steuerstatistischen Daten zu den Unternehmensgewinnen kann durch geeignete Bereinigung eine Kapitalrendite errechnet werden. Balderston (1993) verwendet Daten und Methoden von Sweezy (1940) und wiederum Hoffmann (1965) und erhält eine nur unerhebliche Senkung der Unternehmensgewinne in den zwanziger Jahren. Dagegen gelangt Spoerer (1995; 1996a) zu einer ganz markanten Verringerung der Unternehmensgewinne in der Zeit zwischen Hyperinflation und Weltwirtschaftskrise (Abbildung 2.17):

Abbildung 2.17: Handelsbilanzielle Aktienrenditen 1886-1939

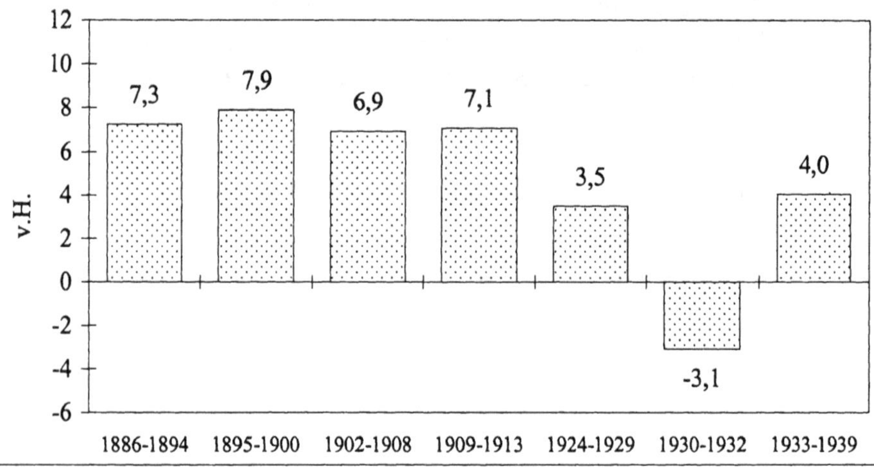

Quelle: Spoerer (1996a), Angaben in konstanten Preisen.

Diese aus der veröffentlichten amtlichen Bilanzstatistik gewonnenen Ziffern kann Spoerer mit Hilfe von steuerbilanziellen Archivdaten für ca. 10 Prozent des deutschen Aktienkapitals weiter korrigieren. Dabei ergibt sich für die zwanziger Jahre eine nochmalige Korrektur nach unten, die durch die Bewertungsspielräume in den veröffentlichten Handelsbilanzstatistiken erklärbar ist (Abbildung 2.18):

Abbildung 2.18: Steuerbilanzielle Eigenkapitalrendite deutscher Aktiengesellschaften 1925-1938

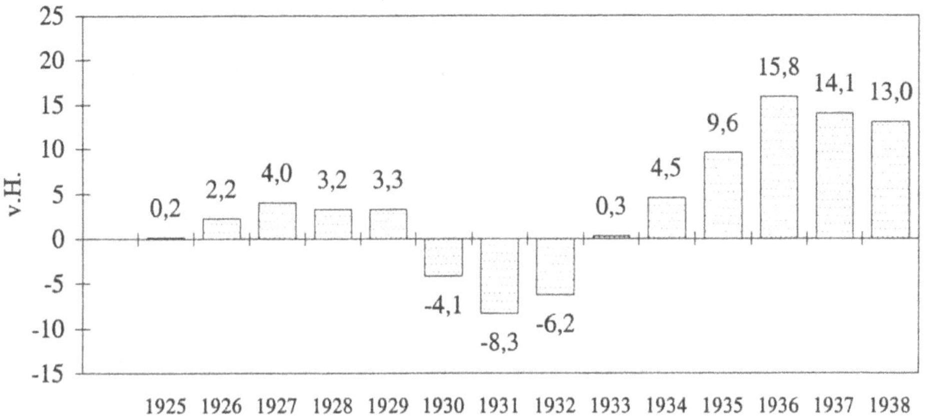

Quelle: Spoerer (1996a), deflationiert mit Hilfe des Lebenshaltungskostenindex

Diesen Ziffern bieten einen direkteren Beleg für den von Borchardt (1979) behaupteten profit squeeze, die Kompression der Unternehmensgewinne, ohne daß der Umweg über Lohnstückkosten oder bereinigte Lohnquoten eingeschlagen werden muß. Es ist demnach tatsächlich in deutschen Unternehmen schon vor der Weltwirtschaftskrise nicht gut verdient worden, weder im Vergleich zur Vorkriegszeit noch gar zum Dritten Reich. Um nun allerdings von dieser noch immer deskriptiven Evidenz zu einer ökonomischen Aussage vorzustoßen, ist nach den möglichen Auswirkungen dieser Problematik auf die Nachfrage nach Arbeit und Kapital zu suchen.

2.3.2. Die Arbeitsnachfrage

Ergebnisse für die Arbeitskräftenachfrage legten Broadberry und Ritschl (1994) vor. Danach lag die Reallohnelastizität der Arbeitskräftenachfrage, geschätzt aus einer Regression in logarithmischen Differenzen, bei -0,5. Tabelle 2.13 gibt Schätzungen einer Arbeitsnachfragefunktion derselben, funktional flexiblen Form wieder, allerdings in logarithmischen Niveaus unter Einschluß deterministischer Trendkomponenten. Hierbei wird die Beschäftigung (C.1.7) in Beziehung gesetzt zum Kapitalstock (C.2.14), einem Index auslandsbestimmter Rohstoffpreise (C.2.15) sowie dem Reallohn (C.2.8).

Tabelle 2.13
Arbeitsnachfragefunktionen für das Deutsche Reich
Vierteljahresdaten, 2SLS

	1925-1938	1925-1929	1930-1932	1933-1938
KONSTANTE	-81,5359	47,2144	1,5324	21,3161
	<-5,203>	<0,898>	<0,0403>	<7,126>
KAPITAL	6,8889	-3,4451	-0,0418	-1,2373
	<5,382>	<-0,813>	<-0,014>	<-5,085>
P_ROHSTOFF	1,1319	0,8132	1,2053	0,1293
	<3,212>	<3,447>	<1,723>	<1,042>
LOHN	-0,8523	-0,8129	1,3706	-0,2339
	<-2,675>	<-3,374>	<1,182>	<-1,139>
TREND	-0,0067	0,0294	-0,0414	0,028
	<-0,964>	<1,738>	<-3,628>	<14,073>
NAZI	90,4202			
	<3,983>			
KRISE	-8,8259			
	<-1,264>			
$\bar{R}^2$	0,923	0,786	0,922	0,998
DW	1,338	1,081	2,704	1,073

Legende:
(1) t-Werte in spitzen Klammern
(2) KRISE = 1, I/1930 – IV/1932
(3) NAZI = 1, I/1933 – IV/1938
(4) Lohnsatz instrumentiert mit Index der Fertigwarenpreise
(5) 1925-38: Steigungsdummies (nicht angegeben) für die Perioden KRISE und NAZI
(6) Saisondummies (nicht angegeben) in allen Schätzungen
(7) Quellen und Definitionen im Anhang

Die Ergebnisse von Tabelle 2.13 legen einen starken negativen Einfluß der Reallöhne auf die Beschäftigung nahe. Während der Krise selbst wird dieser Zusammenhang überlagert vom Geschehen des Kriseneinbruchs; der Koeffizient für die Lohnvariable hat das falsche Vorzeichen und bleibt insignifikant.

Gegen eine solche Arbeitsnachfragefunktion läßt sich einwenden, daß bei keynesianischer Unterbeschäftigung sich die Unternehmen einer abwärts geneigten Nachfragekurve nach ihren Produkten gegenübersehen. Damit ließe sich erklären, warum während einer Krise der Zusammenhang zwischen Beschäftigung und Lohnhöhe außer Kraft gesetzt scheint, so wie dies Tabelle 2.13 nahelegen würde. Dann würde die Produktionshöhe selbst zu einem Argument in der Arbeitsnachfragefunktion. Broadberry und Ritschl (1995) haben solche Varianten für den Gesamtzeitraum von 1925 bis 1938 mit Hilfe von Daten in logarithmischen Differenzen geschätzt und erhalten betragsmäßig sogar noch leicht höhere Lohnelastizitäten der Arbeitsnachfrage als ohne Berücksichtigung von Nachfragerestriktionen. Nachfragebedingte Beschränkungen der Produktion setzen also das prinzipielle Ergebnis negativer Reallohnelastizitäten nicht außer Kraft, sondern lassen diesen Effekt sogar noch deutlicher hervortreten.

Wiederum läßt sich der Zusammenhang auch zeitreihenanalytisch in reduzierter Form untersuchen. Dazu verwenden wir einen bayesianischen Ansatz mit den Variablen Reallohn (C.2.8), Beschäftigung (C.1.7), Einkommen (C.2.3) und Realzins (C.2.7 abzueglich Inflation in C.2.5) in absteigender Reihenfolge ihrer Exogenität. Bei dieser Wahl der Anordnung spielt die Überlegung eine Rolle, daß die Lohnsetzung auf dem Arbeitsmarkt in der Weimarer Zeit staatlich gelenkt war. Abbildung 2.19 zeigt die rekursiven, zeitabhängigen Impuls-Antwort-Funktionen für die dynamischen Wirkungen von Lohnvariationen auf die Beschäftigung sowie die zugehörigen anteiligen Varianzerklärungen.

Abbildung 2.19: Die dynamische Beziehung zwischen Löhnen und Beschäftigung

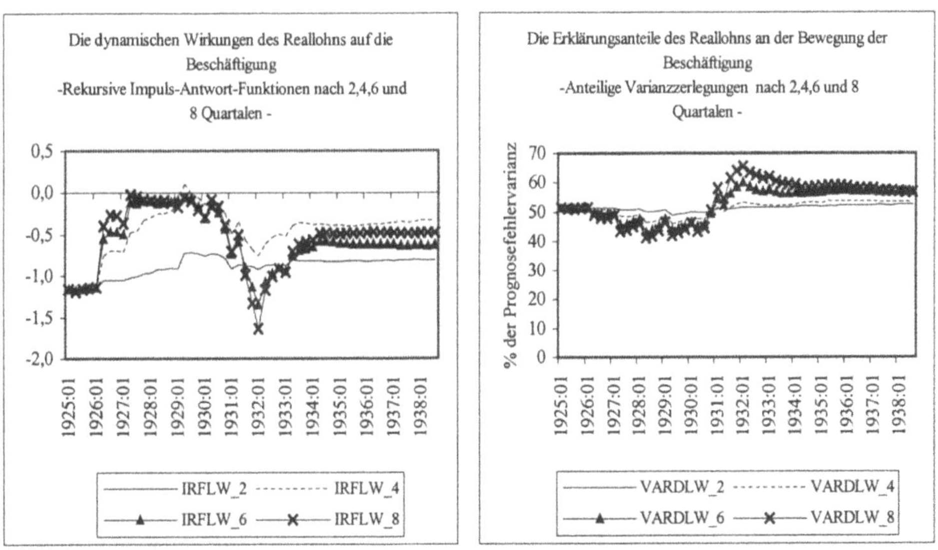

Wiederum ist der kurzfristige Zusammenhang vergleichsweise stabil; bei einer Zeitverzögerung von einem halben Jahr liegt der dynamische Multiplikator betragsmäßig im Bereich von eins, ähnlich wie die Lohnelastizität der Arbeitsnachfrage in Tabelle 2.13 oben. Sehr starke Schwankungen gibt es dagegen auf längere Frist. Zwischen 1926/27 und 1930 liegen die längerfristigen Multiplikatoren nahe bei Null, haben danach einen scharfen Ausschlag während der Weltwirtschaftskrise und pendeln sich ab ca. 1934 auf zeitinvariante Werte ein. Man erhält den Eindruck eines zweimaligen prononcierten Regimewechsels; während der zwanziger Jahre scheint die mittelfristige Lohndynamik fast aufgehoben zu sein. Ein verwandtes Bild hatte sich schon in Abbildung 2.14 für die Beziehung zwischen Löhnen und Investitionen in den zwanziger Jahren ergeben.

Beeindruckend ist allerdings der hohe und konstante Erklärungsanteil der Löhne für die Beschäftigung, er liegt nach Abbildung 2.18 nie unter 40%, während der Krise bei einem Zeithorizont von zwei Jahren sogar oberhalb von 60%. Es kann kein Zweifel bestehen, daß die Lohnthematik für das Verständnis der Krise in der Weimarer Republik zentral ist. Wiederum bestätigt sich insoweit die Borchardt-These I. Offen bleibt lediglich, warum die Beziehungen zwischen Löhnen und Beschäftigung auf mittlere Frist so starken Strukturbrüchen unterworfen sind[44].

Das hier untersuchte dynamische System stellt auch Auswertungen für die Beziehung zwischen Realzins (C.2.7) und Beschäftigung (C.1.7) zur Verfügung.

Abbildung 2. 20: Die dynamische Beziehung zwischen Realzins und Beschäftigung

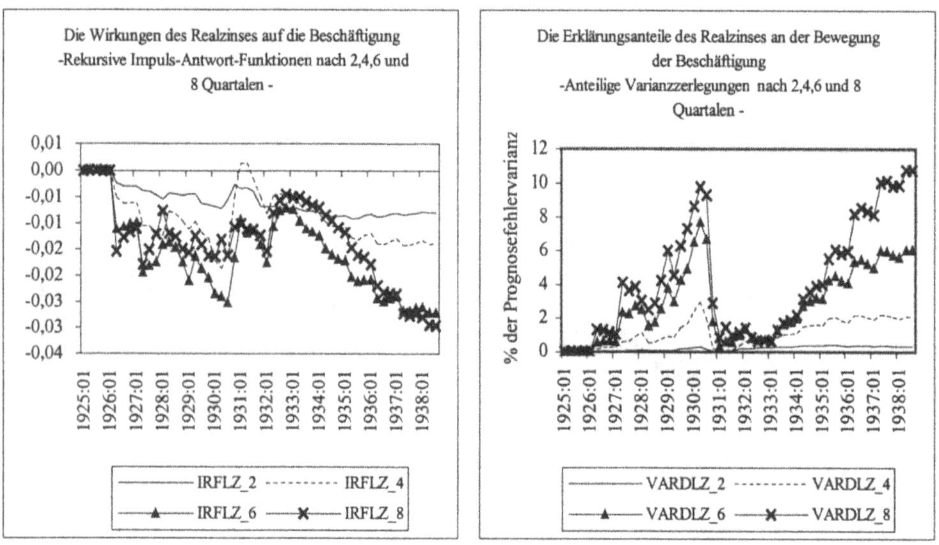

Auch diese Beziehung hat das erwartete Vorzeichen; wiederum ist ein eigenes Regime für die ausgehenden zwanziger Jahre erkennbar – allerdings ist nun umgekehrt wie bei

---

44 Eine neue Arbeit von Fisher und Hornstein (2001) untersucht die Borchardtsche Lohndruckthese mit Hilfe von Simulationen eines stochastischen Wachstumsmodells und gelangt ebenfalls zu hohen Erklärungsanteilen.

den Löhnen der Zusammenhang in den zwanziger Jahren stärker und in der Krise geringer. Auffallend ist zudem ein zweiter Strukturbruch ab 1933 mit einem stetig stärker werdenden Zinszusammenhang. Blickt man allerdings auf die erklärten Varianzanteile, so erweist sich die Beziehung als fragil und gegenüber den Löhnen als zweitrangig. Auf kurze Frist erklärt der Zins für die Beschäftigung nichts, sein Beitrag zur Prognosefehlervarianz der Beschäftigung liegt nahe bei Null. Auffallend ist ein stetiges Ansteigen der Varianzerklärung auf längere Frist bis 1930. Immerhin könnte man hierin eine Wirkung steigender Zinsen erkennen; womöglich haben zu einem gewissen Anteil nicht nur hohe Löhne, sondern auch hohe Zinsen die Weimarer Republik zu Fall gebracht, um eine Formulierung von Voth (1995) aufzugreifen. Immer unter dem Vorbehalt, daß die Multiplikatoren auf längere Frist tatsächlich ökonomisch interpretierbar sind und nicht nur die sonst unvollständig modellierte Konjunkturdynamik aufgreifen, würde der Vergleich beider Abbildungen eine quantitative Gewichtung beider Hypothesen ermöglichen; das Verhältnis der anteiligen Varianzerklärungen läge dann für die zwanziger Jahre bei 5:1 für Borchardts These I des Lohndrucks gegen die Alternativhypothese hoher Zinsen[45].

Es bleibt abzuklären, wie weit das Sozialprodukt als limitierende Größe für die Beschäftigung einen eigenen Erklärungsbeitrag leisten kann, wie es die keynesianische Doktrin nahelegen würde.

Abbildung 2.21: Die dynamische Beziehung zwischen Beschäftigung und Einkommen

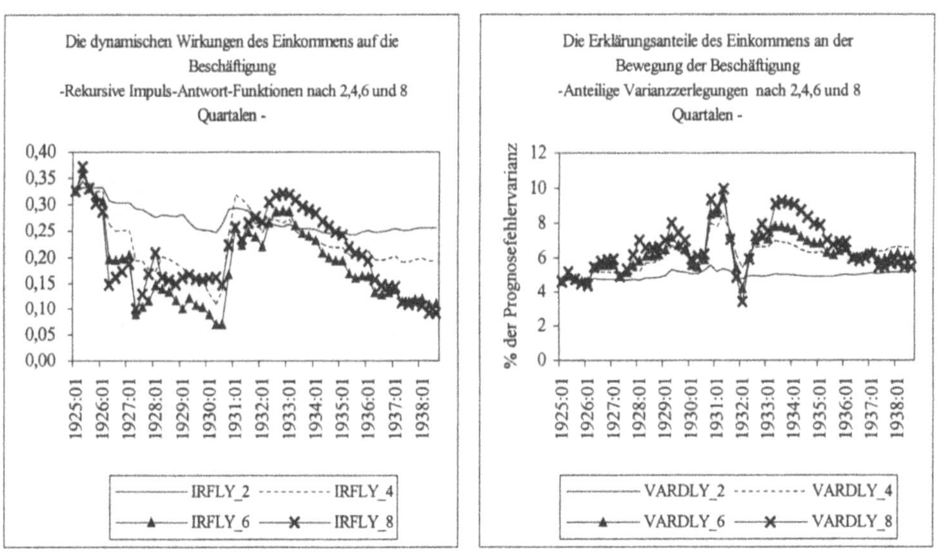

---

45 Fisher und Hornstein (2001) kommen auf Basis eines dynamischen Simulationsmodells mit Reallohnrigiditäten ebenfalls zu hohen Erklärungsanteilen für den Reallohn während des Abschwungs.

Die dynamischen Wirkungen des Einkommens (C.2.3) auf die Beschäftigung (C.1.7) in Abbildung 2.21 haben das erwartete positive Vorzeichen. Allerdings fällt wieder ein doppelter Regimewechsel auf. Wie schon bei den Löhnen ist die Beziehung in den zwanziger Jahren bei mittleren Fristigkeiten deutlich schwächer; erneut gibt es auch einen Trendverlauf in den längerfristigen Multiplikatoren während der dreißiger Jahre. Allerdings zeigt ein Blick auf die Varianzzerlegungen, daß das Sozialprodukt kaum einen zusätzlichen eigenen Beitrag zur Prognosefehlervarianz der Beschäftigung leistet. Dieser Befund ist gleichsam die Kehrseite des starken Erklärungsbeitrags, den die Lohnbewegung für die Beschäftigung leistet. Für eine hiervon unabhängige Erklärung bleibt nur ein Beitrag von 6-10% übrig.

Um dieses Ergebnis auf seine Robustheit hin zu prüfen, wurde mit einer ganzen Reihe von Änderungen der Spezifikation experimentiert, insbesondere einer Änderung der relativen Anordnung von Löhnen und Sozialprodukt in der Cholesky-Zerlegung der Varianz-Kovarianz-Matrix. Die Hauptergebnisse blieben aber erhalten. In allen Auswertungen weisen die Multiplikatoren um das Jahr 1930 einen starken Strukturbruch auf; der hohe Erklärungsanteil der Löhne an der Prognosefehlervarianz der Beschäftigung bleibt erhalten, und weder die Zinsen noch das Sozialprodukt können einen Erklärungsbeitrag leisten, der zusammen über 10-15% der Prognosefehlervarianz für die Beschäftigung hinausgeht. Dasselbe gilt, wenn die Einkommensvariable gegen eine Zeitreihe auslandsbestimmter Rohstoffpreise ausgetauscht wird. Die Borchardt-These I von den Wirkungen des Lohnkonflikts bestätigt sich also auch für den Arbeitsmarkt. Allerdings liegt bislang nicht erklärter Strukturbruch vor, der diesen Zusammenhang in den zwanziger Jahren bedeutungslos erscheinen, danach aber um so stärker hervortreten läßt.

2.3.3. Das Geldangebot: Systemkonformität im Goldstandard

In den letzten Jahren ist eine neue Interpretation des Goldstandards und damit auch der Reichsbankpolitik entstanden, die sich auf die Regelbindungen der Geldpolitik konzentriert[46]. Die ältere Diskussion hatte ihre Aufmerksamkeit auf geldpolitische Fehlleistungen durch zu straffe Kontrolle der Geldmenge gelegt. Leichteres Geld, so die Devise, wäre die richtige Politik in den zwanziger Jahren gewesen, geradeso wie die leichte Hand am Staatsbudget in der Weltwirtschaftskrise selbst.

Die neuere monetäre Interpretation stellt die umgekehrte These auf. Hier erscheinen die monetären Restriktionen durch die Reichsbank in den Jahren 1924 und 1927 als systemnotwendig und die Idee leichterer Geldpolitik während der Weltwirtschaftskrise für Deutschland als unrealistisch (hier besonders Eichengreen, 1992a). Diese Deutung bezieht ihre Argumentation aus der Theorie politischer Regelbindungen. Für eine Zentral-

[46] Vgl. besonders Eichengreen (1992a), Bordo und Kydland (1992, 1995), für Deutschland Bordo und Eschweiler (1994).

bank kann es Anreize geben, die Stabilität der Währung zwar als politisches Ziel zu verkünden, sich aber später nicht an die eigenen Versprechen zu halten[47]. Wenn die Täuschung des Publikums gelingt, könnte man die gewünschten Wirkungen auf die Beschäftigung erzielen, die unerwünschten Ausweichreaktionen des Publikums aber umgehen.

Lernfähigkeit der Öffentlichkeit vorausgesetzt, funktioniert solches Verhalten allerdings nur einmal. Hierfür bot Deutschland nach der Hyperinflation das Extrembeispiel. Denn erstens waren Staatspapiere und praktisch alle anderen auf Geld lautenden Forderungen entwertet. Zweitens aber hatte die Fortsetzung und schubweise Beschleunigung der Inflation das Vertrauen des Publikums in die Fähigkeit und den Willen der politischen Autoritäten zerstört, ihre Verpflichtungen nicht weiter zu entwerten. Eine zentrale Voraussetzung dafür, daß die deutsche Inflation reale Wirkungen über einen so langen Zeitraum entfalten konnte – ihre "fundamentale" Funktion, die Entwertung der Kriegsschulden nach dem verlorenen Kriege, hatte sie bereits um 1920 mit der Entwertung der Papiermark auf ein Zehntel des Goldwertes erfüllt –, lag in einer Rechtsprechung, die schon während des Ersten Weltkrieges eingesetzt hatte und unter Berufung auf die, hierfür sehr weitreichend ausgelegten Ermächtigungsgesetze des 4. August 1914 zur Kriegswirtschaft das "Mark-gleich-Mark"-Prinzip über jede Wertsicherungs- oder Goldklausel stellte. Inhalt jener Gesetze, soweit sie die Reichsbank betrafen, war die nachträgliche Sanktionierung ihrer Suspension der Goldeinlösungspflicht während der Julikrise 1914 (Feldman, 1993, S. 32).

Einen wichtigen Anstoß für das Ende der Hyperinflation – immer noch fast ein Jahr vor der tatsächlichen Stabilisierung – gab ein Urteil des Reichsgerichts in Leipzig vom 19. Dezember 1922, das die volle Indexierung von Kalkulationen für kontrollierte Einzelhandelspreise erlaubte (ebda., S. 570). Weitere Aufweichungen folgten, die Rechtsprechung ging nun allmählich vom Mark-gleich-Mark-Prinzip ab. Damit wurde eine zunehmende Menge von Vertragsbeziehungen einklagbar, die eine Wechselkurs- oder Dollarklausel enthielten. Rasch verbreitete sich die Indexierung von Verträgen, was vermutlich dazu beigetragen hat, daß die Inflation ihre politisch erwünschten Beschäftigungswirkungen (dazu besonders Holtfrerich, 1980) trotz rasanter Steigerungen der Geldentwertung immer weniger entfalten konnte. Inflationierung als Mittel zur künstlichen Erwärmung des gesamtwirtschaftlichen Klimas war unmöglich geworden, dennoch dauerten die Machtkämpfe um eine Stabilisierung bis in den Spätherbst 1923 – wenn man nicht das eigentliche Ende der Inflation erst mit dem Übergang zum Goldstandard und den monetären Restriktionen vom Mai 1924 zur Unterdrückung der spekulativen Kreditschöpfung ansetzen will.

---

[47] Eine Anwendung auf den deutschen Fall der Zwischenkriegszeit versucht Eschweiler (1993), allerdings unter der kritisierbaren Annahme einer geschlossenen Wirtschaft mit steuerbarer heimischer Geldmenge.

Für eine neue Währung mußte ein „nomineller Anker" gefunden werden, der ihr Glaubwürdigkeit verschaffen würde. Zugleich mußten zukünftige Versuche erschwert werden, diesen Anker in einer erneuten Notlage durch einfachen Willkürakt zu lichten, so wie dies die Reichsbank mit der statutenwidrigen, gesetzlich nicht gedeckten Suspension der Goldeinlösung am 31.7.1914 getan hatte. Es ist nicht zufällig, daß dieser Anker wiederum im Goldstandard gefunden wurde und die Konzeption einer Rentenmark nur eine Übergangsregelung blieb (vgl. James, 1985a).

Entscheidend für das Gelingen der Stabilisierung durch die Einführung der Rentenmark ist der Umstand gewesen, daß die Rentenbank eine privatwirtschaftliche, von Industrie und Landwirtschaft getragene Institution war. Sie konnte glaubwürdigerweise kein besonderes Interesse an der Schaffung von Staatseinnahmen und damit einer Diskontierung von Reichsschatzwechseln haben. Seit 1922 war die Reichsbank zwar formell unabhängig, das hatte sich aber als nicht ausreichend erwiesen, denn die Politik ungebremster Geldschöpfung wurde zunächst unverändert fortgesetzt. Gegenüber diesem Anreizproblem war die besondere Form, in der die Rentenbank und ihre Mark an den Roggen, das in Deutschland dominierende Brotgetreide, angebunden wurden, zweitrangig.

Immerhin trug zur Glaubwürdigkeit und zum Erfolg der Rentenbank eine heraufziehende schwere Ernährungskrise im Sommer 1923 bei: Durch Verankerung des Geldwerts am knappen Gut der Nahrungszufuhr wurden zunächst die Agrarpreise stabilisiert, ein Umverteilungseffekt zugunsten der Landwirtschaft erzielt und damit die zusammengebrochene Marktbeziehung zwischen Stadt und Land wiederhergestellt – ein Problem, das sich in ganz ähnlicher Form den alliierten Bewirtschaftungsbehörden nach dem Zweiten Weltkrieg stellen würde.

Deren "Technologie" zur Währungsstabilisierung, also die Ausgabe neuen Geldes durch eine allmächtige Besatzungsregierung, war in der Weimarer Zeit nicht verfügbar, wohl aber der Regelbindungsmechanismus des Goldstandards, mit dessen Aufkündigung der Weg in die Inflation begonnen hatte. Um diese erneute Anbindung glaubwürdig zu machen, wurde ein Teil der Anteile an der damals privatrechtlich organisierten Reichsbank an ausländische Kapitaleigner überschrieben. Dies sowie ein weitgehendes Verbot der Kreditgewährung an das Reich wurde in einem internationalen Vertrag mit den Reparationsgläubigern fixiert und entfaltete somit eine zusätzliche Bindungswirkung nach außen.

Das hatte zwei Folgen für die Politik der Reichsbank ab 1924. Zum einen mußte die Reichsbank die Goldbindung der neuen Währung unter allen Umständen verteidigen. Von der Bindung an das Wechselkursziel hing die antiinflationäre Glaubwürdigkeit der neuen Währung ab. Zum anderen blieb die neu geschaffene Reichsmark zunächst ein Risikopapier, bis die Anleger Vertrauen gefaßt hatten. Um den Wechselkurs glaubwürdig zu verteidigen, mußte die Reichsbank zunächst erhebliche Abweichungen von der Zinsparität hinnehmen. In dem Maß, in dem die deutsche Stabilisierung an Glaubwürdigkeit gewann, verringerte sich auch die Zinsspanne gegenüber New York. Um 1926 war dieser Prozeß zunächst abgeschlossen (Abbildung 2.22).

Abbildung 2.22: Deutsche und US-Geldmarktzinsen

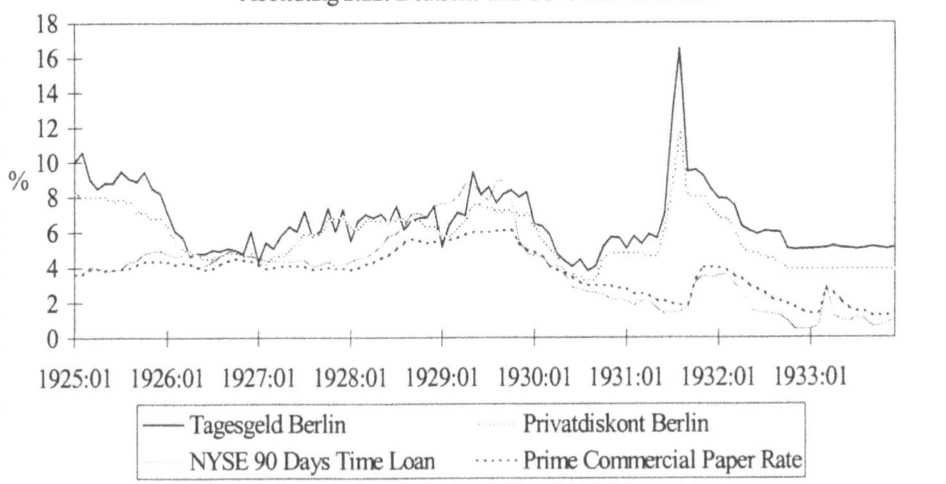

Quellen: Wagemann (1935, S. 112, Reihen 14, 16); NBER Macroeconomic History Database , Series 13002, 13003

Offenbar konnte die Politik der Reichsbank unter den neuen Voraussetzungen ab 1924 schnell Glaubwürdigkeit erwerben und sie effizient verteidigen. Das bedeutet aber auch, daß es für eine eigene deutsche Geldpolitik – außer allenfalls in restriktiver Richtung – kaum Spielräume gab.

Diese neue Perspektive zu den Spielräumen deutscher Geldpolitik ist im Grunde die ganz alte. Daß Deutschland im Goldstandard gefangen gewesen sei und es versäumt habe, sich hiervon zu befreien, ist eine der Hauptthesen bereits bei Haberler (1937). Neu allerdings ist in der jüngeren Literatur die Betonung der Notwendigkeit, angesichts der besonderen deutschen Vorgeschichte in diesem System zu bleiben, solange es existierte. Wohl mochte der Goldstandard dem monetären System weltweit „Golden Fetters“ (so der Buchtitel von Eichengreen, 1992a) angelegt haben und das Weltwährungssystem nicht für alle Teilnehmer gleicherweise anreizkompatibel gewesen sein. Prominente Stimmen, so etwa der schwedische Nationalökonom Gustav Cassel (1918), hatten bereits vor der inhärenten Tendenz des Goldstandards zu immerwährender Deflation gewarnt und die Gefahren einer schleichenden Enteignung des Schuldners durch den Gläubiger beschworen, noch bevor entsprechende eigene Erfahrung in der Weltwirtschaftskrise Irving Fisher (1933) zur Entwicklung der debt-deflation-Theorie veranlaßte.

Dennoch blieb es für Deutschland mit seinem Inflationstrauma optimal, in diesem System zu verbleiben, solange ein kooperativer Ausbruch nicht organisiert werden konnte. Dies in aller Kürze sind die Ergebnisse des auf Bindungswirkungen und Glaubwürdigkeitseffekte abzielenden monetären Ansatzes – wobei dieses Problem in der deutschen Diskussion keineswegs vernachlässigt worden war[48].

Allerdings bleibt auch hier der erste empirische Befund uneindeutig. Zwar zeigt sich oben in Abbildung 2.22 auch dem bloßen Auge eine deutliche Korrelation der deutschen Sätze mit den amerikanischen, aber für die Zeit zwischen 1927 und 1930/31 scheint die deutsche Zinsentwicklung der amerikanischen vorauszulaufen. Ab September 1930 und erst recht seit der Bankenkrise von Mitte 1931 ist der Gleichlauf der Zinsentwicklung unterbrochen, Deutschland hat sich von der internationalen Zinsentwicklung abgekoppelt. Es bestehen Sonderfaktoren, die das Gesamtbild stören und nach einer Erklärung verlangen.

Bei dem Versuch, den internationalen monetären Zusammenhang zeitreihenanalytisch einzubeziehen, ergeben sich überraschende Befunde.

Abbildung 2.23: Die internationale monetäre Konjunkturübertragung

(a) Geldmenge

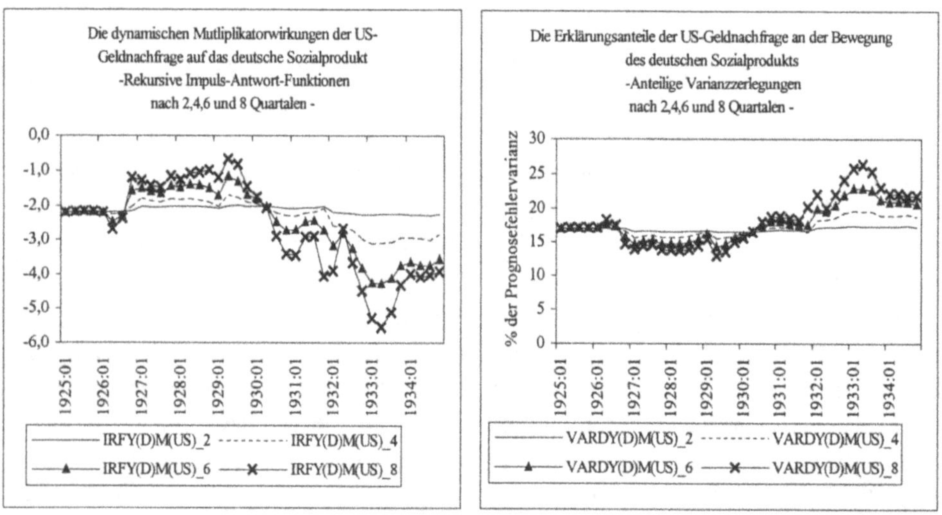

In Abbildung 2.23 sind die Ergebnisse einer VAR mit zeitabhängigen Koeffizienten abgebildet, in der die Variablen US-Geldnachfrage, US-Goldbestände, US-Industriepro-

---

[48] Vgl. die abgewogene Wertung der Versuche Schachts zur Erprobung autonomer Spielräume in der Zinspolitik im Jahr 1927 bei G. Hardach (1976), deutlich zurückhaltender als in G. Hardach (1974). Eine scharfe Polemik gegen die Unabhängigkeit der Reichsbank im Goldstandard findet sich bei Müller (1973).

duktion und deutsches Sozialprodukt (C.2.3) in absteigender Reihenfolge der Exogenität eingehen[49]. Diese Anordnung würde der monetaristischen Sichtweise von Friedman und Schwartz (1963) entsprechen, wonach die Krise in den USA von einer restriktiven Geldpolitik ausging und als Weltwirtschaftskrise auf das Ausland übertragen wurde. Gleich ob man Geldmenge oder Zinsen betrachtet, scheint der Geldmarkt in den USA in der Tat eine Verbindung mit der deutschen Konjunktur gehabt zu haben vgl. Abbildung 2.23 (a). Nach diesen Ergebnissen erklärt die US-Geldnachfrage immerhin zwischen 15 und 25% der Bewegung im deutschen Sozialprodukt. Allerdings hat der Effekt nicht das erwartete Vorzeichen: Der Zusammenhang ist klar gegenläufig. Die amerikanische Geldpolitik hat also dann das deutsche Sozialprodukt stabilisiert, wenn sie restriktiv war, und umgekehrt. Dieses Ergebnis erwies sich als robust gegenüber zahlreichen Änderungen in der Spezifikation; es läßt sich auch reproduzieren, wenn statt der Geldmenge der US-Leitzins eingesetzt wird – in diesem Fall wird der Zusammenhang positiv, ist also wiederum gegenläufig.

(b) Goldbestände

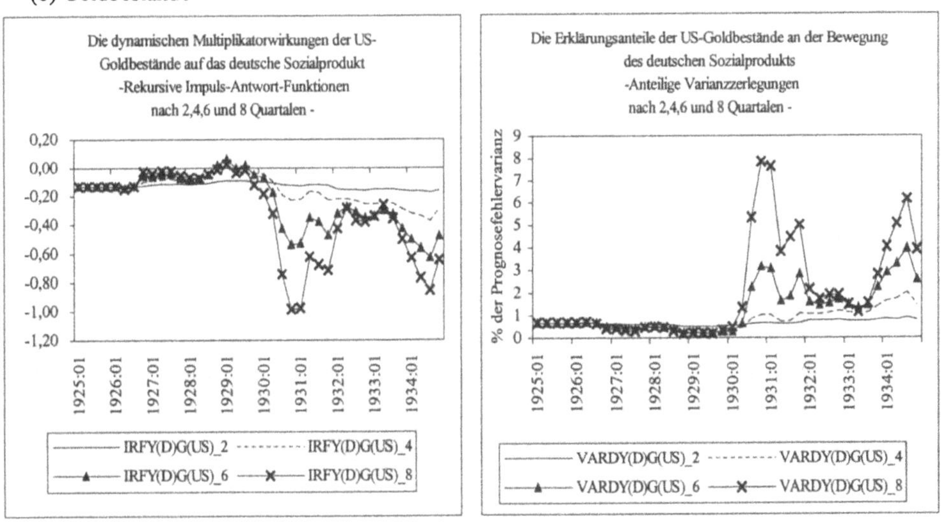

Eine negative Beziehung – diesmal erwartungsgemäß – besteht zwischen den Goldreserven der USA und der Bewegung des deutschen Sozialprodukts, wie die Auswertung derselben VAR für die Beziehung zwischen Goldbeständen des US Federal Reserve Systems und dem deutschen Sozialprodukt in Abbildung 2.23 (b) zeigt. Allerdings zeigt sich an den geringen Anteilen an der Varianzerklärung, daß die Goldpolitik der USA, oftmals mitverantwortlich gemacht für die Übertragung der Depression von den USA

49 Die US-Daten sind entnommen aus der NBER Macroeconomic History Database, Reihen m14144 (Geldnachfrage), m14062 (US-Goldbestände) sowie m01175 (US-Industrieproduktion).

nach Europa, nur wenig direkten Einfluß gehabt haben kann (so im Ergebnis schon G. Fremling, 1985). Auch dieses Ergebnis erwies sich als robust.

Abbildung 2.23 (c) wertet die VAR für die direkte Abhängigkeit des deutschen Sozialprodukts von dem der USA aus, hier approximiert durch die US-Industrieproduktion. Dieser Zusammenhang ist kurzfristig bemerkenswert stabil, der Erklärungsanteil für das deutsche Sozialprodukt bewegt sich kurzfristig bei 10%, im längerfristigen Bereich liegt er während der Weltwirtschaftskrise etwas darüber.

(c) Sozialprodukt

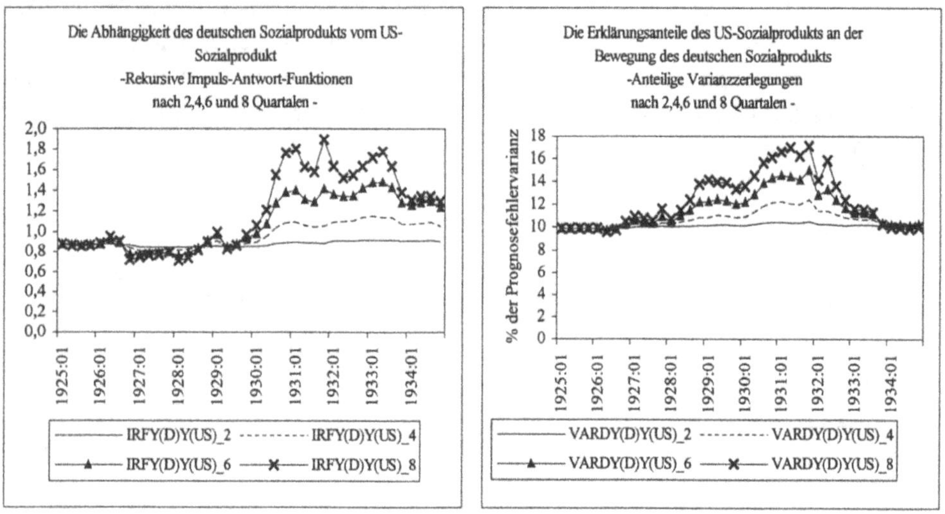

Die Ergebnisse von Abbildung 2.23 sind trotz der bewußten Einseitigkeit des Ansatzes nicht vielversprechend. Auch wenn alle binnenwirtschaftlichen Variablen aus der Erklärung ausgeschlossen werden, lassen sich kaum mehr als 15-35% der Prognosefehlervarianz des deutschen Sozialprodukts durch die US-Konjunktur erklären.

2.4. Zwischenergebnis: Störende stilisierte Fakten zu Deutschlands Krise und Konjunktur

Unsere ersten Zwischenergebnisse zur Empirie der deutschen Krise und Konjunktur sind nur wenig ermutigend.

1. Eine keynesianische Erklärung der Krise scheint fraglich. Es bestehen keine Anhaltspunkte für einen keynesianischen Einkommen-Ausgaben-Mechanismus. Eine fiskalpolitische Deutung der Krise, aber auch der NS-Konjunktur, scheitert an den Größenordnungen.

2. Der deutsche Geldmarkt in den zwanziger Jahren ist international eng verflochten, die heimische Geldnachfrage ist offenbar durch die heimische Geldpolitik nur wenig beeinflußbar. Die Geldnachfragefunktion erscheint wenig stabil und ist offenbar durch Strukturbrüche gestört. Die deutsche Geldmenge scheint während der Periode des Goldstandards endogen gewesen zu sein; es bestehen antizyklische Verbindungen zwischen dem amerikanischen und dem deutschen Geldmarkt. Damit scheidet auch eine direkte monetäre Konjunkturübertragung weitgehend aus den Möglichkeiten aus.
3. Es besteht eine ausgeprägte Reallohnabhängigkeit der Arbeitsnachfrage, eventuelle Kaufkrafteffekte von Lohnsatzänderungen auf das Sozialprodukt werden von Kosteneffekten ausgeglichen. Während der Krise sind die Wirkungen der Löhne auf Investition, Produktion und Beschäftigung ungleich stärker als in den Vorjahren.
4. Die Angebotsbedingungen der Weimarer Ökonomie sind denjenigen Englands durchaus ähnlich, die Weimarer Konjunktur ebenso wie die Weltwirtschaftskrise vom englischen Verlauf jedoch sehr verschieden.

Soweit diese stilisierten Fakten die makroökonomischen Grundstrukturen der deutschen Ökonomie in der Periode zwischen der Stabilisierung der Mark 1924 und dem Vierjahresplan 1936 zutreffend beschreiben, sind die Voraussetzungen für eine standardgemäße Interpretation der Weltwirtschaftskrise in Deutschland einigermaßen unkomfortabel. Ein keynesianisch orientiertes Einnahmen-Ausgaben-Modell der Fiskalpolitik als Krisenerklärung weitgehend ausscheiden. Sowohl Brünings Budgetausgleich als auch Hitlers Ausgabenprogramme haben das Sozialprodukt um wenig mehr als ihren eigenen Betrag verändert. Somit liegen schon in der Weimarer Republik, erst recht aber in der NS-Zeit die Ausschläge des Sozialprodukts deutlich höher, als durch Einkommenseffekte des öffentlichen Budgetsaldos erklärt werden kann.

Auch einer angebotsorientierten Deutung stehen jedoch Schwierigkeiten entgegen. Zwar scheinen Kostenbedingungen in der Tat eine deutliche Rolle für die Faktornachfrage gespielt zu haben. Die Schwere des Kriseneinbruchs können sie jedoch allein nicht erklären. Eher würden die Daten in Richtung des englischen Modells weisen, in dem der Krisenausschlag mit -5% gegenüber dem deutschen Einbruch von -25% ungleich schwächer blieb. Tatsächlich aber scheint bis 1932 Deutschland eher dem amerikanischen Modell zu folgen – oder ihm gar vorauszulaufen, dies trotz radikal andersartiger Produktivitätsentwicklung vor der Krise (Abbildung 2.24).

Abb. 2.24: Bruttosozialprodukt in konstanten Preisen

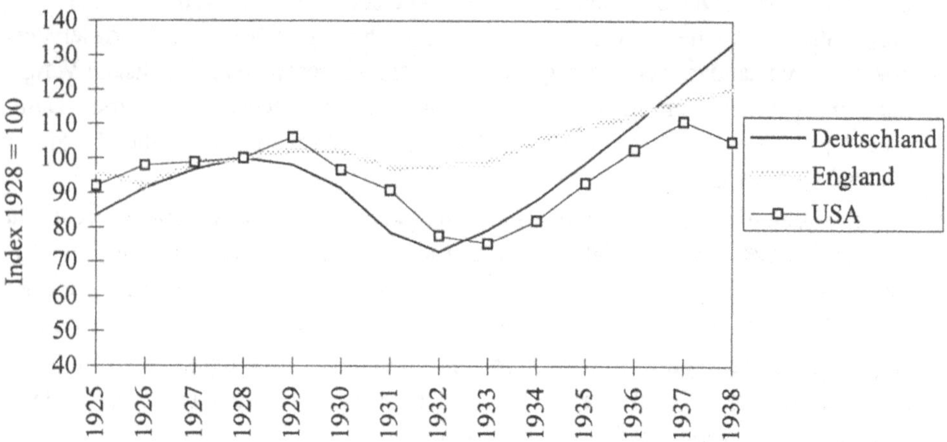

Quelle: Kendrick (1961, Tab. A-III); Feinstein (1971, T16/Tab.5, (10)); Anhang B/Tab. B.9.

Die bisherigen Erklärungsversuche sind somit offenbar unvollständig. Wie kommt es zu dem ganz verschiedenartigen Konjunkturverlauf in Deutschland und England trotz ungefähr gleichartiger Kostenbedingungen in den zwanziger Jahren? Was bedeutet der eigentümliche Vorlauf der deutschen Sozialprodukts- und Zinsentwicklung vor den amerikanischen Daten, der Temin (1971) zu der Überlegung veranlaßt hatte, die Weltwirtschaftskrise könne überhaupt in Deutschland begonnen haben? Woher erklären sich die scharfen Kurswechsel der Geld- und Fiskalpolitik in Deutschland in 1929 und 1932, und worin kann ihr Zusammenhang mit der Schärfe der deutschen Krise bestehen? Warum beschreitet Deutschland nicht den wesentlich weniger steinigen Weg Englands – dessen fiskalpolitische Weisheit während der Krise, von keynesianischem Standpunkt aus gesehen, im übrigen ja keineswegs viel höher entwickelt war? Warum hat Keynes noch am Jahresanfang 1932 der deutschen Seite fortgesetzte finanzielle Konsolidierung und scharfe Deflation als einzigen Ausweg aus der gegebenen Lage empfohlen[50], und warum hat sich auch Wilhelm Lautenbach, oftmals als „deutscher Keynes“ bezeichnet, nach der englischen Pfundabwertung 1931 ganz entgegen mancher Legendenbildung für eine Fortsetzung des Deflationskurses ausgesprochen[51]? Es fehlt ein Glied in der Kette der Erklärungen.

---

[50] So in zwei Reden in Hamburg am 8. Januar und London am 4. Februar 1932, wiederabgedruckt in Skidelsky (1992). Dies ist um so bemerkenswerter, als Keynes ausdrücklich feststellte, daß die seinerzeitige nochmalige Verschärfung der deutschen Krise als Folgeerscheinung der scharfen Deflation zu betrachten sei.

[51] Vgl. Borchardt und Schötz (1987). Zu Einfluß und Position Lautenbachs als Ratgeber innerhalb der Reichsregierung und zur neueren Diskussion vgl. Kapitel 3 unten.

3. Konjunkturen und Reparationen: Die externe Kreditbeschränkung des Deutschen Reiches

Im Jahr 1938 fertigte das Statistische Reichsamt eine Übersicht über die deutsche Zahlungsbilanz an. Wie in der statistischen Praxis üblich, wurden die neuesten Daten präsentiert und mit historischen Vergleichszahlen versehen. In einer Demokratie wäre das ein uninteressanter Routinevorgang, im Dritten Reich aber stellten diese Zahlen ein Politikum dar. 1932 hatte das Statistische Reichsamt mit der Veröffentlichung von Daten zur Zahlungsbilanz begonnen, doch schon 1936 wurden diese Veröffentlichungen wieder eingestellt. Auch die Übersicht von 1938 wurde nie gedruckt. Als geheim gestempelt, kursierte sie in wenigen hektographierten Kopien in den Ministerien und Reichsbehörden[1].

Das Dritte Reich hatte allen Grund, seine Zahlen zum auswärtigen Zahlungsverkehr geheimniskrämerisch zu behandeln und ihnen Aufmerksamkeit zu schenken. Deutschlands externe Kreditbeschränkung lag in seinen aufgetürmten auswärtigen Schulden, denen sich das Dritte Reich durch einseitige Transfermoratorien entzog. Es ist weiter oben schon angedeutet worden, daß es eine Verbindung zwischen dem Reparationsproblem, den Wechsellagen der deutschen Zahlungsbilanz und den Besonderheiten des Konjunkturverlaufs in Deutschland geben könnte. Diesem Gegenstand gilt das folgende Kapitel.

3.1. Die kommerziellen Auslandsschulden

Über die deutsche Zahlungsbilanz vor dem Ersten Weltkrieg liegen neben den Schätzungen Walther Hoffmanns (1965) nur summarische Angaben vor. Vor dem Ersten Weltkrieg war die Handelsbilanz nach der engen Abgrenzung der Außenhandelsstatistik passiv, nicht aber die Leistungsbilanz. Den Ausgleich bildeten Einnahmen aus dem Seeverkehr und wachsende ausländische Kapitalerträge. In der Regel war das Deutsche Reich in den Jahren vor 1914 Kapitalexporteur. Zwischen Inflation und Weltwirtschafts-

---

[1] Bundesarchiv R7 (Reichswirtschaftsministerium)/3068, 3629. Die Ziffern für 1936-1939 sind publiziert in Ritschl (1991), sie liegen den Daten im Anhang, Tabelle B.4, zugrunde.

krise blieben bis auf 1926 sowohl Handels- als auch Leistungsbilanz passiv. Per Saldo werden die deutschen Reparationsleistungen durch Kapitalimporte besonders aus den USA überkompensiert; Schuker (1988) hat dies im Hinblick auf Deutschlands spätere Streichung dieser Kredite treffend als „American Reparations to Germany" bezeichnet. Ab 1930 (tatsächlich bereits ab Mitte 1929) kehrte sich diese Situation um. Handels- und Leistungsbilanz wurden aktiv, zeitweise exportierte Deutschland Kapital; vor allem aber bestand eine massive Kapitalflucht, wie das Anschwellen des ungeklärten Postens am Fuß der Kapitalbilanz anzeigt (vgl. Anhang, Tabelle B.4). Ab 1933/34 kam der Kapitalexport der Depressionsphase zum Stillstand, bis 1937 pendelten alle Teilbilanzen um den Gleichgewichtspunkt. 1938 markierte den Beginn neuer Defizite, die dann während des Krieges zu ungekannten Größenordnungen wuchsen.

Das Statistische Reichsamt unterschied in dieser Übersicht zwischen dem Zahlungsbilanzregime der Vorkriegszeit, das einem „reifen" Industrieland gemäß sei, sowie dem der zwanziger Jahre, das einem industriell unterentwickelten Land gleiche[2]. Gerühmt wird in dem Bericht die Wiederherstellung eines Gleichgewichts unter der NS-Devisenbewirtschaftung ab 1933. Betrachten wir die Regimewechsel der Zwischenkriegszeit in umgekehrter zeitlicher Reihenfolge: Die Defizite während des Zweiten Weltkriegs spiegeln den Zugriff Nazideutschlands auf die Ressourcen Europas wieder; 1938 bildet die Einverleibung Österreichs den Anfang[3]. In den Vorjahren erzwang die einseitige Transfersperre von 1933 auf Deutschlands Auslandsschulden und die fortschreitende Devisenbewirtschaftung einen weitgehenden Ausgleich der Leistungsbilanz. Eine Zäsur ist hierbei 1935/36 im Vorzeichenwechsel der Handelsbilanz zu erkennen: Das Jahr 1935 erlebte eine Devisenkrise, als Deutschland im System des bilateralen Zahlungsverkehrs an die Grenzen seiner Kreditlinien stieß. Für unsere Betrachtungen von Interesse ist der Regimewechsel in der Zahlungsbilanz vor diesem Zeitpunkt. Es fällt auf, daß das Austrocknen der Zahlungsbilanzsalden schon vor der Transfersperre von 1933 einsetzte und auch danach nicht abgeschlossen war. Die einseitige Aufkündigung des Schuldendienstes im Jahr 1933 war also nur eine teilweise.

Die sukzessive Blockierung deutscher Zahlungsverpflichtungen begann schon Mitte 1931 mit dem Hoover-Moratorium auf Reparationen und den Stillhaltevereinbarungen für Deutschlands kurzfristige Kredite und fand seinen ersten Höhepunkt mit der Streichung der Reparationen auf der Konferenz von Lausanne im Sommer 1932. Dennoch blieb in dieser Phase die Handelsbilanz im Überschuß und die Goldreserven weitgehend stabil, anders als in der NS-Zeit. Einen wirklichen Reparationstransfer bei positiver Leistungsbilanz beobachten wir lediglich in den Jahren 1930 und 1931. Davor zeigt sich in auffallender Weise ein Umschwung der Zahlungsbilanz in den Jahren 1928 und 1929. Abbildung 3.1 gibt ergänzend Monatsdaten zur Entwicklung der Handelsbilanz zwischen 1925 und 1938 wieder.

---

[2] Zur Verwendung ähnlicher Zahlungsbilanz- und Entwicklungstypen vgl. etwa Edelstein (1976).

[3] Dokumentiert im Detail in Ritschl (1991, 1992a).

Abb. 3.1: Die Werte des deutschen Außenhandels

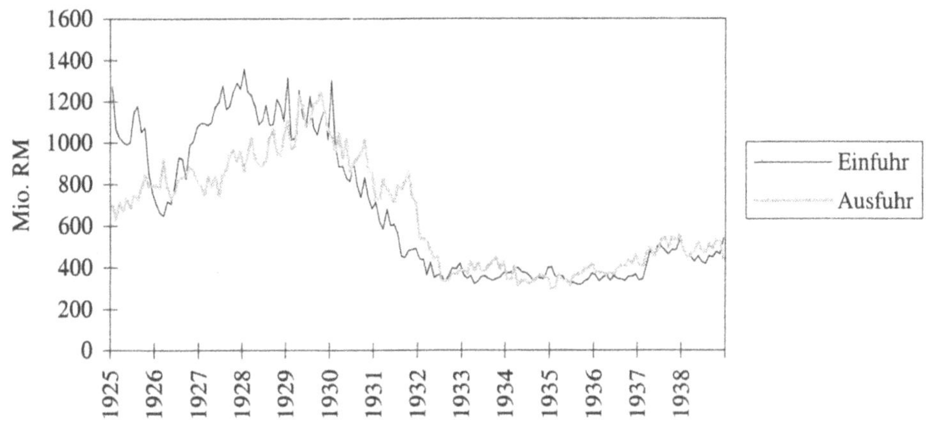

Quelle: Monatliche Nachweise über den auswärtigen Handel Deutschlands, div. Jge.

Während der zwanziger Jahre stiegen die deutschen Exporteinnahmen fast ständig und erreichten erst im Herbst 1929 ihren Höchstwert. Die Importwerte dagegen brachen während der kurzen Rezession von 1926 scharf ein und erlebten eine stürmische Erholung bis ins Frühjahr 1928, das einen zweiten Einbruch und anschließend eine Stagnation auf noch hohen Werten brachte. Deutschland empfing danach bis Ende 1930 anscheinend keinen negativen Konjunkturimpuls von außen, der Umschwung der deutschen Handelsbilanz im Jahr 1928 wurde durch das Ende der heimischen Konjunktur eingeleitet.

Während der Krise hielten sich bis Mitte 1931 die Exporte etwas besser als die abstürzenden Ausgaben für Importe; die deutsche Handelsbilanz produzierte gleichsam Überschüsse im freien Fall. Das läßt vermuten, daß Krisenimpulse eher von Deutschland auf das Ausland übertragen wurden als umgekehrt. Erst ab dem Herbst 1931 gaben die Exportwerte in gleicher Weise nach. Im Jahr 1932 pendelten sich Deutschlands Aus- und Einfuhrwerte auf einem Minimalniveau neu ein. Dieser Stand wurde von der NS-Devisenbewirtschaftung bis ins Jahr 1936 gehalten; dies ist das oben beschriebene Austrocknen der deutschen Handelsbilanz.

Der Regimewechsel der Handelsbilanz vor dem Kriseneinbruch wurde ab dem Frühjahr 1929 begleitet von einem harschen Übergang zur Deflations- und Budgetausgleichspolitik. Sie bildete die Begleitmusik für die gleichzeitigen Verhandlungen über einen neuen Zahlungsmodus für die deutschen Reparationen, den Young-Plan. Die Verhandlungen zogen sich vom Frühjahr 1929 über bis zum März 1930 hin und lösten in Deutschland eine ganze Kaskade von politischen Krisen aus. Nacheinander gab es eine

Devisenkrise (April 1929), eine Krise des Reichshaushalts (September bis Dezember 1929), eine Kabinettskrise mit Rücktritt des Finanzministers und seines Staatssekretärs (Weihnachten 1929), den Rücktritt Schachts als Reichsbankpräsident (März 1930) und zugleich das Scheitern der letzten parlamentarischen Koalition unter Müller (SPD) und der Übergang zum Präsidialregime mit Notverordnungen unter Brüning (Zentrum). Wie zentral dieses Jahr für das wirtschaftliche Schicksal der Weimarer Republik war, zeigt ein Blick auf die Auslandsverschuldung. Seit der Stabilisierung der Mark im Jahr 1924, besonders aber seit 1926/27, hatte Deutschland brutto 20 Mrd. RM Auslandsverschuldung aufgehäuft (Abbildung 3.2).

Abbildung 3.2: Die deutsche Auslandsverschuldung 1924-1938

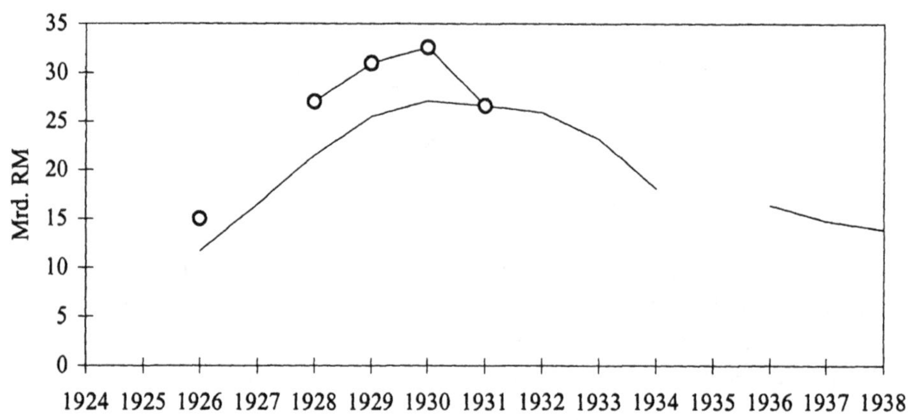

Quelle: Deutsche Bundesbank (1976a), S. 331, Reihe II.C

1930 war eine Gesamtverschuldung von mehr als 30 Mrd. RM erreicht, das entspricht einem Drittel des deutschen Bruttosozialprodukts im selben Jahr. Die Angaben zur Auslandsverschuldung in Abbildung 3.2 beruhen auf einer Erhebung vom Jahresende 1930 und wurden für die Jahre davor vom Statistischen Reichsamt auf schmalerer Berichtsgrundlage zurückgerechnet, so daß die Ziffern für das letzte Quartal 1930 einen Strukturbruch aufweisen. Die in Abbildung 3.2 oberhalb gelegene Linie versucht, diesen Strukturbruch hilfsweise auszuschalten[4].

[4] Die Originalziffern enthalten Angaben für die Monate September und Dezember 1930 und weisen für diese Periode einen nochmaligen Aufwärtssprung der deutschen Auslandsverschuldung um 5 Mrd. RM aus. In diesen Monaten nach den Septemberwahlen von 1930 erlebte Deutschland allerdings eine Zahlungsbilanzkrise; auch die gleich noch auszuwertende Zahlungsbilanzstatistik weist für diese Periode keine Nettozuflüsse aus; es handelt sich offenkundig um einen Strukturbruch in der Berichtsgrundlage.

Es liegt nahe zu vermuten, daß der Kapitalzustrom nach Deutschland bis 1928/29 und anschließend der Kapitalexport während der Weltwirtschaftskrise mit der Schärfe des Krisenausschlages zu tun hat. Eigenartigerweise ist diese Hypothese in der neueren deutschen Literatur praktisch ohne Bedeutung geblieben, während sie in der amerikanischen Literatur der 70er Jahre einige Popularität genoß.

Die Ursache hierfür ist allerdings meistens in verringerten amerikanischen Kapitalexporten gesehen worden (vgl. Chandler, 1967, 1970, Falkus, 1971). Dagegen stellte Kindleberger (1973) eine Phasengliederung amerikanischer Kapitalexporte auf und versuchte zu zeigen, daß die USA durch antizyklische Kapitalexporte die internationale Konjunktur eher ausglich. Temin (1971) lehnte einen Zusammenhang zwischen dem amerikanischen Kapitalmarkt und der deutschen Konjunktur ab und versuchte zu zeigen, daß Produktion, Lagerhaltung und Investition in Deutschland früher als im Ausland auf einen Abschwung hinwiesen, ausbleibende amerikanische Kapitalexporte demnach nicht die Erklärung für den Einbruch von 1929 sein könnten. Falkus (1975) betonte dagegen wiederum die Abhängigkeit der deutschen Kapitalbildung von den Kapitalimporten aus den USA. Die Diskussion glitt bald in Meßprobleme ab. Plausible Argumente für eine deutsche Sonderkonjunktur schienen kaum auffindbar. Das gemeinsame Datenproblem bestand in der Verwendung von Jahresdaten zur Zahlungsbilanz, diktiert vom Mangel an Zahlenmaterial höherer Frequenz zu den Kapitalimporten[5].

Tatsächlich sanken Deutschland Kapitalimporte im Jahr 1929 deutlich, allerdings auch bereits 1928 (Abbildung 3.3A).

Abb. 3.3 (A): Die deutschen Kapitalimporte 1924-1935

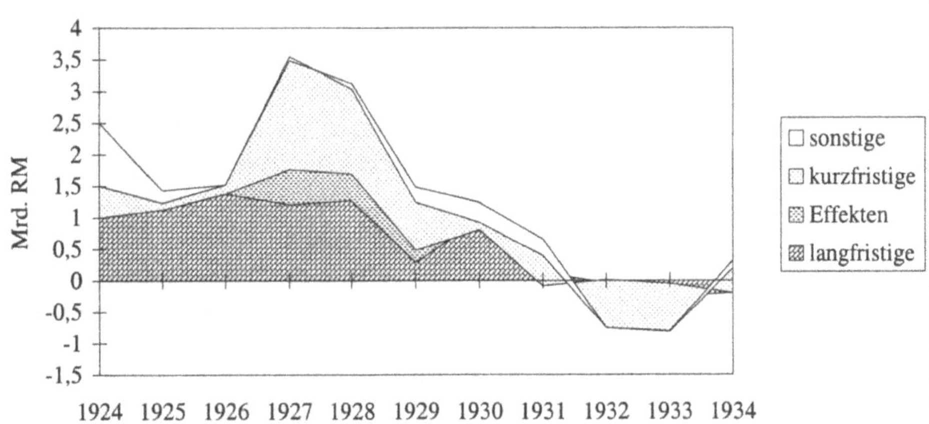

Quelle: Zahlungsbilanzstatistik im Statistischen Jahrbuch für das Deutsche Reich, div. Jge.

[5] Hierzu im einzelnen: Balderston (1977, 1982).

Auch in den amerikanischen Kapitalexporten läßt sich, wie Abbildung 3.3B zeigt, ein entsprechendes Absinken feststellen. Amerikanische Kapitalien dominierten den deutschen Markt mit 70% der deutschen Bruttokapitalimporte des Jahres 1928. Auch Teile der Ausleihungen anderer Bankplätze an Deutschland, besonders Amsterdams und Londons, wurden amerikanisch refinanziert; insgesamt war die Dominanz amerikanischer Gelder in Deutschland erdrückend.

Abb. 3.3 (B): Die amerikanischen Kapitalexporte (amerikanisches Kapital) 1924-1935

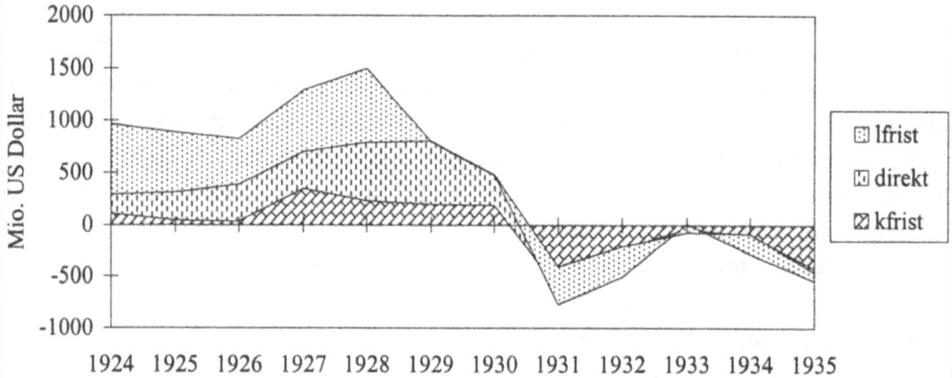

Quelle: (A) Deutsche Bundesbank (1976a, S. 328), (B) Dept. of Commerce (1972)

Im Jahr 1929 sank der amerikanische Anteil am deutschen Kapitalimport auf 50%, so daß zum Teil eine Substitution durch andere Kreditgeber stattfand (vgl. dazu McNeil, 1986, S. 218). Dennoch scheint es zunächst kaum anders vorstellbar, als daß zwischen dem Absinken der deutschen Kapitalimporte und der gleichlaufenden Abnahme der amerikanischen Kapitalexporte ein innerer Zusammenhang bestand.

Trotzdem sind die Dinge weniger eindeutig, als der erste Augenschein vermuten läßt. Die amerikanischen Daten zur Zahlungsbilanz oben in Abbildung 3.3.B zeigen für 1929 einen deutlichen Rückgang des Kapitalexports insgesamt, was die Hypothese eines inneren Zusammenhangs mit dem Rückgang der deutschen Kapitalimporte stützen würde. Allerdings bestehen deutliche Unterschiede in der Fristigkeit, die einer direkten Erklärung entgegenstehen: Während die langfristigen Ausleihungen stark zurückgehen, bleiben die kurzfristigen Kapitalexporte der USA im Jahr1929 praktisch unverändert, die amerikanischen Direktinvestitionen nehmen sogar noch zu.

Das erscheint paradox. Wenn tatsächlich die New Yorker Aktienhausse der Grund für den Rückgang des Kapitalexports war, mußte einer von zwei Fällen eintreten. Entweder erwarteten die Investoren von vornherein, daß diese Blüte nur von kurzen Dauer sein würde. Dann wäre die Substitutionskette diejenige zu den kurzfristigen Kapitalströmen gewesen, und man hätte eine Repatriierung kurzfristiger amerikanischer Kredite erwarten sollen. Dies war jedoch nicht der Fall. Oder die Investoren erwarteten einen weiteren zukünftigen Anstieg. Dann wären die amerikanischen Aktienkurse 1928/29 nicht als spekulative Hausse, sondern als eine fundamentalen Marktentwicklung interpretiert worden. Unter diesen Bedingungen hätte sich die Asymmetrie jedoch auch auf den Gütermärkten auswirken müssen, und die amerikanischen Langfristkredite und Direktinvestitionen hätten sich in gleicher Richtung bewegt. Auch das war jedoch nicht der Fall.

Wäre die deutsche Kreditkonjunktur nur ein Anhängsel der amerikanischen gewesen, so müßte die deutsche Kapitalbilanz auch in ihrer Fristigkeitsstruktur ein ungefähres Abbild der amerikanischen darstellen. Auch das trifft jedoch nicht zu: Während die deutschen Kapitalimporte im Jahr 1929 gegenüber 1928 gleichmäßig einbrechen, sind im amerikanischen Kapitalexport zunächst nur die langfristigen Kredite betroffen.

Es muß daher Gründe geben, warum der Anleihemarkt sich 1929 abwärtsbewegte, während kurzfristige Kredite und Direktinvestitionen 1929 noch stiegen. Vergleichen wir dazu zunächst die Renditen von Aktien und Anleihen auf dem deutschen Markt (Abbildung 3.4 unten). Mehra und Prescott (1985) haben gezeigt, daß für amerikanische Daten im langfristigen Durchschnitt eine Prämie auf Aktienportefeuilles von gut sechs Prozentpunkten besteht; sie liegt bei weitem zu hoch, um in einem Gleichgewichtsmodell mit empirisch plausiblen intertemporalen Substitutionsraten im Konsum als Risikoprämie interpretiert werden zu können. Dieser vielfach untersuchte Effekt ist das *equity premium puzzle*.

Abb. 3.4: equity premia auf dem Berliner Aktienmarkt

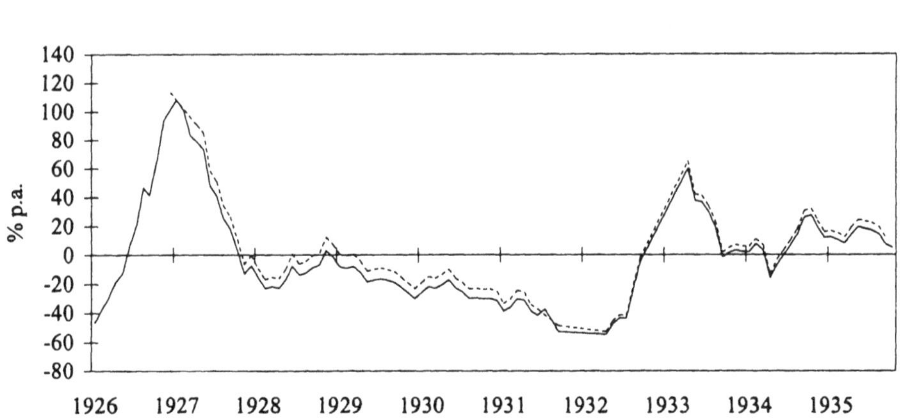

Quelle: Wagemann (1935, S. 115, Reihe 2; S. 114, Reihe 21, Reihe 23)

Abbildung 3.4 gibt zwei Zeitreihen für die Differenz zwischen Aktienrendite und Anleiherendite, bezogen auf die 12 Vormonate, an. Die durchgezogene Linie setzt anstelle der Aktienrendite die Kursschwankungen zur Rendite für Goldpfandbriefe in Beziehung. Monatliche Daten für Dividenden, ausgedrückt als Prozentsatz des jeweiligen Kurswerts, liegen erst ab 1927 vor. Mit ihrer Hilfe lassen sich die Aktienrendite sowie das equity premium, die Aktienprämie, berechnen, ausgedrückt als Differenz zwischen Aktienrendite und der Rendite auf Goldpfandbriefe. Die Bewegungen der Aktienprämie (gestrichelte Linie in Abbildung 3.4) werden bei weitem dominiert durch die starken Schwankungen des Aktienkurses. Ohnehin war die Dividendenpolitik deutscher Aktiengesellschaften in der Zwischenkriegszeit von der tatsächlichen Ertragslage unabhängig und weitgehend an der Rendite auf festverzinsliche Wertpapiere orientiert[6]. Die beiden Linien in Abbildung 3.4 lassen sich mit bloßem Auge fast nicht unterscheiden: Die ungeheure Berg- und Talfahrt der Berliner Börsenkurse ließ die Dividende für die Gewinnchance bedeutungslos werden.

Auffallend sind die exorbitanten Niveaus der Aktienrendite im Herbst 1926 und Frühjahr 1927: Wie schon nach der Währungsstabilisierung von 1924 erlebte die Berliner Börse nach der überwundenen Rezession von 1926 eine Aktienhausse. Sie endete am 13. Mai 1927 mit einem „Schwarzen Freitag", zweieinhalb Jahre vor dem New Yorker Kurssturz des Black Thursday vom 24. Oktober 1929. In der Tat blieben die Aktienprämien seit Mitte 1927 bis Ende 1932 negativ. Hieraus den Schluß eines Risikoaufschlags für nominal verzinste Papiere zu ziehen, der gelegentlich in der Literatur anzutreffen ist[7], wäre jedoch verfehlt, denn die Umkehrung der Aktienprämie wurde weitgehend durch einen Basiseffekt verursacht, den Verfall der Aktienkurse seit 1927, Dagegen blieben die Zinsen für langfristige Goldpfandbriefe vergleichsweise stabil: Von ihrem Tiefstand von 6,07% im Februar 1927 stiegen sie allmählich an und erreichten ihren Höchststand vor der Bankenkrise 1931 im November 1929 mit 7,60%. Abbildung 3.5 gibt die Entwicklung des realen Kursstandes der Berliner Aktienbörse wieder.

[6] Die Durchschnittsdividende bewegte sich im Betrachtungszeitraum bis 1935 mit leicht steigender Tendenz zwischen etwa 5,5% und knapp 8% des jeweiligen Durchschnittskurswertes, vgl. Wagemann (1935). Zum Hintergrund mit reichhaltigen Daten auf Mikroebene Spoerer (1996a), vgl. Kap. 2 oben.

[7] Vgl. Balderston (1982).

Abbildung 3.5: Die Aktienkurse an der Berliner Börse

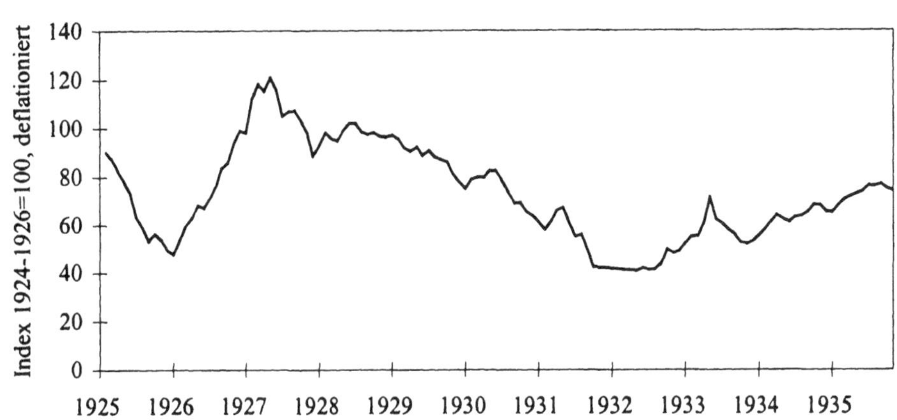

Quelle: Wagemann (1935, S. 115, Reihe 2, , S. 104, Reihe 23)

Das hervorstechende Merkmal ist wiederum die extreme Aktienhausse von 1926/27, die ihr Ende fand, als die Reichsbank ankündigte, bei der Hereinnahme von Wechseln im Rediskontgeschäft zur Not stärker restringieren zu wollen, und so die Spekulation mit kreditfinanzierten Aktienkäufen zum Zusammenbruch brachte. Demgegenüber spielte der New Yorker Börsenkrach von 24. und 29. Oktober 1929 im deutschen Aktienmarkt eine untergeordnete Rolle; die erneute Abwärtsbewegung der Kurse nach dem Frühjahrsaufschwung hatte in Deutschland bereits im Juni 1929 eingesetzt.

Die Restriktionsdrohung vom Mai 1927 ist der Reichsbank später vielfach zum Vorwurf gemacht worden[8]; analog zur These von Friedman und Schwartz (1963) von den geldpolitischen Ursachen des Krisenausbruchs in Amerika zwei Jahre später. Bei näherer Überprüfung läßt sich jedoch der Vorwurf kaum aufrechterhalten: Weder steigt 1927 der Diskontsatz, noch geht der Bestand an Wechseln im Reichsbankportefeuille zurück, im Gegenteil. Einen vorübergehenden Einbruch erleidet allerdings die Golddeckung der Reichsbank. Hätte sich die Reichsbank im Jahr 1927 schematisch an eine feste Golddeckungsrate gehalten, so hätte ihre Geldpolitik viel restriktiver ausfallen müssen. Statt dessen wurden seit Beginn des Jahres Goldabflüsse sterilisiert – ein Blick auf das rasche Anwachsen der Wechselbestände im Reichsbankportefeuille in der erste Jahreshälfte macht Schachts Nervosität im Frühjahr 1927 rasch verständlich (so übrigens auch die Argumentation im Halbjahresbericht des Reparationsagent (1927, S. 74ff).

---

[8] Zeitgenössisch besonders Weber (1928). In der neueren Literatur etwa G. Hardach (1976). Das Argument kehrt wieder bei Voth (2002).

Abbildung 3.6: Die Deckung der Reichsmark 1924-33

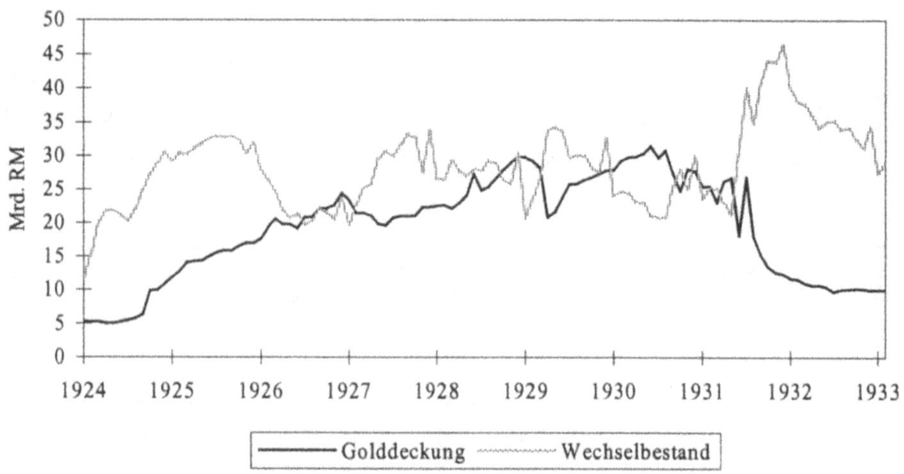

Quelle: Wagemann (1935, S. 135, Reihe 5, Reihe 7)

Die Drohpolitik der Reichsbank hatte Erfolg: ab Juni 1927 steigen die Goldreserven wieder und stabilisieren sich die Wechselbestände. Schon seit Beginn des Jahres waren die Geldmarktzinsen gestiegen, wie Abbildung 3.7 zeigt. Eine zweistufige Erhöhung des Diskontsatzes von fünf auf sechs Prozent in der Jahresmitte folgte damit lediglich dem Markt.

Abbildung 3.7: Geld- und Kapitalmarktzinsen in Berlin

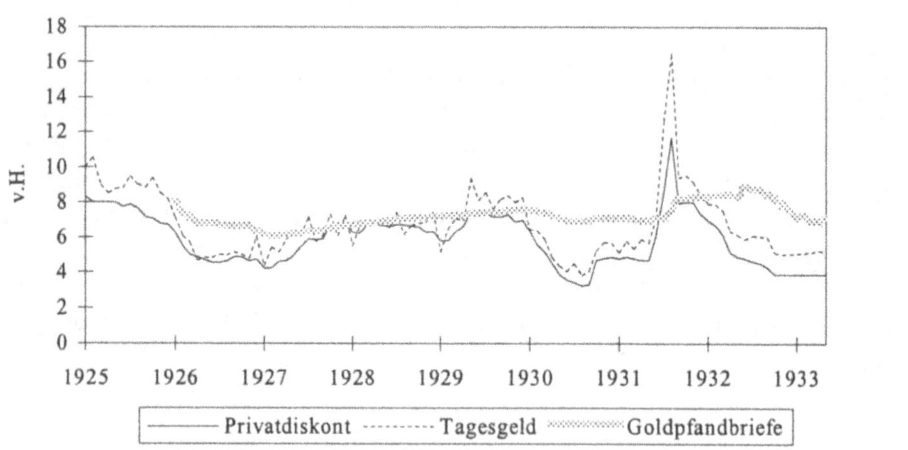

Quelle: Wagemann (1935, S. 112, Reihe 14, Reihe 16; S. 114, Reihe 21)

Auffallend an der Geldpolitik im Jahr 1927 ist also nicht so sehr das Einschwenken auf einen restriktiveren Kurs in der Jahresmitte 1927, sondern eher die leichte Geldpolitik zu Jahresanfang. In Abbildung 3.7 werden die Zinsen auf Tagesgeld mit dem dreimonatigen Privatdiskont sowie der Rendite für langfristige Goldpfandbriefe verglichen. Dabei zeigt sich deutlich die Kompression der Zinsstruktur im Jahr 1927, die eine Rückkehr zu den Verhältnissen am Jahresbeginn 1926 vor Einsetzen der konjunkturellen Erholung darstellt. Die Zinsstruktur ist. ab dem Frühjahr 1929 sogar invers; erst im Jahr 1930 ändert sich dies wieder.

Auch dieser Umstand ist paradox, zumindest für die Hypothese einer aus den USA importierten Kapitalverknappung. Denn die Zinsstruktur impliziert ebenso wie auch die Entwicklung der deutschen Kapitalbilanz eine relativ gestiegene Knappheit kurzfristiger Gelder auf dem deutschen Markt, während aus der amerikanischen Zahlungsbilanz hervorgeht, daß die langfristigen Ausleihungen relativ zurückgingen. Dieser Effekt kann nicht angebotsseitig durch Zentralbankverhalten erklärt werden. Das zeigt sich auch durch einen direkten Vergleich der deutschen mit der amerikanischen Zinsstruktur in Abbildung 3.8.

Abbildung 3.8: Zinsstrukturen in Deutschland und den USA

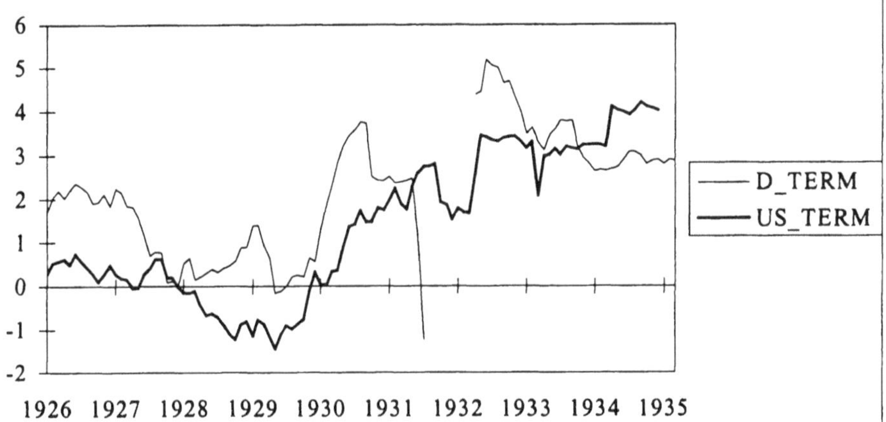

Quelle: NBER Macrohistory Database, Reihen 13028, m13018, 13033, 13029.

In Abbildung 3.8 zeigt sich deutlich die Komprimierung der Zinsstruktur in Deutschland schon während des Jahres 1927, gefolgt von einer entsprechenden Bewegung in den USA ein Jahr später. Unsere Daten zur Zinsstruktur sind in der Qualität mangelhaft, insbesondere weil wir keine zwischen Deutschland und den USA vergleichbaren langfristigen Zinsdaten zu gleicher Frist haben. Insofern ist ein Vergleich der Niveaus beider Kurven kaum möglich und kann nur ihre Bewegung im Zeitverlauf interpretiert werden. Immerhin zeigt sich aber, daß im Jahr 1927 und 1928 die deutsche Zinsstruktur der amerikanischen zeitlich vorauseilt. Will man mit neueren Arbeiten (Estrella und Hardouvelis, 1991) die Zinsstruktur als Frühindikator für die reale Entwicklung des Sozialprodukts ansehen, so würden die deutschen Daten ein Jahr früher als die amerikanischen einen Kriseneinbruch vorhersagen. Es liegt demnach nahe zu vermuten, daß die Entwicklung am deutschen Kapitalmarkt nicht einfach eine Funktion der deutschen Geldpolitik gewesen ist, genauso wenig aber durch die Kindleberger-These aus der Übertragung der amerikanischen Konjunktur erklärt werden kann. Die Verhältnisse liegen komplizierter.

Eine genauere Vorstellung von der zeitlichen Inzidenz der deutschen Kapitalmarktentwicklung insgesamt gibt der Inlandsmarkt für Emissionen festverzinslicher Wertpapiere betrachtet (Abbildung 3.9).

Abbildung 3.9: Anleiheemissionen im Inland (Mio. RM)

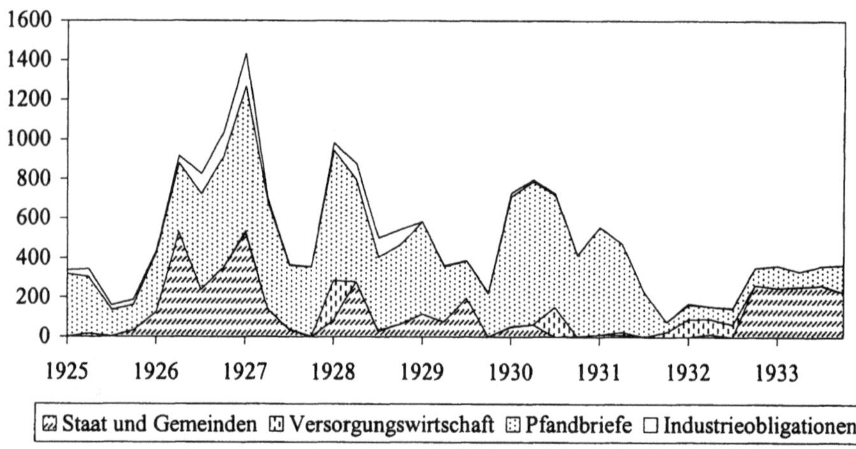

Quelle: Balderston (1993), Statistisches Jahrbuch (1930)

Zunächst zeigt sich deutlich die Dominanz der Pfandbriefe[9]. Die Emission von Hypothekenkrediten erreichte erst 1930 ihren Höchststand und lag und noch 1931 höher als 1929. Emissionen des öffentlichen Sektors („Staat und Gemeinden", bis 1926 einschließlich öffentlicher Versorgungsbetriebe, ab 1927 getrennt ausgewiesen) spielten im besonderen zwischen 1925 und 1927 eine erhebliche Rolle auf dem inländischen Anleihemarkt. Trotz der vorangegangenen Hyperinflation hatten also die öffentlichen Hände

---

9 Allerdings enthalten die Emissionen der Bodenkreditinstitute in der hier gewählten Abgrenzung noch Kommunalobligationen in z.T. erheblichem Umfang, und zwar 1925: 38 Mio., 1926:465 Mio., 1927: 349 Mio., 1928: 489 Mio., 1929: 258 Mio. RM.

anfänglich durchaus Zugang zum Kapitalmarkt, anders als gelegentlich in der Literatur behauptet[10]. Abbildung 3.9 legt im Gegenteil fast nahe, von einem Übergewicht öffentlichen Kreditnahme und der Verdrängung privater Emittenten zu sprechen.

Öffentliche Unternehmen – abgesehen von Eisenbahnanleihen, die im Zusammenhang mit dem Reparationsverfahren stehen – waren dagegen am Inlandsmarkt kaum vertreten. Erst Mitte 1931 kam es im Zuge der finanziellen Bewältigung der Bankenkrise zur vorübergehenden Neubelebung von Emissionen des öffentlichen Sektors, allerdings rein buchmäßig zur Schaffung von Deckungsmaterial im Rahmen der Bankensanierung. Der Bereich der öffentlichen Verwaltung im engeren Sinne war bis Mitte 1929 am Markt für Inlandsemissionen präsent, danach nurmehr mit kleineren Beträgen, zumeist aus der Young-Anleihe. Erst ab Mitte 1933 kam es wieder zur Begebung regulärer Staatsanleihen[11].

Die Emissionen von Industrieobligationen brachen konjunkturell bedingt zu Jahresbeginn 1926 ein, erholten sich im Jahresverlauf rasch und erlebten einen zweiten scharfen Einbruch Mitte 1927. Nach einer gewissen Erholung im Jahr 1928 kam dieser Teilmarkt schon 1929 praktisch zum Erliegen und erholte sich bis 1936 nicht mehr.

Schon vor der Weltwirtschaftskrise schwankten die Volumina der Anleiheemissionen stark; einzelne Teilmärkte lagen phasenweise völlig still. Das Jahr 1928 scheint in dieser Hinsicht gegenüber 1927 eher als Jahr der Erholung. Einen markanten Einbruch gab es in der ersten Jahreshälfte 1929, dies paßt zusammen mit dem Scheitern der Hilferding-Anleihe. Diese Reichsanleihe, im Frühjahr 1929 begeben, wurde weit unterzeichnet und mußte zur Kursstützung in großen Teilen zurückgekauft werden. Auch der Hypothekenkredit erlitt im zweiten Quartal 1929 einen scharfen Einbruch, konnte sich allerdings wieder erholen.

Einen ähnlichen Verlauf für 1929 weist auch der Markt für deutsche Auslandsemissionen auf (Abbildung 3.10). Auf einen Boom zwischen Mitte 1927 und Mitte 1928, im allgemeinen beschrieben als Ausweichreaktion auf die – im quantitativen Befund nicht auffindbaren – Restriktionsmaßnahmen der Reichsbank vom Mai 1927 (z.B. Balderston, 1985), folgte ein erster starker Einbruch im dritten Quartal 1928, der jedoch wieder wettgemacht wurde.

---

10 Eschweiler (1993), Bordo und Eschweiler (1994).

11 Zur Chronik der öffentlichen Kreditnahme vgl. im Überblick Bachmann (1996).

Abbildung 3.10: Deutsche Anleiheemissionen im Ausland

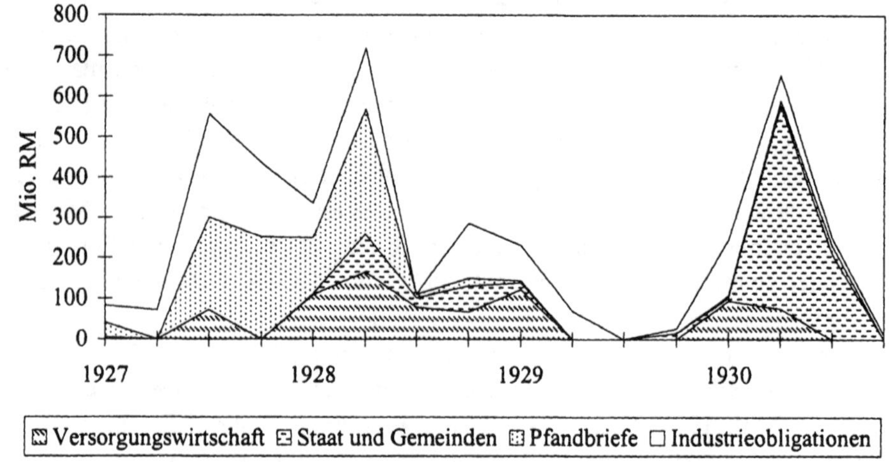

Quelle: Balderston (1993), Statistisches Jahrbuch, 1930.

Einen zweiten Einbruch trifft man wie schon bei den Inlandsemissionen im Frühjahr 1929 an. Die Auslandsemissionen scheinen sich im Jahr 1930 spektakulär zu erholen. Diese Belebung ist allerdings ein Artefakt, denn sie bestand weitgehend aus der Young-Anleihe sowie dem sogenannten Kreuger-Kredit; beide Anleiheprojekte standen mit dem Reparationsverfahren in Zusammenhang. So verbleibt als größerer, rein kommerzieller Anleihebetrag allein ein amerikanischer Kredit an Siemens & Halske im Frühjahr 1930. Der in Abbildung 3.10 sichtbare Wiederanstieg der deutschen Auslandsemissionen ist also zum größten Teil auf die Young-Plan-Kredite zurückzuführen. Ohne sie wäre Deutschlands auswärtige Kreditklemme bereits zu Anfang 1930 fühlbar geworden und nicht erst 1931.

3.2. Die Rivalität von Reparationen und Auslandsschulden

Es gibt hinreichende Gründe für die Vermutung, daß Sonderfaktoren diese Entwicklung des deutschen Kapitalmarktes in den zwanziger Jahren bestimmt haben. Deutschland hatte im Verlauf von nur vier Jahren Auslandsschulden im Wert von 30 Mrd. RM oder fast einem Drittel seines Sozialprodukts von 1929 aufgehäuft. Diese Neuverschuldung kam im Jahr 1929 praktisch zum Erliegen und lebte 1930 nur noch einmal durch die Young-Anleihe auf. Es hat den Anschein, als sei der deutsche Auslandskredit im Jahre 1929 an eine Grenze gestoßen, die es – trotz noch zu beschreibender, intensiver Bemühungen von deutscher Seite um solche Kredite – für ausländische Geldgeber irrational machte, weiteren Kredit an Deutschland zu geben.

Die Existenz solcher Kreditbeschränkungen ist aus der Theorie souveräner Staatsverschuldung und unvollkommener Kreditmärkte bekannt[12]. Aus historischer Perspektive liest sich diese Literatur geradezu wie eine Gebrauchsanleitung für die Weltwirtschaftskrise in Deutschland – und ebenso für die spätere Außenwirtschaftspolitik des Dritten Reichs. Kern dieser Theorie ist beschränkten Durchsetzbarkeit von Verträgen. Sind Rechtsmittel zur Erzwingung eines vollständigen Schuldendiensts nur begrenzt wirksam, dann kann sich ein Kreditschuldner nur beschränkt zur Bedienung von Krediten zu verpflichten. Diese obere Schranke richtet sich nach dem maximal erzwingbaren Schuldendienst. Im Fall des Auslandskredits sind Rechtsmittel offensichtlich kaum wirksam, allenfalls können Sanktionen oder die Unterbrechung des Handelsverkehrs angedroht werden. Gehen die Verpflichtungen des Schuldners über diese Grenze hinaus, werden diese zusätzlichen Forderungen wertlos; eine Schuldenstreichung oder doch eine Umschuldung mit partiellem Schuldenerlaß werden wahrscheinlich. Befindet sich ein Schuldner gerade an dieser Grenze, so ist eine weitere Kreditnahme ausgeschlossen, es bilden sich Gläubigerkonsortien für Nachverhandlungen, und weiterer Kredit wird erst dann wieder gewährt, wenn Austeritätsmaßnahmen zur Erhöhung des zukünftigen Schuldendiensts ergriffen wurden. An diesem Punkt befand sich Deutschland nach Verkündung des Young-Plans im Frühjahr 1929.

Unser Argument wird im folgenden Abschnitt in drei Stufen entwickelt. Zunächst betrachten wir die Implikationen eines einfachen Modells souveräner Verschuldung (Bulow und Rogoff, 1989), bei dem einige wesentliche Merkmale der deutschen Situation bereits herausgearbeitet werden können. Unberücksichtigt bleibt dabei allerdings die Unterteilung der Kredite nach Fristigkeit und damit die vorübergehende Stillhaltung, die im deutschen Fall eine gewisse Rolle gespielt hat. Hiermit befaßt sich genauer Abschnitt 3.3; die restlichen Abschnitte dieses Kapitels zeichnen den Entscheidungsverlauf nach und wenden das Modell an. Kapitel 4 zuletzt analysiert die Anreizmechanismen des Reparationssystems und seine binnenwirtschaftlichen Auswirkungen. Alle Überlegungen beschränken sich bewußt auf die deutsche Seite. Der weitere Themenbereich der Anreize bei den Alliierten würde in eine allgemeine Geschichte der politischen Kreditströme der Zwischenkriegszeit überleiten und muß weitgehend zukünftiger Forschung überlassen bleiben.

Im Modell der Nachverhandlung über souveräne Staatsverschuldung gibt es für das Schuldnerland zwei Hauptmotive, existierende Verpflichtungen zu bedienen. Bei Zahlungsverweigerung riskiert das Land zum einen die Beschlagnahme von Auslandsvermögen oder von Exporterlösen im Gläubigerland, zum anderen Handelssanktionen, d.h. entgangene Wohlfahrtsvorteile des Außenhandels. Zwei mögliche Motive für die Kreditnahme sind der Wunsch nach einem Ausgleich heimischer Konjunkturschwankungen, also eine Glättung des Konsumpfades, oder eine im Vergleich zum Weltmarkt hö-

[12] Vgl. etwa Grossman und Van Huyck (1988), Bulow und Rogoff (1988, 1989), Gale und Hellwig (1989), Hart und Moore (1989), Bhattacharya und Detragiache (1994).

here Kapitalverzinsung im Schuldnerland. Diese Elemente werden in Bulow und Rogoff (1989) in einem Rubinstein-Verhandlungsspiel mit alternierenden Angeboten verknüpft, wobei sich das Schuldnerland einem als homogen angenommenen Gläubigerkonsortium gegenübersieht. Verhandlungsgegenstand in jedem Teilspiel ist die Höhe des Transfers. Bulow und Rogoff zeigen, daß für dieses Spiel ein eindeutiges, teilspielperfektes Gleichgewicht existiert, wobei sich der gleichgewichtige Anteil der Gläubiger $0 < q < 1$ an den Exporterlösen des Landes ergibt als:

$$q = \min\left(\frac{\delta}{\delta + r}, ToT, \beta\right) \qquad [3.1]$$

In Gleichung [3.1] ist δ der Inlandszinssatz oder die Zeitdiskontrate des Schuldnerlandes, r gibt den Weltmarktzinssatz an. *ToT* steht für die Wohlfahrtsgewinne des Schuldners durch den Außenhandel, sie sind ein Maß für die sozialen Kosten des Rückzugs in die Autarkie bei einseitiger Schuldenstreichung. Ähnlich ist β ein Maß für die Erlösverluste im Fall einer Beschlagnahme von Auslandsvermögen oder Exporterlösen durch die Gläubiger.

Das Zustandekommen und der Erfolg von Verhandlungen über den Transferbetrag hängen offenkundig von Arrangements über die Rangfolge bereits bestehender Schulden ab. Unterstellt man etwa die Existenz zweier Gläubigerkonsortien, deren Ansprüche einzeln bereits an den maximal erzielbaren Transferbetrag heranreichen, so wird die Rangfolge der Konsortien darüber entscheiden, welches zum Zuge kommt und welches leer ausgeht. Eine solche Situation wird in der kommerziellen Bankpraxis nach Möglichkeit durch das Streben nach Gleichstellungsklauseln oder durch die Einräumung der sogenannten negativen Seniorität[13] geregelt.

Für Deutschland bestand dagegen in den zwanziger Jahren eine Verteilungskonkurrenz zwischen kommerziellen Kreditgläubigern und den Reparationsgläubigern. Um die von Keynes[14] vorhergesagte Transferkrise zu vermeiden und nach der Hyperinflation eine Erstausstattung Deutschlands mit neuem Handelskredit zu ermöglichen, hatte der Dawes-Plan zur Neuregelung der Reparationen von 1924 eine Reihe von Maßnahmen getroffen, die sich auf mittelfristige Sicht für den Reparationstransfer als schädlich, für die kommerzielle Kreditvergabe jedoch als ausgesprochen nützlich erweisen sollten. In Berlin wurde das Büro eines alliierten Reparationsagenten eingerichtet. Seine Aufgabe war, die bei ihm eingehenden Reparationsbeträge nach Maßgabe der Gesamtentwicklung und des Devisenbestands bei der Reichsbank in Devisen umzuwandeln. Eine sogenannte Transferschutzklausel legte fest, daß Reparationsbeträge nur dann in Devisen

---

13 Diese Vertragsklausel besagt, daß der gegebene Kreditvertrag gegenüber allen später abgeschlossenen Verträgen eine erstrangige Forderung begründet. Bei konsequenter Anwendung dieses Prinzips wird damit eine chronologische Rangstaffel aller Forderungen begründet.

14 Keynes (1922) in seiner Schrift über die Revision des Friedensvertrags.

konvertiert und transferiert werden sollten, wenn hierdurch kein Ansturm auf die Devisenbestände der Reichsbank ausgelöst würde[15].

Dieses System hat offenbar nicht den Erwartungen gemäß funktioniert, jedenfalls auf alliierter Seite, während von einigen Entscheidungsträgern auf deutscher Seite relativ schnell erkannt wurde, welch formidable Waffe man ihnen damit gegen die Reparationsgläubiger in die Hand gegeben hatte. Der kurzfristige Effekt des Transferschutzmechanismus, nur von wenigen, daran Interessierten vorausgesehen, war der schon beschriebene gewaltige Zustrom von Auslandskredit[16]. Als Folge davon wurden die Reparationen zwar geleistet- Devisenklemmen traten wegen des reichlichen Angebots von Auslandskrediten nicht auf – aber der von den Reparationsgläubigern angezielte Effekt eines realen Ressourcentransfers trat nicht ein. Solange die Zinsverpflichtungen an das Ausland aus diesen neu aufgenommenen Krediten nicht ins Gewicht fielen, mochte diese eigenwillige Form der Reparationsfinanzierung angehen, gutwillig interpretiert etwa als rationaler Investitionsprozeß zur Stärkung der deutschen Exportbasis[17]. Deutschlands Brutto-Auslandsverschuldung war um 1924 wegen der Entwertung aller auf Mark lautenden Forderungen durch die Hyperinflation auf die reinen Devisenschulden beschränkt und daher minimal[18]. Je größer aber die Zinsenlast wurde, um so drängender wurde die Frage nach der Priorität der Reparationen, sollte die geräuschlose Reparationsfinanzierung auf dem Kreditwege einmal nicht mehr funktionieren.

Die Transferschutzklausel des Dawes-Plans gab hierauf eine recht klare, zunehmend als unangenehm empfundene Antwort, denn sie stellte eine inverse Senioritätsklausel auf: Im Falle, daß Devisen noch zum Transfer von Zinsen auf kommerzielle Auslandsschulden, nicht mehr aber zum Reparationstransfer zur Verfügung standen, mußte jede ökonomisch sinnvolle Auslegung der Transferschutzklausel bedeuten, daß die Reparationen hinter den Zinsen zurückzustehen hätten[19].

---

15 Zur Darstellung des Ereignisablaufs und der Regelungen vgl. im Überblick Link (1970), Schötz (1987).

16 Zu den Motiven der Alliierten bei der Ausarbeitung des Dawes-Plans mit reichen Belegen Link (1970) sowie Schuker (1976). Zur ökonomischen Analyse vgl. Kapitel 4.2 unten.

17 Dies war die offizielle Begründung des Sachverständigengutachtens der sogenannten Dawes-Kommission, vgl. z.B. Krüger (1985b, S. 245) und wenigstens anfänglich auch der Standpunkt des Reparationsagenten, Parker Gilbert (Mc Neil, 1986, S. 90).

18 Mit Daten hierzu: Holtfrerich (1986).

19 So die übereinstimmende Bewertung bei Helbich (1962), Link (1970), Schuker (1976, 1988). McNeil (1986, S. 89ff.) berichtet von Versuchen des amerikanischen State Department bereits im Jahr 1925, das Transferkommittee und Gilbert zu einer anderen Lesart im Sinne der Bevorrechtigung von Reparationen zu veranlassen. Beide lehnten ab, um wenigstens die Kreditvergabe an den Unternehmenssektor nicht zu gefährden. Glashagen (1980, S. 74 ff.), spricht dagegen von einer Fehlbeurteilung des Transferschutzes in der Literatur, kann allerdings nur anführen, daß ex post wegen des Zustroms von Auslandskrediten eine Gefährdung des Transfers zu keiner Zeit vorlag. Dies übersieht allerdings, daß gerade in dieser Vermeidung von Transferkrisen die kurzfristige ökonomische Funktion des Transferschutzes lag. Juristisch blieb das Senioritätsproblem ungelöst. Gemäß Art. 248 des Versailler Vertrages stellten die Reparationen eine erstrangige Forderung ge-

Aufgetaucht als Gegenstand öffentlicher Diskussion ist dieses Senioritätsproblem Mitte 1927, wobei nicht ganz schlüssig ist, ob der Reparationsagent, Parker Gilbert, oder Schacht als Reichsbankpräsident der Urheber war[20]. Verstanden wurde die Logik des Transferschutzes jedoch schon früher. Im Auswärtigen Amt herrschte seit 1924 die

---

gen das Vermögen und die Einnahmen des Reiches und der Länder dar. Nach deutscher Auffassung war durch den Dawes-Plan der Art. 248 des Versailler Vertrages aufgehoben (AA PA WRep. Friedensvertrag, Allg. 14 Priorität); eine Interpretation, der von alliierter Seite nicht zugestimmt wurde (FRUS 1926/II, S. 201 ff). In der Tat wurde durch Notverordnung vom 1.11.1925 die Aufnahme von Auslandskrediten durch Länder und Gemeinden von der Zustimmung des Reichsfinanzministeriums abhängig gemacht, auch um einer einseitigen amerikanischen Anleihekontrolle zuvorzukommen (McNeil, 1986, S. 59). Eine offensichtliche, vielfach genutzte Umgehungsmöglichkeit bestand in der Vergabe von Krediten an die in Deutschland vielfach kommunalen oder halböffentlichen Unternehmen der Versorgungswirtschaft.

20 Zu Gilbert vgl. Link (1970, S. 414/15), McNeil (1986, S. 165 ff.). Gilbert unterzog in seinem Halbjahresbericht von 1927 die Ausgabenpolitik der Reichsregierung einer scharfen Kritik (Reparationsagent, 1927). Schon in März hatte er in einem Schreiben an den Reichsfinanzminister den Standpunkt einer Zweitrangigkeit von Reichs- und Länderanleihen gegenüber den Reparationen betont (das Dokument veröffentlichte Gilbert in seinem Abschlußbericht, Reparationsagent, 1930, S. 415ff.). Im Oktober desselben Jahres gelangte ein scharf gehaltenes Memorandum Gilberts gegen die deutsche Finanzpolitik in die amerikanische Presse (McNeil, 1986, S. 183). Widersprüchlichkeiten in Schachts Position werden betont bei James (1985a, S. 41-55, 60-63). Ob tatsächlich Schacht mutwillig die Störung des Transfers betrieb, dagegen Gilbert vorsichtiger auf eine Revision hinarbeitete, wie dies im Anschluß an eine traditionelle Kritik an Schacht bei James (1985a, S. 63) nahegelegt wird, kann wegen der vorliegenden Interessenkongruenz für unseren Erkenntnisgegenstand außer Betracht bleiben. Für eine Verteidigung Schachts vgl. Lüke (1958). Link (1970, S. 416) berichtet von amerikanischer Kritik am zu radikalen Vorgehen Gilberts, das eine allgemeine Kreditkrise Deutschlands heraufbeschwören könne. Link (1970, S. 411ff., bes. S. 413/414) schreibt, nach den Akten der Federal Reserve Bank of New York arbeitend, die Urheberschaft gar deren Gouverneur, Benjamin Strong, zu. Das Motiv hierfür war die Sorge vor den Folgen der amerikanischen Diskontsatzsenkung vom Juli 1927 für den amerikanischen Aktienmarkt. Anläßlich einer Notenbankkonferenz auf Long Island im selben Monat hatte die Federal Reserve Bank of New York, damals als *primus inter pares* de facto für die US-Geldpolitik zuständig, mit einer Zinssenkung zur Stabilisierung des britischen Pfundes und einem weiteren Zustrom amerikanischer Kredite nach Europa beitragen wollen, obwohl fundamentale Gründe für eine solche Zinssenkung in der US-Wirtschaft nicht gesehen wurden. Allerdings erwartete man sich von vornherein eine nur transitorische Wirkung dieser Zinssenkung auf den internationalen Kapitalzustrom nach Deutschland. Darum erschien es der amerikanischen Seite als erforderlich, rechtzeitig vor Ausbruch einer internationalen Kreditkrise zu einem Regimewechsel der deutschen Fiskalpolitik hin zur Produktion von Budget- und Handelsbilanzüberschüssen zu kommen, um gleichsam eine "weiche Landung" der internationalen Kreditkonjunktur der mittleren zwanziger Jahre zu ermöglichen. Im Ergebnis ähnlich James (1985a, S. 42, S. 62 ff.). Die archivalische Evidenz kontrastiert mit der in der amerikanischen Literatur im Anschluß an Friedman und Schwartz (1963) traditionell gewordenen Lehrmeinung, der New Yorker Aktienboom ebenso wie die spätere Kontraktion seien eine vornehmlich US-spezifische Angelegenheit. Dieser Gegenstand muß hier unbearbeitet bleiben; die Implikationen für eine stärker an den internationalen Kreditströmen ausgerichtete Interpretation der Weltwirtschaftskrise scheinen jedoch offenkundig.

Konzeption vor, durch Hereinnahme von Auslandskrediten zukünftige Transfermöglichkeiten für Reparationen zu erschweren. In einem Memorandum von 1927 hieß es:

> „Je größer unsere private Verschuldung, um so kleiner unsere Reparationsleistungen. Indem wir also einen Teil des Transfers mit privaten Schulden belegen, entziehen wir uns in gleichem Grade unseren Reparationsverpflichtungen[21].

Das liegt ganz in der Logik der Verschuldung bei beschränkter Schuldnerhaftung: Der aus dem Schuldnerland zu erzielende jährliche Transferbetrag ist kurzfristig eine Konstante, längerfristig variiert er mit Parametern wie den terms of trade, die für den Gläubiger nicht beliebig kontrollierbar sind.

Hier wäre ein erstes Motiv für Deutschlands Kreditrausch der mittleren zwanziger Jahre gegeben. Wenn die Belastung durch Reparationen schon nicht zu vermeiden war, dann ließ sich wenigstens ein Teil dieser Last dadurch auf die Gläubiger abwälzen, daß zuvor jeder mögliche Kredit hereingenommen wurde. Der zukünftige jährliche Transferbetrag würde sich dadurch weder vermindern noch erhöhen, allerdings würde es gelingen, den Beginn dieses Transfers in die Zukunft zu verschieben und damit seinen Barwert herabzumindern (dazu im einzelnen unten Kapitel 4.2). Zuletzt bliebe in diesem Szenario die deutsche Seite der lachende Dritte bei einer Auseinandersetzung zwischen Reparations- und Kreditgläubigern.

Die Vorstellung, daß die deutsche Seite den Dawes-Plan absichtlich unterlaufen habe, ist in der politisch-historischen Literatur Allgemeingut und wird gemeinhin einer Grundkonzeption der Außenpolitik Gustav Stresemanns als Außenminister zwischen 1923 und 1929 zugeschrieben[22]. Danach sollte der Wiederaufstieg Deutschlands zu seiner alten Machtstellung auf friedliche Weise durch eine Verständigungspolitik erreicht werden. Dem diente zum einen der Versuch einer Verständigungs- und Annäherungspolitik mit Frankreich, mit der französisches Mißtrauen abgebaut und die nach dem Ersten Weltkrieg manifest gewordene Abneigung der Amerikaner gegen eine Verwicklung in die europäischen Machtrivalitäten überwunden werden sollte. Zum anderen galt es, das wirtschaftliche Interesse Amerikas durch Hereinnahme amerikanischer Auslandskredite möglichst großen Umfangs direkt an Deutschlands Zahlungsfähigkeit und damit an das von Deutschland erhoffte Ende der Reparationen zu binden[23] [24]. Immerhin waren dem

---

21 AA PA Büro StS C Bd. 12, 10.1.1927.

22 Der Vorwurf absichtlicher Überschuldung mit dem Ziel, die Reparationen zu beseitigen, ist bereits zeitgenössisch erhoben worden. vgl. z.B. die Memoiren des französischen Ministerpräsidenten von 1924 und 1932, Herriot (1953, S.321).

23 So recht einhellig die Literatur zu den Reparationen Helbich (1962); Glashagen (1980), zur amerikanischen Stabilisierungspolitik in Deutschland Link (1970), McNeil (1986, S. 53 ff.), sowie die neuere Stresemann-Forschung, Maxelon (1972, S. 157f., 165, 202); Lee und Michalka (1987); Berg (1990).

24 Es gibt jedoch auch Hinweise darauf, daß dieser Effekt auch von amerikanischer Seite durchaus angezielt war. Zum einen stellte Deutschland einen offensichtlichen Markt für internationale An-

Dawes-Plan fünf Jahre der Auseinandersetzung mit den Siegermächten um die Reparationsregelungen vorausgegangen. Die deutsche Inflation hatte auch einen reparationspolitischen Aspekt gehabt, indem sie die Reparationslasten nach innen und außen weniger berechenbar machte und die interne Lastenverteilung verschleierte, besonders aber indem sie diejenigen Länder enteignete, die sich im Vertrauen in die Solidität der Reichsbank große Markreserven zugelegt hatten[25]. Insofern konnte es durchaus auf deutscher Seite die Hoffnung auf ein Ende der Reparationen geben, wenn das Dawes-Programm sich ebenfalls als unrealisierbar herausstellen würde.

Eine pessimistische Stimmungslage bezüglich des Dawes-Plans hat es in der Tat 1926/27 vielfach gegeben, zumal unter denen, die das Wachsen der internationalen Kreditpyramide auf den unsicheren Fundamenten der deutschen Reparationen und der interalliierten Kriegsschulden mit Sorge betrachteten – dies eine der düsteren Prophezeihungen von Keynes (1922), die sich unter den zunächst doch so günstig erscheinenden Vorzeichen des Dawes-Plans zu erfüllen begann.

Entsprechende Vorstellungen veranlaßten Schacht, ab 1927 gegen die Transferschutzklausel öffentlich zu Felde zu ziehen. Schacht mag sich, wie aus seinen späteren Äußerungen nach der Annahme des Young-Plans zu schließen ist[26], eine einmalige, womöglich als Anleihe auf dem internationalen Markt plazierte Schlußzahlung auf die Reparationsschuld vorgestellt haben. Das Vorbild der französischen Reparationen von 1871 zeigte ja, daß auch eine beträchtliche Reparationssumme als Anleihe auf dem internationalen Kreditmarkt „kommerzialisiert" werden konnte (zur Vorbildwirkung der Reparationen im 19. Jahrhundert und zum Lastenvergleich im einzelnen vgl. Kapitel 5 unten). Diese Vorstellung einer Kommerzialisierung und Entpolitisierung des Reparationsproblems gewann – zumal in der Atmosphäre relativer deutsch-französischer Entspannung in der Locarno-Ära nach 1926 – eine gewisse Attraktivität[27]. Das offenkundige ökonomische Problem hierbei war jedoch wiederum, daß die Chancen einer sol-

---

leihen dar. Zum anderen erschien auf Grundlage der damals modischen vorkeynesianischen Unterkonsumptionstheorien die Entwicklung auswärtiger Märkte als ein notwendiges Ventil zur Schaffung ausreichender Kapitalverwertungsmöglichkeiten. Keynesianisch interpretiert, handelte es sich bei dem amerikanischen Bestreben nach Auslandsmärkten für US-Kredite um ein beschäftigungssteigerndes Exportförderungsprogramm. In solchen Planungen war für eine Realisierung des Rücktransfers der Kriegskredite an die USA wenig Raum. Vgl. hierzu Link (1970, S. 386-396) und besonders Schuker (1988, S. 102 ff.).

25 Bresciani-Turroni (1937), Holtfrerich (1986). Auffallend in Feldmans (1993) großer Gesamtdarstellung des Inflationsprozesses ist der Bezug auf die Reparationen als Leitmotiv innenpolitischer Auseinandersetzung (ebda., bes. Buch I, Teil IV). Dazu auch Kap. 5 unten.

26 Vgl. Schacht (1932).

27 Zu der Diskussion um einander widersprechende Initiativen auf diesem Feld vgl. immer noch Link (1970, S. 400-405). Auf der Besprechung zwischen Stresemann und Briand in Thoiry 1926 waren deutscherseits die Möglichkeiten ausgelotet worden, das französische Streben nach einer Kommerzialisierung – für die französische Seite aus etatpolitischen Gründen interessant – und das deutsche Interesse an einer vorzeitigen französischen Räumung des Rheinlandes und evtl. des Saargebiets miteinander zu vereinen. vgl. auch Lüke (1958, S. 136 ff.).

chen Kommerzialisierung um so geringer wurden, je stärker die deutsche Zahlungsbilanz mit Zinsverpflichtungen aus kommerziellen Krediten vorbelastet war. Je eher eine solche Regelung gefunden würde und je gemäßigter die Gesamtsumme ausfallen würde, um so geringer wäre die Vorbelastung des zukünftigen deutschen Auslandskredits[28].

Auf deutscher Seite lassen sich damit zwei einander widersprechende Strategien ausmachen. Als gemeinsames Element besaßen sie die Überlegung, daß es eines wirklichen Tests bedurfte, um die Reparationen abzuschütteln. Der Unterschied bestand in der Frage des geeigneten Zeitpunkts für eine Transferkrise: Zufolge der ersten Strategie, beheimatet im Auswärtigen Amt, würde der Zeitpunkt für eine Revision erst dann kommen, wenn die kommerzielle Kreditnahme im Ausland einen genügend hohen Stand erreicht hatte. Dann nämlich ließen sich die kommerziellen Gläubiger Deutschlands gleichsam zu Geiseln einer Revision des Dawes-Plans machen, getreu der Überlegung, daß im Konfliktfalle das Transfervolumen für den Schuldendienst und gleichzeitige Reparationen nicht ausreichen werde[29].

Zufolge der zweiten Sichtweise bestand das Problem in dem übermäßigen Einströmen ausländischen Kredits unter dem Schutz der Transferbestimmungen, wodurch die deutsche Zahlungsfähigkeit für Reparationen kurzfristig über ihr natürliches Maß hinaus erhöht wurde. Solange der Dawes-Plan durch solche Reparationsleistung auf Kredit gleichsam künstlich beatmet wurde, konnte die Gläubigerseite argumentieren, daß der Plan funktioniere[30]. Zum Beweis des Gegenteils mußte demnach eine Transferkrise herbeigeführt werden, und dafür mußte das System der Reparationsleistung auf Kredit ein Ende finden[31].

Einen ersten, allerdings nur vorübergehenden Erfolg verbuchte Gilbert, als im September 1927 das State Department tatsächlich eine Anleihe an Preußen untersagte. Gilbert hatte im Vorfeld dieses Anleiheprojekts massiv interveniert, um ein Exempel zu statuieren und seine Linie einer verbesserten Kontrolle über die öffentlichen Auslandsanleihen durchzusetzen. Allerdings sah sich Gilbert rasch unerwartetem Widerstand gegenüber. Governor Strong von der Federal Reserve Bank von New York hatte die Sorge, ein Stopp der Anleihen an Deutschland könne ein Jahr zu früh zu einer Transferkrise bei

---

28 Die Hoffnung auf Mobilisierbarkeit eines Großteils der Reparationen auf dem amerikanischen Markt war eine der Motivationen für eine Beschleunigung der Revision des Dawes-Plans. Eine Übersicht über die Diskussion hierzu in der deutschen Administration in Link (1970, S. 437).

29 So bereits programmatisch eine Denkschrift des Staatssekretärs im AA, Simon, aus dem Jahr 1924 (ADAP Bd. 1.2). In der politischen Geschichtsschreibung zum Reparationsproblem der zwanziger Jahre hat diese Strategie ausführliche Beachtung gefunden, vgl. Link (1970, S. 396 ff., bes. S. 399), McNeil (1986, S. 157-58)

30 Dies war besonders die Argumentation Schachts. Vgl. dazu McNeil (1986, S. 137f.), Schuker (1988, S. 40).

31 Hierin liegt wohl das Motiv für Schachts Feldzug gegen den deutschen Auslandskredit, vgl. dazu Hardach (1976) sowie besonders James (1985a, S. 59ff.) und McNeil (1986, S. 154-56, S. 172-74.).

den Reparationen führen. Gilbert berichtete an den Unterstaatssekretär Castle vom State Department über ein Telegramm Strongs, das zum Ausdruck gebracht hatte:

> „that a crisis as to German credits might arise in the near future as a result of the recent public discussions of the reparation problem and the question of priority in transfers“[32].

Zufolge seinem Bericht an Castle war Gilberts Antwort an Strong, daß er keine andere Möglichkeit zur Lösung des Problems der Transferprioritäten sähe, als die Reparationsleistungen Deutschlands endgültig festzulegen und den Transferschutz insgesamt abzuschaffen[33]. Auch Schacht sah sich wie Gilbert dem Verdacht ausgesetzt, er wolle die Transferkrise bis nach der internationalen Wahlrunde in den USA, Frankreich und Deutschland im Jahr 1928 hinausschieben (McNeil, 1986, S. 176-181).

Als eine Modifikation des Dawes-Plan-Verfahrens auch bei den Reparationsgläubigern populär wurde, hervorgerufen durch die Alarmrufe Schachts und Gilberts, ebenso durch wachsende Nervosität der amerikanischen Kreditgläubiger über die Zukunft der Transferschutzklausel, hatten sich jedoch die Machtverhältnisse geändert – zugunsten Frankreichs, das 1928 (anders als England 1925) aus der Stabilisierung seiner Währung gestärkt und mit erheblichen Devisenreserven versehen hervorgegangen war und nun zum Hafen für Fluchtkapital aus Europa, namentlich aus Deutschland, werden sollte[34].

Bei den vorbereitenden Sondierungen für die Young-Plan-Konferenz in der zweiten Jahreshälfte 1928 hatte noch ein Konsens darüber bestanden, daß die verbleibende Reparationsschuld nach Möglichkeit zu kommerzialisieren sei und in einer kurzen Übergangszeit für die noch fortbestehenden Reparationsannuitäten der Transferschutz fortfallen sollte. Die Nachricht von der Einberufung einer neuen Reparationskonferenz auf Basis dieser Prinzipien rief auf den Kapitalmärkten zunächst Erleichterung hervor, und manches blockierte deutsche Emissionsprojekt wurde auf dem Auslandsmarkt gegen Ende 1928 noch erfolgreich realisiert. Der tatsächliche Verlauf der Expertenkonferenz im Frühjahr 1929, bei der Schacht die deutsche Delegation anführte, bot gegenüber diesen Erwartungen jedoch eine Reihe böser Überraschungen[35].

---

32 So Wala (2001, S. 123, Fn. 39) in einer nach Abschluß dieser Arbeit erschienenen, detailreichen Untersuchung über die deutsch-amerikanischen Beziehungen unter Einbeziehung amerikanischer Akten.

33 Ebda.

34 Zur französischen Stabilisierung vgl. besonders Eichengreen und Wyplosz (1988), Prati (1991) sowie Sicsic (1993). Strittig ist die Frage gewesen, ob monetäre Faktoren, insbesondere eine Unterbewertung des Franc in der Stabilisierung, eine Rolle für Frankreichs gutes Abschneiden bis in die Weltwirtschaftskrise hinein gespielt haben könnten. Keines der vorgebrachten Argumente kann ohne weiteres befriedigen. In Ritschl (1996a) wird argumentiert, daß wachsende Deviseneinnahmen aus dem Reparationsverfahren eine bislang ungenügend beachtete Erklärung für die französische Sonderkonjunktur darstellen könnten. So auch neuerdings Heyde (1998, S. 19).

35 Hierzu und zur Rolle Schachts aus der kaum übersehbaren Literatur besonders James (1985a, S. 69ff.).

Die Tragik des Young-Plans liegt womöglich darin, daß er im Ansatz ökonomisch durchaus rational war. Während der Sitzungen des Young-Plan-Kommittees sollen Vorabdrucke der Beiträge zur Keynes-Ohlin-Kontroverse über das Reparationsproblem im Economic Journal (Keynes, 1929a, Ohlin, 1929, Rueff, 1929) unter dem Tisch kursiert sein[36], und die Sachverständigen zogen den richtigen Schluß, daß ein Realtransfer von Reparationsleistungen durchaus möglich war, wenn man ihn politisch nur wollte – wie so oft in Keynes' Karriere als Politikberater zog seine politische Klugheit, die der Unlösbarkeit von Kooperationsproblemen galt, den kürzeren gegenüber der scheinbar zwingenden Sachlogik seiner Gegner, die typischerweise gerade diese Problematik ignorierten.

Durchaus dem Konsens der Teilnehmer entsprechend, enthielt die Empfehlung der Sachverständigenkommission unter dem Vorsitz Owen Youngs drei Elemente eines neuen Reparationsplans, nämlich eine Reparationsanleihe, eine Bestimmung über zukünftige Reparationsannuitäten mit Angabe eines begrenzten Zahlungszeitraums sowie die Beschränkung des Transferschutzes auf eine vorübergehende, maximal zweijährige Aufschiebung eines Teils der Annuitäten. Allerdings wurde schon nach der ersten Sitzung des Sachverständigenkommittees klar, daß sich die Gewichte gegenüber den Vorstellungen aus dem Jahr 1928 erheblich verschieben würden: Die Idee der Reparationsanleihe war in den Hintergrund getreten. Vorgeschlagen wurden nun Annuitäten von durchschnittlich 2 Mrd. RM auf 58 Jahre, von denen 612 Mio. RM in jedem Falle aufzubringen waren und der Restbetrag – mit Verpflichtung zur Nachzahlung – um maximal zwei Jahre aufschiebbar war. Das war gerade das Gegenteil des Entlastungseffekts, den man sich auf deutscher Seite erhofft hatte.

Vergleicht man die durchschnittliche Annuität des Young-Plans von rd. 1,8 Mrd. RM in den ersten zehn Jahren (hier war ein Anstieg von 1,7 Mrd. RM im Jahr 1930/31 auf ca. 2 Mrd. RM im Jahr 1940 eingeplant) mit der jährlichen Zinsenlast auf kommerzielle Auslandsschulden von ca. 1 Mrd. RM für das Jahr 1930, so wird offenkundig, daß die Frage der Rangfolge zwischen den Schuldenblöcken nicht mehr trivial war. Im Gegenteil, gegenüber der ab 1929/30 fälligen sogenannten „Dawes-Normalannuität" von 2,5 Mrd. RM lag die neue Young–Plan–Annuität zwar etwas niedriger, war aber unter wesentlich strikteren Bedingungen zu leisten[37]. Eine dauerhafte Verdrängung von Reparationen durch kommerziellen Schuldendienst, sobald Deutschland sich der Grenze erzielbarer Leistungen näherte, war damit nicht mehr möglich: Die inverse Rangstaffel, wie sie der Transferschutz im Dawes-Plan bedeutete, war gefallen, ja umgekehrt worden durch eine – von der 2-Jahres-Kontingenzregelung abgesehen – positive Senioritätsklausel.

---

[36] So Schuker (1988, S. 47).

[37] Für das Jahr 1929/30 wurde die Nettoentlastung gegenüber dem Dawes-Plan allgemein mit 350 Mio. RM angesetzt, vgl. etwa (Bachmann (1996, S. 168).

Reparationen hatten nunmehr eindeutig Vorrang vor kommerziellen Krediten und schienen damit weniger risikobehaftet. Zudem war die verbleibende Reparationsbelastung entgegen den Erwartungen nicht etwa drastisch gekürzt oder gar auf einen Minimalbetrag zusammengestrichen worden, sondern hatte sich im Gegenteil weit über die Erwartungen hinaus erhöht: Bei Zugrundelegen einer Verzinsung von 5½% ergab sich zum Zeitpunkt der Beratungen von Den Haag 1929 ein Gegenwartswert von 34-36 Mrd. RM[38]. Gegenüber einem zum selben Zinssatz berechneten Gegenwartswert von rd. 45,5 Mrd. RM der unbefristeten Dawes-Normalannuität war dies immerhin eine Kürzung um gut ein Viertel, allerdings war eben diese Normalannuität noch in keinem Jahr zur Wirkung gekommen. Auch das Projekt einer weitgehenden Kommerzialisierung der Restschuld ist bis auf den vergleichsweise trivialen Betrag der Young-Anleihe nicht realisiert worden. Angesichts der schon bestehenden deutschen Auslandverschuldung wurden ihm auch wenig Chancen zur Realisierung eingeräumt[39].

Gerade dieser letzte Punkt ist instruktiv, denn er zeigt durch Konversion in eine dem Schuldenstand vergleichbare Bestandsgröße, daß mit dem Young-Plan nunmehr ein neuer, größerer Schuldenblock (34 Mrd. RM) vor die schon existierenden Schulden (rd. 25 Mrd. RM) trat und somit das Gesamtvolumen der deutschen Auslandsverpflichtungen sich auf rd. 80% des deutschen Volkseinkommens von 1929 erhöhte, eine Auslandsverschuldung, die auch nach heutigen Maßstäben als Anzeichen hohen Länderrisikos gelten kann[40].

Die Folgen für Deutschlands Kreditwürdigkeit im Ausland waren dramatisch. Gleichsam über Nacht, nämlich als im Frühjahr 1929 die neue alliierte Reparationsforderung bekannt wurde, befand sich Deutschland zum ersten Mal seit der Stabilisierung der Mark 1924 am Rand einer auswärtigen Schuldenkrise. Hohe Devisenabflüsse bei der Reichsbank waren die Folge; die – höchst unglücklich – gerade zu diesem Zeitpunkt auf dem Markt zur Emission anstehende Reichsanleihe des Finanzministers Hilferding (SPD) wurde ein Mißerfolg und blieb um 40% unterzeichnet, obwohl das Emissionsvolumen in Erwartung solcher Schwierigkeiten kurzfristig bereits um 40% gesenkt worden war[41]. Schon damals prangerte ein internes Memorandum des Reichsfinanzministeriums die immer weitere kurzfristige Kreditnahme des Reichs als „fortgesetzte Irreleitung der öffentlichen Meinung" an, „denn die Möglichkeit zur Aufnahme von An-

---

38 Die Differenz ergibt sich durch Einschluß der Reparationsnebenleistungen sowie des Zinsendienstes auf die Dawes- und Young-Anleihen, vgl. etwa Glashagen (1980, S. 60).

39 Ausführlich zum Projekt der Kommerzialisierung Glashagen (1980). Ein Grund für die Ausgestaltung der Young-Anleihe als einer gemischten Reparations- und Industrieanleihe bestand in der Sorge besonders der französischen Reparationsgläubiger, die deutsche Seite könnte erfolgreich eine erneute de-facto-Umkehrung der Priorität zugunsten kommerzieller Kredite erreichen, ganz nach dem Drehbuch der Reparationspolitik der Dawes-Jahre.

40 Vgl. etwa die Gegenüberstellung der deutschen Verschuldungsquoten mit denen lateinamerikanischer Schuldnerländer bei Schuker (1988, S. 65).

41 Vgl. Bachmann (1996, S. 143).

leihen, d.h. langfristigen Anleihen im technischen Sinne, muß als ausgeschlossen gelten"[42].

Wie nahe die neue Reparationsregelung, deren Einzelheiten in einem mühsamen Verhandlungsprozeß bis zum Frühjahr 1930 festgelegt wurden, sich an die Grenze der deutschen Kreditwürdigkeit herangetastet hatte, zeigt sich in einem allerdings gewichtigen Detail, der Krise des Reichshaushalts vom Dezember 1929. Hilferding hatte nach dem geschilderten Scheitern seines Versuchs, im Frühjahr 1929 die in zahlreichen Schattenhaushalten aufgelaufene und vor dem Reparationsagenten nur mühsam verborgene kurzfristige Reichsverschuldung in einer langfristigen Anleihe zu konsolidieren, einen Bankkredit beim New Yorker Bankhaus Dillon Read eingefädelt. Dillon Read engagierte sich besonders im osteuropäischen Markt und hatte die Reputation einer nicht ganz ersten Adresse, spezialisiert auf Kredite mit hohen Länderrisiken, und war schon vor dem New Yorker Börsenkrach wegen der zweifelhaften Position seiner Aktiva im Gerede. J.P. Morgan, gegenüber Deutschlands Kreditrausch ablehnend eingestellt und nur durch Filialbanken im deutschen Geschäft engagiert, hatte einen Kredit unter explizitem Verweis auf Deutschlands gesunkene Bonität abgelehnt – schon 1928, als die Seniorität der Kredite an Deutschland gerade Gegenstand der Diskussion geworden war, machte eine böse Bemerkung Morgans die Runde: „The Germans are a second-rate people"[43].

Auch „second rate" erwies sich jedoch nunmehr als noch zu optimistisch. Ein erster kurzfristiger Überbrückungskredit von Dillon Read im Volumen von 50 Mio. $ oder 210 Mio. RM, gegeben als Kreditlinie im Sommer 1929 nach der Bewältigung der ersten Young-Plan-Krise, ließ sich noch problemlos unterbringen. Hilferdings Versuch, bei Dillon Read einen zweiten, ebenfalls kurzfristigen Kredit abzuschließen, allerdings mit Option auf Umwandlung in eine längerfristige, am Markt zu emittierende Anleihe, stieß jedoch auf Opposition nicht allein Schachts, sondern auch des Generalagenten, der den Markt für die kommende Young-Plan-Anleihe gefährdet sah und damit drohte, die für das Reich für 1929 besonders günstige Young-Annuität auszusetzen – der Young-Plan war ja noch nicht ratifiziert und seine vorgreifende Anwendung insoweit ein Entgegenkommen gegenüber der deutschen Seite – und statt dessen die höhere Dawes-Annuität anzuwenden[44].

Augenfällig ist, daß der Generalagent durch ein vergleichsweise triviales Kreditprojekt zu diesem Zeitpunkt bereits eine Gefährdung für die Unterbringung der – betragsmäßig etwa viermal so hohen, also an den bestehenden Schulden gemessen ebenfalls nicht ins Gewicht fallenden – Young-Anleihe am internationalen Kreditmarkt sah. Denn das impliziert, daß sich die alliierte Seite mit der Sachverständigenkonferenz und den

42 ebd., S. 134.

43 James (1985a, S. 111).

44 Hierzu und zum folgenden im Überblick Maurer (1973, S. 102 ff.), James (1985a, S. 109ff.), Balderston (1993).

Nachforderungen an Deutschland auf der politischen Konferenz im Haag im August 1929 sehr genau bis an die Grenze dessen vorgearbeitet hatte, was man als maximal erzielbare Transferleistung ansah. Jeder substanzielle zusätzliche Kredit schien also ab diesem Zeitpunkt das Risiko eines zukünftigen Schuldenüberhangs zu tragen und damit wertlos zu sein.

In der Tat zog sich Dillon Read angesichts dieser Interventionen aus dem Kreditprojekt zurück. Ein Ersatz wurde in einem kurzfristigen Reichsbankkredit gefunden, der nicht durch das Reichsbankgesetz, sondern allenfalls durch Schachts damals noch guten Ruf gedeckt war. Der politische Preis für diesen Kredit bestand darin, daß der Reichstag mit der sogenannten „lex Schacht" die Einrichtung eines Tilgungsfonds für kurzfristige Schulden beschließen mußte, der über vier Jahre hinweg mit jeweils 420 Mio. RM jährlich zu beschicken war. Als Resultat dieser beispiellosen Demütigung der Regierung durch den Präsidenten der Notenbank demissionierten Hilferding und sein Staatssekretär Popitz im Dezember 1929.

Die Schockwirkung dieses Ereignisses ist zentral für das Schicksal der Weimarer Republik am Ende der Scheinblüte der zwanziger Jahre[45]; sie ist gleichsam die Peripetie des hier vorgestellten Dramas, denn an diesem Punkt – und nicht erst bei Brünings Amtsantritt und dem Übergang zum Notverordnungsregime fast ein halbes Jahr später – liegen Ursache und Beginn der deutschen Deflationspolitik während der Krise dicht beieinander[46]. Wie zuvor gezeigt wurde, ist bis 1929 die deutsche Auslandsverschuldung zum Großteil auch eine Kreditnahme der öffentlichen Hände gewesen. Ab 1929 war dieses Schleusentor geschlossen, und dieser Effekt war durchaus beabsichtigt: auch der Zwischenkriegszeit war die Theorie der twin deficits bereits wohlbekannt (vgl. dazu illustrativ im Überblick Petzina, 1994, zum „inneren Youngplan" und der deutschen Expertendiskussion Heyde, 1998, S. 70).

Es lohnt sich, an diesem Punkt für einen Moment zu verweilen. Die Theorie der souveränen Verschuldung leitet die Existenz einer Verschuldungsgrenze ab, eines Kreditlimits, über das hinaus ein mit rein rechtlichen Mitteln zur vollständigen Zahlung nicht zu verpflichtender Schuldner keinen Kredit erlangen kann. Ist diese Grenze der Marktteilnahme am Kapitalmarkt erreicht, so steht das Schuldnerland vor dem Zwang, seine Zahlungsbilanz zu aktivieren, um gerade den Schuldendienst zu transferieren, der seinen Opportunitätskosten einer Zahlungseinstellung entsprechen würde, also im besonderen den Wohlfahrtsverlusten einer Unterbrechung des Außenhandels oder der Beschlagnahme von Exporterlösen.

---

[45] Von einer "geborgten Konjunktur" und den dramatischen Auswirkungen des fortfallenden Transferschutzes spricht auch die sonst so stark auf konjunkturpolitische Handlungsmöglichkeiten während der Krise abhebende Darstellung Grotkopp (1954). Ähnliches auch in Kroll (1958).

[46] Im Überblick zur Deflationspolitik im Jahr 1929 und dem Schwanken zwischen Steuersenkungs- und Erhöhungspolitik, vgl. Maurer (1973), James (1985a, Kap. III) sowie mit zahlreichen Belegen Bachmann (1996).

Dieser Zahlungsbilanzumschwung, so die Weiterführung unseres oben entwickelten Arguments, ist der Effekt und – denkt man an die zentrale Bedeutung dieses Gegenstandes in der Keynes/Ohlin-Kontroverse – auch eines der Ziele des Young-Plans gewesen. Das technische Instrument hierbei war die Abschaffung der Transferschutzklausel und ihr Ersatz durch eine positive Senioritätsklausel für die Reparationsannuitäten.

Die in der historischen Literatur anzutreffenden Hinweise, wonach einer der Gründe für das merkliche Abklingen der Ausleihungen an Deutschland seit Mitte 1928 die zunehmende Diskussion um die Zukunft der Transferschutzklausel gewesen sei[47], findet hier ihren rationalen Kern: Für potentielle Kreditgeber wurde es angesichts der wachsenden Unsicherheit über die Erstrangigkeit ihrer Forderungen gegenüber den Reparationen und über deren zukünftige Höhe zunehmend irrational, weitere größere Ausleihungen an Deutschland in Betracht zu ziehen.

Der Umstand, daß man mit dem Young-Plan die Lücke zwischen Deutschlands schon bestehenden Verpflichtungen und seiner erwarteten „Zahlungsfähigkeit" in einem einjährigen Verhandlungsmarathon geradezu paßgenau ausgefüllt hatte, ließ Deutschlands Bonität an der Marge auf null schrumpfen, so daß – nach Berücksichtigung des nochmaligen Fristaufschubs durch die Gewährung der Young-Anleihe – eine Fortsetzung der Reparationsfinanzierung auf dem Kreditwege zukünftig nicht mehr in Betracht kam.

Es gibt hiervon, abgesehen von dem trivialen Fall der Reparationsanleihe selbst, eine wesentliche Ausnahme, die sogenannte Zündholzanleihe, vermittelt durch das Bankhaus Lee Higginson, an dem J.P. Morgan beteiligt war. Wenn es richtig ist, daß Deutschland durch den Young-Plan an der Marge so gut wie kreditunwürdig geworden war, so muß es einen besonderen Grund dafür geben, daß diese Bank einen Anreiz hatte, dennoch einen weiteren Kredit an Deutschland ins Auge zu fassen.

Dieser Anreiz bestand in der Tat, und das Zustandekommen dieses Kredits ist für das Verständnis der tatsächlichen Bedingungen deutscher Kredit- und Budgetpolitik womöglich instruktiver als der leere Blick auf das Austrocknen der deutschen Verschuldung im Ausland ab 1929, wie er sich durch Abbildung 3.3.A oben vermittelte. Das Bankhaus Lee Higginson war in Deutschland hauptsächlich im Agrarkredit tätig, der angesichts der seit 1928 akuter werdenden, vom internationalen Verfall der Agrar- und Rohstoffpreise begleiteten Krise der deutschen Landwirtschaft zunehmend von der Aussicht auf staatliche Garantien abhing[48]. Lee Higginson befand sich insofern in einer gewissen Abhängigkeit vom Reich, was die Solidität seiner deutschen Aktiva anging. Zum zweiten war Lee Higginson stark engagiert beim durch waghalsige Finanzgeschäfte ins

---

[47] So bereits Helbich (1962) und Link (1970), aus der DDR-Geschichtsschreibung mit zahlreichen Belegen aus der Reichsbank und dem Reichsverband der Deutschen Industrie Habedank (1981). Bekanntgeworden ist Diskussion um die Transferschutzklausel durch die Arbeit von McNeil (1986, S. 191 ff.), sowie besonders durch Schuker (1988).

[48] (James, 1985a, S. 121).

Schwanken geratenen schwedischen Kreuger-Zündholzkonzern, dessen Aktivitäten in Deutschland durch Billigimporte von Streichhölzern aus Rußland in die Verlustzone geraten waren. Kreuger und Higginson waren darauf spezialisiert, finanzschwachen Randstaaten Europas Auslandsanleihen im Gegenzug zur Vergabe eines Zündholzmonopols an den Kreuger-Konzern zu verschaffen. Eine Verpfändung der anteiligen Reichseinnahmen aus einem solchen Monopol konnte also eine zumindest juristische Sicherung bedeuten. Man bedenke, was für ein grotesk anmutendes Kreditprojekt das war, mit Sicherungsleistungen, die an osmanische und lateinamerikanische Verhältnisse erinnerten – immerhin ein bedeutender Abstieg für ein Land, das sich vor dem Krieg angeschickt hatte, einer der führenden Kapitalexporteure Europas zu werden.

Nicht zuletzt aber verfügte Lee Higginson über gute Verbindungen nach Frankreich, war also aus deutscher Sicht der richtige Partner bei dem Versuch, nach dem gescheiterten Dillon-Read-Experiment ein neues Kreditprojekt zu lancieren, ohne den Hauptgläubiger für Reparationen zu Repressalien zu reizen. Möglichkeiten hierfür gab es genug, war doch auf deutscher Seite der wichtigste politische Preis, den man von der alliierten Seite für die Annahme des Young-Plans erzielt hatte, die vorzeitige französische Räumung des besetzten Rheinlands gewesen, und die Details des Abzugsplans, dessen Erfolg für die deutsche Seite von immenser innenpolitischer Wichtigkeit war, sollten keinesfalls gefährdet werden.

So verschleppte sich der Abschluß des Kredits von Jahresanfang bis September 1930, denn zunächst signalisierten mehrere Seiten Widerstand. Schon während der Vergabe der Young-Anleihe hatte der Vorsitzende des Währungs- und Bankenausschusses des amerikanischen Repräsentantenhauses, Louis McFadden, lautstarke Propaganda gegen eine weitere Übernahme deutscher Anleihen durch die USA betrieben und versucht, eine Kongreßresolution zu erwirken, die den amerikanischen Banken die Übernahme von Anteilen der Young-Anleihe unmöglich machen werde. So weit ging der Kongreß nicht, aber immerhin kam das State Department auf Planungen zurück, weitere Anleihen an Deutschland nicht mehr zu genehmigen, da sie keinen produktiven Zwecken dienten und der US-Wirtschaft zu viel Kapital entzogen, allerdings ohne dies zuletzt in die Tat umzusetzen[49].

Auch Parker Gilbert und die französische Seite leisteten Widerstand[50]. Er galt zunächst der Begebung einer weiteren deutschen Anleihe, ganz wie einige Monate zuvor beim Dillon-Read-Projekt. Dagegen fruchteten auch die Zusicherungen des Hauses Lee Higginson nichts, man denke keinesfalls an die Ausgabe von Wertpapieren, um den Kapitalmarkt nicht zu belasten, sondern wolle bei einer rein bankmäßigen Finanzierung

---

[49] Dazu neuerdings Wala (2001, S. 159, 161).

[50] Kreuger war schon im Sommer 1929 zu den Young-Plan-Nachverhandlungen nach Den Haag zitiert worden, hatte aber durch sein Einverständnis, der geplanten Young-Anleihe Vorrang vor seinem eigenen Kredit zu gewähren, zunächst das Einverständnis Frankreichs zu seinem Kreditprojekt erreichen können, vgl. Kent (1991, S. 314).

bleiben. Parker Gilbert intervenierte bei der US-Regierung, um dieses Projekt zu blokkieren, und erreichte immerhin, daß sich das Kabinett mit der Frage befaßte, allerdings ohne einen Beschluß zu fassen[51] Aber auch nachdem die Emission der Young-Anleihe halbwegs erfolgreich abgeschlossen war, blieb die französische Seite hartnäckig. Allerdings verlagerte sich der Widerstand nunmehr auf die Forderung nach wirtschafts- und allgemeinpolitischem Wohlverhalten Deutschlands, im besonderen nach einer im Reichstag abgesicherten, also nicht allein durch Notverordnungen nach Art. 48 zustandegekommenen Etatausgleichs- und Deflationspolitik.

Ein solcher Beschluß kam nicht zustande. Brüning präsentierte dem Reichstag seine Etatvorlage; sie wurde im Juli 1930 nach fehlender Unterstützung aus den Reihen der eigenen Koalition sowie der SPD abgelehnt. Brüning ging daraufhin den klassischen Weg einer Ausschreibung von Neuwahlen für den September 1930; der Etat wurde – mit der Absicht, zunächst ein Provisorium zu schaffen – per Notverordnung in Kraft gesetzt[52]. Die Reichstagswahl endete für die politische Mitte mit einem Fiasko und führte zum kometenartigen Aufstieg der NSDAP. Immerhin konnte Brüning nunmehr mit Zustimmung der oppositionellen SPD die von den Auslandsgläubigern geforderte parlamentarische Verabschiedung eines erneuten Schuldentilgungsgesetzes nach Form der lex Schacht erreichen[53].

Der gesamte Vorgang erhellt zweierlei. Erstens war der Young-Plan offensichtlich keineswegs nur ein Produkt schlechter deutscher Verhandlungsführung oder anderer Versäumnisse des Augenblicks, wie es die öffentlich ausgetragenen Kontroversen zwischen Schacht und der Reichsregierung nahelegen mochten. Die Ergebnisse des Young-Plans hatten eine reale Grundlage, nämlich die Stärkung Frankreichs nach der erfolgreichen Stabilisierung des Franc, und eine reale Wirkung, nämlich die Reduktion des überschuldeten Deutschland auf den Bonitätsstatus eines Entwicklungslands. Frankreichs Zustimmung war selbst für einen Kredit notwendig geworden, der sowohl zeitlich als auch in der Rangfolge nach dem Young-Plan rangierte und überdies dessen Regelungen keineswegs unterworfen war. Materiell war Frankreich damit in die Rolle ei-

---

[51] Wala (2001, S. 160).

[52] Zum Ereignishergang und zu den Debatten innerhalb der Koalition vgl. Akten der Reichskanzlei (1982), Kabinett Brüning I, Dok. 41, 45-47, 50, 53-57 sowie besonders Dok. 67 und 71. Strittig innerhalb der Koalition war dabei nicht etwa die Notwendigkeit des Etatausgleichs durch Kürzungen, sondern vor allem die von Brüning geforderte und später per Notverordnung durchgesetzte Rücknahme der Erhöhung der Beamtengehälter von 1927. Hierzu auch Hertz-Eichenrode (1982), James (1985a, S. 169).

[53] Zur erneuten Forderung der Gläubiger nach einem parlamentarisch abgesicherten Schuldentilgungsgesetz vgl. Akten der Reichskanzlei Brüning I, Dok. 130. Auch der Haushaltsplan 1931/32 wurde im übrigen nicht durch Notverordnung, sondern parlamentarisch durch Reichstagsbeschluß verabschiedet, vgl. Reichstagsdrucksachen Bd. 445, S. 2002, 25.3.1931.

nes Bewirtschafters des deutschen Auslandskredits hineingewachsen, was im Young-Plan gar nicht vorgesehen war[54].

Zweitens erweist sich, daß auch der zweite Schritt in die Deflationspolitik nach Hilferdings Kapitulation vor der lex Schacht im Spätherbst 1929 auf Druck der Reparationsgläubiger zustande kam und überdies, anders als die überkommene Interpretation deutscher Deflationspolitik dies wahrhaben wollte, der finanzpolitische Preis war, den man für die nochmalige Aufnahme eines neuen Kredits zu zahlen hatte[55]. Wie schon 1929 wurden auch 1930 die Sparmaßnahmen nicht primär ergriffen, um den Budgetausgleich per se herbeizuführen, sondern um im Ausland kreditwürdig zu bleiben. Im einen wie im anderen Fall handelte es sich zudem um ein reines Umschuldungsprojekt: Die Gläubiger achteten sorgsam darauf, daß der Barwert der Reichsverschuldung konstant bliebe, und pochten darum auf die Verabschiedung der begleitenden Schuldentilgungsgesetze. In beiden Fällen handelte es sich ökonomisch nicht um fiskalische Restriktion oder Expansion, sondern nur um eine Fristentransformation innerhalb des bestehenden Schuldenstandes[56].

Brüning tat dasselbe wie vor ihm Hilferding, aus denselben Gründen wie die Regierungen anderer überschuldeter Staaten vor und nach ihnen: Um „fresh money" zur Überbrückung kurzfristiger Deckungslücken zu erhalten, betrieb er klassische Austeritätspolitik, getrieben nicht etwa von irrigen Lehrmeinungen, sondern unter dem Druck der Auslandsgläubiger und dem Diktat des Zahlungsbilanzausgleichs bei versperrtem Zugang zu internationalem Kredit. Dabei versuchte Brüning systematisch, die eigentlichen Gründe seiner Politik zu verschleiern.

Dies wird deutlich in einem kleinen Detail. In den Verhandlungen zum Lee-Higginson-Kredit waren in letzter Minute erneute französische Widerstände und Forderungen nach zusätzlichen Sicherungen aufgetreten. In Verhandlungsinstruktionen wurde einer deutschen Delegation der Auftrag nach Paris mitgegeben, darauf hinzuwirken, daß sämtliche Reformmaßnahmen zur Straffung der Budgetdisziplin, wie sie dem Gläubigerkonsortium auf seine Anfrage mitgeteilt worden waren, als geplante Defla-

---

54 Demgegenüber berichtet Kent (1991, S. 314), nach britischen Akten arbeitend, daß Deutschland sich in den Haag förmlich verpflichtete, während des gesamten Fiskaljahres 1930/31 auf die Begebung öffentlicher Auslandsanleihen überhaupt zu verzichten.

55 Eine Verpflichtung zur Offenlegung und Beschränkung von Auslandsanleihen forderte und erhielt der Reparationsagent im Oktober 1929, verbunden mit einer Zusage zur Aufgabe des Dillon-Read-Projekts; ebenso verpflichtete sich das Reich gegenüber der Reichsbank im Zusammenhang mit der lex Schacht, sich vom Anleihemarkt insgesamt – also auch im Inland – während des gesamten Fiskaljahr 1930/31 fernzuhalten, vgl. etwa Bachmann (1996, S. 170).

56 Vor dem Abschluß des Lee-Higginson-Kredits hatte das Gläubigerkonsortium der deutschen Seite einen Fragebogen übersandt, der in detaillierter Weise zur Stellungnahme über den Stand der noch vom Reparationsagenten des Dawes-Plans geforderten Finanzreform, über die Erfolge beim Abbau der schwebenden Schuld sowie über die sonstigen eingeleiteten Maßnahmen zur Budgetdisziplin aufforderte. Hierzu und zur deutschen Antwort vgl. Akten der Reichskanzlei Brüning I, Dok. 127, vgl. ebenso Link (1970, S. 491).

tionspolitik der Regierung und nicht als Junktim mit dem Kredit erscheinen dürften, weil eine parlamentarische Verabschiedung der Vorlagen sonst unmöglich werde[57]. Brüning selbst betrieb also die Verbreitung der Legende von einer eigenständig so gewollten Deflationspolitik, um seine dünne parlamentarische Basis nicht mit dem Odium der Erfüllungspolitik weiter zu belasten. Die Notwendigkeit einer Austerity-Politik im Angesicht einer drohenden Schuldenkrise ist eine mögliche Begründung der sogenannten Borchardt-These II von den Zwangslagen der Budgetpolitik. Brüning selbst hat sich nach dem Kriege gegenüber seinen Kritikern verteidigt mit der Bemerkung:

> „Wenn sie mit seinen (des Young-Plans, AR) detaillierten Verordnungen vertraut gewesen wären, hätte des Mißverständnis einer geplanten Deflationspolitik nie entstehen können"[58].

Wir werden gleich noch zu untersuchen haben, wie kontrafaktisch eine Alternative zu dieser Austerity-Politik hätte aussehen müssen und ob sich ein solcher Weg anbot. Zuvor sei jedoch kurz die Frage gestreift, warum sich die Regierung nicht statt dessen im Inland verschulden konnte. Die Antwort ist zunächst darin zu suchen, daß bei Vorliegen einer Beschränkung am internationalen Kreditmarkt jeder Versuch einer isolierten heimischen Kreditexpansion die Gefahr einer Zahlungsbilanzkrise mit sich bringt: Solange das überschuldete Land sich nicht von seinen internationalen Verpflichtungen freimachen will, bleibt es gleichsam auf Gedeih und Verderb dazu gezwungen, relativ zu seinen Handelspartnern zu deflationieren; die mögliche Kreditexpansion ist dann direkt eine Funktion seiner Exportentwicklung[59]. Schon aus diesem Grunde ist die im Rahmen der Borchardt-Debatte oftmals aufgeworfene Frage hinfällig, ob unter den Bedingungen des Young-Plans eine Kreditexpansion nach dem Muster der späteren Arbeitsbeschaffungs- und Rüstungsprogramme etwa schon 1930 denkbar gewesen wäre[60].

Zudem konnten auf der Ebene des heimischen Kreditmarkts die Banken oder gar das Nichtbankenpublikum wenig Anreiz haben, dem Reich Kredit zu geben, wenn dessen Kreditunwürdigkeit nach außen schon so offenkundig geworden war. Das öffentliche Finanzgebaren während der Inflationszeit war noch in frischer Erinnerung, und die drohende auswärtige Schuldenkrise zeigte deutlich genug, daß die antiinflationären Sicherungen und Sonderregelungen des Goldstandards in Deutschland keineswegs allen Bedingungen standhalten würden. Das Argument von der Inflationsfurcht mitten in der

---

[57] Zu den französischen Forderungen nach zusätzlichen Sicherungen vgl. AdR, Dok. 131, 6.10.30. Zu den Instruktionen an die deutsche Delegation ebd., Anlage zu Dok. 131.

[58] Helbich (1962, S. 59) sowie Heyde (1998, S. 82, bes. Fn. 23).

[59] Die Unterordnung der Finanzpolitik unter das Erfordernis der Produktion von Budgetüberschüssen schon bei Helbich (1962). Helbich (1962, S. 59) spricht in diesem Zusammenhang gar von einer "Zwangslage", in der sich die deutsche Regierung durch den Young-Plan befand, und kritisiert Arbeiten wie Kroll (1958) und Grotkopp (1954) dafür, diesen Umstand nur unzureichend berücksichtigt zu haben.

[60] Vgl. hierzu besonders Holtfrerich (1982, 1990), dagegen Borchardt (1992).

Deflationskrise, das schon für Brüning und später wieder bei seiner Verteidigung durch Borchardt eine Rolle gespielt hat, ist oftmals belächelt worden[61]. Wie berechtigt die allgemeine Sorge vor einer Inflationsfurcht des Publikums war, sollte sich in der Bankenkrise vom Sommer 1931 zeigen, als in der Tat ein allgemeiner Ansturm auf die Bankschalter ausbrach. Eine neuere Arbeit von Voth (1998) untersucht die Zinsstruktur in Deutschland während der Weltwirtschaftskrise als Inflationsbarometer und zeigt, daß Standardverfahren tatsächlich eine drohende Inflationspanik in der Bankenkrise anzeigen.

Soweit die Kreditvergabe durch die Banken betroffen war, sind die Zusammenhänge mit der internationalen Kreditsituation Deutschlands wesentlich direkter. Durch ihre Refinanzierung im internationalen Banksystem, die besonders bei den Berliner Großbanken ganz erheblichen Umfang hatte, waren die deutschen Banken vom internationalen Kreditmarkt abhängig und konnten nicht daran interessiert sein, Risiken einzugehen, die von ihren Refinanziers als unzulässig eingestuft wurden. Tatsächlich haben während der Weltwirtschaftskrise die deutschen Banken selbst für kurzfristige Kredite an das Reich etwa zur Überbrückung zwischen Gehalts- und Steuerterminen oder zum Quartalsultimo finanzpolitische Bedingungen gestellt und erfüllt bekommen, die denen des Lee-Higginson-Kredits ganz analog waren[62]. Das ist ein weiteres Indiz dafür, daß Brünings Budget- und Preispolitik während der Weltwirtschaftskrise in der Tat ein passives Reagieren auf Kreditbeschränkungen war.

Damit ist ein Großteil des Weges zu einer kontrafaktischen Analyse von Alternativen zu Brünings Sparkurs bereits zurückgelegt. Borchardts Wortwahl von „Zwangslagen und Handlungsspielräumen" ist nicht unproblematisch, da diese Begriffe in ökonomische Kategorien erst übertragen werden müssen. Einen Teil dessen haben wir implizit vorweggenommen, indem gezeigt wurde, wie die Teilnahmebeschränkung Deutschlands auf dem internationalen Kapitalmarkt zustande kam und zu einer scharfen Regimeänderung im öffentlichen Ausgabengebaren führte.

Um allerdings zu zeigen, daß diese Kreditrationierung wirklich eine bindende Beschränkung darstellte, muß die einzig relevante Alternative, nämlich die einseitige Aufkündigung der Auslandsverpflichtungen und der Rückzug auf die Autarkieposition ge-

---

61 Köhler (1969) meint gar, Reparationsproblematik und Inflationsfurcht seien allein psychologische Instrumente zur Durchsetzung der aus anderen, verteilungspolitischen Gründen gewollten Deflationspolitik gewesen, ohne jedoch seinen Standpunkt durch Belege erhärten zu können. Borchardt (1980, 1985) argumentiert, angesichts der Erfahrung mit der gescheiterten Stabilisierung nach dem Ersten Weltkrieg und dem anschließenden Abgleiten in die Hyperinflation sei die Inflationsfurcht während der Krise durchaus berechtigt gewesen, und zeigt das Bestehen eines Deflationskonsenses mit der sozialdemokratischen Opposition und den Gewerkschaften auf. Kritisch hierzu Holtfrerich (1990).

62 Vgl. auch das Selbstzeugnis des seit Ende 1929 als Nachfolger von Popitz amtierenden Etatdirektors im Reichsfinanzministerium, Hans Schäffer, in seinen Tagebüchern, IfZ ED 93. Zur Chronik der seit Jahresmitte 1929 fast regelmäßig zum Quartalsultimo eintretenden Etatkrisen vgl. im Überblick Bachmann (1996).

genüber den Gläubigern, kontrafaktisch in ihren Auswirkungen untersucht werden. Diese Alternative ist keineswegs nur hypothetisch, und man kann verkürzt durchaus sagen, daß sie nach 1933 – allerdings, wie sich noch zeigen wird, unter hierfür wesentlich gebesserten Rahmenbedingungen – konsequent verwirklicht wurde. Zunächst aber ist ein Punkt festzuhalten, der direkt aus dem Zusammenhang der Teilnahmebeschränkung am internationalen Kreditmarkt ab 1929 folgt und in der Debatte um die Borchardt-Thesen keineswegs immer mit hinreichender Klarheit gesehen worden ist: Jeder nennenswerte Versuch einer expansiven Kreditpolitik hätte unabhängig von seiner institutionellen Ausgestaltung eine einseitige Schulden- bzw. Reparationsstreichung notwendig gemacht[63]. Ab 1929 geht also die Frage nach Alternativen zur Deflationspolitik direkt über in die Frage nach Alternativen zur Erfüllung des Young-Plans und der sonstigen auswärtigen Schuldverpflichtungen Deutschlands.

Den Young-Plan nicht zu erfüllen und die auswärtigen Schulden nicht zu bedienen, dies war das Programm der äußersten Rechten. Es ist keineswegs so, daß Hitler primär mit dem Versprechen von Arbeit und Brot Wahlkampf betrieb – dies erscheint erst relativ spät im Frühjahr 1932 mit Strassers Sofortprogramm auf der Agenda der NSDAP[64]. Hitlers monoton wiederkehrende Beschwörung war vielmehr, daß die Krise eine Folge des Versailler Systems und damit der Weimarer Republik sei und nur durch den Umsturz eben dieses Systems überwunden werden könne: Versailles, nicht die Arbeitslosigkeit, war Hitlers erstes Thema. Vielleicht ist es nicht zufällig, daß die Hitlerpartei ihre Wähler nicht so sehr aus der Masse der Arbeitslosen bezog als vielmehr aus dem Kleinbürgertum und den bäuerlichen Schichten, die es sich noch leisten konnten, ihren Nationalismus dem täglichen Kampf um das wirtschaftliche Überleben voranzustellen und für ein extremistisches Programm zu stimmen, dessen wirtschafts- und konjunkturpolitische Seite für lange Zeit überraschend vage blieb[65].

Jeder Vorschlag zur Kreditexpansion mußte also auf der Voraussetzung einer finanziellen Autarkisierung durch Streichung von Schulden und Reparationen gründen, was aber nichts anderes bedeuten konnte, als das außenpolitische Programm der extremen Rechten zu verwirklichen. Oder er mußte sich unter dem existierenden System noch fortbestehender Kreditverflechtung mit dem Ausland und unter dem ausländischen Druck auf eine Fortsetzung der Austeritätspolitik als undurchführbar erweisen: Die Kontroverse der Zeitgenossen um die Fortsetzung der Erfüllungspolitik oder eine Hin-

---

63 Auch dies wird bei Helbich (1962, z.B. S. 59) bereits gesehen. Zeitgenössisch ist dies im übrigen auch die Argumentation der Wiggin- und Beneduce-Berichte zur deutschen Finanzlage vom August und Dezember 1931. Vgl. dazu im Überblick James (1985a, S. 228 f.).

64 Vgl. hierzu im Überblick Grotkopp (1954), Barkai (1990).

65 In der Wahlforschung ist die Frage, ob oder in welchem Maß die Arbeitslosigkeit zum Erfolg Hitlers beigetragen habe, umstritten gewesen. Vgl. hierzu Frey und Weck (1981), Falter (1986).

wendung zur Autarkie fällt zusammen mit der Frage nach den Zwangslagen und Handlungsspielräumen Brünings in der großen Krise der frühen dreißiger Jahre[66].

Aber auch die nationalsozialistische Arbeitsbeschaffungspropaganda hat nach ihrem Anlaufen im Frühjahre 1932 zunächst ein erhebliches Glaubwürdigkeitsproblem gehabt. Denn weder Strasser noch gar Hitler konnten die Frage beantworten, wie denn ein solches Programm unter den gegebenen Umständen finanziert werden sollte. Unter der Begleitmusik erbitterter interner Machtkämpfe zwischen dem Strasser-Flügel der NSDAP und der Parteizentrale unter Hitler wurde noch im Sommer 1932 ein stark verwässertes Maßnahmenprogramm herausgegeben, um der Kritik an der Unfinanzierbarkeit des Sofortprogramms die Spitze zu nehmen[67].

In diesem Vorgang liegt bittere Ironie. Gerade auf dem Gebiet, auf dem Hitler ab 1933 seine größten Popularitätserfolge – und einigen Eindruck auf das europäische Ausland – erzielen sollte, erlebte die NS-Propaganda zunächst einen Reinfall, der alle Erinnerungen an das unsägliche 25-Punkte-Programm von 1920 weckte, dessen krause, sozialromantische Forderungen das Gespött sämtlicher politischen Gegner auf sich gezogen hatten. Dabei lag die intellektuelle Urheberschaft für Strassers Sofortprogramm mitnichten bei der Nazipartei selbst, sondern in den Berliner Zirkeln um die vom Nestor der deutschen Nationalökonomie jener Zeit, Werner Sombart, initiierte „Studiengesellschaft für Geld und Kredit". Dort hatten sich seit Jahresanfang 1932 praktisch sämtliche konjunkturpolitischen Reformer die Türklinke in die Hand gegeben; auch Strassers Büro entsandte regelmäßig Mitarbeiter in die dortigen Sitzungen[68]. Entsprechend glich das Sofortprogramm den anderen Arbeitsbeschaffungsplänen, die in diesen Zirkeln ventiliert wurden, besonders in der vorgeschlagenen indirekten Finanzierung und der Betonung einer Autarkisierung, wie ein Ei dem anderen, und folgerichtig war es derselben Kritik seiner Finanzierbarkeit ausgesetzt wie alle seine Vorläufer. Fehlende theoretische Einsicht in das Prinzip einer gesteuerten Kreditexpansion kann dabei kaum vorausgesetzt werden, die Inflationszeit bot Verfechtern wie Gegnern ja genügend Anschauungsmaterial[69]. Ebensowenig kann gegen eine praktische Einsicht in die Details der Finanzierungsform argumentiert werden. Die öffentlichen Sonderkreditinstitute, über die zur formalen Erfüllung des Reichsbankgesetzes die Kreditpapiere in der Form diskontierbarer Handelswechsel emittiert werden sollten, mußten nicht erst geschaffen werden, sondern bestanden bereits, ins Leben gerufen durch die Notverordnung vom 29. Juli 1930 nach der Auflösung des Reichstags wegen der Haushaltsvorlage 1930/31. Das in der Literatur geäußerte Argument, es habe an der Einsicht in die Funktionsweise

---

66 Deutlich wird der Zusammenhang zwischen konjunkturpolitischer Reform- und Autarkiebewegung herausgestellt bereits bei Grotkopp (1954), neuerdings wieder bei Barkai (1989). Ebenso: Tilly und Huck (1994).

67 Vgl. im einzelnen Barkai (1989).

68 Hierzu Kissenkoetter (1978, S. 101-112).

69 Dazu besonders Blaich (1977) und Hertz-Eichenrode (1982) – hier fällt besonders die innere Widersprüchlichkeit in der Bewertung Brünings auf. Vgl. auch Kap. 2 oben.

eines solchen Programms gefehlt, kann also nicht gelten[70], ebensowenig wie die selbst in der neueren Literatur gelegentlich noch anzutreffende naive Bewunderung für die Originalität dieser Ideen[71]. Zu suchen ist vielmehr nach den geänderten Umständen, die ab 1933 eine Kreditexpansion ermöglichten, sie zuvor aber ausschlossen.

Diese Frage kann auch so gestellt werden, warum nicht früher der Transfer auf Reparationen und Auslandsschulden eingestellt wurde. In einer Welt, in der die Selbstbindung an den Schuldendienst oberhalb einer bestimmten Höhe nicht möglich ist, wäre eine einseitige Schuldenstreichung immer dann zu erwarten, wenn sich die Opportunitätskosten weiteren Wohlverhaltens für das Schuldnerland über den Barwert des effektiven Transfers hinaus erhöht haben, wenn also für das Schuldnerland der Wohlfahrtsverlust einer fortgesetzten Austerity-Politik größer ist als der Schaden, der bei einer Schuldenstreichung durch Sanktionen, Beschlagnahmungen und ähnliche Strafmaßnahmen der Gläubigerländer eintritt. Bei Nachverhandlung würde ein solches Ergebnis durch Verhandlungen über eine Schuldenreduktion erreicht werden.

Der simple Schluß aus dem Fehlen einer einseitigen Schuldenstreichung während der Weltwirtschaftskrise wäre dann, daß die erwarteten Kosten einer einseitigen Aufkündigung der deutschen Verpflichtungen noch höher gewesen wären als die tatsächlichen Folgen, die eine Beibehaltung des Deflationskurses mit sich brachte[72]. Tatsächlich hat es während der Weltwirtschaftskrise jedoch ganz beträchtliche, auf dem Verhandlungswege erreichte Herabsetzungen und auch eine zeitweise Aussetzung der deutschen Verpflichtungen gegeben, wenn auch nicht in der Form, in der dies für eine Kreditexpansion erforderlich gewesen wäre.

---

70 So bereits Borchardt (1979).

71 Ein drastisches Beispiel hierfür ist neuerdings Golla (1996).

72 Dies war die Argumentation Brünings, der wiederholt darauf hinwies, daß bei einem Scheitern seiner eigenen Regierung ein Rechtskabinett zur Macht käme, das einen einseitigen Revisionsschritt unternehmen werde. Möglicherweise werde es dann zu einem Ultimatum der Gläubiger kommen; dann aber werde sich keine Regierung der Mitte finden, die bereit sei, dem Rechtskabinett die Verantwortung abzunehmen (AdR Brüning I, Dok. 291, ähnlich Dok. 316).

3.3. Die zeitweilige Suspendierung des Young-Plans 1931

Im Voranstehenden war angenommen worden, daß das Problem des Schuldnerlandes allein darin besteht, einen Zahlungsstrom an die Gläubiger durch Verhandlungen festzulegen. Sobald das Schuldnerland mit den vereinbarten Zahlungen in Rückstand geriete, würde das gesamte Gefüge seiner internationaler Verpflichtungen notleidend und müßte als ganzes nachverhandelt werden. Diese Annahme ist unrealistisch, weil die Reaktionen auf das Auftreten einer Zahlungsklemme sehr unterschiedlich ausfallen werden, je nachdem ob die Natur des Zahlungsverzugs als kurz- oder langfristig anzusehen ist. Es kann sowohl für den Schuldner als seine Gläubiger optimal sein, eine teilweise Zahlungseinstellung auf kurze Frist hinzunehmen, wenn dadurch die Zahlungsfähigkeit auf längere Sicht wahrscheinlich gemacht wird. Dies ist der rationale Kern von Umschuldungsverhandlungen, bei denen die Gläubiger einen Teil ihrer Forderungen stillhalten oder gar gutes Geld dem schlechten nachwerfen, um ihre langfristigen Positionen zu retten[73].

Auch die deutsche Situation war durch solche partiellen, mehrfach verlängerten Stillhalteabkommen mit einem zum Schluß sehr überraschenden Ergebnis gekennzeichnet[74]. Entsprechend muß sich die Perspektive erweitern. Zuvor war argumentiert worden, daß die Umkehrung der Seniorität zwischen Reparationen und kommerziellen Krediten zu einer weitgehenden Verdrängung der letzteren führte. Aus diesem Grund ist zunächst zu fragen, warum die deutsche Seite den Young-Plan überhaupt annahm. Hier bewährt sich das einfache Nachverhandlungsmodell noch problemlos. Nichtannahme, wie sie etwa Hjalmar Schacht empfohlen hatte[75], wäre eine logisch mögliche, jedoch faktisch ausgeschlossene Möglichkeit gewesen – eben jener Rückzug in den Stehkragen, als den der Karikaturist mit hintersinnigem Münchener Humor die Attitüde Schachts auf den Punkt brachte. Wohl hat man innerhalb der Reichsregierung die Konsequenzen des Young-Schemas für den deutschen Auslandskredit rasch gesehen[76]. Allerdings war man sich schnell einig, daß die Konsequenzen einer Nichtannahme noch nachteiliger gewesen wären, weil die Reparationsgläubiger über genügend Druckmittel verfügten, um einen ähnlichen Abschluß zu erzwingen. Eine Verweigerung der Annah-

---

73 Dies ist die Intuition des Ansatzes von Grossman und Van Huyck (1988).

74 Zu Technik und Politik der Stillhalteabkommen vgl. besonders Wegerhoff (1982, S. 98 ff.).

75 Vgl. die Apologie Schachts (1932). Zum Ereignisgang im Überblick vgl. etwa James (1985a, S. 69ff.).

76 So bereits Luthers Bedenken über die Aufnahmefähigkeit der Auslandskreditmärkte nach der Young-Anleihe; eine Überlegung, die den bereits zu dieser Zeit ventilierten und im Kabinett diskutierten Plan von Arbeitsbeschaffungsmaßnahmen, die mit Auslandskrediten finanziert werden sollten, zu Fall brachte (AdR Brüning I, Dok. 37). Besonders augenfällig ist der Sinneswandel Schäffers, der in seinen Tagebüchern noch kurz nach seiner Ernennung zum Etatdirektor als Nachfolger Popitz' zu Weihnachten 1929 die Klugheit des Young-Plans betont, bald aber seine Auffassung revidiert, IfZ, ED 93, Einträge vom 4.2.1930.

me hätte allenfalls ausländische Kreditabzüge bei wachsender Unsicherheit über Deutschlands zukünftige Reparationsverpflichtungen mit sich gebracht. Sobald die Forderung nach einer Revision des Transferschutzes im Raum stand, war dieser nicht mehr glaubwürdig. Soweit hält die Logik des einfachen Nachverhandlungsmodells der Empirie noch stand: Hinter jedem Reparationsplan lauerte schon der nächste, und die Erfahrung mit den Nachverhandlungen zum ursprünglichen Sachverständigenentwurf vom Frühjahr 1929 hatten gezeigt, daß die Machtverhältnisse sich weiter zugunsten Frankreichs verschoben. So war also von weiterem Zuwarten keine Verbesserung der Vertragsbedingungen zu erhoffen, eher im Gegenteil.

Das einfache Nachverhandlungsmodell bewährt sich weniger gut im weiteren Verlauf. Ist allein der Wechsel in die Autarkieposition die relevante Alternative, so wäre die relative Stärke der Gläubigerposition an den deutschen Terms of Trade zu messen. Diese stiegen jedoch für Deutschland während der Weltwirtschaftskrise fast ununterbrochen an. Während der Weltwirtschaftskrise wurden also die Opportunitätskosten eines Wechsels in die Autarkieposition immer höher. Wäre dies der einzige Maßstab für Deutschlands Verhandlungsposition, so hätte entsprechend auch der reale Transfer monoton zunehmen müssen: Eine Forderung nach Revision des Young-Plans hätte dann theoretisch auch von den Gläubigern ausgehen können, und ihr Ergebnis wäre eine Heraufsetzung der Reparationsannuitäten gewesen. Das Gegenteil war jedoch der Fall; auch bei Berücksichtigung der Deflation nahmen die deutschen Leistungen ab. Nach der Bankenkrise vom Juli 1931 kam es zu einer Teilstillhaltung der Gläubiger Deutschlands, die den Young-Plan befristet außer Kraft setzte, ohne aber Deutschland aus der Kreditdisziplin des Young-Schemas zu entlassen. Mit dem Argument des Rückfalls in die Autarkieposition allein kann das nicht erklärt werden.

Es ist daher lehrreich, den oftmals beschriebenen Weg in die deutsche Bankenkrise von Mitte 1931 nochmals kurz nachzuvollziehen. Der Anfang des Debakels mag mit einigem Recht an die Septemberwahlen zum Reichstag 1930 gelegt werden, die überraschend die Zahl der NSDAP-Mandate von 12 auf 107 hochschnellen ließ und damit die Machtbasis der Tolerierungskoalition zwischen Brünings Zentrumspartei, den kleineren Mittelparteien und der SPD erodierte[77]. Wie bereits beschrieben, waren diese Wahlen das Ergebnis des gescheiterten Brüningschen Versuchs, seinen Deflationsetat, versüßt um die Zündholzanleihe, parlamentarisch absegnen zu lassen. Die unmittelbare Folge des Wahlergebnisses war ein Run auf die Devisenreserven der Reichsbank, der mit einiger Mühe abgewehrt werden konnte. Die mittelbare politische Folge war einerseits eine bleibende Rechtsverschiebung des gesamten politischen Spektrums der Weimarer Republik, andererseits aber die Notwendigkeit für Brünings Minderheitskabinett, sich um so mehr die Basis einer parlamentarischen Tolerierung links von der Mitte bei der SPD zu holen. Von der Nazifraktion des Reichstags wurde die neu gebildete Regie-

[77] Wegen einer gleichzeitigen Erhöhung der Mandatszahl gegenüber 1928 von 491 auf 577 veränderte sich damit der Prozentanteil von 2,4 % auf 18,5 %.

rung gleich zu Beginn der neuen Sitzungsperiode mit Mißtrauens- und Gesetzgebungsanträgen, darunter einem Antrag auf sofortige Einstellung der Reparationszahlungen, bombardiert[78]. Nach der Weimarer Verfassung gab es die Möglichkeit zu einem destruktiven, d.h. keinen Gegenkandidaten benennenden Mißtrauensvotum auch gegen einzelne Minister des Kabinetts. Daher hätte jede dieser Abstimmungen ein Ausloten der am wenigsten konsensualen Kompromisse innerhalb der Tolerierungskoalition bedeutet. All dies ließ sich mit Hilfe der Sozialdemokratie zwar abschmettern[79], dennoch geriet die Regierung in Argumentationsnöte. So war auch durch verfahrenstechnische Kniffe nicht zu verhindern, daß der Außenausschuß des Reichstags (unter Vorsitz von Frick/NSDAP) eine zwar wesentlich abgemilderte, aber doch eindeutige Entschließung annahm, in der die Reichsregierung zur Suche nach geeigneten Wegen zur Überwindung des Young-Plans aufgefordert wurde[80]. Brünings Regierung war damit parlamentarisch noch einmal stabilisiert, um den Preis allerdings, daß dem gewachsenen Druck der äußersten Rechten hatte nachgegeben werden müssen. Entsprechend deutlich war das politische Signal an Frankreich, und noch stärker als schon im Sommer 1930 war von nun an jeder Teilbereich französisch-deutscher Außenpolitik mit der Zukunft des Young-Schemas untrennbar verbunden. Die Annahme des Schuldentilgungsgesetzes mit Hilfe der SPD und der daraufhin erfolgreiche Abschluß des Lee-Higginson-Kredits brachten immerhin eine vorübergehende Beruhigung auch der Devisenmärkte mit sich, und die Reichsbank konnte ihre Verluste vom Herbst 1930 weitgehend wieder wettmachen[81].

Dennoch konnte von einer verbesserten deutschen Kreditwürdigkeit auf dem amerikanischen Markt nicht die Rede sein. McFaddens Propaganda gegen weitere deutsche Anleihen hatte sich mittlerweile in eine Kampagne für eine Streichung der Kriegskredite und Reparationen insgesamt als der eigentlichen Ursache der Weltwirtschaftskrise gewandelt. McFadden blieb mit so weitgehenden Vorschlägen erfolglos, die Stimmung in den USA schlug aber gegen weitere Anleihen an Deutschland um[82]. Auch Strongs Nachfolger in der Federal Reserve Bank von New York, Harrison, machte aus seiner Einstellung gegen weitere deutsche Kredite keinen Hehl und bedeutete der deutschen

---

78 Verhandlungen des Reichstags, V. Wahlperiode 1930, Nr. 60-68 (Anträge Dr. Frick und Genossen vom 18.10.30).

79 In der entscheidenden Reichstagssitzung am 18.10.1931 wurden mit Hilfe der SPD die Mißtrauensanträge en bloc von der Tagesordnung abgesetzt. Am gleichen Tage wurden die Aufhebungsanträge zur Etatnotverordnung an den Haushaltsausschuß sowie die Anträge auf sofortige Einstellung der Zahlungen im Young-Plan an den Außenausschuß des Reichstags überwiesen, womit sie aus dem Plenum zunächst verbannt waren.

80 Verhandlungen des Reichstags, V. Wahlperiode 1930, Anlage Nr. 217. Vgl. auch Schulz (1980).

81 Dazu Link (1970, S. 491) und übereinstimmend neuerdings Wala (2001, S. 161).

82 Hierzu und zu den pessimistischen Berichten des deutsche Botschafters, v. Prittwitz, über die Wirkungen der McFadden-Kampagne auf die Einstellung zu neuen Krediten an Deutschland neuerdings Wala (2001, S. 164).

Seite, das Ausbleiben neuer Kreditprojekte werde so schnell nicht vergehen[83]. Tatsächlich lagen noch im Januar 1931 der Großteil der Young-Anleihe ebenso wie des Lee-Higginson-Kredits bei den Übernahmekonsortien, weil sich keine Zeichner am Markt fanden (Wala, 2001, S. 167). Es handelte sich mithin um eine reine Bankfinanzierung – mit entsprechenden Folgen für deren Liquidität. Gilberts und McFaddens Kassandrarufe über die mangelnde Aufnahme weiterer deutscher Anleihen hatten sich also bewahrheitet.

In das nervöser werdende Klima des Frühjahrs, als – ganz wie schon 1930 – eine zunächst besonders stark erscheinende Frühjahrsbelebung abrupt zum Stillstand kam und alle Indikatoren wieder zu fallen begannen[84], platzte Ende März die Nachricht vom Plan einer deutsch-österreichischen Zollunion. Empörte Proteste Frankreichs, Italiens und der Tschechoslowakei waren die Folge. Ob das Projekt durch die bestehenden internationalen Verträge gedeckt war oder nicht, bleibt undeutlich. In jedem Fall lag politisch eine Verletzung des impliziten Kontrakts vor, der eine fortgesetzte deutsche und österreichische Anerkennung der Versailler Friedensordnung im Austausch gegen die Beibehaltung internationaler Kredite in beiden Ländern betraf. Hier ist nicht der Ort, um an Spekulationen über Brünings Rolle im Vorfeld der Verhandlungen zur Zollunion teilzunehmen. Manches deutet auf mangelnde Kontrolle Brünings über das Außenamt unter Curtius und Bülow hin[85], immerhin bezahlte Curtius seine schwere Schlappe mit dem Verlust seines Amtes bei der nächsten Kabinettsrevision im September und übernahm Brüning das Außenamt selbst.

Um einen Konflikt heraufzubeschwören, der eine Abkehr von der unbedingten Erfüllungspolitik bedeutet hätte, erwiesen Österreichs und auch Deutschlands ökonomische Verhandlungsbasis sich ohnehin als zu schwach. Am 31.3.1931 wurde die Jahresbilanz der Creditanstalt, der in Österreich bei weitem dominierenden Geschäftsbank, veröffentlicht, derzufolge sich erhebliche bis dahin unbekannte Verluste ergeben hatten. Eine Stützung durch die Notenbank bedurfte wegen Österreichs Reparations- und Kre-

83 Ebda., S. 165.

84 Schäffers Tagebücher (IfZ ED 93/Bd. 10, Eintrag 14.3.1931) berichten von sich auftürmenden Kassenschwierigkeiten beim Abschluß des Fiskaljahres 1930/31 am 31.3. Diskussionen hierzu gab es im Kabinett (AdR Dok. 255) am 6.3.31, wobei allerdings Luther auf noch bestehende Minimalreserven zum Ausgleich der Budgetspitzen verweisen konnte. Das Budgetproblem wurde somit auf die Monate April und Mai verlagert und konnte erst durch Abschluß eines kurzfristigen Kassenkredits von 250 Mio. RM nach Vornahme der nunmehr schon üblichen Kürzungsmaßnahmen vorübergehend beseitigt werden, vgl. Dok. 272. Die Auffassung bei James (1988, S. 295), wonach es im April und Mai keinerlei Erschütterungen des Reichsbudgets gegeben habe und demnach die am Beginn der deutschen Krise vom englischen Notenbankpräsidenten Montagu Norman ausgesprochene Vermutung eines Zusammenhangs zwischen Reparationslasten und den Problemen der deutschen Budgetkonsolidierung unzutreffend sei, ist insofern etwas optimistisch.

85 In diese Richtung argumentiert neuerdings Heyde (1998, S. 149). Zur älteren Diskussion vgl. etwa Krüger (1985b, S. 531ff.), mit einer etwas schwankenden, insgesamt aber skeptischen Beurteilung von Brünings Position.

ditabkommen, anders als im deutschen Falle, der expliziten Einwilligung durch die im Young-Plan geschaffene Bank für internationalen Zahlungsausgleich; dadurch wurde die Koordination einer Stützungsaktion unweigerlich politisiert.

Von zeitgenössischen Beobachtern und in frühen historischen Arbeiten sind die Einlagenverluste der – schon zuvor durch die Übernahme der Bodenkreditanstalt schwer angeschlagenen – Creditanstalt nach Bekanntwerden ihrer Bilanzen oftmals als politisch motivierte französische Kreditabzüge interpretiert worden[86]. Allerdings spricht einiges dafür, daß österreichische Kapitalflucht die dominierende Rolle gespielt hat. Immerhin verband Frankreich jedoch sein Hilfsangebot für eine internationale Stützungsaktion mit einem Ultimatum an Österreich zur Aufgabe des Zollunionsprojekts, woraufhin die österreichische Regierung am 16. Juni unter Protest zurücktrat. Zuletzt wurde die Creditanstalt aufgefangen durch einen englischen Notenbankkredit, gegeben zum einen aus Sorge um Rückwirkungen eines Zusammenbruchs der CA auf ihre britischen Kreditoren, zum anderen womöglich aus dem Bestreben, den französischen Einfluß auf die Situation zu begrenzen[87].

Im selben Monat Juni griff die Krise auf Deutschland über, wobei offenbleibt, ob Kreditabzüge aus dem Ausland hierfür die Ursache waren, wie die ältere Literatur es vermutet hat (etwa Lüke, 1958), oder ob die Devisenverluste der Reichsbank vornehmlich das Ergebnis deutscher Kapitalflucht war, wie es nach deutschen Bankdaten von James (1985a, S. 185-190) und Schuker (1988) nahegelegt worden ist. Angesichts des relativ geringen französischen Kreditengagements in Deutschland erscheint die zweite Hypothese plausibler, andererseits fanden während der späteren Zuspitzung der Devisenkrise knapp 30% der deutschen Goldverkäufe in Paris statt, während Amsterdam und Zürich, die sonst bevorzugten Umschlagplätze deutschen Fluchtkapitals, unterrepräsentiert blieben[88]. Unstrittig bleibt der Umstand, daß Brüning selbst diese Krise mit ausgelöst hatte[89]. Am Vorabend eines offiziellen Besuchs beim britischen Premier hatte Brüning eine öffentliche Erklärung zur Reparationsfrage abgegeben, in der die Not-

---

86 Vgl. dt. Volkswirt (1931) sowie Eyck (1956) und einflußreich Lüke (1958).

87 Im Überblick zur österreichischen Krise Stiefel (1987), Schubert (1991).

88 Traditionell ist argumentiert worden, der außerordentliche Zuwachs der französischen Goldreserven während der Depression (von 29 Mrd. Franc im Juni 1928 über 59 Mrd. Franc im September 1931 auf 81 Mrd. Franc im August 1933 bei gleichzeitig deflationärer Preisentwicklung) sei die Folge bewußter Sterilisierungspolitik in Verletzung des Goldstandardmechanismus gewesen (Eichengreen, 1986). Demgegenüber versucht Sicsic (1993) den Nachweis, daß diese Zuflüsse weitgehend ausländischer Kapitalflucht sowie der Repatriierung französischen Auslandskapitals geschuldet seien – eine Erklärung, die mit der Evidenz für deutsche und österreichische Kapitalverluste immerhin konsistent ist.

89 Zum Ereignisgang und den vorausgegangenen internen deutschen Beratungen immer noch Helbich (1962) sowie, dessen Ergebnisse bestätigend, Glashagen (1980). Etwas schwankend in seiner Einschätzung erscheint Heyde (1998, S. 161 und Fn. 60), worin nicht klar wird, ob Brüning die konjunkturelle Lage im Frühjahr 1931 zunächst optimistisch einschätzte oder nicht und ob er hieraus reparationspolitische Schlußfolgerungen zog.

wendigkeit einer Revision der deutschen Verpflichtungen und die Gefahr deutscher Zahlungsunfähigkeit beschworen wurde. Insofern ist der reparationspolitische Kontext auch der deutschen Bankenkrise kaum zu übersehen. Deutschland befand sich implizit – und Österreich durch die Bedingungen seiner Völkerbundanleihe explizit – in einer Situation eines von den Gläubigern administrierten Auslandskredits, in der politische Faktoren den Kreditstatus bestimmten und nicht mehr nur Zinserwägungen. In der Logik des Young-Plans mußte es für die Reparations- und Kreditgläubiger ausgeschlossen sein, bei der Bekämpfung einer Kreditkrise beizustehen, die ihre Ursache nicht zuletzt in der de-facto-Verletzung des Young-Plan-Arrangements durch das Zollunionsprojekt hatte. Im Gegenteil impliziert die Logik des Plans eine solche Krise sogar folgerichtig, sei es als politisches Druckmittel gegen den Schuldner, sei es als Reaktion der Märkte auf ein gegen die Erfüllungspolitik gerichtetes Manöver der Schuldnerländer[90].

Fragt man nach der Motivation für einen Schritt gegen den Young-Plan mitten in der Weltwirtschaftskrise, so bieten sich zwei Interpretationen an. Zufolge der ersten, die in der traditionellen Interpretation der Brüningschen Reparationspolitik populär gewesen ist, handelte es sich um einen politischen Versuchsballon, um die durch Brünings angeblich planmäßige Ruinierung der heimischen Konjunktur geschaffene Stimmung für eine Abschaffung der Reparationen zu erkunden[91]. Der Zeitpunkt für eine solche Aktion hätte allerdings kaum schlechter gewählt sein können; sie provozierte die Alliierten und belastete den mühsam vorbereiteten Staatsbesuch in England, von dem man sich in Richtung auf eine Revision auf deutscher Seite viel erhoffte, zog den Beifall der extremen Rechten auf sich, erschütterte die Finanzmärkte und blieb am Ende ohne greifbares Ergebnis.

Aus den Akten ergibt sich jedoch, daß man im Kabinett in eine andere Richtung dachte. In einer Sitzung am 7.5.1931 skizzierte Brüning die Notwendigkeit, wegen der Verschärfung der wirtschaftlichen Krisenerscheinungen möglichst bald zu einer Erleichterung der Reparationen zu kommen, hielt jedoch eine solche Revision vor den amerikanischen Präsidentschaftswahlen, die erst im Dezember 1932 anstanden, für politisch unerreichbar. In diesem zentralen Dokument seiner Reparations- und Krisenpolitik beschreibt Brüning in voller Deutlichkeit die Begrenzung des deutschen Handlungsspielraums durch Beschränkung des deutschen Auslandskredits. Im Wortlaut des Protokolls: „Das Jahr 1931 werde noch ein Krisenjahr bleiben. Je weiter Gehälter und Löhne abgebaut würden, um so mehr sänken die Einnahmen. Je mehr wirtschaftliche Maßnahmen ergriffen würden, je (sic) geringer würden die Einnahmen der öffentlichen

90 In der Tat hatte Luther als Präsident der Reichsbank mehrmals in den vorausgegangenen Kabinettssitzungen vor einem übereilten reparationspolitischen Schritt gewarnt, da dies allein den kurzfristigen deutschen Auslandskredit beeinträchtigen würde, ohne aber zu einer sofortigen Lösung des Reparationsproblems zu führen, vgl. AdR Dok. 291, 324.

91 In die Richtung einer absichtlich destruktiven Reparationspolitik argumentiert neuerdings wieder die nach Abschluß dieses Manuskripts erschienene Monographie von Graml (2001, Kap. II), allerdings ohne wesentliche neue Evidenz hierfür anzuführen.

Hand. Dieser Ring könne nur gesprengt werden durch die Erleichterung auf dem Gebiet der Reparationen, oder durch hereinströmendes befruchtendes Auslandskapital. Andere Maßnahmen, selbst solche drakonischen Charakters, würden kaum zu praktischen Resultaten führen. Ausfuhrüberschüsse könnten nur erzielt werden auf Kosten anderer Länder. Nach außen hin dürfe man nicht zugeben, daß man sich aus innenpolitischen Gründen zu Schritten auf dem Reparationsgebiet drängen lasse. Allerdings sei es fraglich, wie lange wir noch davon absehen können, die Notleine der Reparationen zu ziehen. Ursprünglich habe man ins Auge gefaßt gehabt, mit Revisionsschritten drei Jahre zu warten, und zwar aus verschiedenen Gründen. Man dürfe auch nicht an die Sache herangehen in einer Zeit, wo wir festgefahren seien (...). Im Jahre 1932 werde man ohne reparationspolitische Schritte nicht mehr durchkommen können. Denn die alsdann innerpolitisch (sic) notwendig werdenden Schritte würden unerträglich werden. Klar müsse man sich auch darüber werden, daß unter Umständen die Existenz des gegenwärtigen Kabinetts gefährdet sei, wenn man die Reparationsfrage jetzt nicht anschneide. Der Druck von rechts werde sehr groß werden."[92] Brüning begründet also seine Deflationspolitik, von deren mittelfristiger Unhaltbarkeit er sich überzeugt gibt, mit der externen Kreditbeschränkung des Deutschen Reichs, und erklärt die Notwendigkeit zur Einleitung eines vorzeitigen Revisionsschrittes gerade mit der Untragbarkeit der binnenwirtschaftlichen Lage. Brüning schloß zu diesem Zeitpunkt ausdrücklich aus, daß zusätzliche Deflationsmaßnahmen in der zweiten Jahreshälfte 1931 – wie sie mit zwei Notverordnungen im September und Dezember 1931 tatsächlich ergriffen werden sollten – innenpolitisch nochmals durchsetzbar sein würden, und plädierte daher für eine scharfe Fassung der 2. NVO, erlassen am Vorabend des Regierungsbesuchs im britischen Chequers, um das volle notwendig werdende Maß der Deflation schon jetzt, gleichsam in einem Schritt, zu erreichen[93]. Hieraus nun umgekehrt die Hypothese zu konstruieren, Brüning habe bewußt deflationiert, um eine Revision des Young-Plans zu erreichen oder gar zu beschleunigen[94], scheint die Zusammenhänge geradewegs auf den Kopf zu stellen. Es wurde nicht deflationiert, um eine Revision zu erzwingen, sondern umgekehrt, weil und solange sie nicht zu erzwingen war – das Debakel des Zollunionsprojekts hatte die möglichen Folgen einseitiger Schritte ja eben erst gezeigt.

Die Zuspitzung hin zur deutschen Bankenkrise ist in der Literatur ausführlich besprochen worden. Von besonderer Bedeutung für unseren Gegenstand scheint hierbei zu sein, daß die Verluste der Berliner Großbanken im Monat Juni (-1,1 Mrd. RM) mit den

---

92 AdR Dok. 291. Im Original folgen die oben bereits erwähnten Ausführungen zur Reparationspolitik eines Rechtsregimes und den dann zu erwartenden ultimativen Schritten der Gläubiger.

93 ebd. sowie Dok. 316 vom 30.5.1931.

94 So für die weitere Diskussion bestimmend Sanmann (1965), so noch Haberler (1976) in seinem Beitrag zur Bundesbankfestschrift, ebenso in Nachfolge die wirtschaftsgeschichtliche Diskussion vor und in Kritik zu Borchardt, vgl. etwa Schulz (1980) sowie pointiert Holtfrerich (1990, S. 68): "Any alleviation of economic pressure was unwelcome to Brüning until after a final solution to reparations."

Devisenverlusten der Reichsbank (-1,2 Mrd. RM) und der Zunahme des Wechselbestandes (+1,1 Mrd. RM) im Reichsbankportefeuille praktisch identisch waren, d.h. es bestand offenbar eine Transmission zwischen Bankenkrise und Devisenkrise[95]. Sobald die Deckungsgrenze der Reichsmark erreicht war, blieb der Reichsbank nurmehr die Wahl, die von den Geschäftsbanken hereinkommenden Wechsel stärker zu selektieren und damit einen inländischen Bankenkrach zu provozieren oder umgekehrt die Wechselrediskontierung fortzusetzen und damit einen Run auf die Devisenreserven hervorzurufen.

Pointiert formuliert kann man sagen, die Reichsbank habe beide Taktiken gleichzeitig versucht und sich somit nacheinander Skylla und Charybdis ausgeliefert. Am 20. Juni wurden Kreditrestriktionen verkündet, ganz wie sie von den Chefs der wichtigsten ausländischen Notenbanken, im besonderen von Harrison in den USA, gefordert worden waren[96]. Am selben Tag erhielt die Reichsbank einen kurzfristigen Überbrückungskredit der Notenbanken von Frankreich, England und des Federal Reserve System. Durch eine Indiskretion wurde dessen Betrag von 100 Mio. $ (420 Mio. RM) bereits am 25. Juni in der Presse bekannt. Damit war es dem Publikum möglich, das Ausmaß der faktischen Unterschreitung der Deckungsgrenze der Reichsmark zu identifizieren.

Dennoch war die internationale Unterstützung nur halbherzig. Deutschland hatte vergeblich um einen zweiten Notenbankkredit ersucht und Luther hatte als Verzweiflungsschritt eine aufsehenerregende, peinlich und ohne greifbare Zusagen verlaufene Blitzreise nach London, Paris und zur Bank für internationalen Zahlungsausgleich nach Basel unternommen. Dies und die nunmehr greifenden Kreditrestriktionen, die eine Bedingung des Kredits gewesen waren, bewirkte gerade das Gegenteil des erwünschten Effekts; innere Bankenkrise und äußere Devisenkrise spitzten sich weiter zu, und während groteske Macht- und Konkurrenzkämpfe den Versuch verzögerten, ein Hilfskonsortium für die DANAT-Bank, die weiterhin am meisten bedrängte Berliner Geschäftsbank, zusammenzustellen, kam die Zahlungseinstellung durch die DANAT. Der folgende Ansturm des deutschen Publikums auf die Bankschalter konnte zunächst nur durch das Ausrufen von Bankfeiertagen angehalten werden.

Ohne Zweifel gab es, ganz wie bei der Creditanstalt im österreichischen Fall, Grund genug für das Publikum, der Solidität der DANAT, aber auch des deutschen Geschäftsbankensystems insgesamt, fundamental zu mißtrauen. Die DANAT, ohnehin im Ruf, überdurchschnittlich in Risikogeschäften engagiert zu sein, war im Juni durch Berichte über horrende Verluste des von ihr kreditierten Nordwolle-Konzerns zusätzlich belastet worden. Nordwolle hatte während des hoffnungsvoll erscheinenden Frühjahrs 1931 in großem Stil Textilrohstoffe gehortet und dabei Finanzierungen durch die DANAT in Anspruch genommen. Mit dem ab März wiedereinsetzenden weiteren Verfall der Textilpreise erwies sich diese Spekulation als verfehlt; die nunmehr dubiose Position dieser

---

95 Zahlenangaben in Wagemann (1935), S.135/36).

96 Zur Darstellung Born (1967), James (1985a, S. 257).

Kredite rückte auch andere, kaum weniger problematische Engagements der DANAT etwa im Bereich des ebenfalls schwankenden Berliner Kommunalkredits in das Blickfeld. Nicht viel besser erschien im übrigen die Position der Dresdner Bank[97].

Es gibt jedoch auch eine unübersehbare internationale Komponente der deutschen Bankenkrise, denn auf Druck der Zentralbanken der Gläubigerländer waren jene Kreditrestriktionen erlassen worden, die analog zum Fall der österreichischen Creditanstalt eine Stützungsaktion durch die Notenbank verhindert hatten – dort waren es die offiziellen Bestimmungen der Völkerbundanleihe, hier der Zahlungsbilanzmechanismus und die inoffiziellen Strukturen des Young-Plans, die die Restriktion erzwangen[98].

Ein wesentlich direkterer Zusammenhang ist jedoch durch das amerikanische Hoover-Moratorium vom 21.6.1931 auf einen Teil der Reparationen und auf die interalliierten Kriegskredite gegeben, das bezeichnenderweise nicht am Ende, sondern am Anfang der deutschen Bankenkrise steht. Aus der deutscher Sicht mußte das Hoover-Moratorium begrüßenswert sein, denn es setzte gerade jene Seniorität der Reparationen im Young-Plan außer Kraft, die bei einer drohenden Zahlungsunfähigkeit die kommerziellen Kredite zuerst treffen würde und damit einen Run auf die deutschen Devisen auslösen könnte.

Ob eine amerikanische Initiative zustande kommen werde, war im deutschen Kabinett noch Tage zuvor unklar gewesen; besonders – wiederum – von Außenminister Curtius war fortgesetzter Druck in Richtung auf einen einseitigen deutschen Moratoriumsschritt ausgegangen, wie Brüning ihn in der Reparationserklärung am Vorabend des Besuchs in England als möglich hatte erscheinen lassen[99]. Zuletzt hatte sich Luther mit seiner Warnung vor einem übereilten einseitigen Schritt durchgesetzt. Hoovers Erklärung erfolge zwei Tage später, nicht ohne daß zuvor von amerikanischer Seite eine Bitte um einen solchen Schritt beim Reichspräsidenten ausdrücklich bestellt wurde[100]. Hoovers Moratorium war gerade das, was auf deutscher Seite vor dem Chequers-Besuch Brünings als zweitbeste Lösung nach einem unerreichbaren sofortigen Ende des Young-Plans angezielt worden war[101]: Es verband zum ersten Mal von amerikanischer Seite das

97 Eine lebendige, sehr gut lesbare Darstellung dieser Hintergründe des deutschen Bankenkrachs gibt im übrigen Brüning (1970, posthum, S. 310ff.) in seinen Memoiren. Trotz mancher Zweifel an der vollen Authentizität dieser Memoiren (zur Diskussion Morsey, 1975) ist bislang jedes Detail dieser Schilderung durch die Forschung bestätigt worden.

98 Luther berichtete in einer Kabinettssitzung am 19.6.31, also vor Einbruch der eigentlichen Bankenkrise, von ihm zugestellten Plänen der Bank für internationalen Zahlungsausgleich für einen Rediskontkredit an die Reichsbank bei gleichzeitiger Einsetzung eines Finanzkontrolleurs nach dem Muster Österreichs (AdR Dok. 337). Der zuletzt erhaltene Kredit kam ohne diese Zusatzrestriktion zustande.

99 AdR, Dok. 337, Kabinettssitzung vom 19.6.1931.

100 AdR, Dok. 341 sowie die dort angegebenen Fundstellen.

101 AdR, Dok. 316 vom 30.5.1931.

Reparations- und Kriegsschuldenproblem[102] und kam damit den schon traditionellen Forderungen Englands und Frankreichs entgegen, zusätzlich aber war es ein Gesamtmoratorium auf die Reparationen einschließlich der unaufschiebbaren Annuitäten.

Das war der von deutscher Seite angezielte Einstieg in den Ausstieg aus dem Young-Plan, dessen Funktionsunfähigkeit nunmehr öffentlich dokumentiert war. Zudem trennte das Moratorium strikt zwischen (zu blockierenden) politischen und (weiter zu bedienenden) kommerziellen Forderungen. Damit schien genau jene Abspaltung des kommerziellen Kredits vom politischen Reparationsproblem erreicht, die für Deutschland das wichtigste Etappenziel bei der Wiedergewinnung der internationalen Kreditwürdigkeit darstellte[103]. In der Tat war die Reaktion der Devisenmärkte auf die amerikanische Ankündigung zunächst positiv, und die Abhebungen bei der Reichsbank kamen für einige Tage zum Stillstand[104].

Für die französische Seite hatte jedoch das Hoover-Moratorium den negativen Begleiteffekt, daß für die Dauer eines Jahres die Reparationen als politisches Druckmittel gegenüber Deutschland ausfallen würden und viel weitergehend das Gesamtkonzept des Young-Plans bedroht war[105]. Die Unsicherheit über die französische Zustimmung zum Hoover-Moratorium hielt bis zum 7. Juli an; zu diesem Zeitpunkt jedoch stand die DANAT bereits am Rande der Zahlungsunfähigkeit.

Der negative Ankündigungseffekt, den das Hoover-Moratorium während dieser Wartefrist auf das Vertrauen des Publikums in die deutsche Währung gehabt hat, ist nur scheinbar paradox. Daß Deutschland nun zumindest auf kurze Sicht für insolvent eingeschätzt wurde, war die in keinem Fall mehr rückgängig zu machende Signalwirkung des amerikanischen Vorschlags. Das Tauziehen um Frankreichs Annahme oder Ablehnung machte es indessen ungewiß, ob eine kooperative Lösung durch Vertagen der eigentlichen Revision gefunden werden könnte. Vor diesem Hintergrund mangelte es der

---

102 Auf deutscher Seite war sorgfältig notiert worden, daß der amerikanische Außenminister in vorangegangenen Pressekonferenzen von der amerikanischen Doktrin von der wechselseitigen Unabhängigkeit des Reparations- und interalliierten Schuldenproblems vorsichtig abgerückt war, ebda.

103 Die Implikation für eine Revision des Young-Plans wurde auch im Kabinett unmittelbar angesprochen, ebda.

104 So Luthers Bericht im Kabinett am 23.7.1931, ebda.

105 Zu den indirekt über den US-Botschafter geführten Verhandlungen über französische Gegenforderungen, die sämtlich einer Rettung des im Young-Plan vorgesehenen Teilmoratoriumsverfahrens sowie politischen Zugeständnissen Deutschlands durch Einstellung des Baus des Panzerkreuzers B galten. In Rückverhandlungen mit den Amerikanern blieb die deutsche Seite gegenüber sämtlichen dieser Forderungen hart und erreichte mit dem Argument, daß jede der französischen Anregungen mit dem Grundprinzip des Hoover-Moratoriums, einer totalen Blockierung aller politischen Zahlungen, unvereinbar sei, daß die USA sich den deutschen Standpunkt zuletzt vollständig zu eigen machten und gegenüber Frankreich durchsetzten. Die einzige deutsche Konzession war eine allgemein gehaltene politische Erklärung der Regierung Brüning, die finanzielle Entlastung durch das Moratorium nicht zu intensivierter Rüstung zu nutzen. Im Gegensatz hatte Deutschland von den Amerikanern die Zusicherung erhalten, gegen weitere politische Forderungen abgesichert zu werden, vgl. Dok. 349-352, 354 nebst den dort angegebenen Fundstellen, 358, 362, 364, 357, 368.

versuchten Stabilisierung durch die Kombination von internationalem Notenbankkredit und Kreditrestriktionen auf dem deutschen Geldmarkt an Glaubwürdigkeit. Zum Zeitpunkt der französischen Annahme war jedoch die Zahlungsbilanzkrise bereits in eine innere Vertrauenskrise umgeschlagen. Die wachsenden Schwierigkeiten der Reichsbank und der seit dem Frühjahr sich wieder verschärfende Reparationskonflikt signalisierten, daß Deutschlands Bindung an den Goldstandard nicht länger glaubwürdig die Geldwertstabilität würde garantieren können.

Mit dem Hoover-Moratorium drohte das Gefüge des freien Kapitalverkehrs, auf dem der rekonstruierte Golddevisenstandard der Zwischenkriegszeit beruhte, zusammenzubrechen, und die Zukunft einer deutschen Binnenwährung unter diesen Auspizien war nach den Erfahrungen mit dem Zusammenhang zwischen Verteilung der Reparationslasten und Inflation in den frühen zwanziger Jahren mehr als ungewiß. Hatten die österreichischen Probleme bereits zu „cracks in the façade" (so eine treffende Kapitelüberschrift bei Eichengreen, 1992a) geführt, so brachte der Ansturm des deutschen Publikums auf die deutschen Geschäftsbanken, der sich wegen der Rückversicherungsfunktion der Berliner Großbanken auf das gesamte deutsche Universalbankensystem übertrug, die Fassade endgültig zum Einsturz.

Paradoxerweise hat der deutsche Bankenkrach die deutsche Verhandlungsposition gegenüber den Gläubigern zunächst gestärkt. Noch kurz vor der Krise hatte der amerikanische Reparationsagent aus der Zeit des Dawes-Plans, Parker Gilbert, vor den Konsequenzen eines deutschen Versuchs gewarnt, „in water-tight compartments" Bankrott zu machen[106]. Als nun eine umfassende Transferkrise drohte, gab es für Deutschlands Gläubiger auf einmal einen Anreiz, ihren Schuldner bei eben diesem Unterfangen zu unterstützen.

Wiederum liegt dies auf der Linie des Modells teilweiser Suspensionen von Schuldentransfers bei souveräner Verschuldung. Für den Gläubiger kann es sinnvoll sein, einer kurzfristigen, vorübergehenden Zahlungseinstellung zuzustimmen, um die langfristige Position der eigenen Ausleihungen zu retten, wenn die Insolvenz selbst als kurzfristig angesehen wird. Analog ist es für den Schuldner rational, einer solchen Regelung zuzustimmen, wenn entweder hierdurch die Kreditwürdigkeit für die – annahmegemäß bessere – Zukunft erhalten wird oder die Gefahr von Sanktionen besteht.

Entsprechend hatte man auf deutscher Seite schnell erkannt, daß ein vollständiges Abgehen von den Verpflichtungen des Young-Plans, gar eine einseitige Einstellung oder Beschränkung des Transfers nicht von Vorteil sein könne. An Vorschlägen hierzu hatte es nicht gefehlt; noch auf dem Höhepunkt der Bankenkrise, in der entscheidenden Sitzung in der Reichskanzlei am Sonntag, den 12. Juli 1931, auf dem für den nächsten Tag ein Bankfeiertag beschlossen wurde, hatte Schacht eben dies angeregt und bei den anwesenden Ministern, auch bei Brüning selbst, offenbar einigen Eindruck hervorgeru-

---

106 Schuker (1988, S. 60).

fen[107]. Zuletzt scheint sich jedoch Schäffer mit seinem Vorschlag durchgesetzt zu haben, zumindest die Bedienung langfristiger Kredite nicht einzustellen, um die Tür für langfristige Auslandskredite bei wieder besserer Konjunktur offenzuhalten.

Auf ganz derselben Linie lagen die Gläubigerkommittees, die sich nach dem Vorbild für Österreich, Ungarn und die Balkanstaaten unmittelbar nach dem deutschen Bankenkrach formierten. Ganz wie beim Young-Plan stand jedoch auch hier am Ende eines mehrmonatigen Verhandlungsprozesses eine Einigung, die deutlich hinter den deutschen Erwartungen zurückblieb.

Als wichtigstes Element des Stillhalteabkommens kann der einvernehmlich geregelte Abschied der Reichsmark vom Goldstandard und der Übergang zur Binnenwährung – bei nominal festgehaltenem Wechselkurs der Reichsmark – gelten. Gegenüber dieser Frage gab es unter den angelsächsischen Mächten zwei Denkrichtungen. Sprague, amerikanischer Berater der Bank von England, hatte unmittelbar nach der Bankenkrise einen Besuch bei Brüning abgestattet und dafür geworben, keine Restriktionen zu erlassen, sondern umgekehrt den Weg einer offenen Abwertung im Sinne einer Kursherabsetzung um einen fixen Prozentsatz im Gegensatz zum Übergang zu freiem Floaten bei weiterhin freiem Kapitalverkehr zu gehen[108]. Demgegenüber favorisierte die offizielle amerikanische Seite ein Festhalten Deutschlands an der Parität, jedoch bei gleichzeitiger Errichtung von Schranken für den Kapitalverkehr.

Dies war seit dem Frühjahr 1931 die konsistente Argumentation der New Yorker Federal Reserve unter Gouverneur Harrison gewesen; neu war hieran allein das Element, Restriktionen nun nicht mehr allein nach innen, sondern auch nach außen zu erlassen. Auf der eilends nach England einberufenen internationalen Schuldenkonferenz zwei Wochen nach dem Bankenkrach war dies der kleinste gemeinsame Nenner internationaler Kooperationsbereitschaft. Auf einen Vorstoß von US-Außenminister Stimson hin wurde akzeptiert, daß die deutsche Seite weiteren Kreditabzügen durch Einführung ei-

[107] Schacht hatte sich für den Vorschlag einer allgemeinen Einlagengarantie ohne Unterscheidung zwischen Inlands- und Auslandskreditoren stark gemacht, vgl. Dok. 379. Vgl. hierzu die Darstellung der Ereignisse in den Memoiren von Luther (1961) und Brüning (1970, posthum). Ein dritter Augenzeugenbericht ist Schäffers Tagebuch,. IfZ ED 93, Bd. 11, 13.7.1931, sowie „Geheimgeschichte", S. 260, worin Schachts Intervention wesentlich deutlicher als auf ein allgemeines Transfermoratorium hin abzielend erscheint als im offiziellen Protokoll. An Schäffers Version angelehnt auch die Darstellung des Ereignisgangs bei James (1985a, S. 204). Schachts Vorschlag eines Transfermoratoriums auf den deutschen Kommunalkredit erscheint in den Akten der Reichskanzlei indirekt in Dok. 385 vom 14.7.1931. Glashagen (1980) konstruiert die Hypothese, Brünings Reparationspolitik sei mit den Ideen Schachts überhaupt kongruent gewesen, ja dieser sei ihr eigentlicher Urheber. Abgesehen von den nur schwachen Belegen Glashagens stimmt dies allerdings mit dem Gang der Dinge nicht überein, denn es waren gerade nicht die langfristigen Kredite, deren Bedienung eingestellt wurde, sondern im Gegenteil wurde in der Stillhaltung durch eine Fristenkonversion versucht, der Schuldenkrise bei weiterer Aufrechterhaltung des Schuldendienstes ihren kurzfristig bedrohlichen Charakter zu nehmen.

[108] James (1985a, S. 219).

ner Devisenbewirtschaftung mit Einfrieren von Auslandskrediten begegnen sollte. In diese Richtung entwickelte sich auch das weitere deutsche Vorgehen[109].

Wiederum zeigt sich die Logik der Theorie souveräner Staatsverschuldung im Anwendungsfall. Jeder einzelne Schritt bei der Ausweitung des deutschen Schulden- und Reparationsstillstands war das Ergebnis eines Verhandlungs- und Lernprozesses. Wollte man eine Verhandlungslösung, so war es angesichts der überragenden Position der USA für Deutschland zweifellos rational, gegenüber dem englischen Modell einer Abwertung bei weiterhin freiem Kapitalverkehr die von den USA in den Raum gestellten Bedingungen zu favorisieren. Damit konnte eine, wenn auch nur kurzfristige Lösung des Schuldenproblems im Austausch gegen die Errichtung von Kapitalverkehrskontrollen erreicht werden. Das Stillhalteabkommen legte eine Teilstillhaltung fest, von der überwiegend kurzfristige kommerzielle Kredite betroffen waren. Damit wurde genau die von Schäffer vorgeschlagene, auch im Interesse der Kreditgläubiger liegende Lösung verwirklicht, kurzfristig die deutschen Leistungen zu reduzieren in der Hoffnung, den langfristigen deutschen Auslandskredit zu retten.

Es darf hierbei nicht übersehen werden, daß diese Ausgestaltung des Stillhalteabkommens eine klare Vorentscheidung gegen die Abwertung bedeutete, die in der Substanz bis 1933 Bestand haben sollte, als andere Gründe für die Aufrechterhaltung der Parität in den Vordergrund traten. Denn es lag ein Zusammenhang zwischen der Länderstruktur der deutschen Auslandsverschuldung und ihrer Fristigkeitsstruktur vor, der sowohl das englische Werben um eine Abwertung als auch das deutsche Beharren auf der amerikanischen Lösung verständlich macht.

---

[109] So schon die Darstellung bei Lüke (1958, S. 322 und davor), bestätigt durch die Tagebücher Schäffers, IfZ ED 93.3. Die Frage, ob den Deutschen von amerikanischer Seite die Einführung der Devisenbewirtschaftung explizit empfohlen wurde, war offenbar Gegenstand des Interesses schon in der NS-Zeit – aus Gründen, die man sich angesichts der angespannten Transferverhandlungen zwischen NS-Deutschland und den Amerikanern wird erschließen können. Eine Ausarbeitung der Volkswirtschaftlichen und Statistischen Abteilung der Reichsbank vom 3.2.1938 gibt Auszüge aus Telegrammen von Harrison, Governor der Federal Reserve Bank of New York vom 10. und 12.7.1931 an das Reichsbankdirektorium (numeriert als Telegramme Nr.114 und 116) wieder, aus denen dies in der Tat klar hervorgeht. Dort auch die Wiedergabe eines explizit ablehnenden Antworttelegramms auf Nr. 114 von Reichsbankvizepräsidenten Dreyse vom 12.7.1931. BA 25.01/6446, Bl. 21/22.

Tabelle 3.2

Länder- und Fristigkeitsstruktur der deutschen Auslandsverschuldung im Juli 1931

	(a) langfristig		(b) kurzfristig		(c) Fristigkeit
	Mio. RM	(%)	Mio. RM	(%)	Langfristig/ Kurzfristig (%)
USA	5265	55,2	3143	26,3	167,5
England	1100	11,5	2054	17,2	53,6
Holland	1174	12,3	656	5,5	179,0
Schweiz	521	5,5	102	0,9	510,8
Schweden	797	8,3	2069	17,3	38,5
Frankreich	475	5,0	1878	15,7	25,3
Belgien	51	0,5	195	1,6	26,2
Italien	46	0,5	205	1,7	22,4
Andere	125	1,3	1667	13,9	7,5
gesamt:	9554	100,0	11969	100,0	79,8

Quelle: Wandel (1974), dort nach IfZ München, ED 93 (NL Schäffer)

Tabelle 3.2 zeigt, daß die Mehrheit der langfristigen Ausleihungen an Deutschland die USA betraf, während Großbritannien stärker im kurzfristigen Geschäft engagiert war. Außer den USA hatten nur die Niederlande und die Schweiz überwiegend langfristige Kredite in Deutschland stehen. Bedenkt man, daß ein vermutlich hoher Anteil der kurzfristigen deutschen Auslandsverschuldung durch langfristige amerikanische Kredite refinanziert war, so wird das überragende Interesse der USA am Erhalt des langfristigen deutschen Kredits sichtbar. Was England und die USA betraf, so reflektierte die Fristenstruktur die komparativen Vorteile beider Finanzplätze in den zwanziger Jahren: Der Londoner Bankplatz dominierte in der Finanzierung des deutschen Außenhandels, während der amerikanische Anleihemarkt bei längerfristigen Krediten führend war. Das Stillhalteabkommen mit seiner Schlechterstellung der kurzfristigen Kredite beinhaltete damit zugleich ein Element der Diskriminierung gegen englische Kredite. Man hatte zwar für laufende Handelskredite eine Ausnahmeregelung gefunden. Allerdings verursachte sie viel böses Blut bei den Gläubigern, weil sie keinen Schutz gegen Zahlungseinstellungen individueller deutscher Schuldner bot[110].

Dies macht es verständlich, warum es von englischer Seite im Angesicht einer deutschen Zahlungskrise eine gewisse Werbung für eine deutsche Abwertung gegeben hatte[111]. Diese hätte nämlich alle Gläubigerländer nach Maßgabe ihrer terms of trade mit Deutschland gleichermaßen getroffen – immer vorausgesetzt, unter den Bedingungen einer Abwertung hätte eine Zahlungsbilanzkrise abgewendet werden können, was angesichts der großenteils auf Gold oder Devisen lautenden deutschen Auslandsverschuldung keineswegs als gesichert gelten darf. Zugleich wird das amerikanische Interesse offenkundig, kurzfristige Kredite stillzuhalten und die Bedienung langfristiger Anleihen sicherzustellen, da dies den Interessen des amerikanischen Kreditportfolios am nächsten kam. Hinzu trat das übergeordnete amerikanische Interesse an einer Aufrechterhaltung des Goldstandards und der Verhinderung deutscher Exportoffensiven. Zuletzt wird aber auch verständlich, warum Deutschland kein Interesse an einer Abwertung haben konnte, zumal wenn sich abwertungsähnliche Effekte über Devisenbewirtschaftung und Exportsubventionierung erzielen ließen: In der Bevorzugung langfristiger Kredite traf sich das Interesse der deutschen Seite an zukünftigem Zugang zu langfristiger Finanzierung mit dem Interesse Amerikas an einer bevorzugten Behandlung seiner Ausleihungen an Deutschland.

Es ist dabei zu beachten, daß die Stillhaltung keinen neue Kreditspielraum für Deutschland eröffnete, wie dies gelegentlich behauptet worden ist. Mit der Blockierung der Reparationsannuitäten und eines Teils des kurzfristigen Kredits kehrte sich die Seniorität zwar wieder zugunsten langfristiger Kredite um; der Hebeleffekt des Young-Plans war demnach in diesem Sinne neutralisiert. Allerdings konnte hieraus von der deutschen Seite kein Instrument zu neuer Kreditnahme gemacht werden. Denn die Begrenzung des Stillhalteabkommens auf nur sechs Monate gab der deutschen Seite jeden Anreiz, an eine Kreditexpansion an den Gläubigern vorbei erst gar nicht zu denken. Deutschland war auf ein neues Zahlungsziel umgeschuldet und durch das Instrument der kurzfristigen Stillhaltung für einen Moment vor einem Run durch die Gläubiger geschützt, keineswegs jedoch aus der Disziplin der Austerity-Politik entlassen. Der Young-Plan war suspendiert, jedoch noch nicht tot.

In diesem Zusammenhang ist noch ein Blick auf den französischen Versuch zu werfen, durch gezielte Kreditangebote an Deutschland die Substanz des Young-Plans zu bewahren und zugleich von Deutschland politische Zugeständnisse zu erhalten. Diese sollten einerseits auf dem Gebiet der Abrüstung, andererseits in einem deutschen Verzicht auf territoriale und sonstige Revisionsforderungen liegen. Ein solches Kreditangebot war zum Zeitpunkt der Londoner Konferenz Ende Juni lanciert worden; es gehörte zum Kern der Rückverhandlungen zum Hoover-Moratorium zwischen den USA und

110 Zu den Regelungen im einzelnen James (1985a, S. 218ff.) sowie immer noch Harris (1935).

111 So auch der Bericht Lükes (1958, S. 319 sowie S. 321 f.)

Frankreich und spielte erneut eine Rolle während der deutschen Bankenkrise[112]. In der Debatte um die Handlungsmöglichkeiten der Konjunkturpolitik während der Krise hat dieses Kreditangebot als Beleg für die These gedient, daß Brüning bewußt die Streichung der Reparationen vor die Gesundung der heimischen Wirtschaft gestellt habe[113].

Tatsächlich erscheint diese Vorstellung jedoch aus mehreren Gründen irrig. Zum einen verband sich das französische Kreditangebot zunächst mit der Auflage, daß die ungeschützten Teile der Reparationsannuität weiter zu zahlen seien. Die französische Seite lancierte die Vorstellung, die ungeschützte Annuität weiter zu erheben, aber der Reichsbahn in gleicher Höhe als Kredit wieder zurückzugeben (Wala, 2001, S. 176). Das war nichts anderes dar als eine versuchte Rückkehr zum System der Reparationszahlung auf Kredit, was besonders von britischer Seite scharf kritisiert wurde und auch für Deutschland nur wenig attraktiv sein konnte[114]. Zum anderen aber suchte Frankreich im Bestreben nach einer Stützung des Young-Plans, England und Amerika in diesen Kredit mit einzubeziehen, um auf diese Weise eine finanzielle Selbstverpflichtung beider Länder gegen eine Unterminierung des Young-Plans zu erzwingen. Hieraus ergab sich rasch ein Streit zwischen England und Amerika einerseits und Frankreich andererseits über die Frage der Rangstellung dieses Kredits gegenüber den Reparationen, der zuletzt zu einer Ablehnung des Projekts durch England und die USA führte[115]. Im übrigen war die deutsche Seite dem französischen Projekt offenbar keineswegs so abgeneigt, wie dies die ältere Literatur als selbstverständlich angenommen hat. Nach französischen Dokumenten arbeitend, berichtet Heyde (1998, S. 224, 244), daß Brünings Kompromißbereitschaft gegenüber Frankreichs Vorstellungen auf amerikanischer Seite für Verstimmung sorgte.

Zuletzt wurde gegen Ende der Bankenkrise der amerikanische Botschafter bei Brüning vorstellig und verlas ein Telegramm Hoovers, das sich in klarer Form gegen jede weitere deutsche Kreditnahme im Ausland „im Augenblick" aussprach. Dies geschah mit dem Hintergedanken, daß ein solches Projekt eine abschließende Regelung des Reparations- und Schuldenproblems im amerikanischen Sinne behindert hätte[116]. Angesichts des Umstandes, daß die von den USA konzertierten Stillhalteverhandlungen noch zu keinem Abschluß gelangt waren, kam dies einem Veto gleich: Ein deutscher Versuch, den französischen Kreditofferten nachzugehen, hätte nicht nur innenpolitisch, sondern auch im Verhältnis zu den amerikanischen und britischen Hauptgläubigern

---

[112] Vgl. etwa AdR, Dok. 354, sowie die dort angegebenen Fundstellen. Der französische Vorschlag wurde erneut lanciert bei einem Regierungsbesuch Brünings in Paris am 18.7. auf der Durchreise zur Londoner Konferenz, vgl. Dok. 398. Zur Darstellung jetzt auch Heyde (1998, S. 208 ff.). Schon dort stieß er auf scharfe amerikanische Ablehnung, vgl. etwa ebda., S. 224.

[113] Vgl. hierzu etwa Sanmann (1965), Schulz (1980). Dagegen mit vielen Belegen schon Helbich (1962) und neuerdings Heyde (1998, S. 224).

[114] Hierzu und zum folgenden noch immer Helbich (1962). Heyde (1998, S. 173) betont die einhellige Ablehnung einer Auslandsanleihe in der deutschen Presse von links bis rechts.

[115] Vgl. auch James (1985a, S. 220), dort nach Schäffers Tagebüchern, IfZ ED 93 Bd. 12, 20.7.31.

[116] AdR, Dok. 416 vom 29.7.1931.

schwere Verwerfungen hervorgerufen. Die französische Kreditinitiative galt nicht primär der einen oder anderen deutschen Konzession im politischen Bereich, sondern sie sollte helfen, den Young-Plan aufrechtzuerhalten und das Hoover-Moratorium zu unterlaufen. Hierin lag das Motiv der Ablehnung durch die angelsächsischen Mächte[117].

3.4. Die deutsche Expertendiskussion über eine Kreditexpansion und die Pfundfreigabe vom Herbst 1931

Das neue, höchst temporäre Gleichgewicht ruhte auf zwei Säulen, dem Übergang zu einer partiellen Devisenbewirtschaftung und der partiellen Stillhaltung auf deutsche Auslandsschulden. Einen ersten Schock erfuhr es durch die Freigabe des britischen Pfundes am 20. September 1931. Das englische Abgehen vom Gold war zweifellos ein Akt von ungeheurer internationaler Signalwirkung. Es bedeutete vorläufig den Zerfall des internationalen Währungssystems in einen Gold- und einen Sterlingblock und damit Englands Rückkehr zum Zustand vor 1925. Zugleich aber signalisierte es den endgültigen Abschied von klassischen Goldstandard.

Schon einmal hatte es kurz vor der Annahme des Dawes-Plans im Jahr 1924 die Verlockung gegeben, Deutschland nicht an das Gold, sondern an einen Sterlingblock auf Silberbasis anzuschließen. Schacht, damals frisch ernannt als Reichsbankpräsident, hatte sich englischem Werben in dieser Richtung ausgesetzt gesehen. Zuletzt optierte er aber – offenbar gegen seine eigene Überzeugung – gegen einen solchen Silberblock und für eine Anbindung Deutschlands an den Goldstandard. Hierbei spielte der Druck eine erhebliche Rolle, den die USA bei der Aushandlung und Implementation des Dawes-Plans auf die Ausgestaltung der deutschen Stabilisierung ausübte (Link, 1970, S. 225-232).

Schon diese historische Lektion ist für das Verständnis des deutschen Entscheidungsproblems von 1931 überaus instruktiv, zeigt sie doch deutlich, daß der Goldstandard nach dem ersten Weltkrieg eine Pax Americana, nicht mehr aber eine Pax Britannica darstellte wie einst in der Blütezeit des britischen Empire. Der englische Versuch des Jahres 1925, zur Vorkriegsparität zurückzukehren, ist sowohl von Keynes zeitgenössisch als in Arbeiten späterer Autoren als kontraproduktiv und unglaubwürdig kritisiert worden[118]. Die britische Pfundfreigabe vom September 1931 war eine späte Korrektur dieses Fehlers. Nach Lage der britischen Marktfundamentale und im Angesicht der nunmehr in Deutschland und anderwärts auf dem Kontinent eingefrorenen britischen kurzfristigen Kredite war Englands Schritt folgerichtig und überfällig. – Es gehört zu den merkwürdigen Pfadabhängigkeiten der neueren Wirtschaftsgeschichte, daß

[117] Dazu bereits Helbich (1962, S. 82f.), bestätigt durch Link (1970, S. 502).
[118] Statt vieler Angaben vgl. Cairncross und Eichengreen (1983, Kap. 3), Eichengreen (1992b).

die englische Erfahrung mit dem Goldstandard von 1926 bis 1931 sich später dreimal wiederholen sollte, bei der zunächst mißglückten Stabilisierung im Bretton-Woods-System 1947 ebenso wie in den zwei Inkarnationen des europäischen Währungssystems der mittleren siebziger und späten achtziger Jahre.

Was die relative Stärke Amerikas und Englands sowie die Dominanz des Reparationsproblems für die deutsche Währungspolitik anging, so hatten sich die Verhältnisse 1931 gegenüber 1924 keineswegs prinzipiell verändert; schon aus diesem Grund mußte es für Deutschland rational sein, den oben beschriebenen Vorgaben amerikanischer Politik zu folgen und der Versuchung eines Regimewechsels zu widerstehen.

Noch kurz vor der englischen Entscheidung war eine Geheimkonferenz der Friedrich-List-Gesellschaft einberufen worden, um die Optionen der Kreditpolitik in Deutschland zu diskutieren. Unter den teilnehmenden Experten wurde eine fast einhellige Übereinstimmung darüber erzielt, daß eine Kreditexpansion zur Überwindung der Massenarbeitslosigkeit wünschenswert und wirksam sein könne. Allerdings herrschte auch rasch Einigkeit, daß eine vertretbare Finanzierung nicht in genügendem Umfang zur Verfügung stehe. Als Diskussionsgrundlage lagen die zuvor bereits erwähnten Arbeitsbeschaffungs- und Kreditschöpfungspläne Wilhelm Lautenbachs aus dem Reichswirtschaftsministerium vor. Sie sahen eine Kreditexpansion durch Diskontierung von als Handelswechseln getarnten Arbeitsbeschaffungskrediten öffentlicher Banken bei der Reichsbank vor, ganz wie dies bereits 1930 in den Arbeitsbeschaffungsprojekten des ersten Kabinetts Brüning vorgesehen war und ab Spätherbst 1932 realisiert werden sollte.

Wie Lautenbachs Pläne und ihre Realisierbarkeit zu beurteilen seien, ist Gegenstand einer jahrzehntelangen Diskussion gewesen. Lautenbach wurde in den 50er Jahren mit seinen Planungen „produktiver Kreditschöpfung" als „deutscher Keynes" für eine Alternative zum tatsächlich eingeschlagenen Deflationskurs in Anspruch genommen[119]. Dagegen hatte Borchardt (1982, 1992) argumentiert, daß Lautenbachs Vorstellungen ausdrücklich den Charakter von Eventualplanungen hatten für den Fall, daß Deutschlands Zugang zum Auslandskredit wiederhergestellt sei[120].

Das Ergebnis der List-Konferenz scheint durchaus paradox[121]. Die Tagung war als Geheimkonferenz in die Reichsbank einberufen worden mit der ausdrücklichen Vorgabe, die „aus politischen und sozialen Gründen für notwendig erachtete Ankurbelung der Wirtschaft" zu erörtern; statt dessen endete sie mit einer Agenda für die letzte Zuspitzung der Deflationspolitik, wie sie dann im Spätherbst 1931 praktiziert wurde.

---

119 Vgl. Stützels Vorwort in Lautenbach (1952), ebenso Grotkopp (1954) und Kroll (1958).

120 Lautenbachs frühere Planungen sowie die Arbeitsbeschaffungsvorschläge des Brauns-Gutachtens sowie des WTB-Plans der Gewerkschaften, die in der Diskussion um die möglichen Alternativen zur Brüningschen Sparpolitik große Beachtung gefunden haben, waren allesamt von der Voraussetzung einer Finanzierung durch Auslandskredite ausgegangen, vgl. Grotkopp (1954), Kroll (1958), Borchardt (1979).

121 Zum folgenden vgl. die Dokumentation der Tagungsprotokolle in Borchardt und Schötz (1987) sowie Borchardt und Ritschl (1992).

Der Grund hierfür war die Herausbildung einer Doppelstrategie, zunächst weiter zu deflationieren und dann in einer zweiten Phase „das Steuer herumzuwerfen"[122] und eine Kreditexpansion einzuleiten. Daß eine solche Doppelstrategie notwendig sei und zunächst eine weitere Deflation die Voraussetzung für eine Kreditexpansion wäre, war offenbar einem Diskussionsbeitrag Walter Euckens entsprungen. Noch während der Tagung geriet das Deflationsargument gegenüber dem Expansionsargument schnell in den Vordergrund. Die hauptsächlichen Bedenken gegen eine monetäre Expansion waren außenwirtschaftlicher Art, denn man befürchtete Schwierigkeiten für die Währung und Pressionen der Gläubiger. Der Kieler Ökonom Hans Neisser, im Prinzip wie sein Kieler Kollege Gerhard Colm sowie der in Marburg wirkende Wilhelm Röpke ein Verfechter expansionistischer Krisenbekämpfung, hielt es für erforderlich, für ein solches Programm die Zustimmung der ausländischen Notenbanken einzuholen. Colm hatte schon frühere Lautenbach-Memoranden gesehen und wegen ihrer internationalen Risiken kritisiert und verwies darauf, ein solcher Plan stehe und falle mit den Rückwirkungen auf die Währungssituation. Röpke konnte mit seiner Doktrin von der natürlichen und der unnatürlichen Phase dieser Depression, deren zweiten Teil man durch eine „Initialzündung" bekämpfen müsse, wohl als eigentlicher Urheber der Diskussion gelten. Dennoch beurteilte er den Umfang eines solchen Programmes skeptisch und bestand darauf, es dürfe unter keinen Umständen öffentlich bekannt gemacht werden.

Diese Überlegungen erfuhren ihre Bestätigung nur wenige Tage nach Ende der Konferenz durch die Nachricht von der Pfundfreigabe. Dies zeigt sich eindrucksvoll in einem weiteren Gutachten Lautenbachs aus den letzten Septembertagen 1931[123]. Geschrieben unmittelbar nach der List-Konferenz und der englischen Abwertung, sprach dieses Lautenbach-Memorandum sich pointiert gegen eine Kopie des englischen Vorbilds aus, da eine offene Abwertung der deutschen Schuldnerposition nur Schaden zufügen könne. Sein Gutachten geißelt in scharfer Form Keynes' Lob für die britische Abwertung und sagt – wie sich bald erweisen sollte, korrekt – eine Hochzinsphase voraus, die England zur Stabilisierung seiner antiinflationären Glaubwürdigkeit benötigen würde. Lautenbach schlug für Deutschland vor, keinesfalls von der Parität abzugehen, sondern die neuen Möglichkeiten der Kreditbewirtschaftung und der Kontrolle der Reichsbank über die Geschäftsbanken zu einem „massiven Exportdumping" zu nutzen, also das zu tun, was im System der Exportförderung zur Jahreswende 1931/32 dann in der Tat verwirklicht wurde. Zur weiteren Erhöhung der Exportfähigkeit schlug Lautenbach nun – in Übereinstimmung mit Euckens Doppelstrategie, aber mit zusätzlicher Begründung – weitere, einschneidende Deflationierungsmaßnahmen vor. Ein Programm produktiver Kreditschöpfung könne erst nach dem Ende der Reparationen in Angriff

---

[122] So die Formulierung in einem bislang weitgehend unbeachteten programmatischen Aufsatz Joseph Schumpeter (1932) in Stolpers Deutschem Volkswirt Anfang 1932. So ist auch der zweite Teil der Borchardt-These historisch gesehen eine Schumpeter-These.

[123] BA, 31.01/9930.

genommen werden, weil zuvor Pressionen der Gläubiger zu befürchten seien. Für eine Abwertung als Ausweg aus der Krise kann Lautenbach also nicht in Anspruch genommen werden.

Vor irgendwelchen weiteren konjunkturpolitischen Maßnahmen stand zunächst jedoch eine Regierungsumbildung. Das zweite Kabinett Brüning unterschied sich vom ersten nicht allein durch die vom Reichspräsidenten geforderte Rechtsverschiebung, sondern zudem dadurch, daß Curtius als Reichsaußenminister entlassen wurde und Brüning das Außenamt selbst übernahm. Kurzfristig wird man darin nach dem Debakel des Zollunionsprojekts, das Curtius fast auf eigene Faust vorangetrieben hatte, eine Stärkung Brünings erblicken können. In der Tat gab es bis zu Brünings eigener Demissionierung keine außenpolitischen Pannen größeren Umfangs mehr. Für unseren Gegenstand von Bedeutung ist die Gewichtsverschiebung, die in der Vereinigung beider Ämter auf Brüning zum Ausdruck kommt. Damit zeigte sich auch institutionell, wie stark die Gesamtpolitik der deutschen Regierung zu einer Funktion ihrer auswärtigen Beziehungen geworden war.

Neue Bewegung im Reparationsproblem brachten kurz nach Amtsantritt des zweiten Brüning-Kabinetts italienische und britische Sondierungen. Der deutschen Seite wurde bedeutet, man rechne auf eine große Reparationskonferenz im Februar 1932[124]. Auf amerikanischer Seite wollte man ebenfalls eine frühe Inangriffnahme des Reparationsproblems, möglichst vor dem Auslaufen der Stillhaltevereinbarung am 29.2. 1932. Erneut scheint hierin das Senioritätsproblem durch, denn von der Reihenfolge der Verhandlungen konnte es abhängen, welche Gläubigergruppe zuletzt am schlechtesten abschneiden würde; die mit dem Hoover-Moratorium und der Stillhaltung erreichte Erstrangigkeit der langfristigen Kredite war ja nur eine vorübergehende Lösung, zudem standen nach wie vor die amerikanischen Kriegskredite im Raum, deren Bedienung von den Reparationen abhing.

Der deutsche Standpunkt wurde von der Entwicklung der eigenen Devisenlage beeinflußt. Im Oktober 1931 scheint sich die englische Abwertung bereits so weit ausgewirkt zu haben, daß auf deutscher Seite intensiv über Gegenmaßnahmen nachgedacht wurde. Eine eigene Abwertung wurde schnell verworfen; selbst der Vorschlag, offiziell zu einer Binnenwährung mit nur teilweiser Golddeckung nach dem Muster der Rentenmark überzugehen, stieß auf das Bedenken, es sei unmöglich, dies ohne internationale Zustimmung durchzuführen. Ohnehin hielt man im Lichte der Inflationserfahrungen den Weg einer Abwertung um einen fixen Prozentsatz nicht für gangbar, denn „niemand würde glauben, daß es dabei bleibt", wie es in einer Ministerbesprechung ausgedrückt wurde[125]. Den Ausschlag mag neben dem Interesse an einer Erhaltung der langfristigen Kreditwürdigkeit in den USA der Einspruch Luthers gegeben haben, wonach der Druck auf die Devisen verstärkt würde, wenn man den Eindruck erweckte, als wenn „die Wäh-

---

[124] AdR Brüning II, Dok. 521.

[125] ebda., Dok. 521, S. 1848.

rung in Deutschland nicht mehr in Ordnung wäre"[126]. Es ist hervorzuheben, daß innerhalb der Reichsregierung, aber auch bei den Gewerkschaften und Industrieverbänden, diese Haltung erstaunlich wenig kontrovers war.

Zwar bröckelte der „Sanierungskonsens", den Winkler (1993, S. 421) in Übereinstimmung mit Borchardt für das Jahr 1931 ausgemacht hat, seit der Bankenkrise merklich. Er behielt allerdings seine reale Grundlage, solange man die Anbindung Deutschlands an das internationale Währungssystem – also die Erfüllung der laufenden Verpflichtungen und der Bedingungen des Stillhalteabkommens – nicht durch ein einseitiges Moratorium aufgeben wollte. Die Diskussion wurde folgerichtig in den Herbstmonaten 1931 von der Ausgestaltung weiterer Deflationsmaßnahmen beherrscht, wobei Brüning unter dem Hinweis, daß die Deflation zum Zusammenbruch führen müsse, wenn nicht mit einer Zinssenkung ein Schlußstein gesetzt würde, das heikle Element einer Zinskonversion ins Spiel brachte[127]. Hierbei war offenbar zuerst an das Mittel einer Diskontsenkung durch die Reichsbank gedacht, was von dieser allerdings zunächst abgelehnt wurde mit dem Hinweis auf die noch existierenden Lücken in den Stillhalteabkommen, die spillover-Effekte der „Pfundkatastrophe" und den Umstand, daß „an Inanspruchnahme neuen Kredits (...) zur Zeit keiner in Deutschland denken" könne[128].

So konzentrierte sich die Aufmerksamkeit einmal mehr auf die Modalitäten einer Anpassung an die Gegebenheiten der auswärtigen Budgetrestriktion und auf die Aussichten zu ihrer Überwindung. Das bedeutete zum einen die Frage nach einer Zinssenkung, um die Auswirkungen des weitergehenden Deflationsprozesses auf den Realwert der inneren Verschuldung abzumildern, zum anderen das Problem weiteren Vorgehens in der Stillhalte- und Reparationsfrage. Während das amerikanische Drängen nach einer abschließenden Regelung der Reparationsfrage stärker wurde, motiviert von dem Versuch, Reparations- und Kriegskreditproblematik voneinander abzukoppeln und damit den Wünschen des amerikanischen Kongresses entgegenzukommen, hat man auf deutscher Seite zunächst versucht, die Stillhalteverhandlungen vorzuziehen – offensichtlich mit Blick auf den Umstand, daß bei gegebener „Zahlungsfähigkeit" eine großzügige Stillhaltungsregelung sich zum Nachteil der Reparationen auswirken werde[129]. Hiervon wurde allerdings schnell wieder abgegangen, nachdem diplomatische Sondierungen ergeben hatten, daß Frankreich als Reparations-Hauptgläubiger einen solchen Versuch mit Behinderungen der Nachverhandlungen zur Stillhaltung beantworten werde[130]. Hierin lag ein Grundwiderspruch zwischen den französischen und amerikanischen Intentionen, der auch durch das Treffen zwischen Hoover und Laval im Oktober 1931, bei dem noch

---

[126] Luther in einer Besprechung am 28.10.31, ebda. Dok. 525, S. 1859.

[127] ebda. Dok. 525.

[128] ebda., Dok. 526, Luther im Wirtschaftsbeirat am 29.10.31.

[129] ebda., Dok. 530, Aufzeichnung des Staatssekretärs im Auswärtigen Amt, v. Bülow, über eine Unterredung Brünings mit dem US-Botschafter Sackett, desgl. Dok. 533, Besprechung mit Sackett am 31.10.31.

[130] ebda., Dok. 539, 4.11.31.

einmal ein Formelkompromiß über die prinzipielle Aufrechterhaltung von Kriegskrediten und Reparationen erzielt worden war, nicht überdeckt werden konnte.

Ab Anfang November lag daher die deutsche Linie, bestärkt durch amerikanische und britische diplomatische Vorstöße, in einem baldigen Antrag auf Einberufung des im Young-Plan vorgesehenen Sonderausschusses, der über Aussetzungen der aufschiebbaren Annuitäten im Young-Plan zu befinden hatte. Hierin liegt ein Element des Entgegenkommens gegenüber der französischen Linie, die auf dem Young-Plan als dem Ausgangspunkt neuer Verhandlungen bestand. Es ist aus heutiger Sicht durchaus überraschend, mit welcher Deutlichkeit die jeweiligen Positionen in diesen diplomatischen Sondierungen abgesteckt wurden, und wie weitgehend sie sich einander bereits angenähert hatten. So betonte der frisch ernannte französische Botschafter in Berlin, François-Poncet, in einer Besprechung mit dem Staatssekretär im Außenamt Bülow im November 1931 bezüglich einer Schlußregelung, „es müsse für Frankreich etwas dabei herausschauen, und wenn es nur sehr wenig sei. Es ginge nicht an, daß die privaten Gläubiger alles und Frankreich nichts erhielten". Die französische Öffentlichkeit müsse man sehr langsam an das Ende des Young-Plans gewöhnen[131].

Das Ende des Young-Plans, und nicht mehr eine Fortsetzung der Diskussion über Moratorien, stand damit spätestens zu diesem Zeitpunkt in Raum. Die deutsche These, wonach eine Wiederherstellung der deutschen Kreditwürdigkeit ohne Abschaffung der Reparationen nicht möglich sei, konnte in der Öffentlichkeit von französischer Seite nicht akzeptiert werden. Wohl aber geschah dies hinter den Kulissen, und der weitere Weg bis zum auch juristischen Ende des Young-Plans ist weitgehend eine Funktion der französischen Innenpolitik gewesen – die wiederum vom offenkundig werdenden Scheitern des Young-Plans dramatisch beeinflußt wurde, was aber nicht Gegenstand unserer Erörterungen sein kann[132].

Immerhin kam es zu einer internen Abstimmung mit Frankreich über den genauen Text des Memorandums, mit dem Deutschland die Einberufung des Sonderausschusses forderte[133]. Dies war notwendig geworden, da die deutsche Motivation für diesen Schritt über die Befugnisse des Ausschusses weit hinausging. Hatte dieser formal nur das Recht, die Notwendigkeit für ein Moratorium festzustellen, nicht aber für eine Beendigung der Reparationen überhaupt, so lag die deutsche Intention darin, zwar Frankreichs Legalitätswünschen durch Anrufung, damit auch Anerkennung der Institutionen des Young-Plans entgegenzukommen, andererseits aber den Young-Plan selbst zum Diskussionsgegenstand zu machen und nicht mehr nur die Modalitäten seiner Erfüllung[134].

---

[131] ebda., Dok. 552, Unterredung Bülows mit François-Poncet, 12.11.31. Vgl. hierzu auch Dok. 540, Aufzeichnung einer Unterredung François-Poncets mit Brüning.

[132] Hierzu neuerdings Schirmann (1995).

[133] AdR, Dok. 557.

[134] So die Festlegung der deutschen Linie in Dok. 539 vom 4.11.31, S. 1910 f.

Die zuletzt erzielte Kompromißformel stellte für die deutsche Seite einen Erfolg dar. Ein Versuch der französischen Seite, den Kompromiß in letzter Minute für nicht bindend zu erklären, brachte um ein Haar die mühsam eingefädelte Inszenierung zum Platzen; nach einem Hinweis des US-Botschafters in Berlin, hierüber müsse nun keine Einigung erzielt werden, setzte man sich zuletzt in Berlin über diesen Einspruch hinweg und sandte das Memorandum im vereinbarten Wortlaut nach Basel[135].

Dieses verhandlungstechnische Detail zeigt in einiger Deutlichkeit, daß es bereits im Herbst 1931 nurmehr um Fragen der Gesichtswahrung und der Positionierung ging, nicht mehr aber um wirklich substanzielle Sachfragen. Zudem wird die zunehmende Isolierung Frankreichs offenbar; die diplomatische Initiative für eine Abschaffung der Reparationen lag bei den angelsächsischen Mächten und konnte von französischer Seite nurmehr mit Hinhalten beantwortet werden[136].

Parallel zu den Sondierungen für den Übergang vom Moratorium auf die Reparationen zu ihrer völligen Beseitigung nahmen in Deutschland die innenpolitischen Aktivitäten für eine neue Ausrichtung der Konjunkturpolitik an Intensität zu. Dabei befand sich die Reichsregierung in dem Dilemma, Wünschen nach einer weniger restriktiven Kredit- und Ausgabenpolitik entgegentreten zu müssen, obwohl sie zur selben Zeit daran arbeitete, die Bedingungen für eben diese Kreditexpansion zu schaffen. Brüning hatte sich zum Teil dieses neue Konfliktfeld ohne Not selbst geschaffen, indem er das bekanntermaßen für eine aktive Konjunkturpolitik aufgeschlossene Vorstandsmitglied der IG Farben, Warmbold, zum Wirtschaftsminister ernannt hatte. Das Forum für die Auseinandersetzungen um einen neuen Kurs der Konjunkturpolitik bildete der nach dem Antritt des zweiten Kabinetts Brüning neu einberufene Wirtschaftsbeirat, dessen Ausschuß Zwei sich mit Fragen der Konjunkturpolitik befaßte. Die hier geführten Verhandlungen sind für unseren Gegenstand von gewissem Interesse. Denn zum einen wurden programmatische Erklärungen abgegeben, die auf die Entscheidungslage im Winter 1931/32 hindeuten, zum anderen mündeten die Diskussionen in diesem Beirat in Vorschläge für Arbeitsbeschaffungsmaßnahmen, die zum Ende der Brüning-Periode der beherrschende Gegenstand wirtschaftspolitischer Planungen werden sollten.

Zunächst stand erneut Silverbergs Vorschlag von Mitte 1931 im Raum, mit Handelswechseln auf der Basis schon bestehender Warengeschäfte ein zusätzliches Kreditvolumen von 2 Mrd. RM zu schaffen[137]. In einer Rede hierzu wies Brüning zunächst auf den allgemeinen Umstand hin, daß Geld aus dem Ausland zunächst nicht zu erwarten sei und trotz der Schrumpfung des Kreditvolumens die Ausfuhr beibehalten werden müsse. Brüning argumentierte weiter, Handelswechsel als finanzieller Nachvollzug eines schon bestehenden Warengeschäfts seien zur reinen Kreditschöpfung nicht geeignet; der ent-

135 ebda., Dok. 562, 19.11.31, S. 1987.
136 ebda.,. 561.
137 ebda., Dok. 347.

scheidende Punkt sei, daß zur Produktionserweiterung das Geld vorschußweise durch Bankakzepte oder auf anderem Weg beschafft werden müsse[138].

Diese Kritik am Silverberg-Programm ist vermutlich zutreffend. Nach den Planungen Silverbergs wäre zusätzlicher Kredit als Schöpfung von Innengeld des privaten Sektors zustandegekommen, es fehlte allerdings ein Programm zur entsprechenden Stimulierung der Produktion[139]. Brünings Kritik an diesem Punkt zeigt, daß er die Logik der sogenannten produktiven Kreditschöpfung, so der seinerzeit in deutschen Reformerkreisen gängige Terminus für eine expansive Fiskalpolitik, durchaus verinnerlicht hatte und im Diskurs zu nutzen wußte. Im selben Sinne konsequent lehnte auch Luther für die Reichsbank eine solche Kreditausweitung ohne Erhöhung des Warenumlaufs ab. Wie oben aus Abbildung 3.6 ersichtlich, hatte die Reichsbank eine solche, rein buchmäßige Kreditexpansion nach der Bankenkrise bereits in recht großem Umfang vorgenommen; abgeflossen waren diese zusätzlichen Mittel allerdings weitgehend in zusätzliche Liquiditätshortung. Luther wagte sich bei seinem Auftritt vor dem Wirtschaftsbeirat relativ weit in kontrafaktische Überlegungen zu den Konsequenzen eines Übergangs zu einer vollständigen Binnenwährung vor. Das zeigt, daß auch der Zusammenhang zwischen monetärer Restriktionspolitik und der Zahlungsbilanzbeschränkung konzeptionell verstanden wurde und in der Tat im Zentrum der Reichsbankpolitik stand. Man könne sich, so das Protokoll zu Luthers Ausführungen, theoretisch vorstellen, daß der gesamte Verkehr mit dem Ausland durch Einfuhr- und Ausfuhrmonopol und Zusammenfassung aller Schulden und Forderungen vereinheitlicht werden könne. Das Ausland werde Gegenmaßnahmen treffen. Schließlich werde es zum Warenaustausch (d.h. wohl: auf dem Kompensationswege, AR) zwischen den Ländern kommen. Das Elend, das sich dann entwickeln werde, werde größer sein als die Schwierigkeiten, die sich aus der Notwendigkeit der Zinspolitik ergäben[140]. Das ist ganz die Logik des oben skizzierten Entscheidungsproblem eines Schuldnerlandes, das sich der Entscheidung über die weitere Bedienung seines Auslandsschulden gegenübersieht und die Wohlfahrtsverluste einer Autarkiepolitik bedenken muß.

Trotz der Bedenken gegen eine monetäre Lockerung war aber der Weg zu weiterer Deflationierung nicht so eindeutig vorgezeichnet, wie es die Ergebnisse der List-Konferenz und die Notwendigkeit der Wechselkursstabilisierung erscheinen ließen. Gegen Anfang Dezember wurde in mehreren Kabinettssitzungen hitzig über das Projekt einer Zwangsanleihe diskutiert, um die erneut aufgetretenen Deckungslücken im Reichsetat schließen zu können. Zuletzt verwarf man diesen Plan. Zum einen geschah dies offenbar aus Angst vor einem Mißerfolg selbst dieser Zwangsmaßnahme: Man befürchtete, angesichts der geschrumpften Vermögensmassen werde die Anleihe voll aus dem laufenden Einkommen finanziert werden und somit wirken wie eine Steuererhöhung. Zum

138 ebda., Dok. 550.

139 Das Silverberg-Programm in der Anlage zu Dok. 554, S. 1963.

140 ebda., Dok. 551.

anderen aber kamen Zweifel an der Konzeption auf, dem Zeichner einer solchen Anleihe einen zukünftigen Gegenwert für den jetzigen Ressourcenentzug zu versprechen, da „keiner im deutschen Volke an einen solchen Gegenwert glaube". Nach einigen Auseinandersetzungen und einer Rücktrittsdrohung des Reichswirtschaftsministers Warmbold, der die Initiative zu dieser Anleihe ergriffen hatte, um die Alternative einer Umsatzsteuererhöhung abzuwenden, wurde beschlossen, diesen „Verzweiflungsschritt ersten Ranges" besser zu unterlassen und statt dessen die Erhöhung der Umsatzsteuer ins Auge zu fassen, obwohl über die kontraproduktiven Wirkungen dieser Steuererhöhung Einigkeit herrschte[141].

Diese Verhandlungen im Vorfeld der 4. Notverordnung sind symptomatisch für die Zwickmühle, in der sich der Reichsetat befand. Zum einen war sich jedermann über die kontraktiven Wirkungen weiterer Spar- und Deflationsmaßnahmen im klaren, zum anderen aber sah man sich weiterhin von den Quellen normaler Anleihefinanzierung abgeschnitten, was den Plan einer Zwangsanleihe überhaupt erst hervorgebracht hatte. Es gab in der Tat gute Gründe dafür, diesen Weg nicht zu gehen; die letzte Zwangsanleihe des Reichs war im Jahr 1922 aufgelegt worden und im Strudel der Hyperinflation untergegangen[142]. Den Hinweis auf das Glaubwürdigkeitsdefizit einer Neuauflage dieses Projekts wird man darum ernst nehmen müssen. Dann hatte man denselben Effekt des Nachfrageentzugs wie bei einer Steuererhöhung, verschlimmert um den zusätzlichen Reputationsverlust, den ein konfiskatorischer Zugriff auf den Kapitalmarkt mit sich gebracht hätte[143].

Die einzige verbleibende Alternative zu einer Steuererhöhung bedeutete, die Deckungslücken nicht „auszugleichen", ob durch Anleihe oder durch Steuern. Es sei daran erinnert, daß Haushaltsausgleich im kameralistischen Sinn, wie er in das Haushaltsrecht der Weimarer Republik festgeschrieben war, die Beseitigung von Kassendefiziten bedeutete, nicht die vollständig kreditfreie Finanzierung wie in heutiger Terminologie (manche unnötigen Kontroversen späterer Autoren um Brünings Politik des Haushaltsausgleichs beruhen auf einem Mißverständnis dieses Punkts).

Kassenschwierigkeiten in diesem kameralistischen Sinne, also die Notwendigkeit, Deckungslücken mit „unfundierten", „schwebenden", nicht auf dem Weg der Anleihe aufgenommenen Kurzfristkrediten zu schließen, hatten bereits über das ganze Jahr 1931 hinweg die Entscheidungsspielräume der Reichsregierung verengt[144]. Unter dem System der Stillhaltung mußte jedoch eine unkontrollierte Ausweitung der kurzfristigen Kreditnahme des Reichs die Interessen der ebenfalls im kurzfristigen Kredit engagierten Still-

---

[141] ebda., Dok. 589, 591.

[142] Vgl. z.B. Feldman (1993, S. 578).

[143] Diese Asymmetrie setzt die Abwesenheit ricardianischer Äquivalenz voraus, ein Argument, das in der Debatte keine Rolle gespielt zu haben scheint.

[144] Dazu beredt die Tagebücher Schäffers aus dem Jahr 1931 in IfZ ED 93-3. Vgl. ebenso James (1985a, S. 118ff.) sowie Bachmann (1996).

haltungsgläubiger direkt berühren. Eine der größten verbliebenen Lücken in den bislang existierenden Stillhalteabkommen war die kurzfristige Auslandsverschuldung der Kommunen gewesen, und im Spätherbst 1931 wurden die Aussichten auf eine Ausweitung der Stillhaltung auch auf diesen Bereich zunächst als wenig günstig betrachtet. Vor diesem Hintergrund konnte eine Erhöhung der kurzfristigen Reichsverschuldung empfindlich störend wirken. In der Tat scheint die Sorge vor der Errichtung einer direkten Finanzkontrolle durch die neu errichtete Bank für Internationalen Zahlungsausgleich in Basel nach dem Vorbild Österreichs und der Donaustaaten ein ausschlaggebendes Motiv dafür gewesen zu sein, es keinesfalls auf ein weiteres Anwachsen der kurzfristigen Kreditnahme des Reichs ankommen zu lassen[145].

3.5. Das lange Ende des Young-Plans: November 1931 bis Juli 1932

Mit dem deutschen Antrag auf Einberufung des Young-Plan-Sonderausschusses, der am 22.11.1931 unter den beschriebenen Umständen abgesandt wurde, beginnt eine merkwürdige Warte- und Übergangsphase in der Regelung der deutschen Reparationen. Man war weit entfernt von der einseitigen Zahlungseinstellung oder der Befreiung von den Restriktionen auf die deutsche Geldpolitik, wie sie für eine interne Kreditexpansion notwendig gewesen wäre. Offenbar verband man jedoch auf deutscher Seite mit diesem Schritt die Hoffnung, tatsächlich bald zu einem Ende der Reparationen und damit zur erwünschten monetären Handlungsfreiheit zu kommen. Die Kommission, weitgehend personengleich mit dem Wiggin-Ausschuß, der den für Deutschland politisch günstigen Layton-Bericht zur deutschen Auslandsverschuldung vom August 1931 verfaßt hatte, trat am 7. Dezember 1931 zusammen. Am 8.12.1931 wurde die 4. Notverordnung mit neuen deflationären Maßnahmen und der oben erwähnten, kontroversen Umsatzsteuererhöhung erlassen und damit ganz nach dem Fahrplan der Doppelstrategie spektakulär in den reparationspolitischen Zusammenhang gerückt. Das verfehlte seinen Eindruck auf die Ausschußmitglieder nicht, zumal die deutsche Seite weiteres Wohlverhalten, so den Verzicht auf ein Abgehen von der Goldparität und auf ein einseitiges Moratorium, als Prämie für ein Ende der Reparationen in den Raum stellte. Flankierend senkte am gleichen Tage die Reichsbank den Diskontsatz von 5 auf 4 Prozent. Der Bericht des Ausschusses, nach 2 Wochen verabschiedet, war für die deutsche Seite ein vollständiger Erfolg, denn er bestätigte erneut die deutsche These von der Ursächlichkeit der deutschen Reparations- und Auslandsschuldenproblems für die Schwere der internationalen Krise und forderte sofortige Anpassungsmaßnahmen „if new desasters are to be avoi-

[145] AdR Brüning II, Dok. 591.

ded". Allein die deutsche Zinssenkung stieß auf Kritik; der Ausschußbericht kleidete dies in die Formel ein, man wolle sich eines Kommentars zu den Wirkungen des jüngsten deutschen Zinsschrittes enthalten[146].

In die anlaufende Sachverständigentagung platzte jedoch eine britische Initiative, die für Anfang Februar 1932 angesetzte internationale Abrüstungskonferenz, die schon einmal verschoben worden war, bis nach der Wahlserie vom Frühjahr 1932, nämlich den französischen Kammerwahlen, den preußischen Landtagswahlen und den deutschen Reichspräsidentenwahlen, zu verschieben[147].

Für die deutsche Strategie stellte dies trotz des positiven Memorandums der Sachverständigen eine schwere Niederlage dar, denn damit war das Konzept der 4. Notverordnung, nochmals einen scharfen, aber nur kurzfristig auf der Zahlungsbilanzseite entlastend wirkenden Deflationsschritt zu tun und nach dem alsbald erhofften Wegfall der außenwirtschaftlichen Restriktion eine Kreditexpansion einzuleiten, zunächst gescheitert. In der Tat ließ die französische Seite erkennen, daß ihr allenfalls an einer Zwischenlösung vor den französischen Wahlen gelegen sei und sich eine Dauerregelung für die Reparationen nicht vor dem Sommer 1932 finden lasse[148].

Die folgenden Verhandlungen waren von einander abwechselnden, widersprüchlichen Vorschlägen und Initiativen, vor allem aber von einem Druck auf eine Verschiebung der Konferenz über eine abschließende Lösung gekennzeichnet. Hierin traf sich für einen Moment das französische Interesse, den Wahlkampf von Belastungen durch ein prinzipielles Zugeständnis in der Reparationsfrage freizuhalten, mit dem britischen Interesse, die Stillhaltungsvereinbarungen zeitlich hinter eine Reparationslösung nicht zurücktreten zu lassen. Letzeres hätte wiederum eine Verschlechterung der britischen Kurzfristkredite bei der Rangfolge der Forderungen an Deutschland bedeutet. Ein Konflikt über die zeitliche Abfolge von Reparationsrevision und Verlängerung des Stillhalteabkommens hatte sich bereits seit Oktober abgezeichnet. Von deutscher Seite bestand das Interesse, die Revision erst nach einer erneuten Stillhaltevereinbarung aufzurollen, um nach Möglichkeit das Interesse der Stillhaltegläubiger an einer Reparationsrevision wachzuhalten und somit de facto den Vorrang der kommerziellen Kredite über die Reparationen wiederherzustellen[149]. Sowohl die USA als auch Frankreich hatten diese Strategie abgelehnt[150]. Frankreich als Nettoempfänger von Reparationen wollte eine Verlängerung des Hoover-Jahres überhaupt verhindern oder allenfalls gegen Garantien für eine abschließende Regelung eintauschen, die ein Junktim zwischen Reparationen und interalliierten Schulden enthielte[151]. Dies wurde von den USA ebenso abgelehnt[152]

146 So bei Helbich (1962, S. 53).
147 AdR, Dok. 600, 603.
148 Dok. 611.
149 Dok. 528.
150 Dok. 530.
151 Dok. 533.
152 Dok. 537

wie die deutsche Strategie einer de-facto-Umkehrung der Seniorität durch zeitliche Bevorzugung der Neuverhandlungen über die Stillhaltung. Vor diesem Hintergrund entwickelte wiederum die britische Diplomatie eine Initiative für eine mit der Abrüstungskonferenz zeitgleiche Eröffnung einer Reparationskonferenz im Frühjahr 1932 und ihre sofortige Vertagung auf den Sommer oder Herbst 1932.

Die Wahl dieses Termins war keineswegs zufällig, denn sie traf sich direkt mit der Periode politischer Inaktivität des amerikanischen Kongresses vor den Präsidentschaftswahlen in den USA im November 1932. Auf deutscher Seite hatte man die Information, daß die Briten schon zum Jahreswechsel 1931/32 nicht mehr damit rechneten, mit den USA zu einer gütlichen Einigung über die Kriegskredite zu kommen[153]. Wollte man also die Zahlungen auf die Kriegskredite einstellen und damit gleichsam den Anschlußkonkurs über die Reparationsgläubiger nach Ausfall der deutschen Reparationszahlungen eröffnen, so war der taktisch richtige Zeitpunkt hierfür zweifellos das zweite Halbjahr 1932 – ganz wie es später eintrat.

Das geplante Vorgehen wurde auf deutscher Seite genau verstanden. Brüning meinte in einer Kabinettsaussprache über die britischen Sondierungen, „alle politischen Parteien in Amerika seien so eingestellt, daß sie in der Schuldenfrage letzten Endes doch nur eine Vergewaltigung von seiten der europäischen Mächte erwarten, und vielleicht sei es besser und den amerikanischen Parteien auch erwünschter, daß diese aufgezwungene Lösung noch vor den Wahlen erledigt werde." So das offizielle Kabinettsprotokoll[154].

Deutschland als der letztendliche Schuldner mußte an einem solchen Dominoeffekt ein vitales Interesse haben. Denn zum einen wäre Europa damit auf einen Schlag von der gewaltigen Kreditpyramide befreit, deren ordnungsgemäße Abtragung auf dem Wege des realen Ressourcentransfers an die USA sich als politisch unmöglich erwiesen hatte – so wie dies Keynes (1922) vorausgesagt hatte. Zum anderen wäre im Hinblick auf den langfristigen Kredit die deutsche Position gegenüber Amerika verbessert, denn Deutschland würde seine Reparationen durch einen kooperativen Schritt beenden und damit nicht mit dem Makel der Zahlungsverweigerung behaftet sein, wohl aber England und Frankreich als Schuldner der Kriegskredite.

Eine solche kollektiv organisierte Zahlungseinstellung war für Deutschland auch gegenüber einem mehrjährigen Moratorium vorzuziehen. Denn wenn es richtig ist, daß die prinzipielle Seniorität der Reparationen gegenüber kommerziellen Krediten ein Hauptgrund für die Kreditrationierung Deutschlands unter dem Young-Plan gewesen ist, dann war durch eine bloße Verlängerung des Hoover-Moratoriums die Bindungswirkung dieser Schranke für den langfristigen Kredit keineswegs aufgehoben[155]. Allenfalls ließ sich theoretisch – ohne Seitenblick auf die Chancen der Verwirklichung – an den

---

153 Dok. 618.
154 ebda.
155 So Brüning gegenüber Sprague als dem Vermittler Englands, ebda.

Versuch denken, während eines mehrjährigen Moratoriums vermehrt kurzfristige Kredite hereinzunehmen. Diese jedoch unterlagen bereits der Stillhaltung; Deutschland war auf dem Markt für kurzfristige Kredite nicht mehr kreditwürdig, weitere Kreditwünsche in diesem Fristbereich wären in direkte Konkurrenz mit den Stillhaltekrediten getreten, die im Sechsmonatsabstand verlängert wurden und somit durch die Drohung beständiger Nachverhandlungen eine wirksame Sperre gegen neue Auslandskredite darstellten. In diesem Sinne wurde von der Reichsbank gegen ein mehrjährig verlängertes Hoover-Moratorium argumentiert[156]. Im einzelnen führte Luther aus, „daß ein langes Moratorium nur dann Sinn haben könnte, wenn von einer derartigen Lösung ein Auftrieb zur Belebung der Wirtschaft erwartet werden kann. Es sei aber schon fraglich, ob das Vertrauen des internationalen Anleihepublikums genügend gestärkt werde, wenn die Lösung in einer Verlängerung des Hoover-Jahres um weitere 5 Jahre bestehe. Eine Zwischenlösung für 2-3 Jahre sei völlig zwecklos."[157]. Diese Überlegung erhellt zweierlei. Zum einen zeigt sie erneut – wie schon der Versuch, die Stillhalteverhandlungen zeitlich vor den Reparationen zu positionieren –, daß auf deutscher Seite die Beseitigung der Reparationen angestrebt wurde, um Deutschland im internationalen Markt wieder kreditwürdig zu machen. Zum anderen liegt Luthers Äußerung vollständig auf der Linie unseres Erklärungsansatzes von den Wirkungen einer teilweisen, vorübergehenden Zahlungsklemme. Solange kein kräftiger internationaler Aufschwung die Zahlungsfähigkeit Deutschlands gleichsam selbsttätig wiederherstellte, blieb mit Stillhaltung und Hoover-Moratorium allein das Liquiditätsproblem halbwegs gelöst; für neue Kredite ergab sich jedoch allein daraus noch kein neuer Bonitätsspielraum (zu einer Modellierung dieses Zusammenhangs vgl. Kap. 4.2 unten).

Zuletzt einigte man sich auf deutscher Seite dahingehend, dem englischen Vorschlag einer Verlängerung des Hoover-Jahres um sechs Monate zuzustimmen[158] und die im Februar einzuberufende Reparationskonferenz nach wenigen Tagen ihre Vertagung in den Sommer beschließen zu lassen[159]. Tatsächlich wurde jedoch dann die Konferenz als ganzes in den Juni vertagt, zu dem geplanten Possenspiel eines Zusammentritts mit dem einzigen Ziel einer Vertagung kam es nicht mehr. Auslöser hierfür war eine Rede Brünings gewesen, in der er öffentlich gesagt hatte, daß Deutschland auch in Zukunft keine Reparationen mehr zahlen könne. Die englische Seite nahm dies zum Anlaß, nach einem letzten Versuch zu einer substanziellen Verlängerung des Hoover-Jahres, die von

[156] ebda.

[157] ebda., S. 2145.

[158] Von einem Plan zur Verlängerung des Hoover-Moratoriums um sechs Monate berichtet die deutsche Botschaft in London erstmalig am 5.1.32. Die letztendliche Zustimmung zu dieser Verschiebung wurde allerdings auf deutscher Seite wegen der eintretenden Gesamtverzögerung der Revision als Niederlage empfunden, vgl. Dok. 621.

[159] Zuvor hatte sich auch die französische Seite einer Vertagung bis in den Sommer zugeneigt gezeigt, so François-Poncet gegenüber Brüning am 19.12, da bei einer Reparationskonferenz im Februar allenfalls eine Zwischenlösung herauskommen könne. Dok. 611.

deutscher Seite abgelehnt wurde, formell die Einladung zum Konferenzbeginn auf Juni umzuterminieren[160].

Aus diesem Vorgang ist in der Literatur verschiedentlich die These konstruiert worden, Brüning, besessen von seinem Ziel der Reparationsbeseitigung, habe planmäßig einen früheren Konferenzbeginn torpediert[161]. Aus der Sachlage ergibt sich bereits, daß diese Überlegung kaum haltbar ist, denn der Beschluß zu einer Vertagung des substanziellen Teils der Konferenz in den Juni war zu diesem Zeitpunkt bereits längst gefallen, hatte seine eigentliche Ursache in den französischen Parlamentswahlen und beruhte auf britischer Initiative. Auch von französischer Seite, besonders über die Initiative des französischen Botschafters in Berlin, François-Poncet, waren entsprechende Andeutungen gemacht worden, die wiederum in die Richtung einer Annahme der deutschen These von der dauernden Reparationsunfähigkeit gingen, jedoch auch auf die politisch „unmögliche Lage" hinwiesen, in die Frankreich damit auf der Reparationskonferenz gebracht werden würde[162]. Vor diesem Hintergrund war es kaum sinnvoll, eine Lösung des Reparationsproblems und damit eine Wiederingangsetzung des deutschen Auslandskredits zu versuchen, solange die französische Innenpolitik blockiert war.

Im Windschatten der internationalen Abrüstungskonferenz, die im Februar 1932 in Genf eröffnet worden war, fanden deutsche Sondierungen mit dem neuen französischen Kabinett Tardieu statt. Einziges greifbares Ergebnis schien, daß man deutscherseits einer englisch-französischen Einigungsformel über die Vertagung der Lausanner Reparationskonferenz in den Juni zustimmte, nicht ohne eine Zusatzerklärung in der Presse zu lancieren, daß man ein früheres Zusammentreten der Konferenz gewünscht und die dahingehende britische Initiative begrüßt hätte[163].

Das Ende des Winter 1931/32 stellte somit ein Abwarten in der Reparations- und Kreditfrage dar, ein „Stillhalten" im Wortsinne. Großes Aufsehen erregte Ende Januar die Ankündigung eines Vortrages von Ernst Wagemann über Arbeitsbeschaffung vor der Berliner Studiengesellschaft für Geld- und Kreditwesen. Wie erwähnt, war dieses Gremium der Treffpunkt der Anhänger expansiver Kreditpolitik[164]. Luther war über die möglichen Rückwirkungen dieses Ereignisses auf die Devisenposition der Reichsbank so erregt, daß er Wagemann den Vortrag am liebsten verbieten lassen wollte[165]. Brüning

---

[160] Dok. 629, 14.1.32. Von britischer Seite wurde dieser letzte Versuch, zu einer Zwischenlösung zu gelangen, mit dem Hinweis auf die festgefahrenen britischen Verhandlungen mit Frankreich und mit der Drohung verbunden, die eigene Vermittlertätigkeit einzustellen. Nach Lage der Dinge ist hieraus zu entnehmen, daß England zu diesem Zeitpunkt über die von François-Poncet in Berlin bereits ventilierte Zustimmung Frankreichs zu einer abschließenden Reparationsregelung im Sommer 1932 noch nicht informiert war. Vgl. auch Dok. 637 vom 20.1.32.

[161] So etwa Winkler (1993, S. 438).

[162] AdR, Dok. 630. Am 12.1.1932, einen Tag vor Brünings Reparationsrede, war es in Frankreich zu einer Regierungskrise mit anschließender Kabinettsumbildung gekommen.

[163] AdR Dok. 669, 10.2.32.

[164] Ausführlich hierzu Grotkopp (1954) sowie Kissenkoetter (1978).

[165] Zum Vorgang vgl. AdR Dok. 653, 29.1.32.

hingegen war vor allem darüber besorgt, daß Wagemanns Vortrag als Meinungsäußerung der Reichsregierung verstanden werden könnte. Immerhin war Wagemann als Präsident des Statistischen Reichsamts und zugleich des halbamtlichen Instituts für Konjunkturforschung nicht nur prominenter Experte, sondern vor allem kein Privatmann. Die Stimmung im Kabinett brachte Finanzminister Dietrich auf den Punkt mit der Bemerkung, am Wagemann-Plan sei manches richtig, die Bombe sei aber zu früh geplatzt, das sei für den Erfolg der Pläne einer vorsichtigen Kreditausweitung nachteilig[166]. Im Ausland wurde Wagemanns Plan in der Tat ungünstig aufgenommen, denn er verstärkte die Anzeichen dafür, daß Deutschland versuchen wolle, sich unter Autarkisierung auf eine heimische Kreditexpansion vorzubereiten. Alles dies schien nichts anderes zu bedeuten als ein weiter wachsendes Risiko für die bestehenden Kredite an Deutschland, und entsprechend sah man die Neuverhandlung des Stillhalteabkommens vorbelastet[167].

Tatsächlich sieht das Frühjahr die erneute Entfaltung kreditpolitischer Diskussionen in der Regierung Brüning, ja den Übergang zu konkreten Planungen und Initiativen, die von der These einer Deflationspolitik aus innerer Überzeugung nicht erklärt werden können[168]. Ganz wie von der Presse nach Wagemanns Vortrag vermutet und von Joseph Schumpeter in einem programmatischen Aufsatz im „Deutschen Volkswirt" erläutert, bereiteten sich die Reichsministerien auf die Phase nach dem nun allgemein erwarteten Ende der Reparationen im Sommer vor. Dann sollte gemäß der in der List-Konferenz und den Lautenbach-Plänen skizzierten Doppelstrategie versucht werden, „das Steuer radikal herumzuwerfen" und eine Kreditexpansion mit Hilfe staatlicher Defizite einzuleiten[169]. Eine erneute Diskussion der Lautenbach-Pläne im Reichswirtschaftsministerium hatte zum Ergebnis gehabt, daß es sich bei den Programmen um echte Kaufkraftschöpfung handeln müsse und die Pläne große Möglichkeiten enthielten, falls sich ein Weg zu ihrer Finanzierung fände. Allerdings wurde auch auf die Begrenzung des Bewegungsspielraums verwiesen, die sich durch die Devisenbilanz ergab, da jede Anhebung der Konjunktur über Steigerungen der Einfuhr Auswirkungen auf die Handelsbilanz haben werde[170].

Die Planungen der späten Administration Brüning zu einer Kreditexpansion sind in der Literatur nur gelegentlich und abwertend betrachtet worden[171]. Sie umfaßten drei Elemente, von denen jedoch während Brünings Regierungszeit nurmehr eines – überdies unvollständig – zur Wirkung kam. Zum ersten sollte durch Ausgabe neuer Anlei-

---

166 Dok. 653.

167 ebda. François-Poncet war bei Bülow vorstellig geworden in dem Glauben, die Reichsregierung stecke hinter dem Projekt und wolle sich offenbar ihren Reparationsverpflichtungen entziehen.

168 Schon bei der ersten Diskussion über den Wagemannschen Vorschlag hatte Brüning auf das Mißtrauen der Reparationsgläubiger hingewiesen und betont, Maßnahmen zur Kreditausweitung seien gegebenenfalls mit äußerster Vorsicht und unauffällig zu betreiben, Dok. 651, 28.1.32.

169 Schumpeter (1932); AdR, Dok. 664, 1.2.32.

170 Dok. 670, 12.2.32

171 Der gründlichste Versuch in diese Richtung ist Köhler (1969).

heermächtigungen ein neuer Anleiherahmen im Umfang von 1,5 Mrd. RM geschaffen werden. Dieses Unterfangen war aus einem doppelten Grund politisch riskant. Zum einen bestanden schlechte Erfahrungen mit der Praxis der Kabinette Marx und Müller, Anleiheermächtigungen als Deckungsmittel in den Haushalt einzustellen, ohne daß diese durch Anleiheeinnahmen gedeckt waren[172]. Zum anderen stellte es sich alsbald heraus, daß die Beteiligung des Reichstags erforderlich wurde. Es war zunächst der Versuch unternommen worden, alle Maßnahmen in einer neuen, der fünften, Notverordnung zu bündeln. Dies scheiterte jedoch – auf nationalsozialistische Initiative – am Einspruch des Reichsschuldenausschusses. Dieses Gremium, gebildet aus Vertretern von Reichstag und Reichsrat, war für die Ausstellung von neuen Kreditermächtigungen zuständig und stellte sich mit juristisch wohl zutreffenden Argumenten auf den Standpunkt, Kreditermächtigungen durch den Reichspräsidenten auf dem Notverordnungswege seien verfassungswidrig und würden darum von der Reichsschuldenverwaltung nicht abgezeichnet werden. Ausgelöst durch Obstruktionspolitik der Nazipartei, befand sich damit die Weimarer Republik am Ende der Depressionsphase nochmals am Rand einer schweren Etatkrise, die sich mit einer neuen Devisenkrise und der erstmaligen Herabsetzung des Zinstransfers auf Auslandskredite durch die Reichsbank verband[173].

Immerhin konnte Brüning eine Einberufung des Reichstags zum alleinigen Zweck, ein Etatgesetz zu verabschieden, noch erreichen und eine Annahme auf parlamentarischem Wege durchsetzen. Dieses Gesetz schuf ganz im Gegensatz zu seinem, nur als Camouflage interpretierbaren Namen eines „Schuldentilgungsgesetzes" den gewünschten neuen Anleiherahmen, der zu etwa zwei Dritteln dazu verwendet werden sollte, die aus den Haushalten 1930 und 1931 verbleibenden kurzfristigen Kassenkredite in langfristige Anleihen umzuschulden, und zu einem Drittel den Rahmen für echte Neuverschuldung schuf[174].

Die Intention dieses Gesetzes gründete sich auf die Erwartung einer wegfallenden Kreditrationierung auf dem Markt für langfristige Reichsanleihen. Die politische Schwäche des Kabinetts Brüning in den abgelaufenen zwölf Monaten war zu einem Gutteil durch seine Beschränkung auf kurzfristigen Kassenkredit bedingt gewesen; wiederholt hatten die häufigen Fälligkeitstermine der schwebenden Schuld zur Erpreßbarkeit gegenüber den Forderungen der Gläubiger nach weiteren Sparmaßnahmen geführt[175]. Hätte tatsächlich das Kabinett Brüning in jeder Phase Zugang zu langfristigen Kredit besessen, so wäre alsbald politischer Druck auf eine Umschuldung und auf Befreiung von den kurzfristigen Lasten entstanden. Dieser Druck wäre nicht allein vom

[172] Hierzu vgl. Netzband und Widmaier (1964), Maurer (1973) sowie Bachmann (1996).

[173] Zu den Anleiheermächtigungen vgl. AdR Dok. 719, 13.4.32, zum Vorgang sehr unvollständig Köhler (1969), ganz anders Bachmann (1996). Mit Hinweisen auf die juristischen Bewältigungsversuche Borchardt (1979). Zur Devisenkrise und den Verhandlungen der Reichsbank mit den Gläubigern vgl. AdR Dok. 705, 709, 721, zum Ereignisgang Heyde (1998), Klug (1993).

[174] Zur Umschuldungsstaffel im einzelnen vgl. Dok. 699.

[175] Beredt hierzu die Tagebuchaufzeichnungen Schäffers aus den Jahren 1931/32, IfZ ED 93.

Kabinett ausgegangen, sondern vor allem von seiten der Sozialdemokratie, auf deren Tolerierung im Reichstag Brüning ja angewiesen war und deren politische Basis in der Arbeiterschaft durch die sozial unerträglichen Wirkungen der Deflations- und Kürzungsmaßnahmen zunehmend erodiert wurde. Immerhin wurde der innere Druck der fortgesetzten Sanierungspolitik so groß und war die Erosion der Machtbasis Brünings schon so weit fortgeschritten, daß sowohl Warmbold als Wirtschaftsminister als auch Etatdirektor Schäffer kurz nach der Etatkrise vom April zurücktraten[176].

Eine bewußt als konjunkturelle Strategie betriebene Haushaltssanierung hätte ungeachtet ihrer politischen Durchsetzbarkeit in jedem Fall bedeutet, langfristige Kreditlinien zu eröffnen, nach Möglichkeit aber nicht auszuschöpfen, und kurzfristig im Kassenabschluß Überschüsse zu erzielen. Nach diesen Maßstäben klassischer „sound finance" wäre Brünings Haushaltspolitik nicht etwa planmäßige Deflationspolitik, sondern wenig mehr als eine stümperhafte Groteske und das Stillhalteabkommen für kurzfristige Auslandskredite seine klägliche Konsequenz.

Brünings Umschuldungsprojekt im Frühjahr 1932 hatte umgekehrt dann seinen guten Sinn, wenn es darum ging, nach dem erwarteten Fortfall der Kreditbeschränkung auf dem langfristigen Kapitalmarkt ihre Ursachen auch auf dem kurzfristigen Markt zu beseitigen, so daß weitere Stillhalteabkommen überflüssig würden[177]. Schuker (1988, S.63) berichtet dementsprechend von hochfliegenden Hoffnungen Brünings auf ein erneutes Anlaufen des Auslandskredits an Deutschland im Frühjahr 1932. Es gehört zur

---

[176] Warmbolds Rücktritt erfolgte am 28. April, derjenige Schäffers am 1. Mai. Zum Rücktritt Schäffers vgl. dessen Selbstzeugnis in seinen Tagebüchern, ebd., 24.4.32. Ob man Köhler (1969) darin folgen darf, hierin ebenso wie bei Warmbold den Ausdruck von Differenzen mit Brüning über dessen Deflationspolitik zu sehen, muß bezweifelt werden; Schäffers nach seinem Rücktritt geschriebenes Brevier "für Staatssekretäre und solche, die es werden wollen" (IfZ ED 93) spricht mit seiner Betonung des Prinzips "Kasse geht vor Haushalt, Haushalt geht vor Wirtschaft" eine gegenteilige Sprache. Auch Schäffers erwähnte Kurznotizen zu den Gründen seines Ausscheidens bezeugen eher Enttäuschung für mangelnde Unterstützung bei den eigenen – deflationistischen - Versuchen zum Kassenausgleich als ein grundsätzlich verschiedenes Verständnis von Fiskalpolitik.

[177] Dieser Zusammenhang ist den Reformern im übrigen klar gewesen. Grotkopp (1954) verteidigt den Ansatz einer heimischen Kreditexpansion gegenüber den Kritikern, die vorgeblich im Widerspruch zu ihrer eigenen Orthodoxie doch ganz dieselbe Kreditexpansion wollten wie die Reformer selbst, allerdings auf dem Wege neu hereinkommender Auslandskredite. Indirekt, so auch in den höchst aufschlußreichen Abschnitten über Kreditexpansion und Autarkisierung, tritt Grotkopp damit der Logik der Politik Brünings bei, daß ein Zusammenhang bestand zwischen den äußeren Verpflichtungen Deutschlands und der Kreditklemme auf dem heimischen Kapitalmarkt, und jeder Kreditausweitungsplan in der einen oder anderen Weise auf der Annahme einer einseitigen Reparations- und Schuldenstreichung beruhte. Ähnlich ebda., S. 75, wo die Bindungen der Konjunkturpolitik durch den Young-Plan explizit anerkannt, allerdings ab September 1931 für überwindbar gehalten werden und der Wert der Vorarbeiten für Arbeitsbeschaffungsmaßnahmen für die späteren Programme hervorgehoben wird. Ausdrücklich betont Grotkopp, daß Brüning sich mit dem Herannahen der Lausanner Reparationskonferenz einer aktiven Kreditpolitik zugeneigter zeigte und sein Sturz ein Verhängnis gewesen sei.

bitteren Ironie der Geschichte Weimars, daß der letzte Gesetzgebungsakt des Reichstags vor dem Entstehen verfassungsfeindlicher Mehrheiten im Sommer 1932 dem größten Kreditprojekt im Reichshaushalt seit dem Ende der Hyperinflation galt.

Das zweite Element der Brüningschen Ankurbelungsplanungen galt dem Projekt einer steuerbegünstigten Prämienanleihe in Höhe des Differenzbetrags zwischen den neuen Anleiheermächtigungen und dem reinen Umschuldungsbetrag. Die Details dieser Prämienanleihe, die eine echte Nettoneuverschuldung dargestellt hätte, sollten in der geplanten fünften Notverordnung fixiert werden und damit nicht auf den politisch riskanten Weg durch das Reichstagsplenum angewiesen sein[178]. Wie schon im Jahre 1930 war auch im Frühjahr 1932 der Haushaltsplan nicht rechtzeitig zum Beginn des neuen Etatjahres verabschiedet worden, so daß die Monate April und Mai mit einem bis Ende Juni geltenden Nothaushalt überbrückt wurden. Hauptgrund hierfür war neben der vorerwähnten Krise um die Schuldenermächtigungen das Motiv, die parlamentarische Absegnung bis nach dem erhofften günstigen Ende der Lausanner Reparationskonferenz hinauszuschieben[179]. Als Sofortmaßnahme sollte die Prämienanleihe eine Kreditexpansion noch vor der erwarteten Wiederbelebung der Kapitalmärkte ermöglichen und gemäß der von Brüning im Herbst vor dem Wirtschaftsbeirat skizzierten Logik der Vorfinanzierung künftiger Warenströme als Unterlage für die Finanzierung von Arbeitsbeschaffungsmaßnahmen dienen.

Dieser Zusammenhang zwischen Prämienanleihe und den Arbeitsbeschaffungswechseln ist das dritte, im allgemeinen unbeachtet gebliebene Element der letzten konjunkturpolitischen Planungen des Kabinetts Brüning. Im Bereich eines jeden Ministeriums wurden baureife Investitionsprojekte der öffentlichen Hände, meist im Tiefbau, zu Programmen zusammengefaßt. Die Finanzierung sollte über Wechsel erfolgen, die von den Beteiligten auf drei öffentliche Banken zu ziehen waren und durch ihre formale Gestalt als Warenwechsel bei den Banken diskontiert und bei der Reichsbank rediskontiert werden konnten. Die Wechsel sollten Reichsgarantie besitzen; als Pfänder waren die Titel der neu aufzulegenden Prämienanleihe vorgesehen. Das alles ist offenkundig nichts anderes als die hundertfach beschriebene Finanzierungstechnik der späteren Arbeitsbeschaffungs- und Mefo-Programme[180].

---

178 In Köhlers (1969) Versuch, Brüning für eine ideologisch blindes Festhalten an der Deflationspolitik in Anspruch zu nehmen, bleibt dieser entscheidende Aspekt undeutlich.

179 Vgl. Dok. 699.

180 Zum Voranstehenden vgl. AdR Dok. 734, 736, 739, 747, 757. In diesem letzten Dokument ist das Ergebnis einer Ministerbesprechung vom 19. Mai festgehalten, in der die endgültigen Pläne zur Arbeitsbeschaffung betreffend, Straßen- und Wasserstraßenbau nach dem Öffaprogramm beschlossen wurden und vom Reichsfinanzministerium die Finanzierung einer erste Tranche in Höhe von 53 Mio. RM gesichert wurde. Das Protokoll vermerkt, daß Reichsbankdirektor Haase von der Existenz einer Reichsgarantie für die Arbeitsbeschaffungskredite ausgehe. Alles dies ist ganz genau die später ab Jahresende 1932 verwirklichte Konzeption der Zwischenfinanzierung über öffentliche Banken, wobei die Wechselakzepte durch Reichsgarantie gesichert sein sollten. Die erste Tranche des später so genannten Papen-Programms von Ende 1932 betrug ausweislich der Akten

Es handelt sich bei dieser Übereinstimmung jedoch nicht nur um eine Analogie. Einige der beschriebenen Maßnahmen wurden gut ein halbes Jahr später im Rahmen des Papen-Programms realisiert; Finanzierungstechnik und -volumen, die einbezogenen Projekte und Banken, besonders die schon 1930 im Rahmen der ersten Planungen für eine Arbeitsbeschaffung gegründete Deutsche Gesellschaft für öffentliche Arbeiten (Öffa), daneben die Siedlungsbank sowie die Deutsche Girozentrale/Kommunalbank, waren identisch. Allein die Brüningsche Prämienanleihe fehlte, an ihre Stelle waren als Sicherheit die sogenannten Steuergutscheine getreten, ein merkwürdiges Konstrukt ökonomischen Experimentierens, auf das gleich noch zurückzukommen sein wird. Die Umsetzung aller dieser Maßnahmen war für Ende Mai 1932 geplant. Der Umstand, daß dies nicht eintrat und der Beginn expansiver Konjunkturpolitik in Deutschland sich nochmals um ein halbes Jahr verzögerte, war einem Ereignis außerhalb der Konjunkturpolitik geschuldet, dem Veto Reichspräsident Hindenburgs vom 29. Mai gegen weitere Notverordnungen des Kabinetts Brüning, das Brüning mit seinem Rücktritt beantwortete.

Brünings Regierungszeit begann im März 1930 mit dem bis dahin größten Kreditprojekt seit der Stabilisierung der Mark, der Young-Anleihe, und mit Arbeitsbeschaffungsplänen. Sie endete im Mai 1932 mit einem nochmals größeren Kreditprojekt und wiederum mit Arbeitsbeschaffungsplänen. In Verkennung der Zahlungsbilanzrestriktion des Deutschen Reiches unter dem Young-Plan hat man Brüning allein mit der Deflationspolitik identifiziert, ohne sich mit den Bedingungen zu befassen, unter denen sie begann und unter denen sie endete. Ebensogut hätte man Brüning als den größten Kreditnehmer und Finanzexperimentator zwischen der Hyperinflation und Hitler ansehen können. Nicht Brünings Präferenzen verursachten die Deflationspolitik, sondern die Effekte des Young-Plans auf die auswärtige Kreditwürdigkeit des Reiches. Deutschlands Kreditrausch im Dawes-Plan hatte die Reparationsgläubiger zur Verschärfung der Zahlungsbedingungen im Young-Plan veranlaßt. Brünings Anpassungspolitik war eine rationale Antwort, die „best response", auf diese Beschränkungen. Die einzige Alternative zu seinem Vorgehen hätte darin bestanden, den Schlachtrufen der äußersten Rechten zu folgen, einseitig den Young-Plan und die äußeren Kredite aufzukündigen, um eine innere Kreditexpansion einzuleiten. Damit aber hätte man gerade jene „Katastrophenpolitik" wiederholt, die zur Jahreswende 1922/23 schon einmal versucht, mit der französischen Besetzung des Ruhrgebiets beantwortet worden war und Deutschland in die letzte Phase der Hyperinflation und an den Rand des Bürgerkriegs getrieben hatte. Dies war die Alternative, solange der Young-Plan nicht aufgehoben war und seine höchst unbestimmten, widersprüchlichen Sanktionsklauseln fortgalten. Erst mit der Streichung der Reparationen auf der Konferenz von Lausanne war der Weg zur Kreditexpansion frei.

---

des Reichsarbeitsministeriums 57 statt 53 Mio. RM, alles andere blieb – von der sechsmonatigen Zeitverzögerung abgesehen – unverändert. Dies bestätigt die Darstellung des Vorgangs in Brünings Memoiren (Brüning, 1970, posthum), nicht aber diejenige Köhlers (1969).

„Serves the Wall Street Bankers Right!"
Roosevelt zu Schacht auf die Nachricht
von der deutschen Transfersperre,
Mitte 1933[181]

3.6. Das Scheitern der deutschen Zahlungsbilanzsanierung und die Anfänge der Autarkiepolitik 1933

Mit der faktischen Aufhebung der Reparationen durch die Lausanner Konferenz war die deutsche Zahlungsbilanz noch keineswegs saniert. Sowohl auf deutscher Seite wie auch bei den Alliierten war das gemeinsame Interesse die Aufrechterhaltung des deutschen Kredits auf lange Sicht gewesen. Zunächst hatte man versucht, dieses Ziel durch Beschränkung der Moratorien auf politische Zahlungen einerseits und kurzfristige Kredite andererseits zu erreichen. Zuletzt hatte man zu der radikalen Maßnahme gegriffen, die deutschen Reparationen überhaupt zu streichen.

Man mag sich kontrafaktisch die Frage vorlegen, wie eine Politik ausgesehen hätte, die der ursprünglichen Konzeption Brünings folgte und nach der Streichung der Reparationen auf wiedergewonnenen internationalen Kredit Deutschlands aufgebaut hätte, und warum diese Politik nicht gewählt wurde[182]. Der Umriß einer solchen Politik ließ sich aus dem geschilderten Projekt einer fünften Notverordnung ersehen, die wegen Brünings Sturz nicht mehr zustande kam[183]. Wohl erließ die nach Hindenburgs politischen Präferenzen gebildete Regierung Papen am 14.6.1932 eine neue Notverordnung. Sie schuf auch die juristische Grundlage für das noch unter Brüning ausgearbeitete 135-Mio.-Programm, regelte allerdings seine Finanzierung nicht, so daß die Maßnahmen lediglich auf dem Papier standen. Es verblieben allein neue Sparmaßnahmen im Bereich der Sozialversicherung sowie – deutlich über Brünings ursprünglichen Ansatz hinausgehend – weitere Etatkürzungen[184]. So ergibt sich der scheinbar paradoxe Effekt, daß die schon überwundene Deflationsphase durch Brünings Sturz noch einmal verlängert

---

[181] Schuker (1988, S. 73).

[182] Die Frage, ob und wie die Brüningsche Deflationspolitik hätte erfolgreich sein können, ist in der Literatur selten gestellt worden. Eine Ausnahme bildet v. Kruedener (1990b, 1994), allerdings mit anderen als den hier vorgetragenen Argumenten.

[183] Hindenburg hatte bei seiner letzten Audienz Brüning gebeten, doch wenigstens die "etatsichernden" Teile seiner Notverordnung noch in Kraft zu setzen – was immerhin möglich gewesen wäre, da die Planungen für den Haushaltsplan 1932 zum Zeitpunkt von Brünings Rücktritt sehr weit fortgeschritten waren, vgl. Dok. 732, 760, 762, 764, Brüning hatte dies aber abgelehnt.

[184] AdR Kabinett v. Papen, Dok. 9, 17, 24, 26., Winkler (1993, S. 481f.). Anders, jedoch im Widerspruch zur Aktenlage Köhler (1969).

wurde. Die Deflationspolitik hörte ebensowenig mit Brüning auf, wie sie mit Brüning begonnen hatte.

Den Grund für diese erneute deflationistische Wendung wird man vor allem in zwei Bereichen sehen müssen. Zum einen verfügte das Kabinett Papen nicht über die gute Reputation Brünings, was Papen zunächst zu einer weniger „experimentellen" Politik nötigte. Zum anderen war die politische Basis einer reinen Präsidialregierung deutlich instabiler als die der parlamentarisch tolerierten Minderheitsregierung Brünings. Hindenburg wollte und Papen verfolgte eine stramm gegen die SPD gerichtete Politik. Mit dem Staatsstreich des „Preußenschlages", der Entmachtung der geschäftsführenden SPD Regierung in Preußen und der Übernahme ihrer Befugnisse auf das Reich beraubte Papen die seit September 1930 geübte Tolerierungspolitik endgültig ihrer Grundlage und sich selbst damit seiner parlamentarischen Machtbasis im Reich. Es war nur folgerichtig, daß diese Vabanque-Politik noch im Sommer 1932 zu Reichstagswahlen führte, die erwartungsgemäß eine verfassungsfeindliche NSDAP/KPD-Mehrheit hervorbrachten.

Der noch von der Regierung Brüning ausgearbeitete, allerdings nun nochmals deflationistisch verschärfte Haushaltsplan für 1932 wurde nicht parlamentarisch verabschiedet, sondern noch vor der Reichstagswahl am 30.6.1932, rechtzeitig vor Auslaufen des Brüningschen Nothaushalts, mittels Notverordnung in Kraft gesetzt[185]. Angesichts der im Frühjahr aufgetretenen Schwierigkeiten mit dem Reichsschuldenausschuß war an eine Schuldenermächtigung per Notverordnung nicht zu denken. Der Notverordnung war zwar als Feigenblatt der Vorbehalt einer „Feststellung des Reichshaushaltsplanes per Gesetz" beigegeben, so daß formal die Analogie zu Brünings oben beschriebener Inkraftsetzung des Etats per Notverordnung im Juli 1930 gelten mochte. Allerdings hatte man im Gegensatz zu Brüning zwei Jahre zuvor den Weg einer Behandlung des Etats im Reichstag erst gar nicht beschritten[186]. Durch seine SPD-feindliche Politik einer Reichstagsmehrheit für Haushaltsgesetze beraubt, saß Papen in einer selbstgebauten Deflationsfalle.

Juristisch mochte die neue Notverordnung als äußerste Strapazierung des parlamentarischen Haushaltsbewilligungsrechts für kurze Zeit als verfassungsmäßig angehen – noch Brüning hatte bei hochprominenter Seite ein Rechtsgutachten in Auftrag gegeben, das die entsprechenden Bestimmungen weitherzig genug auslegte – und hatte dann vielleicht einen gewissen taktischen Sinn, wenn es darum ging, die parlamentarische Beratung des Haushalts bis nach der anstehenden Konferenz von Lausanne hinauszuschieben. Dazu kam es allerdings aufgrund der Mehrheitsverhältnisse im neu gewählten

---

185 Dok. 42.

186 Statt dessen kam es zu einer Beratung zumindest im Reichsrat, worauf die Länder zur Wahrung eines Scheins ihrer verfassungsmäßigen Rechte bestanden hatten, vgl. Dok. 17. Selbst dies stieß auf Bedenken des nunmehrigen Reichswehrministers Kurt von Schleicher, ebda.

Reichstag nicht mehr; der Haushaltsplan 1932 wurde erst 1933 aufgrund des Ermächtigungsgesetzes von Hitler in Kraft gesetzt[187].

Um die Bedingungen der Möglichkeit einer anderen als der von Papen zunächst verfolgten Politik weiterer Deflation zu konstruieren, müßte man zunächst von der rapiden Verschlechterung der politischen Lage in Deutschland nach Brünings Sturz abstrahieren. Was immer Brüning später in seinen Memoiren über seine monarchistischen Neigungen offenbarte, lief seine Strategie während der Krise darauf hinaus, gestützt auf das Notverordnungsregime einen möglichst langen Teil der bis September 1934 reichenden Wahlperiode des Reichstags ohne vorgezogene Neuwahlen durchzustehen[188]. Bei einer allmählich wieder anziehenden Konjunktur hätte sich die Wählerschaft der extremen Parteien wieder verlaufen. Ohne Brünings Sturz durch Hindenburg hätte diese Strategie durchaus erfolgreich sein können. Immerhin war ja durch Hindenburgs Wiederwahl im zweiten Anlauf zur Reichspräsidentenwahl im April 1932 Hitlers Griff nach dem Amt des Reichspräsidenten abgewehrt worden.

Allerdings hätte eine solche Stabilisierung die Wiederannäherung Deutschlands an den Zustand freien Kapitalverkehrs mit sich bringen und dafür von einer handelspolitischen Reintegration Europas begleitet sein müssen. In der Tat spielte diese Fragestellung, von französischer Seite schon weit im Vorfeld lanciert, in den Beratungen auf der Lausanner Konferenz eine zentrale Rolle[189]. Ob dies allein taktisches Geplänkel zur Gesichtswahrung war, muß hier ebenso offenbleiben wie die Vermutung, das Hervortreten dieses Gesichtspunkts in den Verhandlungen sei die Folge einer im Vergleich zu Brüning stärker profranzösischen Einstellung Papens gewesen[190]. Tatsächlich lag dem jedoch ein enger Sachzusammenhang zugrunde. Zudem war die deutsche Verhandlungslinie für Lausanne noch in den Brüningschen Kabinettsberatungen festgelegt worden, und Papen ist ihr offenbar in diesem Punkt gefolgt[191].

In der Tat zeigte sich Frankreich auf der Lausanner Konferenz gegenüber deutschen Vorschlägen zur Zollsenkung aufgeschlossen, ebenso wie im Frühjahr Brüning die fran-

---

187 AdR Hitler, Dok. 77.

188 Winkler (1993, S. 476).

189 Zu den letzten Verhandlungen der Regierung Brüning mit Frankreich und Belgien vgl. AdR Dok. 745, 763, 767, 770. Im Frühjahr 1932 kam auch für einen Moment neue Bewegung in die deutsch-französische Abrüstungspolitik, als Brüning gegenüber dem neuen Linkskabinett Herriot die Bereitschaft zu neuen sicherheitspolitischen Konstruktionen signalisierte. Von der älteren Forschung sind diese Sondierungen fraglos überbewertet worden. Zu einer deutlich nüchternen Bewertung vgl. allerdings Link (1970, S. 506 ff.).

190 Die erste Überlegung angedeutet bei James (1985a, S. 315), wozu allerdings die in der letzten Kabinettsberatung zur Vorbereitung der Lausanner Konferenz ausgesprochene Erwartung, man werde im Falle einer gescheiterten Rückkehr zum Meistbegünstigungssystem zu einem stärkeren europäischen Zusammenschluß auf Grundlage von Präferenzzöllen kommen müssen, in gewissem Gegensatz steht (vgl. AdR Dok. 767). Eine antifranzösische Einstellung Brüning spielt auch eine Rolle bei Holtfrerich (1990).

191 AdR Dok. 767.

zösische These akzeptiert hatte, daß die Zollsenkungsfrage einvernehmlich und umfassend – d.h. auch Österreich und den Donauraum betreffend – geregelt werden müsse[192]. Allerdings konnte Frankreich nach Lage der Dinge nur eine regionale Zollunion anbieten. Immerhin aber scheint während des Jahres 1932 noch einmal für kurze Zeit ein Konsens zwischen Deutschland und Frankreich über die Bildung eines präferenziellen Handelsblocks in Westeuropa auf – ein merkwürdiger Nachklang zur Stresemann-Briandschen Verständigungspolitik und ein ebenso denkwürdiges Vorspiel auf spätere europäische Entwicklungen nach dem zwischenzeitlichen Abstieg Deutschlands in die Barbarei. Dennoch wird man die Frage stellen müssen, ob eine solche Annäherungspolitik zum Zeitpunkt der Lausanner Konferenz unter den gegebenen Umständen im Bereich des Möglichen lag. Zum einen waren die internationalen Rahmenbedingungen weder für Deutschland noch für Frankreich beeinflußbar. Zum anderen fehlte es der neuen Papen-Regierung fundamental an Glaubwürdigkeit, anders als dies bei Brüning der Fall gewesen war. Den in Lausanne vorsichtig abgesteckten Einigungsmöglichkeiten entzog dies rasch die Grundlage.

Auf internationaler Ebene hatten die USA seit 1930 mit dem Hawley/Smoot-Tarif eine verschärfte Schutzzollpolitik eingeschlagen, die sich im weiteren Verlauf der Weltwirtschaftskrise intensivierte und nach Roosevelts Amtsantritt 1933 zur beherrschenden Doktrin der US-Außenwirtschaftspolitik während des New Deal wurde. Einer solchen Politik des Importschutzes und der Exportförderung konnte an der erfolgreichen Rückzahlung von Auslandskrediten aus Europa nicht gelegen sein, denn das hätte letzten Endes bedeutet, mehr Importe aus Europa aufzunehmen. Bestenfalls konnte daran gedacht werden, diese Kredite buchmäßig stillzulegen, um damit eine weitere Schädigung des amerikanischen Bankensystems zu verhindern[193]. Für diese Linie war kennzeichnend, daß es Smoot gewesen war, der im US-Senat die Regierungsvorlage zum Hoover-Moratorium eingebracht hatte. Eine analoge Entscheidung stellte die Errichtung von Zollmauern um das britische Commonwealth dar, wie sie im Laufe des Jahres 1932 diskutiert und zuletzt auf der Ottawakonferenz im Winter 1932/33 beschlossen wurde.

Ein kontrafaktisches Aufschwungsszenario in einem rekonstruierten internationalen Zahlungssystem stößt damit auf ein Kooperationsproblem, die am Ende der Weltwirtschaftskrise rasch um sich greifende beggar-thy-neighbour-Politik prohibitiver Schutzzölle. Wohl blieb es kollektiv wünschenswert, mit freiem Kapitalverkehr und der Rückkehr zu einem Niedrigzollsystem den Aufschwung aus der Weltwirtschaftskrise arbeitsteilig zu vollziehen. Individuell hielten es jedoch Deutschland und seine Gläubiger zunehmend für rational, ihr Wohl in Autarkisierungsstrategien, wenn nicht in blankem Merkantilismus zu suchen.

Damit verband sich als Hindernis für eine solche Politik im Sommer 1932 die sichtbare Abwendung Deutschlands von einer Politik wirtschaftlicher Zusammenarbeit. An-

---

192 Dok. 693, 745.

193 Dieser Punkt zählt zu den zentralen Schlußfolgerungen Schukers (1988, S. 73 ff., 101 ff.)

ders als noch bei Brüning war im Falle Papens die ausschließliche politische Abhängigkeit von den neu erstarkten altpreußischen Eliten unzweifelhaft und offenkundig, damit aber auch Papens Verpflichtung auf ihre ökonomischen Interessen. Brünings Entlassung im Zusammenhang der Osthilfekontroverse machte eine außenwirtschaftliche Reintegration Deutschlands zu einem Ereignis von sehr geringer Eintrittswahrscheinlichkeit. Papen unternahm in der Tat ab dem Herbst 1932 Schritte zu einer Schutzzollpolitik, die dem Drängen der Landwirtschaft und seiner politischen Gönner entgegenkamen und von der Fertigwarenindustrie, die – wie sich zeigen sollte, mit Recht – um ihre Exportmärkte fürchtete, heftig befehdet wurden[194].

Zuletzt wurden mit einem halben Jahr Zeitverzögerung die Pläne der letzten Brüning-Administration zur Kreditbeschaffung umgesetzt. Allerdings glaubte das politisch schwache Kabinett Papen vermutlich zu Recht, das Risiko einer Refinanzierung durch Anleihen weiterhin nicht eingehen zu können, und so wurde in einem mühsamen und erratischen Suchprozeß das Mittel der sogenannten Steuergutscheine als Finanzierungsunterlage gefunden[195]. Die Steuergutscheine sind ein Finanzierungsinstrument, das zahlreiche Mißverständnisse hervorgerufen hat. Sie stellten, das ist die hauptsächliche Quelle von Irrtümern, keine Kreditaufnahme dar. Der Steuergutschein ist also nicht ein Gegenwert für an den Staat hingegebene Geldmittel wie normale Staatspapiere. Statt dessen waren die Steuergutscheine eine Verpflichtungserklärung des Reiches, ab dem Fiskaljahr 1934/35 bestimmte Steuerzahlungen in der Form dieser Papiere entgegenzunehmen, daher die Namensgebung. Definiert man mit Hilfe von Georg Friedrich Knapps (1905) damals in Deutschland populärer Staatlicher Theorie des Geldes alle gesetzlich zur Steuerzahlung zugelassenen Zahlungsmittel als Geld, so hatten die Steuergutscheine – ein handelbares Inhaberpapier – in der Tat Geldcharakter; es würde sich damit am ehesten um Notenemission an der Notenbank vorbei handeln[196].

---

194 AdR v. Papen, Dok. 29, 110, 115, 143, 172, 174, 176, 190. Hierzu besonders Dengg (1986).

195 Zu einer ersten Beratung, bei der das Arbeitsministerium einen Gesamtbedarf von 500 Mio. RM anmeldete, kam es am 21.7.1932. Hierbei wurde vom Reichsfinanzministerium die Finanzierung einer solchen Summe als "völlig unmöglich" glatt abgelehnt und eine kreditpolitische Besprechung zwischen Luther und den beteiligten Ressortministern vereinbart, worin man auf das Prinzip der privaten Vorfinanzierung durch Wechsel zurückkam (Dok. 77), deren Ausgestaltung allerdings als zunächst problematisch angesehen wurde. Man war also zu den Dimensionen der Brüningschen Prämienanleihe zurückgekehrt, ohne aber deren Einnahmen im Portefeuille zu haben. Im August trat Warmbold, als Reichswirtschaftsminister ins Kabinett zurückgekehrt, mit dem von ihm schon im Herbst 1931 lancierten Vorschlag einer Zwangsanleihe hervor, um der Wirtschaft eine allgemein als notwendig empfundene steuerliche Entlastung zu ermöglichen, was aber im Kabinett abgelehnt wurde (ebd., Dok., 112). In derselben Sitzung kam offenbar aus der Reichsbank der Vorschlag auf, eine Entlastung statt dessen über Steuergutscheine zu erreichen (Dok. 113).

196 Der Hinweis auf die Gefahr, daß bei zu kleiner Stückelung die Steuergutscheine als Ersatzgeld in Umlauf kämen, wurde von Luther selbst ins Spiel gebracht, ebda. Dok. 113 sowie erneut in Dok. 117.

Allerdings fehlte das in solchen Fällen naheliegende fiskalische Motiv, die Schaffung von Emissionsgewinn. Die Steuergutscheine wurden mitnichten zur Schaffung von Reichseinnahmen emittiert, sondern stellten neben anderem eine Prämie für die Mehreinstellung von Arbeitern unterhalb des Mindestlohns während einer bestimmten Frist dar. Damit hatte die Vergabe von Steuergutscheinen auch den Charakter einer Beschäftigungssubvention[197].

Warum das Kabinett Papen diesen mühsamen, eher indirekten Weg beschritten hat, bleibt undeutlich. Die Wirkungen auf den Arbeitsmarkt blieben gering. Vor allem aber war der Steuergutschein eben nicht, wie vielfach vermutet, ein Instrument zur Nachfragesteuerung. Anders als das späte Kabinett Brüning im Frühling des Jahres traute man sich im Herbst 1932 den Schritt auf den Kapitalmarkt nicht zu. Daß die Regierung im Reichstag aus eigenem Verschulden keine Tolerierungsmehrheit mehr besaß und Kreditprojekte des Reichs nicht per Notverordnung lanciert werden konnten, wird die Entscheidungsprobleme der Regierung Papen nicht vereinfacht haben. Insgesamt war das System der Steuergutscheine weder von seiner Konstruktion her noch in seiner Wirkung ein „kühner Fall" antizyklischer Fiskalpolitik, als der er gelegentlich gesehen worden ist[198]. Der Steuergutschein stellte nach seinem Charakter zwar Kreditschöpfung dar, allerdings eben nicht produktive Kreditschöpfung, sondern die Schaffung eines Finanzmarktpapiers ohne zugrundeliegendes Warengeschäft. Letztlich war das die Realisierung der schon von Silverberg im Wirtschaftsrat 1931 skizzierten Konzeption einer rein finanzmarktorientierten Kreditexpansion, die von Brüning wegen ihrer ungesicherten Wirkungen auf den Gütermarkt kritisiert worden war. Man möchte gallig hinzufügen, der geringe Erfolg der Aktion habe Brüning nachträglich recht gegeben.

Eine gewisse Bedeutung erlangte der Steuergutschein erst nach dem Scheitern des Arbeitsmarktprogramms, als Reichsbankpräsident Luther seine Verwendbarkeit als Deckungsmittel für die wieder angelaufenen Arbeitsbeschaffungsprogramme entdeckte[199]. So spielte das Instrument des Steuergutscheins bei der Deckung der Arbeitsbeschaffungskredite zuletzt jene Rolle, die ursprünglich der nicht mehr zustandegekommenen Prämienanleihe Brünings hatte zukommen sollen. Über die Anlaufphase kamen diese Projekte jedoch auch unter Papen und dem kurzlebigen Kabinett Schleicher nicht mehr hinaus, nicht zuletzt wegen des offenbaren Desinteresses Papens

---

[197] Zur Technik des Steuergutscheins vgl. auch Grotkopp (1954, S. 112ff.), Stucken (1953, S. 117 ff.). Eine gute Übersicht über die angezielten Wirkungen gibt das Rechenbeispiel des Reichsfinanzministeriums in Dok. 116.

[198] So Winkler (1993, S. 515), ähnlich aber auch schon zeitgenössisch bei Hans Schäffer in einem Vortrag vor der Friedrich-List-Gesellschaft im Februar 1933 (Grotkopp, 1954, S. 115).

[199] Hierzu James (1985a ; S. 322). Allerdings mag dieser Gesichtspunkt bereits von Anfang an eine Rolle gespielt haben. Jedenfalls erwähnt Luther bereits bei seinen ersten Ausführungen im Kabinett (Dok. 113) die Verwendbarkeit des Steuergutscheins als Kreditunterlage, ohne sich allerdings speziell auf den Arbeitsbeschaffungskredit zu beziehen.

selbst[200]. Die entscheidenden Schritte zu einer Kreditexpansion und zur Autarkisierung sind erst ab 1933 unternommen worden[201].

Dabei hatte die Lausanner Konferenz durchaus Signalwirkungen für die deutsche Binnenkonjunktur gehabt. Sämtliche Indikatoren der gesamtwirtschaftlichen Aktivität zeigten am Ende des Sommers 1932 wieder nach oben; anders als in den beiden vorangegangenen Jahren setzte im September eine vorsichtige, jedoch spürbare Herbstkonjunktur ein (vgl. auch Kapitel 2). Dies läßt sich unter anderem darin ablesen, daß zum ersten Mal seit 1926 – also auch das Aufschwungjahr 1927 eingeschlossen – die Industrieproduktion im letzten Quartal 1932 durchgehend höher lag als in den Sommermonaten: Als Hitler zur Macht kam, stand der Aufschwung vor der Tür. Mit der allmählichen Erholung der Produktion korrespondierte eine leichte Verbesserung im deutschen Außenhandel bei stabil bleibenden Proportionen. Der beginnende Aufschwung war keineswegs nur eine deutsche Binnenkonjunktur, sondern ein allgemeineres Phänomen. Entsprechend scharf war der Widerstand der Exportwirtschaft gegen den beginnenden Autarkisierungskurs in der zweiten Jahreshälfte 1932; von Luther und der Reichsbank wurde dieser Widerstand unterstützt und die Kreditexpansion hintertrieben[202]. Bis zur Jahreswende 1932/33 schien der Kurs der deutschen Außenwirtschaftspolitik unentschieden.

Die Zahlungseinstellung Englands und Frankreichs auf die amerikanischen Kriegskredite im Dezember 1932 war ein weiteres klares Signal gegen eine Wiederherstellung des offenen Weltwirtschaftssystems der 20er Jahre. In Deutschland gewann dementsprechend eine Denkrichtung weiter an Einfluß, nach der die immer noch geltende Stillhaltung gleichsam die falschen Kredite betraf. Hier deutet sich ein Kurswechsel an, der Hand in Hand ging mit einem fundamentalen Regimewechsel auf dem internationalen Kreditmarkt.

Je stärker die amerikanische Politik vom Schutz der Gläubigerinteressen auf eine Exportförderung hin umschwenkte, um so geringer wurden die Risiken für den deutsch-amerikanischen Handel im Falle einer deutschen Zahlungseinstellung. Im Gegenteil, wenn es gelang, amerikanische Exportüberschüsse von dritter Seite her zu finanzieren, so konnte man in Deutschland das politische Bestreben der Amerikaner nach Erhöhung ihrer Exporte für die eigenen Zwecke nutzbar machen, ohne sich mit dem Schuldendienst auf amerikanische Kredite weiter zu belasten. Mit dem hier angedeuteten Kalkül, das in den Folgejahren systematisch ins Werk gesetzt wurde, entfiel die Grundlage für Brünings zuvor geübte Politik einer Wiedergewinnung der deutschen Kreditwürdigkeit. Das System weltweiten Protektionismus schuf eine bis dahin nicht gekannte Möglichkeit der Trennung von Handels- und Kreditbeziehungen, so daß Schuldenstreichungen

---

200 So Grotkopp (1954, S. 80).

201 Zur Statistik des Umlaufs von Arbeitsbeschaffungswechseln vgl. Anhang A. Tab. A.3, A.7 sowie die dort genannten Fundorte.

202 Hierzu James (1985a, S. 325), Dengg (1986).

zunehmend möglich wurden, ohne Handelssanktionen nach sich zu ziehen. Erleichtert wurde diese Trennung im deutschen Falle dadurch, daß wie schon besprochen die amerikanischen Banken in Deutschland weitgehend im langfristigen Kredit engagiert waren, jedoch nur marginal in kurzfristigen, bislang der Stillhaltung unterworfenen Krediten. Umgekehrt konnte die kurzfristige Stillhaltung gegenüber den europäischen Gläubigern als politisches Lockmittel eingesetzt werden. Wendete man sich nun, entgegen bisheriger Erwartung, bevorzugt einer Bedienung dieser Kredite zu, so konnten dafür politische Konzessionen im Rahmen einer Autarkisierungs- und Präferenzzollpolitik herausgehandelt werden.

Die Deflations- und Sanierungspolitik zwischen 1930 und 1932 hatte zum Ziel gehabt, Kredite nur vorübergehend zu blockieren, um die deutsche Zahlungsbilanz während der Krise vom Druck kurzfristiger Kreditabzüge zu entlasten, langfristig Deutschlands Zahlungsfähigkeit jedoch wiederherzustellen. Diese Planungen konnten nur Sinn haben, wenn nach der Depression ein weitgehend freier Kredit- und Warenverkehr rekonstruiert wurde – immer mit dem Gedanken, nach einem Wegfall der Reparationen neuen internationalen Kredit nach Deutschland ziehen zu können. Je weiter nun die handelspolitische Kooperation, die dafür erforderlich schien, in die Ferne rückte, um so obsoleter wurde der gesamte Ansatz, der vom Hoover-Moratorium über die Stillhaltung bis zur Streichung der Reparationen geführt hatte. Deutschlands Kreditposition war saniert worden für eine Rückkehr zu einem offenen Weltmarkt, an dessen Fortbestehen 1931 noch kaum jemand ernstlich gezweifelt hatte, den es jedoch 1932/33 nicht mehr gab, und zu einem internationalen Währungssystem, das nicht zuletzt durch die Friktionen eben dieser Sanierung ruiniert worden war.

Man könnte insofern den radikalen Schluß ziehen, daß das außenwirtschaftliche Programm der extremen Rechten zur Überwindung der Krise – Autarkisierung, Verzicht auf Kreditwürdigkeit, Übergang zur internen Kreditexpansion – der überlegene Ansatz gewesen sei. Gerade dieser Schluß ist in der deutschsprachigen Literatur regelmäßig, ja fast automatisch gezogen worden, meist ohne Verständnis für seine katastrophalen allgemeinpolitischen Implikationen Es darf allerdings dabei nicht übersehen werden, daß es sich hierbei um eine nicht wirklich zulässige Projektion späterer Informationen über das Auseinanderbrechen des Weltwirtschaftssystems auf die Entscheidungen von 1931/32 handelt, als dessen Wiederherstellung allseits noch als lohnendes, erreichbares Ziel verstanden wurde.

Dennoch stellt nicht der Übergang von Luther auf Schacht im Präsidium der Reichsbank den eigentlichen Bruch in der deutschen Außenwirtschafts- und Konjunkturpolitik dar, ja nicht einmal Hitlers Machtantritt am 30.1.1933. Gemessen an dem ungeheuren Aktionismus, den das neue Regime später auf dem Gebiet der Arbeitsbeschaffung entfalten sollte, gemessen auch an dem Wirbel um Strassers Arbeitsbeschaffungsprogramm vom Frühjahr 1932 nehmen sich die ersten Schritte im Frühjahr 1933 seltsam schleppend und lahm aus. Die Arbeitsbeschaffung war noch kurz vor Hitlers Machtübernahme mit der Annahme des Gereke-Plans auf einen nennenswerten Umfang aufgestockt worden, blieb aber zunächst in der Definitionsphase stecken: Erst mußten geeignete, baureife Projekte ausgewählt werden, ganz wie ein Jahr zuvor schon im nicht mehr zustandegekommenen Programm Brünings. Dieses, nunmehr unter der Bezeichnung des Papen-Programms, kam ebenfalls erst jetzt zur Anwendung.

Zunächst allerdings war die Herangehensweise der neuen Machthaber an die Wirtschaftspolitik unsicher, ganz im Gegensatz zu den sofort und mit großer Entschlossenheit einsetzenden Machtergreifungsprozessen in anderen Bereichen. Die Kabinettsprotokolle zeugen von langwierigen, in Nebensächlichkeiten versandenden Diskussionen, in denen wenig mehr Aktionismus und Aufbruchsstimmung zu spüren ist als in irgendeiner Brüningschen Kabinettssitzung während der Bankenkrise von 1931[203]. Weder wußte man, wo geeignete Projekte aufzufinden waren, noch war man sich über die Finanzierung im klaren, Inflationsgefahren wurden beschworen. Kurzum, die Debatten des späten Jahres 1931 erlebten eine Wiederkehr, und man würde aus den Kabinettsprotokollen des Frühjahrs 1933 kaum auf die enormen Aktivitäten der Folgezeit schließen – mit der Ausnahme eines kurzen Diskussionsbeitrags Hitlers, wonach alle Planungen sich letztlich auf die Rüstung auszurichten hätten und diese nicht behindern dürften[204].

Schachts erste Maßnahme bei der Rückkehr ins Amt des Reichsbankpräsidenten war ein Transfer von Schulden, die Rückzahlung des internationalen Notenbankkredits aus den Reserven der Reichsbank[205]. Weder wurden die Reichsbankzinsen geändert noch läßt sich eine Trendwende im Notenumlauf ausmachen. Ob Schacht tatsächlich ein expansives Kreditprogramm mit in die Reichsbank brachte, muß bezweifelt werden, so gerne er sich später den Erfolg der Kreditexpansion zuschrieb[206]. Die Initiativen für eine Neuorientierung der deutschen Außenwirtschaftspolitik im Jahr 1933 gingen fast sämtlich nicht von Schacht aus, ebensowenig von den Nationalsozialisten. Als Hitler zur Macht gelangte, wurde kein einziges der Ministerien, die mit Wirtschaftspolitik befaßt waren, mit Nationalsozialisten besetzt. „Superminister" für Wirtschaft und Landwirtschaft wurde der Pressemagnat und Chef der DNVP Alfred Hugenberg; v. Neurath im Auswärtigen Amt, zuständig für Handelspolitik, Seldte (Arbeit), und Schwerin v. Krosigk (Finanzen) blieben in ihren Ämtern. Die Arbeitsbeschaffung und Kreditexpansion ab 1933 waren nicht das Werk Hitlers oder seiner Partei, sondern der Weimarer Ministerialbürokratie; Nationalsozialisten nahmen auf Umfang, Richtung und Technik dieser Programme zunächst keinerlei Einfluß[207]. Treibende Kräfte für eine Neuorientierung waren Hugenbergs Ministerien sowie mit abnehmendem Erfolg das Arbeitsministerium, das die Initiative gegenüber dem Wirtschaftsressort verlor.

---

203 Ernsthafte Diskussionen zur Arbeitsbeschaffung setzen erst Mitte 1933 ein, vgl. AdR Kabinett Hitler I.

204 Ebda., Dok. 17, 8.2.1933.

205 James (1985a, S. 341).

206 So in Schacht (1953).

207 So schon Grotkopp (1954), Kroll (1958).

Zur Stellung der Reichsbank ist wenig Spezifisches bekannt, aber noch aus dem Mai 1933 datiert ein Gutachten Lautenbachs – nach wie vor in seiner Position im Reichswirtschaftsministerium -, das sich in scharfer Form mit einer kurz zuvor ergangenen Stellungnahme der Reichsbank gegen expansive Kreditmaßnahmen auseinandersetzt[208]. Mit der traditionellen Vorstellung von Schacht als treibender Kraft der Kreditexpansion läßt sich dies kaum vereinbaren; allenfalls müßte man die Vorstellung bemühen, Schacht habe sich Mitte 1933 noch nicht gegen andere Meinungen im eigenen Hause durchgesetzt. Angesichts des Umstandes, daß die Reichsbank nach wie vor auf allen Ebenen mit Schachts Vertrauensleuten aus der Zeit des Dawes-Plans besetzt war, ist das kaum plausibel.

Lautenbachs eigene Position zur Arbeitsbeschaffung hatte sich mittlerweile gewandelt; gegenüber dem früheren Modell der Wechselfinanzierung favorisierte er nunmehr einen Nationalfonds, eine Art Sondervermögen, das mit Rechtstiteln auf zukünftige Steuereinnahmen nach dem Modell der Steuergutscheine ausgestattet werden sollte – dies offenbar, um eine stärkere Bindung der Finanzpolitik an die tatsächliche Rückzahlung aus Steuereinnahmen zu gewährleisten[209].

Die Wende hin zu einer Autarkisierungspolitik mit stärkerer binnenwirtschaftlicher Expansion kam im Frühjahr 1933 vor allem aus der agrarischen Ausrichtung des Hugenbergschen Doppelministeriums. Nunmehr wurde mit den landwirtschaftlichen Einfuhrbeschränkungen ernst gemacht, die im Herbst 1932 unter Papen bereits Diskussionsgegenstand gewesen waren, aber noch keine Politik. Folgerichtig mußte auch eine Strategie für eine Handelspolitik bei Schutz- und Präferenzzöllen unter Bruch der Meistbegünstigungsklausel entwickelt werden[210]. Dies tat Hugenberg in provokanter Weise auf der Londoner Weltwirtschaftskonferenz Ende Juni 1933, als er die Neuorientierung des deutschen Außenhandels in bilateralen Zahlungs- und Handelsabkommen ankündigte, die Rückgabe der deutschen Kolonien forderte, und zugleich die partielle Transfersperre für Zinsen auf langfristige Kredite in Kraft trat.

Hugenberg mag in gewissem Maße die Logik der Situation durchaus auf seiner Seite gehabt haben, denn mit dem Scheitern des Versuchs, auf diesem, wie man heute sagen würde: Weltwirtschaftsgipfel zu einer Reduktion der Handelsbarrieren zu gelangen und damit das Kooperationsproblem der Zollpolitik zu lösen, war für eine unkooperative Politik auf deutscher Seite der Weg geebnet. Tatsächlich zahlte jedoch Hugenberg für sein undiplomatisches Vorgehen mit seinem Rücktritt. In langwierigen Nachverhandlungen zur Transfersperre erreichten die Gläubiger, daß der ursprüngliche Plan einer Diskriminierung nach Ländern zunächst fallengelassen und die sogenannte Transferquote, d.h. der effektiv in Devisen transferierte Teil der Schulden, von 50 auf 75 % erhöht wurde – nach den Maßstäben heutiger Schuldenkrisen im übrigen ein durchaus be-

208 BA, 31.01/9932.

209 ebd.

210 Hierzu und zum folgenden Ritschl (1992b). Vgl. auch Corni (1990, Kapitel 3).

achtlicher Satz. Wieder zeigt sich hier die Sachlogik souveräner Staatsverschuldung, bei der die Drohung der Gläubigerseite mit Sanktionen den Transferbetrag beeinflußt. Erst als 1934 im Aufschwung die deutschen Außenhandelsüberschüsse aus der Krisenzeit wegschmolzen, wurde das von Hugenberg gesteckte Ziel einer strikten Bilateralisierung des deutschen Außenhandels verwirklicht. Schacht lancierte seinen „Neuen Plan" im Sommer 1934 als Antwort auf eine sich zuspitzende Zahlungsbilanzkrise, bündelte die vorherigen Maßnahmen in einer Kombination aus Handels- und Verrechnungsabkommen mit einem faktischen Außenhandelsmonopol und realisierte damit genau das, was ein Jahr zuvor noch zum Skandal, zum Rücktritt Hugenbergs, und zum partiellen Nachgeben gegenüber den Auslandsgläubigern geführt hatte.

Möglich wurde die weitgehend sanktionsfreie Abschließung der Reichsmark als Binnenwährung hauptsächlich durch die besondere Länderstruktur der deutschen Auslandsverschuldung, die am langfristigen Ende zum Großteil auf die USA konzentriert war. Mit dem oben beschriebenen Kurswechsel der amerikanischen Außenwirtschaftspolitik waren Sanktionen der USA nicht mehr ernsthaft zu befürchten, aber auch keine neuen Kredite mehr zu erwarten. Damit war der Weg frei, die Bedienung der amerikanischen Kredite gefahr- und kostenlos einzuschränken[211]. Den kleineren Staaten Mittel- und Nordeuropas wurde mit einigem Erfolg ein Tauschgeschäft aufgenötigt, bei dem ihre Kredite bedient wurden, sie jedoch gleichzeitig deutsche Exportüberschüsse aufzunehmen hatten. Weil sich aus dem Handel mit diesen Ländern zusätzlich Devisenüberschüsse ergaben, konnten auf diese Weise auch deutsche Defizite im Handel mit Westeuropa und den USA ausgeglichen werden.

Den eigentlichen Erfolg dieser diskriminierenden Politik stellte jedoch die Aufrechterhaltung des deutschen kurzfristigen Kredits in England dar[212]. Durch Londons Rolle als bedeutendstem Umschlagplatz für internationale Warenkredite war das englische Kreditengagement in Deutschland schon während der Depression besonders hoch gewesen; entsprechend der Schwächeposition nach der Abwertung des Pfundes 1931 mußte England damit als Hauptverlierer der Stillhaltung und der eingeschränkten Bedienung von Kurzfristkrediten in den Stillhalteabkommen von 1931 und 1932 gelten.

Mit dem Übergang zu geschlossenen Handelsblöcken war für die deutsche Seite aus der Aufrechterhaltung des langfristigen Kredits weniger zu gewinnen war als aus der reibungs- und sanktionslosen Abwicklung kaufmännischen Kurzkredits. Damit stand vor der Transfersperre von 1933 die Bonitätsstruktur der deutschen Kreditbeziehungen gleichsam auf dem Kopf: Gemäß den Erwartungen vergangener Jahre wurde der langfristige Kredit weiterhin ordnungsgemäß abgewickelt, während kurzfristige Kredite blockiert waren. Das hatte dann Sinn, wenn eine Zahlungseinschränkung nur als kurz-

---

211 Dies ist eine der Hauptthesen bei Schuker (1988, S. 73ff.). Für Amerika mit ähnlichen Schlußfolgerungen Schröder (1970), für Schweden Wittmann (1978), Schröter (1983).

212 Hierzu Wendt (1971) sowie mit demselben Ergebnis James (1986, S. 405 ff.), Schuker (1988, S. 79 ff.).

fristige Kontingenz betrachtet und die Rückkehr zu voller Schuldenbedienung antizipiert wurde. Nunmehr aber schien die Voraussetzung hierfür entfallen, und so wurde es vorteilhaft, in der Fristigkeitsstruktur der deutschen Schuldenblockierung gleichsam umzusatteln vom kurzfristigen auf den langfristigen Kredit. Damit bahnte sich ein impliziter Kontrakt zwischen Deutschland und England an, der auf Kosten der USA, aber auch der Niederlande und der Schweiz als den Ländern mit langfristigen Krediten an Deutschland ging. Wendt (1977) hat dies für den Fall Englands treffend als „economic appeasement" beschrieben: Deutschland hatte weiterhin Kreditlinien des Finanzplatzes London zur Verfügung und entging damit den Effizienzverlusten, die durch den Wegfall der Handelsfinanzierung in London entstanden wären. Andererseits baute die deutsche Seite im Gegenzug die Stillhalteverschuldung gegenüber England ab, entlastet durch die Wirkung der zunehmend schärferen Transfersperre auf langfristige, d.h. vornehmlich amerikanische Kredite. Erneut kehrte sich also die Senioritätsstruktur innerhalb der deutschen Auslandsverschuldung um, wobei nunmehr die langfristigen Kredite endgültig herabgestuft wurden. Im Ergebnis war das ein Transfer von den langfristigen zu den kurzfristigen Auslandsgläubigern des Dritten Reichs.

3.7. Zusammenfassung: Die drei deutschen Reparationskonjunkturen 1924-1934

Die einzelnen Phasen der deutschen Konjunktur zwischen der Stabilisierung der Mark 1924 und dem umfassenden Ausbau der Transfersperre 1934/35 hingen eng mit den wechselnden Reparationsregimes zusammen. Die Jahre des Dawes-Plans von 1924 bis 1928 waren gekennzeichnet von einem großangelegten Recycling der Reparationszahlungen durch amerikanische Kredite. Politisch war das von deutscher Seite so gewollt, um den Ressourcentransfer im Reparationsverfahren zu vermeiden. Die Transferschutzbestimmungen des Dawes-Plans gaben diesen Krediten einen ausreichenden Schutz gegen die Bedrohung der deutschen Zahlungsfähigkeit durch Reparationstransfers. Das System der Reparationszahlung auf Kredit ermöglichte während der späten zwanziger Jahre eine wirtschaftliche Scheinblüte Deutschlands sowie der Empfängerländer der Reparationszahlungen. Diese künstliche Konjunktur ging mit einer heimischen Kreditexpansion einher. Sie bedingte und bewirkte eine Ausdehnung der öffentlichen Haushalte und ihrer sozialen Leistungen und ermöglichte höhere Löhne und eine leichtere Geldpolitik, als dies mit Reparationstransfer aus Überschüssen der Primärbilanz vereinbar gewesen wäre. Diese Dawes-Konjunktur ist die erste der drei Reparationskonjunkturen zwischen 1924 und 1934. Die oben in Kapitel 1 und 2 so bezeichnete Borchardt-These I von der „kranken" Weimarer Wirtschaft der zwanziger Jahre beschreibt nichts anderes als die binnenwirtschaftlichen Begleiterscheinungen und Auswirkungen dieser künstlichen, reparationspolitisch bedingten Konjunktur auf Pump: Wenn einmal die geborgte Konjunktur an ein Ende kam, mußten sich die Verzerrungen in der deutschen Volkswirtschaft um so stärker auswirken und die Krise über das normale Maß hinaus verschlimmern.

Die deutsche Kreditnahme im Ausland während des Dawes-Plans erfolgte bei negativer Leistungsbilanz und glich damit einer Kreditpyramide, deren Wachstum bei normalen Bedingungen unweigerlich an Grenzen stößt. Für Deutschland war diese Grenze erreicht, als eine politische Diskussion über die Priorität der deutschen Auslandskredite gegenüber den Reparationen aufkam und sich die Auslandsgläubiger allmählich aus dem deutschen Kreditgeschäft zurückzogen. Mit diesem Ende der deutschen Kreditnahme im Ausland wurde ein radikaler Regimewechsel in der Zahlungsbilanz erforderlich, verstärkt in seiner Wirkung dadurch, daß im Young-Plan von 1929/30 entgegen mancher Erwartung die Reparationszahlungen nicht wesentlich herabgesetzt wurden. Ab diesem Zeitpunkt war die deutsche Zahlungsbilanz doppelt vorbelastet, einerseits durch die Reparationen selbst, die nun eindeutigen Vorrang vor allen anderen Ansprüchen an Deutschland genossen, andererseits durch den Zinsendienst auf die in den Vorjahren aufgelaufene Auslandsverschuldung. Diese Young-Plan-Konjunktur oder -krise ist die zweite der deutschen Reparationskonjunkturen zwischen 1924 und 1935.

Die Notwendigkeit zum Transfer dieser Beträge aus Handelsbilanzüberschüssen begründete den Zwang zu einer Austeritätspolitik und damit die Unmöglichkeit, durch erhöhte öffentliche Kreditnahme oder leichtere Geldpolitik der Depression zu entgehen. Diese Handlungszwänge der Austeritätspolitik unter dem Young-Reparationsregime sind der Grund für die ernsten Schwierigkeiten der öffentlichen Haushalte in Deutschland, während der Weltwirtschaftskrise Kredit zu erlangen. Die Borchardt-These II von den mangelnden Handlungsspielräumen für eine aktivere Konjunkturpolitik während der Krisenjahre von 1930 bis 1932 beschreibt die Effekte genau dieser Zwickmühle.

Für einen souveränen Schuldner, der nur begrenzt für seine Schuldverpflichtungen haftbar gemacht werden kann, besteht eine Grenze für den Wohlfahrtsverlust, der ihm durch Sanktionsdrohungen der Gläubiger aufgezwungen werden kann. Diese Grenze wird definiert durch die Kosten eines Rückzugs in eine (Teil-) Autarkieposition. Durch fortgesetzte Deflationierung relativ zu den Gläubigerländern am Tiefpunkt einer Depression angelangt, die wesentlich schwerer verlief als in Westeuropa, wurde für Deutschland die zuvor kaum denkbare Option einer einseitigen Schuldenstreichung zusehends attraktiver. Noch vor dem Machtantritt des Nationalsozialismus entwickelte sich diese Option zu einer Alternative zu Brünings Konzept einer Wiederherstellung der deutschen Kreditwürdigkeit im Ausland. Brünings Politik hatte dann Erfolg, wenn durch Streichung der Reparationen bei weiterhin voller Bedienung der Auslandsschulden die auswärtige Schuldenkrise überwunden wurde. Bei einseitiger Schuldenstreichung hingegen mußte man Sanktionen in Kauf nehmen und den Außenhandel weg von den Gläubigerländern und hin nach Südosteuropa orientieren. Eine solche Autarkiepolitik hatte dann Erfolg, wenn man die Wirkung der Sanktionen möglichst gering halten und die Krise durch eine heimische Kreditexpansion in einer nach außen abgeschotteten Volkswirtschaft überwinden konnte. Just dieses Konzept wurde mit schrillen Parolen auf beiden Extremen des politischen Spektrums der Weimarer Republik vertreten. Es kam in tragischer Ironie nach dem Fall der Reparationen im Sommer 1932 zum Zuge. Dabei bot die Streichung der Reparationen für Deutschland zumindest auf mittlere Sicht durchaus die Aussicht auf eine Rückkehr in eine weltwirtschaftliche Integration nach dem ursprünglichen Konzept Brünings. Man mag sich hierzu die Frage vorlegen, was der Gang der Ereignisse gewesen wäre, wenn Brüning die Legislaturperiode bis 1934 hätte ausschöpfen können – immerhin bestanden nach Hindenburgs Wiederwahl im März 1932 die Voraussetzungen für eine Fortsetzung des Notverordnungsregimes, ja sie hatten sich durch die Unterstützung des Sozialdemokratie für Hindenburgs Wiederwahl im zweiten Wahlgang sogar erneut befestigt.

Der Sturz Brünings Ende Mai 1932, kurz vor dem absehbaren Ende der Reparationen, ist unabhängig von seinen kurzfristigen Anlässen ein weiterer Schritt im Bestreben der Kreise um Hindenburg gewesen, eine politische Basis für eine Regierung rechts von der Weimarer Koalition aufzubauen, die in wechselnden Konfigurationen, aber unter Fühlungnahme zwischen bürgerlicher Mitte und Sozialdemokratie die Weimarer Republik bis zum Frühjahr 1932 getragen hatte. Dieses Konzept eines autoritären Marschs nach rechts hatte schon der Ernennung Brünings zugrunde gelegen. Nach der Septemberwahl von 1930 allerdings hatte sich Brüning erneut der alten Machtteilung mit der SPD bedient, diesmal durch Einbeziehung der SPD in eine Tolerierungskoalition. Eine Lösung rechts von dieser Konstellation konnte nach Lage der Verhältnisse nur durch Einbindung der NSDAP verfolgt werden. Präsidialer Druck in dieser Richtung hatte bereits bei der Bildung des zweiten Kabinetts Brüning im Oktober 1931 gewirkt und entlud sich im Frühjahr 1932 in der Zerstörung der Weimarer Koalition durch die Ernennung Papens, der Zerschlagung ihrer Machtbasis im preußischen Staat und zuletzt in der nun zwangsläufigen Destabilisierung der Weimarer Republik nach den leichtfertig herbeigeführten Juliwahlen zum Reichstag 1932. Diese Eigendynamik erklärt den späteren Erfolg der autarkistischen Radikallinie in der deutschen Politik vermutlich besser als die Desintegration der weltwirtschaftlichen Ordnung, die erst nach den deutschen Ereignissen vom Frühsommer 1932, nämlich mit den amerikanischen Präsidentschaftswahlen vom Dezember 1932 und der Weltwirtschaftskonferenz vom Frühjahr 1933 ihre volle Ausprägung fand. So ist es kein Zufall, daß der Regimewechsel von der Young-Plan-Krise oder -konjunktur der Jahre 1929 bis 1932 zur Autarkisierungskonjunktur der NS-Zeit sich über ein ganzes Jahr hinzieht. Es war eben jenes Wartestadium, dem die Brüningschen Planungen einer halbverdeckten Kreditexpansion gegolten hatten.

Ohne Zweifel verringerte sich mit der weltweiten wirtschaftlichen Desintegration am Ende der Weltwirtschaftskrise der Preis, der für einen Rückzug Deutschlands in eine Autarkiepolitik zu zahlen war. Rückblickend könnte man sich davon für einen Moment zu dem Schluß verleiten lassen, das einzige positive Ziel der Brüningschen Austeritätspolitik, nämlich die Wiederherstellung der deutschen Kreditwürdigkeit im Ausland, sei vom Gang der Ereignisse als die unterlegene Lösung widerlegt worden. Eine solche Interpretation würde allerdings die Alternativen übersehen, die nach dem Ende der Reparationen verfügbar wurden, dies sowohl auf dem Gebiet der inneren Kreditpolitik als auch im Bereich der Währungs- und Außenwirtschaftspolitik. Weiter oben ist dargelegt worden, warum es für die Brüning-Administration im Jahr 1931 richtig war, nicht den englischen Lockrufen nach einer gemeinsamen Abwertung zu folgen und statt dessen den Interessen der amerikanischen Hauptgläubiger zu entsprechen. Mit dem Fall der Reparationen, spätestens mit dem Widerruf der Kriegskredite durch England und Frankreich, war Deutschland aus dieser Zwangslage befreit; ein Anschluß an einen Sterlingblock rückte nun ebenso in den Bereich des Denkbaren wie eine völlige Freigabe der Reichsmark. Demnach ist vielleicht nicht so sehr die Brüningsche Deflationspolitik während des Young-Plans erklärungsbedürftig als vielmehr ihre Fortsetzung bis in das Frühjahr 1933 und der nachherige Sprung in die Politik der Autarkisierung und Diskriminierung einzelner Gläubigerstaaten. Im späteren Schrifttum ist die Apologetik Schachts, wonach ein gerader Weg ohne Abzweigungen von der deutschen Schuldenproblematik und dem internationalen Protektionismus in die Devisenzwangswirtschaft und die Transfersperre geführt habe – auch dies im übrigen eine Zwangslagenthese –, gelegentlich unbesonnen übernommen worden. Eine Zentralbank, die nicht mehr daran gehindert werden konnte, ihre Goldreserven abzustoßen und sodann den Schuldentransfer zu beschränken, hätte 1933 ebensogut abwerten können und hierfür sogar das elegante Argument zur Verfügung gehabt, eine solche Maßnahme sei weniger diskriminierend als ein einseitiges Schuldenmoratorium. Immerhin hat aber Schacht das in der neueren Literatur wiederum vorgebrachte Argument auf seiner Seite, daß angesichts des verschärften internationalen Protektionismus am Ende der Weltwirtschaftskrise die Beibehaltung der Parität bei Beschneidung des Transfers die international willkommenere Alternative zu Abwertung und Exportoffensive bei aufrechterhaltenem Schuldendienst darstellte und insofern in der Logik der Sache lag. So stellt die Autarkiekonjunktur der frühen Dritten Reiches ab 1933 die dritte dieser Reparationskonjunkturen dar; sie ergibt sich aus den zwei vorangegangenen durch den überkommenen Bestand an Auslandsschulden sowie die Anreizeffekte des Protektionismus, der selbst wiederum von den deutschen Versuchen einer Exportoffensive während des Young-Plans nicht unabhängig war.

4. Die wirtschaftlichen Rückwirkungen des deutschen Reparations- und Auslandsschuldenproblems

4.1. Einführung

Die Erörterungen des vorigen Kapitels haben gezeigt, wie Deutschland durch die Umkehrung der Rangfolge oder Seniorität zwischen Krediten und Reparationen im Young-Plan von 1929 einer nunmehr bindenden Beschränkung auf dem internationalen Kapitalmarkt ausgesetzt wurde. Damit mußte der Schuldendienst aus Überschüssen der Handelsbilanz erwirtschaftet werden. Angesichts der vorher hohen Defizite bedeutete dies, daß Deutschland nunmehr dazu übergehen mußte, relativ zu den zwanziger Jahren, vor allem aber relativ zu seinen Handelspartnern zu deflationieren. So scheint plausibel, daß ab 1929 der Krisenverlauf in Deutschland schärfer sein mußte als für den Durchschnitt seiner Handelspartner.

Diese Verbindung zwischen dem Zahlungsbilanzregime der immensen Defizite in den zwanziger Jahren einerseits und dem Regime von Zahlungsbilanzüberschüssen in der Weltwirtschaftskrise andererseits stellt das Scharnier zwischen den beiden Gliedern der Borchardt-These dar. Zugleich wird hierdurch wird die fehlende Restriktion in das Borchardtsche Modell des wirtschaftlichen Entscheidungsprozesses in der Weltwirtschaftskrise eingeführt, die von den Kritikern des Borchardtschen Zwangslagenarguments in der einen oder anderen Weise betont worden ist. Gegeben das Zahlungsbilanzregime des Young-Plans bedeutete die Deflationspolitik der Jahre 1929 bis 1932 eine passive Anpassung an eine echte Budgetrestriktion, die äußere Zahlungsbilanzrestriktion eines hochverschuldeten Landes, die für Deutschland nicht ohne weiteres einseitig aufkündbar war. Von hier aus führt ein direkter Weg zur Borchardt-These II, dem empirischen Nachweis, daß selbst kleine und kurzfristige Überbrückungskredite für den Reichshaushalt während der Krise kaum zu erlangen waren.

In der vorangegangenen Phase des Dawes-Plans hatte der politische Unwille, einen echten Reparationstransfers herbeizuführen, mit einer Steigerung von Löhnen und Konsum korrespondiert, die mit einem langfristigen Zahlungsbilanzgleichgewicht nicht vereinbar waren. Weder der Übergang zum Young-Plan noch seine krisenverschärfenden Wirkungen sind ohne die vorherige Kreditexpansion und die damit verbundene Konsumkonjunktur erklärbar. Dies führt direkt zur Borchardt-These I von der Lohnkostenbelastung und der Expansion öffentlicher Ausgaben in den Jahren 1924 bis 1929.

Diese intuitiven Überlegungen deuten an, daß die Geltung der Borchardt-Thesen nicht davon abhängt, welche Hypothese über den makroökonomischen Transmissionsmechanismus man als plausibel ansieht; wir hatten dies eingangs dieser Arbeit als Kontextunabhängigkeit bezeichnet. Der Grund hierfür liegt darin, daß die Zahlungsbilanzrestriktion eines Landes tatsächlich eine Budgetrestriktion im strengen Sinn darstellt, unabhängig von den Wirkungen der Budgets von Staat und Zentralbank in einer geschlossenen Wirtschaft.

Im folgenden soll dies näher beleuchtet werden, nicht zuletzt, weil sich *en passant* ergibt, daß manche der einstmals populären Diagnosen des Krisenverlaufs in Deutschland konzeptionell nicht widerspruchsfrei sind und in den Bereich der Mythen verwiesen werden müssen. Auch aus der genaueren Betrachtung der Zahlungsbilanzrestriktion selbst läßt sich Information über die relativen empirischen Schwächen der hauptsächlichen Hypothesen zur Weltwirtschaftskrise gewinnen. Im folgenden wird zunächst (Abschnitt 4.2) eine keynesianische Sichtweise gewählt und nach den makroökonomischen Rückwirkungen einer bindend werdenden Zahlungsbilanzbeschränkung in einer keynesianischen IS-LM-Welt gefragt. Dies dient dem Nachweis, daß sich das Auslandsschulden- und Reparationsproblem vollständig in einem keynesianischen Modell darstellen läßt, also insbesondere von einem neoklassischen, vollbeschäftigungsorientierten Modellzusammenhang unabhängig ist, entgegen der Vermutung mancher Kritiker des Borchardtschen Revisionismus (vgl. oben Kapitel 2).

Die keynesianische Theorie des Transferproblems[1] hat zum Ergebnis, daß bei freiem internationalen Kapitalverkehr der internationale Transfer einer Geldschuld durch gegenläufige Kapitalbewegungen wenigstens zum Teil kompensiert wird. Heimische Nachfragesteuerung oder Beschränkungen der Kapitalmobilität können zu Grenzfällen führen, in denen der Transfer entweder gar nicht oder im Gegenteil vollständig geleistet wird. Die beiden Teile der Borchardt-These beschreiben in diesem Zusammenhang den Übergang vom ersten Extremfall in den zweiten. Die intertemporale Verbindung wird durch die - im keynesianischen Zusammenhang selbst nicht darstellbare - Anhäufung von Auslandsschulden im Dawes-Plan und die Beschränkung des Zugangs zu Auslandskredit unter dem Young-Plan hergestellt. Unter der Annahme einer keynesianischen, einkommensabhängigen Importfunktion kann empirisch der Rückgang des Volkseinkommens zwischen 1929 und 1932 zu rd. 80% aus der erzwungenen Aktivierung der primären Leistungsbilanz erklärt werden.

In Abschnitt 4.3 wird das keynesianische Unterbeschäftigungsparadigma zugunsten einer expliziten Analyse der Anreizwirkungen der wechselnden Reparationsregimes aufgegeben. In einem stochastischen Ramsey-Modell optimalen Wachstums mit Teilnahmebeschränkungen am internationalen Kreditmarkt kann es unter den Bedingungen des Dawes-Plans für ein Schuldnerland optimal sein, möglichst viel Kredit aufzuneh-

[1] Im besonderen Machlup (1943), Metzler (1942). Eine weitere Verallgemeinerung ist Johnson (1956).

men, um Reparationen durch kommerzielle Auslandsschulden zu verdrängen. In einer Welt mit Unsicherheit über das zukünftige Reparationsregime sowie mit stochastischen Schwankungen des Sozialprodukts ergeben sich Erwartungsgleichgewichte, die später zu einem Schuldenüberhang führen können. Einmal eingetreten, erweist sich ein solcher Überhang als relativ hartnäckig. Für die Dauer des konjunkturellen Einbruchs ist eine Befreiung aus der Schuldenkrise auch dann nicht möglich, wenn wie im Hoover-Moratorium die Reparationen vorübergehend gestundet werden. Auch eine heimische Kreditexpansion scheidet aus. Hierin liegt die ökonomische Rationalisierung der Zwangslagenthese, gewandelt in eine auswärtige Schuldenkrise, die allerdings auf das öffentliche Budget zurückwirkt. Der nicht geringe Preis, der für eine solche Analyse gezahlt werden muß, liegt in der ungenügenden Erklärung des makroökonomischen Transmissionsmechanismus, der von der Zahlungsbilanzrestriktion zum Einbruch des Sozialprodukts bei gleichzeitiger Massenarbeitslosigkeit führt. Trotzdem geht der letzte Abschnitt dieses Kapitels diesen Weg, nicht weil die Vollbeschäftigungsannahme als eine erträgliche Annäherung an die Realitäten des Arbeitsmarkts in der Depression erschiene, sondern um mögliche Anreizmechanismen zu modellieren und auf ihre Tragfähigkeit hin zu untersuchen.

4.2. Eine keynesianische Perspektive: Das Transferproblem neu betrachtet

Im folgenden sei ein keynesianisches Nachfragemodell einer offenen Wirtschaft mit Reparationstransfers betrachtet. Die Wahl des keynesianischen Modellzusammenhangs ist nicht zuletzt taktischer Natur. Um zu zeigen, daß es unter den Bedingungen des Reparationsregimes einen Transmissionsmechanismus gegeben haben kann, der von der Lohnsteigerungs- und Budgetexpansionspolitik der späten zwanziger Jahre (Borchardt-These I) zur besonderen Schärfe des Kriseneinbruchs in Deutschland und einer fiskalpolitischen Zwangslage (Borchardt-These II) führt und von einem angebotsorientierten Modellkontext unabhängig ist, scheint es am einfachsten, einen traditionellen keynesianischen Einnahmen-Ausgaben-Zusammenhang direkt vorauszusetzen und innerhalb dessen das eigene Argument voranzutreiben. Ob mit der Annahme einer keynesianischen Transmission auch eine konzeptionell befriedigende Krisenerklärung geleistet wird, kann hierbei offenbleiben (siehe dazu aber skeptisch Kapitel 2). Für unser Erkenntnisinteresse reicht es im Moment aus, zunächst die Verträglichkeit der Borchardt-These mit einer keynesianischen Kriseninterpretation zu zeigen und dann zu prüfen, ob mit einem solchen Ansatz eine quantitative Erklärung des deutschen Kriseneinbruchs möglich ist.

Die Untersuchung geht in drei Schritten vor. Zunächst wird in Abschnitt 4.2.1 eine Situation modelliert, in der die Zahlungsbilanzbeschränkung noch nicht bindend ist, so daß Reparationszahlungen durch Kapitalimporte kompensiert werden können. Abschnitt 4.2.2 betrachtet die forcierte Anpassung an ein neues Gleichgewicht, wenn aufgrund einer auswärtigen Schuldenkrise kein weiterer Zugang zu Kapitalimporten besteht. In Abschnitt 4.2.3 untersuchen wir kontrafaktische Politikimplikationen für die Weltwirtschaftskrise sowie für die zwanziger Jahre. Abschnitt 4.2.4 wertet die Ergebnisse anhand der empirisch gefundenen Parameterwerte quantitativ aus.

4.2.1. Zahlungsbilanzbeschränkung noch nicht bindend: Der Dawes-Plan

Sidney Alexanders Modell des externen Gleichgewichts in einer offenen Wirtschaft betrachtet unter der Annahme keynesianischer Konsum- und Importfunktionen das Gleichgewicht zwischen den Nettoexporten $NX=X-M$, die eine abnehmende Funktion des Volkseinkommens sind, und den Nettokapitalexporten, die sich als Differenz zwischen den Nettoersparnissen und den Investitionen der Gesamtwirtschaft, $NS = S - (G-T) - I$, ergeben[2]. Ein solches Gleichgewicht ist im oberen Teil von Abbildung 4.1 dargestellt, wobei sich der Überschuß der Handelsbilanz *TB* als Gleichgewicht zwischen *NS* und *NX* ergibt. Eine zusätzliche Last auf die Außenbilanz wird durch die Reparationen *R* eingeführt. Absetzung der Reparationen von den Nettoexporten ergibt die Leistungsbilanz *CA*. Die Ausgangssituation ist Punkt *A* im oberen Teil von Abbildung 4.1 mit einem gleichgewichtigen Volkseinkommen Y_A, bei dem die Leistungsbilanz CA_A geringfügig im positiven Bereich liegt.

Der deutschen Lage um 1925/26 entsprechend, werden die Reparationstransfers vollständig aus Überschüssen geleistet. Der Umstand, daß die Leistungsbilanz sogar leicht positiv ist, zeigt die Fähigkeit des Schuldnerlandes an, sogar über den Reparationstransfer hinaus einen geringfügigen Kapitalbetrag zu exportieren. Allerdings wird der Reparationstransfer mit einem geringen Niveau des Volkseinkommens erkauft; bei Y_A liegen Volkseinkommen und Beschäftigung weit unterhalb des Vollbeschäftigungsniveaus. Im unteren Teil von Abbildung 4.1 ist das entsprechende *IS-LM*-Gleichgewicht abgetragen.

---

[2] Eine gute Lehrbuchdarstellung ist etwa Caves (1990). In den obigen Definitionen bezeichnen *X* die (hier vereinfacht als autonom angenommenen) Exporte, $M = M_a + m\,Y,\ m > 0,$ die einkommensabhängigen Importe, *NS* die Nettoersparnisse der Volkswirtschaft, *S* die private Ersparnis, *G* die Staatsausgaben, *T* die Steuereinnahmen und *I* die Investitionen.

Abbildung 4.1

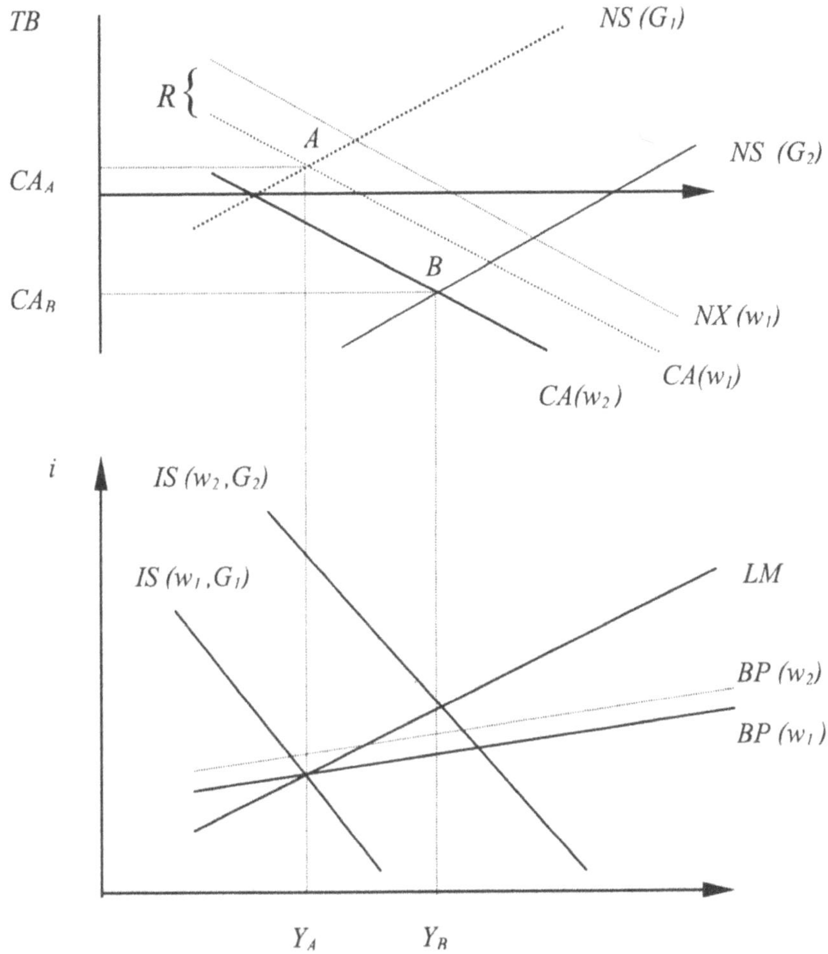

Die Wirkungen eines gleichzeitigen Anstiegs der Löhne (etwa von w_1 nach w_2) sowie der öffentlichen Ausgaben (etwa von G_1 nach G_2) wären nach der Borchardt-These I als Ursache für die spätere Entstehung einer fiskalpolitischen Zwangslage während der Weltwirtschaftskrise anzusehen. Bei erstem Hinsehen scheint eine solche Schlußfolgerung wenig plausibel: Im oberen Teil von Abbildung 4.1 würde ein isolierter Lohnanstieg von w_1 nach w_2 die Nettoexportfunktion *NX* (und im unteren Teil die *IS*-Kurve) nach links verlagern. Der daraus folgende Rückgang des gleichgewichtigen Volkseinkommens würde nur zum Teil durch den induzierten Fall des Zinssatzes wettgemacht, der die Nettokapitalexportfunktion ein Stück weit nach rechts verschiebt. Ein vollständiger Ausgleich des kontraktiven Effekts einer Lohnsenkung oder gar eine Überkompensation mit der Folge einer Ausweitung der gesamtwirtschaftlichen Aktivität wird durch eine kräftige Erhöhung der öffentlichen Ausgaben, hier von G_1 nach G_2, erreicht. Sie verschiebt die Nettokapitalexportfunktion per Saldo nach rechts vom Ausgangspunkt, etwa von *NS* (G_1, w_1) nach *NS* (G_2, w_2). Als Folge eines solchen gleichzeitigen Anstiegs von Löhnen und Staatsausgaben sind im neuen Gleichgewicht sowohl der Lebensstandard wie auch die Beschäftigung und das Volkseinkommen (jetzt Y_B) höher als zuvor.

Unter keynesianischen Voraussetzungen gibt es also an einer parallelen Erhöhung von Lohnsatz und Staatsausgaben anscheinend nichts auszusetzen. Zumindest beim ersten Hinsehen gibt es kein Politikdilemma, das es der Volkswirtschaft unmöglich machen würde, ein Gleichgewicht bei Vollbeschäftigung zu erreichen, auch dann nicht, wenn die internationale Wettbewerbsfähigkeit durch Lohnerhöhungen beeinträchtigt ist. Dies ist die wohlbekannte keynesianische Doktrin von der gegenseitigen Unabhängigkeit der Stabilisierungs- und Verteilungspolitik (Musgrave, 1956). So viel zur ersten Borchardt-These aus der Sicht eines keynesianischen Standardmodells.

Diese Perspektive verschiebt sich erheblich, sobald die Rückwirkungen dauerhafter Zahlungsbilanzdefizite auf den Stand der Auslandsverschuldung in die Betrachtung einbezogen werden. In der Tat haben die Lohnsteigerungen und die Erhöhung der öffentlichen Ausgaben unwillkommene Nebenwirkungen auf die Zahlungsbilanz: Sowohl die Linksverschiebung der Nettoexportfunktion als auch die Rechtsverschiebung der Nettokapitalexportfunktion verschlechtern unter sonst gleichen Umständen die Leistungsbilanz. Solange es Kapitalbewegungen in beide Richtungen gibt, wird die beschriebene Expansion sich durch Kapitalimporte kurzfristig selbst finanzieren. Im Fall des Reparationsschuldners von Abbildung 4.1 bedeutet dies, daß der Reparationstransfer nicht mehr vollständig aus Überschüssen geleistet wird, sondern es zu einem Recycling der Transfers kommen wird – dies ist das Standardergebnis von Metzler (1942). Im Extremfall werden sowohl die Leistungsbilanz CA_B als auch die Handelsbilanz negativ, etwa in Punkt *B* in Abbildung 4.1. In diesem Punkt werden nicht nur die Reparationen durch Kredite kompensiert, sondern darüber hinaus auch noch der Schuldendienst auf kommerzielle Kredite. In diesem Fall, wie er der deutschen Zahlungsbilanz der ausgehenden zwanziger Jahre entspricht, unterhält das Schuldnerland ein Ponzi-Schema, baut also mit hoher Geschwindigkeit eine langfristig unhaltbare Kreditpyramide auf.

Die Unhaltbarkeit dieser spekulativen Kreditnahme im Ausland führt in die Zahlungsbilanz eine bindende Budgetbeschränkung ein. Sobald die Auslandsverschuldung sich der Grenze der Erzwingbarkeit von Rückzahlungen nähert, werden die Auslandsgläubiger ihre Ausleihungen reduzieren und zuletzt ganz einstellen, und die Kreditpyramide stürzt ein. In diesem Fall wird Punkt *B* in Abbildung 4.1 unhaltbar, und an seine Stelle wird eine Austeritätspolitik treten, in der das Land durch Deflationierung und restriktive Fiskalpolitik versucht, der drohenden Schuldenkrise entgegenzutreten und seine Zahlungsbilanz zu stabilisieren. Dies ist die keynesianische Sicht der Borchardt-These I. Die Lohnsteigerungen der zwanziger Jahre führten nicht *per se* zum schweren Kriseneinbruch der dreißiger Jahre. Vielmehr verbanden sie sich mit expansiver Fiskalpolitik zu einer künstlichen, geborgten Konjunktur, die angesichts der deutschen Reparationsverpflichtungen nur mit einer Pyramide von Auslandskrediten unterhalten werden konnte. Von dieser Problematik sprach Stresemann, als er 1928 gegenüber dem Reparationsagenten äußerte, Deutschlands Lage gleiche einem Tanz auf dem Vulkan (McNeil, 1986, S. 229).

4.2.2. Zahlungsbilanzbeschänkung bindend: Der Young-Plan

Von diesen Ergebnissen führt ein direkter Weg zur keynesianischen Untersuchung einer auswärtigen Kreditsperre und ihrer Wirkungen auf die Volkswirtschaft des Schuldnerlandes. Wenn in der Tat, wie in Kapitel 3 dargelegt, die Kreditnahme im Ausland während des Dawes-Plans zum Versiegen des ausländischen Kreditstroms beitrug, so wäre unter keynesianischen Voraussetzungen die anschließende Sanierung der Zahlungsbilanz mit einer scharfen Rezession des Volkseinkommens verbunden. Dabei muß die Aktivität der Gesamtwirtschaft über den income-specie flow-Mechanismus so weit verringert werden, bis der Reparationstransfer ohne kompensierende Kredite, d.h. allein aus den Überschüssen der Handelsbilanz geleistet werden kann. Zu den Reparationsleistungen tritt nun erschwerend der Schuldendienst auf die Auslandskredite aus der Zeit des Dawes-Plans hinzu. Will das Schuldnerland eine einseitige Schuldenstreichung nicht riskieren, so bleibt auch unter strikt keynesianischen Annahmen nur der Weg in eine scharfe Austeritätspolitik. Neben die Reparationen R tritt in Abbildung 4.2 nun als zusätzliche Vorbelastung der Leistungsbilanz CA der Schuldendienst $d\ D$ auf die Kredite der Dawes-Plan-Periode. Ohne Zugang zu weiterem Auslandskredit muß die Leistungsbilanz nunmehr ausgeglichen oder positiv sein, weshalb Punkt B (wie oben in Abbildung 4.1) kein Gleichgewicht mehr sein kann.

Allerdings wird das Schuldnerland keinen beliebig hohen Reparations- und Schuldentransfer akzeptieren. Wie in Kapitel 3 schon angesprochen, sind der Wirkung von Sanktionen und Embargos der Gläubiger gegen das Schuldnerland Grenzen gesetzt, wodurch eine obere Schranke F_{max} für die Leistungsbilanz ins Spiel gebracht wird, jenseits derer es für das Land vorteilhafter wäre, einseitig die Schulden zu streichen und den Wohlfahrtsverlust einer Autarkiepolitik auf sich zu nehmen. Liegt die Summe aus Reparationen und Schuldendienst unterhalb dieses kritischen Werts, ist es für das Schuldnerland sinnvoll, auf einseitige Moratorien zu verzichten. Denn immer noch ist der Wohlfahrtsverlust einer Austeritätspolitik geringer als der Schaden, der aus Embargos, Sanktionen und anderen Repressalien der Reparations- und Kreditgläubiger womöglich entstehen würde.

Abbildung 4.2

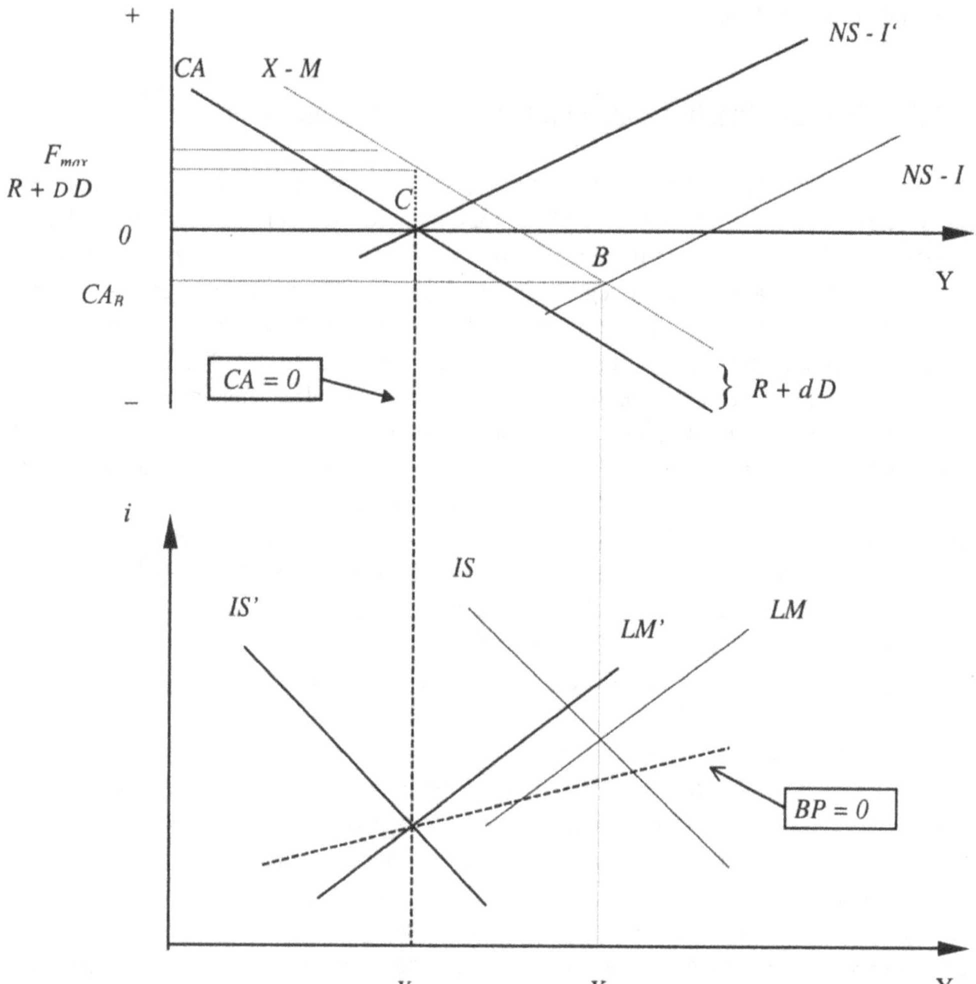

Die Zahlungen $R + d\ D$ sind nunmehr vollständig aus Überschüssen zu leisten. Das zwingt das Schuldnerland zur Anpassung vom vorherigen Gleichgewichtspunkt B an einen neuen Gleichgewichtspunkt C bei ausgeglichener Zahlungsbilanz $CA = 0$. Hier sind bei gegebenem Lohnniveau die Überschüsse der gesamtwirtschaftlichen Ersparnis über die Investitionen hoch genug, um einen Handelsbilanzüberschuß $X - M = r + d\ D$

zu erzeugen[3]. Der springende Punkt an Abbildung 4.2 ist, daß nunmehr gleichzeitig zwei Restriktionen, *CA = 0* und *BP = 0*, die Zahlungsbilanz beschränken. Wegen der Beschränkung von Auslandskrediten unter dem Young-Plan muß der Handelsbilanzüberschuß *X-M* für den Devisenbedarf des Reparationstransfers zuzüglich des Schuldendienstes ausreichen. Daraus ergibt sich die Restriktion *CA = 0*, die sich von einem Anfangszustand *B* aus nicht ohne Linksverschiebung der Nettosparfunktion *NS-I* erfüllen läßt. Die Restriktion *CA = 0* stellt im IS-LM-Diagramm im unteren Teil von Abbildung 4.2 eine vertikale Linie dar: Durch binnenwirtschaftliche Nachfragepolitik allein kann eine außenwirtschaftliche Restriktion nicht mehr aufgehoben werden.

Bei einer Kreditsperre besteht darüber hinaus die Gleichgewichtsbedingung *BP = 0* für Zu- und Abflüsse von Reserven. Unter den Bedingungen einer Schuldenkrise fließt zwar kein Kapital mehr zu, wohl aber droht Kapital abzufließen. Jeder Punkt unterhalb der *BP*-Kurve führt zu Kapitalabflüssen und damit, weil zusätzliche Kreditlinien nicht mehr zu erhalten sind, früher oder später zu Zentralbankkrisen, wie sie Deutschland 1931 ja auch tatsächlich erlebte. Der Schnittpunkt der *BP*-Kurve mit der *CA*-Linie im *IS-LM*-Diagramm bestimmt daher das bestmögliche außenwirtschaftliche Gleichgewicht des Schuldnerlandes (Gleichgewichte mit höherem Zinssatz oder niedrigerem Volkseinkommen sind immerhin noch möglich, führen aber ebenfalls nicht zu Kapitalzuflüssen). Fiskal- und Geldpolitik sind gezwungen, sich durch Austeritätspolitik dem Gleichgewicht *CA=BP=0* passiv anzupassen. Dabei muß der Zinssatz hoch genug liegen, um das Land vor Kapitalabflüssen zu bewahren, während die Fiskalpolitik restriktiv genug sein muß, um die Nettosparfunktion so weit nach links zu verschieben (nach *NS-I'* in Abbildung 4.2), daß die heimische Absorption auf ein mit *CA=0* verträgliches Maß verringert wird.

Weil in Punkt *B* von Abbildung 4.2 und Abbildung 4.1 das Lohnniveau höher liegt als in Punkt *A* von Abbildung 4.1, ist auch das neue Gleichgewicht *C* bei vollem Reparationstransfer in Abbildung 4.2 mit geringerem Volkseinkommen und niedrigerer Beschäftigung verbunden als Punkt *A*. Nur durch eine Politik verschärfter Deflation und Kostensenkung kann das Schuldnerland versuchen, die Nettoexportfunktion *X-M* nach rechts zu verschieben und damit dem Gleichgewichtspunkt B zu entkommen.

Dieses Szenario ist die keynesianische Interpretation der Borchardt-These II. Die Brüning-Deflation von 1930 bis 1932 mit ihrer charakteristischen Verbindung von restriktiver Fiskalpolitik und administrierter Lohnsenkung ist nichts anderes als eine Austeritätspolitik in Anpassung an eine auswärtige Schulden- und Reparationskrise, wobei der keynesianische twin-deficit-Mechanismus die Übertragung zwischen staatlichem Budgetsaldo und Leistungsbilanz bestimmt. Die These von den budgetpolitischen

[3] Die Möglichkeit temporärer Gleichgewichte bei abnehmenden internationalen Reserven und dadurch alimentierten Leistungsbilanzdefiziten wird hierbei außer Ansatz gelassen; für die Weimarer Republik mit ihrem minimalen Auslandsvermögen und schmalen Devisenreserven wäre dieser Fall ohnehin empirisch nicht relevant.

Zwangslagen während der Weltwirtschaftskrise ist also vollständig mit einem keynesianischen Transmissionsmechanismus vereinbar, sobald man nur die Zahlungsbilanzbeschränkungen in Betracht zieht, die von dem Abstoppen der internationalen Kreditvergabe an Deutschland unter dem Young-Plan ausgehen.

Mehr als nur eine technische Einzelheit ist die Frage, was die Multiplikatorwirkungen einer Zahlungsbilanzsanierung zur vollen Übertragung des Reparationstransfers unter den Bedingungen einer auswärtigen Kreditsperre sind. Bei freier Kapitalmobilität wirken bekanntlich zwei Effekte gegeneinander, zum einen die Verschlechterung der Kapitalbilanz entlang der Nettosparfunktion mit Steigung s, zum anderen die Verbesserung der Handelsbilanz entlang der Nettoexportfunktion mit Steigung $-m$. Der Nettoeffekt ergibt den Außenhandelsmultiplikator $1/(s+m)$.

In einer Schuldenkrise ist die partielle Kompensation durch Kapitalimporte nicht mehr möglich. In Abbildung 4.2 erfolgt die Anpassung von B nach C allein entlang der Nettoexportfunktion, der relevante Multiplikator ist also nunmehr $1/m$. Bei der Zahlungsbilanzsanierung zum Zwecke des vollständigen Reparationstransfers ist also die notwendige Einschränkung des Volkseinkommens wesentlich größer, als durch den Außenhandelsmultiplikator angezeigt wird.

4.2.3. Ausbruch aus der Zwangslage?

Analog zum Vorgehen in Kapitel 2.2 lassen sich die politischen Optionen während der Weltwirtschaftskrise und davor untersuchen. Im Goldstandard systemkonform und den Zeitgenossen offensichtlich war die Reaktion einer Deflationierung. Durch Deflation relativ zu den Handelspartnern würde im Modell von Abbildung 4.2 oben die Nettoexportfunktion nach rechts verlagert, um auf diese Weise zu erträglichen Niveaus der Beschäftigung zu gelangen. Dies war von Keynes (1920, 1922) für den Fall eines echten Reparationstransfers vorhergesagte deutsche Exportoffensive. Die keynesianische Kritik der Deflationspolitik hat zumindest innerhalb des IS-LM-Modells keine wirkliche Berechtigung. Nur wenn Schuldendeflation im Sinne von Bernanke (1983) berücksichtigt wird, kann es eine ablehnende Antwort zur Deflation geben. Eingeschränkt wird diese Aussage allenfalls dadurch, daß durch die induzierte reale Wechselkursänderung auch der Realwert der Reparations- und Schuldverpflichtungen steigt, wodurch es bei Abwesenheit von kompensierenden Kapitalströmen gar zu einem realen Übertransfer der Reparationen kommen könnte. Dieses Argument von Metzler (1942) scheint in der wirtschaftshistorischen Diskussion allerdings keine gewichtige Rolle gespielt zu haben.

Die offensichtliche Alternative ist die offene Abwertung. Im keynesianischen Modell hätte sie dieselben Wirkungen wie eine heimische Deflation, allerdings ohne die unerwünschte Schuldendeflation auf den heimischen Finanzmärkten. Wie in Kapitel 3 begründet, bestand der Nachteil dieser Option in ihrer fehlenden Verfügbarkeit: Gegeben den amerikanischen Unwillen, eine deutsche Abwertung zu tolerieren, hätte diese Maßnahme ähnlich gewirkt wie ein einseitiges Moratorium und womöglich mehr Schaden als Nutzen gestiftet. Die tatsächlich gewählte, von Holtfrerich (1982) treffend so bezeichneten „Ersatzabwertung" verband Deflation mit dem Hoover-Moratorium sowie der Stillhaltung und stellte einen gewissen Schutz gegen Kreditabzüge dar, die bei einer Abwertung gedroht hätten.

Die Untersuchung der Abwertungsfrage hinterläßt also trotz ihrer prominenten Rolle in der keynesianischen Kritik an Borchardt einen zwiespältigen Eindruck. Zwischen einer direkten Abwertung oder der Ersatzabwertung durch Deflation kann innerhalb des keynesianischen Paradigmas kaum unterschieden werden; es müssen Zusatzargumente wie etwa die Schuldendeflation ins Feld geführt werden, um wie bei Holtfrerich (1982) das Unterlassen einer offenen Abwertung als das eigentliche große Versäumnis der Brüningschen Währungspolitik zu erblicken. Als Gegenargument könnte auf die Wirkungsverzögerungen von Abwertungen und daraus resultierende J-Kurven-Effekte verwiesen werden. Abgesehen von Andeutungen bei Borchardt (1984) hat das in der Diskussion keine Rolle gespielt. Der bislang einzige Versuch einer empirischen Abschätzung ist die internationale Vergleichsstudie von Bernanke und James (1991), wonach abwertende Länder in der Tat besser aus der Weltwirtschaftskrise hervorgingen als der Goldstandardblock. Ausgerechnet jene Untersuchung kann allerdings als Evidenz gegen die deutsche Politik nicht gelten, da Deutschland darin wegen seiner Ersatzabwertung als Abwertungsland gezählt wird.

Eine keynesianischen Betrachtung des Abwertungsproblems stößt an Aussagegrenzen bei der fehlenden Berücksichtigung von Bestandsgrößenrestriktionen. Einer offenen Abwertung stand die Drohung mit Kreditabzügen entgegen: Aus der Sicht der Gläubiger würde eine deutsche Abwertung ähnlich bewertet wie ein einseitiges Moratorium und hätte ähnliche Reaktionen hervorgerufen. Im keynesianischen Modell könnten Kreditabzüge allenfalls als autonome Kapitalbewegungen interpretiert werden und bleiben damit außerhalb des Erklärungsrahmens. Eine keynesianische Anschauung des deutschen Abwertungsproblems greift insofern zu kurz und führt zur Fehlbeurteilung des wirtschaftspolitischen Entscheidungsproblems. Das amerikanische Beharren auf dem Goldstandard mag irrational gewesen sein; für die deutsche Seite genügte aber ein Blick auf den Schuldenstand, um sich angesichts dieser Forderung auf ein einseitiges Abgehen vom Gold nicht einzulassen und statt dessen in Kooperation mit den USA den Weg der Ersatzabwertung zu gehen.

4.2.4. Reparationstransfers und der deutsche Konjunkturausschlag 1925-36: Kontrafaktische Rechenbeispiele

Bleiben kompensierende Kapitalbewegungen aus, ist die keynesianische Einkommensvariation in Reaktion auf einen exogenen Transferstrom R gerade $-(R/m)$, wobei m der Steigungsparameter der Importfunktion ist. Dieser „Reparationsmultiplikator" ist für die deutsche Zwischenkriegszeit durchaus beachtlich. Borchardt und Ritschl (1992) geben eine Importneigung von 0,13 an, was mit der durchschnittlichen Importquote von etwa 15% gut übereinstimmt. Bei diesen Parameterwerten für *m* führt ein Reparations- und Schuldendienst von ca. 2 Mrd. RM komparativ-statisch zur Abnahme des Sozialprodukts um 9 Mrd. RM. Das ist hoch genug, um einen Großteil der Schrumpfung des deutschen Sozialprodukts in konstanten Preisen zwischen 1929 und 1932 zu erklären.

Derselbe Effekt gilt übrigens umgekehrt. Die Aufhebung der Reparationen im Jahr 1932 sowie die Verringerung des Schuldendienstes durch Rückkauf, Stillhaltung und Transfersperre würden mit zusammen ca. 2,6 Mrd. RM pro Jahr eine Steigerung des Sozialprodukts von knapp 19 Mrd. RM gegenüber seinem Tiefstand von 1932 erklären können. Das entspricht gut zwei Dritteln des Anstiegs im Sozialprodukt zwischen dem Tiefpunkt der Weltwirtschaftskrise und 1936, dem Beginn des Vierjahresplans.

Wie hätte demnach eine Strategie auszusehen gehabt, um die Deflation der Jahre 1929-1932 zu vermeiden? Eine solche Politik hätte bereits 1925 beginnen müssen, da ein intertemporales trade-off zwischen dem Sozialprodukt während des Dawes-Plans und dem Sozialprodukt während des Young-Plans besteht: Kontrafaktisch wäre zu fragen, wie hoch das Sozialprodukt hätte sein dürfen, das mit einem effektiven Transfer der Reparationen im Dawes-Plan vereinbar gewesen wäre. Dazu betrachten wir, wie ein voller Reparationstransfer seit 1925 sich ausgewirkt hätte (Abbildung 4.3).

Abbildung 4.3: Tatsächliches Sozialprodukt und alternative Verläufe bei vollem Reparationstransfer, Preise von 1913

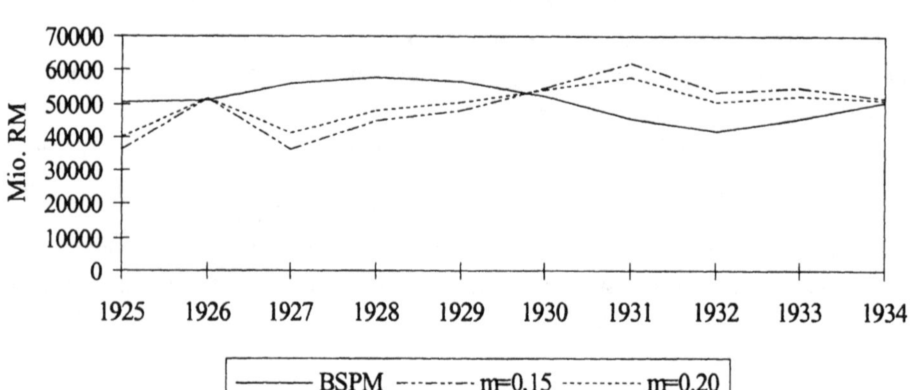

Zur Vereinfachung sei hierbei angenommen, ab 1930 wären auch in diesem Fall die Annuitäten des Young-Plans zu leisten gewesen. Diese Annahme hilft, den reinen Differentialeffekt der kommerziellen Auslandsverschuldung Deutschlands unter dem Dawes-Plan herauszuarbeiten. Über den Importmultiplikator kann die Differenz zwischen dem tatsächlichen und dem kontrafaktischen Sozialprodukt ermittelt werden als das *1/m*-fache der Summe aus jährlichen Reparationsüberweisungen plus vermiedenem Defizit des Außenbeitrags. In Abbildung 4.3 werden das tatsächliche Sozialprodukt (BSPM)

und das gleichgewichtige Sozialprodukt bei ausgeglichener Leistungsbilanz unter alternativen Annahmen über den Importmultiplikator, m = 0,15 und m = 0,2, betrachtet. Hätte Deutschland in den zwanziger Jahren eine Politik des vollen Reparationstransfers betrieben, so hätte sich danach die Krise um fünf Jahre nach vorn verlagert. Je nach Annahme über die Einkommensabhängigkeit der Importnachfragefunktion hätte das Sozialprodukt am Tiefpunkt dieser Krise gleichauf mit dem von 1932 oder noch darunter gelegen. Dieses Szenario wurde zeitgenössisch von Schacht und anderen als Reparationskrise beschworen, die durch den Versuch ausgelöst worden wäre, Reparationen aus Überschüssen zu leisten und nicht durch Kapitalimporte auszuhebeln.

Ab 1930 liegen beide Simulationen über dem tatsächlichen Verlauf. Hier wird die Leistungsbilanz vom Schuldendienst auf das Reparations-Recycling der Vorjahre entlastet. Ohne diesen Schuldendienst hätte der deutsche Aufschwung wie in Frankreich bis 1931 angehalten. Allerdings enthalten beide Simulationen die tatsächliche Verringerung der Reparationslast ab Mitte 1931 und liegen darum ab 1931 zu hoch.

Ein vollständiger Transfer der Reparationen im Dawes-Plan stellt natürlich einen Extremfall dar. Sei in einem mittleren Szenario bis 1929 in jedem Jahr außer 1926 eine Mrd. RM Auslandskredit in laufenden Werten aufgenommen worden. Ab 1930 hätte das bei einem Zinsfuß von 5% einen zusätzlichen jährlichen Zinsendienst von 200 Mio. RM gegenüber der Basissimulation begründet.

Abbildung 4.4: Tatsächliches Sozialprodukt und alternative Verläufe bei mäßiger Auslandskreditnahme vor 1930, Preise von 1913

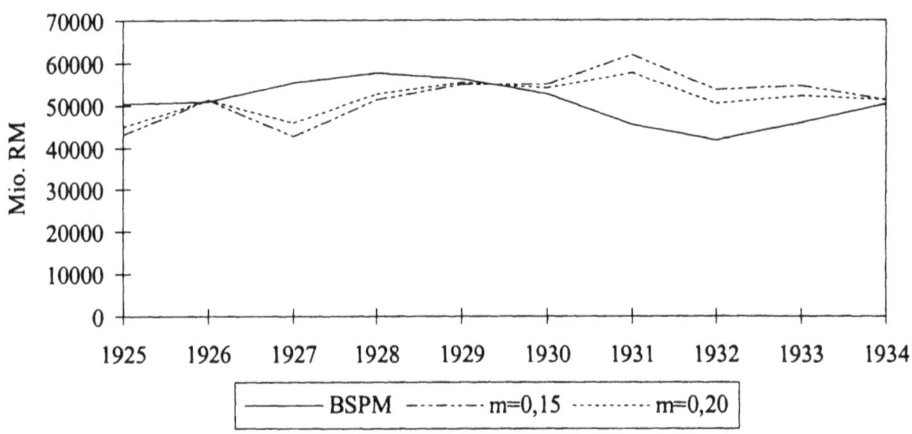

In Abbildung 4.4 liegen die Verläufe des Sozialprodukts unter dieser Annahme für die zwanziger Jahre etwas höher als in der Basissimulation. Eine moderate Auslandsverschuldung bis 1929 hätte zu einer weniger scharfen Krise in den zwanziger Jahren geführt, ohne die dreißiger Jahre über Gebühr vorzubelasten. Auch dieser Verlauf bringt aber die Scheinblüte der „Goldenen Zwanziger" zum Verschwinden. Die deutsche

Volkswirtschaft hätte vor 1929 ähnlich wie England in einem hartnäckigen Unterbeschäftigungsgleichgewicht verharrt. Damit erklärt sich auch, warum die deutsche Konjunktur günstiger verlief als in England. Beide Länder waren ähnlich stark überschuldet, Deutschland hatte aber durch den Dawes-Plan leichten Zugang zu ausländischen Krediten, während England mit hartnäckigen Zahlungsbilanzprobleme kämpfte.

Durch eine restriktive Haushaltspolitik und eine strikte Beschränkung des Auslandskredits nach 1925 hätte Deutschland also den Dawes-Plan annähernd erfüllen können und zugleich die Voraussetzung für Handlungsspielräume der Konjunkturpolitik in der Weltwirtschaftskrise geschaffen. Der Preis für ein solches Vorgehen hätte allerdings in der Vorverlagerung der Krise in die zwanziger Jahre bestanden; ein starker Aufschwung nach 1926 und eine Erfüllung des Dawes-Plans schlossen einander offenbar aus.

Diese keynesianische Interpretation der Borchardt-Debatte bleibt notwendig unvollständig, da das Modell über wesentliche Elemente der Diskussion keine Aussagen treffen kann. Es fehlen Ergebnisse zu den Anreizwirkungen eines solchen Pfades auf die privaten Investitionen und zur Bewältigung des Verteilungskonflikts, den ein niedrigeres Sozialprodukt in den zwanziger Jahre hervorgerufen hätte. Immerhin aber zeigt sich, daß die Borchardt-These vollständig in einem keynesianischen Modell nachvollzogen werden kann. Die Kreditexpansion ab 1925/26 induzierte einen Aufschwung, der den effektiven Reparationstransfer im Dawes-Plan vereitelte. Die „Krise vor der Krise" bestand somit darin, die zum Reparationstransfer schon in den zwanziger Jahren notwendige Deflationierung der heimischen Volkswirtschaft hinauszuschieben. Die Expansion des Sozialstaats, das Vorherrschen der öffentlichen über die privaten Investitionen und die starken Lohnsteigerungen waren die binnenwirtschaftlichen Folgen dieser Kreditkonjunktur auf Zeit. Die Beseitigung des Transferschutzes im Young-Plan, verstärkt um den Entzugseffekt der Zinsbelastungen auf die aufgelaufene Auslandsschuld, machte zur Stabilisierung der Zahlungsbilanz nach 1929 eine um so stärkere Kontraktion der Fiskalpolitik erforderlich – dies wären die Zwangslagen der Konjunkturpolitik in der Weltwirtschaftskrise.

Aus keynesianischer Sicht betrieb die Weimarer Republik zweimal prozyklische Finanzpolitik, sowohl im Dawes-Aufschwung als auch in der Weltwirtschaftskrise. Die Ausschöpfung des begrenzten Spielraums für Auslandskredit zur Unzeit erzwang später den Budgetausgleich während der Krise. Hätte die Weimarer Politik antizyklische Verschuldungspolitik schon während der Dawes-Plan-Phase betrieben und deflationiert, wäre eine Kreditrestriktion während der Weltwirtschaftskrise vermieden worden und eine expansivere Budgetgestaltung während des Kriseneinbruchs möglich gewesen. Im Ergebnis hat die fiskalische Expansion ab 1926 sowohl den Aufschwung der Folgejahre erst möglich gemacht als auch den nachherigen Kriseneinbruch verschärft. Dies ist die keynesianische Interpretation der Borchardt-These; das Bindeglied zwischen ihren beiden Teilen war Deutschlands begrenzte Kreditwürdigkeit im Ausland, die durch den Wegfall des Transferschutzes ab 1929 spürbar wurde.

Einige Bemerkungen zur Vorsicht sind am Platze. Die hier vorgeführten Zahlenbeispiele nehmen keine Rücksicht auf die politischen Nebenbedingungen der Konjunkturpolitik in den zwanziger Jahren. Das darf nicht zu der Schlußfolgerung verleiten, die Probleme in den mittleren zwanziger Jahren seien politischen besonders leicht zu lösen gewesen. Im Gegenteil scheint das fraglich – die „Krise vor der Krise" kam nicht von ungefähr. Zweitens ignoriert das Modell auch die internationale Durchsetzbarkeit eines Reparationstransfers aus Überschüssen. So wären etwa Schutzzölle der Reparationsempfänger einzubeziehen. Das unterbleibt hier, kann aber als Fragestellung zukünftiger Forschung im Blick behalten werden. Drittens stellen die Simulationen keine Aussage über die Geltung des Modells selbst dar. So wird etwa die Frage, ob empirisch tatsächlich von stabilen Einkommenselastizitäten und -multiplikatoren der Handelsbilanz ausgegangen werden darf, hier nicht berührt. Die Simulationsergebnisse für die zwanziger Jahre mit ihrer Auslenkung im Jahr 1926 legen nahe, daß der keynesianische Zusammenhang keine befriedigende Erklärung der Konjunkturbewegung leistet. Allerdings ist eine Lösung dieser Probleme hier nicht das Erkenntnisziel. Hier war ausschließlich zu zeigen, daß sich fiskalpolitische „Zwangslagen" während der Weltwirtschaftskrise mühelos in ein keynesianisches Modell der deutschen Zwischenkriegszeit einführen lassen. Wäre ein anderer, antizyklischer Zeitpfad der deutschen Auslandsverschuldung gewählt worden wäre, so lassen sich damit dramatisch andere als die tatsächlichen Konjunkturverläufe erzeugen. Die These von den fiskalischen Zwangslagen der Brüning-Zeit steht einer keynesianischen Interpretation der deutschen Krise und Konjunktur nicht entgegen.

4.3. Die Anreizeffekte der Reparationen: Eine neoklassische Betrachtung

Im folgenden soll die Perspektive gewechselt und nach Rückwirkungen der Reparationsregimes in einem Modell optimalen stochastischen Wachstums gefragt werden, in dem die Anreizeffekte der Reparationen explizit berücksichtigt werden. Bislang hatten wir eine Beschränkung des Auslandskredits durch den Young-Plan nur behauptet und durch Diskussion der historischen Fakten plausibel gemacht. Daß aber solche Wirkungen ihre wirtschaftliche Logik haben, ist noch zu zeigen. Zu diesem Zweck skizzieren die folgenden Abschnitte ein neoklassisches Mehrperioden-Wachstumsmodell, dessen Konsumzeitpfad von einem sozialen Planer optimal gewählt wird. In dieses Modell werden nach und nach die Restriktionen der verschiedenen Reparationsregimes eingeführt. Der Preis für diese Analyse der Anreizwirkungen liegt in der Vernachlässigung von Unterbeschäftigungseffekten. Für die Weltwirtschaftskrise ist dieser Mangel offensichtlich mehr als ein geringfügiger Schönheitsfehler. Um zumindest parametrisch dieses Problem einzufangen, wird in einigen Versionen des Modells ein multiplikativer Effekt von Zahlungsbilanzumschwüngen auf das Volkseinkommen unterstellt.

In einem Modell ohne Reparationen wird eine Volkswirtschaft, die weitab von ihrem Gleichgewichtspfad liegt, bei einer Öffnung für internationale Kapitalbewegungen in der ersten Periode immer eine Kreditkonjunktur erleben. Auch ohne die Reparationen kann ein Teil des Weimarer Konsumrauschs der späten zwanziger Jahre auf diese Weise erklärt werden. Führt man Grenzen für die Durchsetzbarkeit von Ansprüchen an das Schuldnerland ein, so ergibt sich eine Kreditlinie, die der Auslandsverschuldung eine Grenze setzt. Dann wird die Zinsparität mit dem Ausland womöglich nicht erreicht; auch das Vorliegen eines Zinsdifferentials ist demnach aus Marktfundamentalen erklärbar. Die Anreizeffekte der Reparationsregelungen ergeben sich nun als Modifikationen dieses Kreditlimits. Der Transferschutz unter dem Dawes-Plan gab Deutschland den Anreiz zur übermäßigen Kreditaufnahme, wobei die Kreditbeschränkung als Hebel mißbraucht werden konnte, um dem Reparationstransfer zu entgehen. Ist allerdings die Transferschutzklausel nicht völlig glaubwürdig, führt dies zu einer Verringerung der Kreditlinie bereits in der ersten Periode. Zusätzlicher Kredit ist dann allenfalls zur internationalen Absicherung des heimischen Konjunkturrisikos erhältlich. Bei stochastischen Konjunkturschwankungen kann der Übergang zum Young-Plan zu forcierten Ressourcentransfers und zuletzt zu einem hartnäckigen Schuldenüberhang führen.

4.3.1. Ein kleines Modell der deutschen Auslandsverschuldung

Das folgende Modell enthalte aus Gründen der Einfachheit nur zwei Perioden. Eine als Sozialplaner agierende Politikinstanz des Schuldnerlandes maximiere eine isoelastische Wohlfahrtsfunktion:

$$U = \sum_{t=1}^{2} \beta^t \frac{c_t^{1-\sigma}}{1-\sigma} \qquad [4.1]$$

unter Geltung der Sozialproduktsidentität

$$k_{t+1} = (1-\delta) k_t + y_t - f_t - s_t - c_t \qquad [4.2]$$

mit k_t als dem Kapitalbestand der Periode, δ der Abschreibungsrate, y_t dem Inlandsprodukt, f_t den Nettoexporten, s_t den Reparationen und c_t als dem Konsum. Das Arbeitsangebot sei inelastisch vom Umfang 1 (d.h. wir versuchen uns nicht an einer Erklärung mit Hilfe eines realen Konjunkturzyklus, in dem Beschäftigungsfluktuationen auf Arbeit-Freizeit-Kalküle zurückgehen). Mit dieser Normierung läßt sich die Cobb-Douglas-Produktionsfunktion direkt in Pro-Kopf-Werten schreiben als:

$$y_t = k_t^{\alpha} \tag{4.3}$$

In den folgenden Teilabschnitten werden wir eine Anzahl von Restriktionen auf f_t und s_t einführen. Weil diese zu einer Klasse nicht-rekursiver Lösungen des Problems führen, können standardmäßige Techniken dynamischer Programmierung nicht angewendet werden (Kydland, 1980; Marcet und Marimon, 1992). Darin und im Bestreben, analytisch klare Lösungen zu erhalten, liegt der Hauptgrund für eine Beschränkung auf zwei Perioden; allgemeinere Lösungen mit Hilfe eines Lagrangeansatzes für die nicht-rekursiven Nebenbedingungen werden bei Marcet und Marimon (1994) entwickelt.

4.3.1.1. Vollständige Selbstbindung

Im einfachsten Fall kann das Schuldnerland sich glaubwürdig zur Leistung eines jeden Betrags an Schuldendienst verpflichten, der seine intertemporale Budgetrestriktion nicht übersteigt. Offensichtlich kann eine solche Situation nur in Extremfällen eintreten, etwa wenn hohes Auslandsvermögen existiert, das als Sicherheit dienen könnte, oder aber unter dem Druck militärischer Besetzung durch eine Macht, die vor inhumanen Methoden der Besteuerung nicht zurückschreckt. Zur Einfachheit sei angenommen, daß nach einer Vorperiode der Autarkie das Land in Periode 1 für den Kapitalimport geöffnet wird und alle Kredittransaktionen in Periode 2 abgeschlossen werden müssen. Volle Selbstbindung bedeutet, daß der gesamte zuvor aufgenommene Kredit in Periode 2 verzinst und getilgt wird, so daß:

$$f_2 = -(1+i)\, f_1 \tag{4.4}$$

Dabei ist sind die Nettoexporte im Fall eines Schuldnerlandes in der letzten Periode wegen des Schuldendienstes positiv, $f_2 > 0$, und vice versa, wobei i den exogenen, konstanten Weltmarktzinssatz darstellt. Lösung des Sozialplanungsproblems in Periode t ergibt:

$$(1-\delta) + f'(k_{t+1}) = 1+i \tag{4.5}$$

Bei perfektem Kapitalmarkt besteht die optimale Entscheidung natürlich darin, die heimische Bruttoprofitrate dem Weltmarktzinssatz anzugleichen. In Periode 1 wird Kredit aufgenommen, wenn die heimische Profitrate bei Autarkie den internationalen Zinssatz übersteigen würde und umgekehrt. Daß es für Deutschland nach dem Ende der Hyperinflation solche Spielräume des Aufholens und Nachholens gab, zeigte sich in Kapitel 2 aus dem Produktivitätsvergleich mit England und den USA sowie mit der eigenen Produktivitätsleistung vor dem Kriege.

Trotz seiner Einfachheit gibt das Exempel doch einen Hinweis auf die Gestalt eines solchen Aufholprozesses. Umfangreiche Kreditnahme auf dem internationalen Markt ermöglicht es einem Land, seinen Konsumpfad intertemporal zu glätten und vom Zeitprofil der heimischen Produktion und Kapitalakkumulation unabhängig zu machen. Bei der Öffnung des Marktes für internationales Kapital in Periode 1 liegen die beiden letzteren Indikatoren noch weit unterhalb des Wachstumsgleichgewichts, während der Konsum bereits zu seinem Gleichgewichtspunkt springt. Von dort an ist sein weiterer Verlauf (in diesem einfachen Fall) allein von Zinssatz und Zeitpräferenzrate bestimmt. Die Auslandsverschuldung in Periode 1 ist also eine Konsumanleihe.

Dies bietet eine Erklärung für die in Kapitel 2 festgestellte außerordentliche Glättung der deutschen Konsumzeitreihe gegenüber dem Einkommen während der zwanziger Jahre. Vor allem aber läßt sich mit diesem Ergebnis die unproduktive Verwendung der Kredite während des Dawes-Plans erklären. Der Dawes-Plan hatte zum Ziel, Deutschlands Kapitalbestand und damit seine Zahlungsfähigkeit zu erhöhen. Bald jedoch stellte sich heraus, daß ein Großteil der hereingekommenen Gelder für konsumnahe Zwecke, vom sozialen Wohnungsbau bis hin zu Schwimmbädern und Sportstadien, ausgegeben wurde, ein Luxus, den sich Deutschlands Gläubigerländer keineswegs im selben Umfang leisteten und der die Kritik des Reparationsagenten hervorrief. Ein Blick auf intertemporales Konsumverhalten stellt jedoch klar, daß eine solche Kritik naiv war. Sobald die Budgetrestriktion eines intertemporal optimierenden Konsumenten gelockert wird, besteht das Ergebnis seiner Re-Optimierung immer darin, den Konsum über die Zeit hinweg auszugleichen. Die deutsche Konsumkonjunktur der Goldenen Zwanziger Jahre war ohne Zweifel ein Tanz auf dem Vulkan, dies allein schon wegen der drohenden, nicht beseitigten Reparationen. Aber auch ohne Vulkan, so unser erstes Ergebnis, wäre in den Goldenen Zwanzigern getanzt worden

4.3.1.2. Unvollständige Selbstbindung: Der allgemeine Fall

Nun sei angenommen, daß aufgrund der begrenzten Drohwirkung von Strafmaßnahmen wie Sanktionen, Embargos, Enteignung von Auslandsvermögen[4] das Schuldnerland sich glaubwürdig lediglich zur Rückzahlung eines Maximalbetrages $f_2^* \geq 0$ in der Schlußperiode verpflichten kann[5]. Instruktiv ist zunächst die Betrachtung von

Fall (a): $f_2^* = 0$, keine Selbstbindung möglich.

[4] Im Versailler Vertrag waren ansehnliche Teile des deutschen Auslandvermögens, darunter Patent- und Markenrechte sowie Firmennamen in den Siegerländern enteignet worden. In gleichem Maße wurde die Hemmschwelle für eine einseitige Streichung deutscher Auslandsschulden herabgesetzt.

[5] Dazu sei unterstellt, daß auswärtige grundsätzlich vor heimischen Transaktionen stattfinden.

In diesem Extremfall haben Sanktionen und andere Strafmaßnahmen keinen Effekt: Das Schuldnerland kann sich ohne Wohlfahrtsverlust in die Autarkieposition zurückziehen. Der Sozialplaner hat einen Anreiz, in Periode 2 zu reoptimieren, so daß:

$$\frac{\partial U_2}{\partial f_2} = -c_2^{-\sigma}(1+i) < 0 \qquad [4.6]$$

Auf diese Weise ist es für den Sozialplaner immer vorteilhaft, sich zeitinkonsistent zu verhalten und den Schuldendienst zu verweigern, um die Randlösung $f_2^{*} = 0$ zu erreichen. Ist dies allgemein bekannt und rational von den Kreditoren erwartet, wird schon in der ersten Periode kein Kredit gegeben. Ein Schuldner, der sich nicht glaubwürdig zur Rückzahlung verpflichten kann, ist von vornherein nicht kreditwürdig.

Wirklich unvollständige Selbstbindung ergibt sich in:

Fall (b) : $f_2^{*} > 0$ konstant.

Dies impliziert eine strikt positive obere Schranke für den in Periode 1 erhältlichen Kredit,

$$-f_1 \leq \frac{1}{1+i} f_2^{*} \qquad [4.7]$$

wobei der unter der Teilnahmebeschränkung in Periode 1 erhältliche Kredit als $-f_1$ bezeichnet wird (f ist als Nettoexport definiert, so daß Nettokreditnahme $f < 0$ impliziert). Ob die Teilnahmebeschränkung bindend wird oder nicht, bestimmt sich durch die Kuhn-Tucker-Bedingungen des Problems:

$$\frac{\partial U}{\partial f_1^{*}} < 0 \Leftrightarrow |f_1^{*}| < |f^{**}|; \quad \frac{\partial U}{\partial f_1^{*}} = 0 \Leftrightarrow f_1^{*} = f^{**} \qquad [4.8]$$

worin f^{**} zum Vergleich die optimale Kreditnahme im Optimierungsproblem ohne Teilnahmebeschränkung in Gl. [4.3] oben angibt. Auswertung der ersten dieser Optimalbedingungen ergibt $i < r < r_A$, wobei r die heimische Bruttoprofitrate unter unvollständiger Selbstbindung und r_A den Zinssatz unter Autarkiebedingungen darstellt. Demnach wird bei Vorliegen einer bindenden Kreditbeschränkung die Zinsparität nicht vollständig erreicht. Somit ist der mögliche Kapitalimport nicht ausreichend, um dem Sozialplaner die vollständige Glättung des Konsumpfades über die Zeit zu ermöglichen.

Statt dessen ist der Konsumpfad steiler und das Zeitprofil von Produktion und Kapitalakkumulation flacher als im Optimum ohne Teilnahmebeschränkung.

Auch dieses einfache Beispiel hat eine mögliche praktische Anwendung auf unseren Fall, denn es zeigt, daß eine Kreditbeschränkung zu Zinsspreizungen führen kann, ohne daß diese als Risikoprämie oder Indikator einer allgemein niedrigen Kapitalmobilität interpretiert werden dürfen. So kann man sich entsprechend das Zinsdifferential zwischen Berlin und dem internationalen Markt als einen Indikator für die Abweichung der deutschen Kapitalintensität vom internationalen Durchschnitt vorstellen.Wie in Kapitel 3 gezeigt, ist diese Abweichung 1924/25 besonders hoch und nimmt danach rapide ab.

4.3.2. Die Interaktion von Auslandsschulden und Reparationen

4.3.2.1. Konstante Lump-Sum-Reparationen und unvollständige Selbstbindung

Reparationen kommen auf dieselbe Weise ins Spiel wie der Schuldendienst auf internationale Kredite. Der Unterschied besteht in der Abwesenheit vorheriger Kreditnahme. Seien in der Anfangsperiode die Reparationen auf einen fixen Betrag $\bar{s}_1$ festgelegt. Offensichtlich sind dem Sozialplaner Reparationen zuwider, denn $\frac{\partial U_1}{\partial s_1} = -c_1^{-\sigma} < 0$ gilt überall: die besten Reparationen sind keine Reparationen. Natürlich kommt der Schuldner mit einer Strategie der Nichtzahlung nicht immer zum Ziel. Nimmt man wie zuvor eine Situation unvollständiger Selbstbindung an, so könnte sich das Land kommerziellen Kreditoren gegenüber glaubwürdig zu Transfers in Höhe von $f_1^* > 0$ verpflichten, wobei f_1^* annahmegemäß den Entscheidungen des Sozialplaners exogen ist. f_1^* bestimmt dann den maximalen Transferbetrag von Reparationen plus Schuldendienst, der mit Sanktionsdrohungen etc. aus dem Schuldnerland herausgepreßt werden kann:

$$f_1 + s_1 \leq f_1^* \qquad [4.9]$$

Vernachlässigt man etwaige Auslandsschulden aus früheren Perioden, so ist f_1^* die Obergrenze für die erzwingbaren Reparationszahlungen in den Perioden 1 und 2. Wegen der (hier angenommenen, aber nicht zwangsläufigen) Exogenität des Kreditlimits haben die Reparationszahlungen an diesem Grenzwert den Charakter einer nicht allokationsverzerrenden Pauschalsteuer: Was auch immer das Schuldnerland tut, werden seine Gläubiger kommen und Reparationen bis zum Betrag f_1^* requirieren. Das Argument gilt automatisch für alle Perioden. Reparationen müssen, um durchsetzbar zu sein, in jeder Periode innerhalb des Kreditlimits des Schuldnerlandes liegen. Wann immer sie diese Grenze überschreiten, ist es für das Schuldnerland vorteilhaft, den Transfer teilweise zu verweigern und genau den Betrag f_t^* zu transferieren.

So einfach dieses Gedankenexperiment ist, weist es doch auf eine grundsätzliche Schwäche der Reparationsdebatte und -politik nach dem Ersten Weltkrieg hin. Während Keynes (1920) die Reparationen abgelehnt hatte, weil Deutschland nicht zahlen könnte, würde die Theorie der souveränen Verschuldung sie ablehnen, weil Deutschland nicht zahlen würde. Bereits die erste Phase der Auseinandersetzung zwischen Deutschland und den Gläubigerländern um die Reparationen ist von dieser Thematik geprägt gewesen. Uneinigkeit über die deutschen Reparationen führte Anfang 1923 zur Ruhrbesetzung. Der von der Reichsregierung daraufhin ausgerufene passive Widerstand verringerte wie beabsichtigt den Ertrag dieser Zwangsmaßnahme für die Alliierten. Andererseits wirkte er beschleunigend auf die Hyperinflation und erhöhte so die sozialen Kosten für die deutsche Seite. Hierin zeigt sich der Mechanismus beschränkter Durchsetzbarkeit von Forderungen gegen einen souveränen Schuldner: Auch die Anwendung militärischer Zwangsmaßnahmen kann keine beliebigen Reparationen garantieren. Nach dem Zweiten Weltkrieg machte Frankreich mit seiner südwestdeutschen Besatzungszone noch einmal dieselbe Erfahrung, ebenso in gewissem Umfang die Sowjetunion, die nach den Unruhen von 1953 die Fortsetzung ihrer Reparationsentnahmen aus der DDR aufgab (vgl. unten Kapitel 5).

Auch die völlige Zahlungsverweigerung durch den Schuldner ist aber kein gangbarer Weg, da die Sanktionen der Gläubiger schmerzhafte Wohlfahrtseinbußen verursachen. Es ist daher eine dominante Strategie, dem Gläubiger gerade jenen Betrag zu transferieren, der ihn von der Fortsetzung seiner Zwangsmaßnahmen abbringt (zur Modellierung des Problems als Nachverhandlungsspiel vgl. Bulow und Rogoff, 1989).

4.3.2.2. Reparationen unter der Transferschutzklausel

Der Dawes-Plans war als Lösung für den Reparationskonflikt des Jahres 1923 konstruiert. Ein wesentlicher Punkt des Plans war der Transferschutz, der Deutschland im Falle einer Transferkrise vor einem Ansturm auf die Reichsbank schützen sollte. Damit hatten die kommerzielle Kredite an Deutschland de facto Vorrang vor den Reparationen (vgl. Kapitel 3). Seien (s_1^D, s_2^D) die festgelegten Reparationen im Dawes-Plan. Unter dem Transferschutz wird aber nur maximal so viel wirklich transferiert, wie nach Abzug des kommerziellen Schuldendiensts von der Gesamtsumme des Erzwingbaren übrigbleibt:

$$s_t = \min\{f_t^* - f_t;\ s_t^D\} \qquad [4.10]$$

Sei in Periode 1 die Transferschutzklausel noch nicht bindend. In der zweiten Periode wird sie bindend, wenn die Dawes-Annuität und der Schuldendienst nahe genug am

Maximum f_2^* liegen. Um dies zu zeigen, betrachten wir das Optimierungsproblem des Sozialplaners in Periode 1,

$$U_1 = \frac{1}{1-\sigma}((1-\delta)k_1 - k_2 + y_1 - f_1 - s_1)^{1-\sigma} + \beta^{-1}\frac{1}{1-\sigma}((1-\delta)k_2 - k^* + y_2 - f_2 - s_2)^{1-\sigma} \qquad [4.11]$$

Daraus ergibt sich unter Beachtung von 4.10:

$$\frac{\partial U}{\partial f_2}\begin{cases} <0, f_2 < f_2^* - s_2^D \\ =0, f_2 \geq f_2^* - s_2^D \end{cases} \qquad [4.12]$$

Sobald der kommerzielle Schuldendienst eine gewisse kritische Schwelle erreicht, werden die Opportunitätskosten eines weiteren Anstiegs der kommerziellen Verschuldung null. Daher verhält sich das Schuldnerland, als seien die Reparationen inexistent, wenn diese „niedrig" sind, und springt zum Punkt maximaler Kreditaufnahme in Periode 1, wenn die Reparationen „hoch" sind.

$$\frac{dU}{df_1} = \frac{\partial U}{\partial f_1} - \frac{1}{1+i}\frac{\partial U}{\partial f_2} = \begin{cases} -c_1^{-\sigma} + \frac{\beta}{1+i}c_2^{-\sigma} = 0, & f_2 < f_2^* - s^D \\ -c_1^{-\sigma} + \frac{\beta}{1+i}c_2^{-\sigma}(1 + \frac{ds}{df_2}) < 0, & f_2 \geq f_2^* - s^D \end{cases} \qquad [4.13]$$

Das ergibt sich wiederum aus [4.10], da jenseits des dort angegebenen Schwellenwerts die effektiv geleisteten Reparationen sich um denselben Betrag verringern, wie sich die kommerzielle Verschuldung erhöht: $ds_2 / df_2 = -1, f_2 \geq f_2^* - s^D$. Die Wohlfahrtsfunktion in [4.11] ebenso wie die letzten beiden Ungleichungen in [4.12] sind jeweils abnehmende Funktionen in s_2 bzw. s^D. Jenseits des kritischen Werts in [4.10] wird s_2 in [4.11] durch $f^* - f_2$ ersetzt, und [4.11] wird von f_2 unabhängig. Je weiter also die Kapitalintensität im Ausgangszustand von ihrem internationalen Gleichgewichtswert entfernt ist ($|f_1|$ ist hoch) und je höher die Reparationsannuitäten liegen, um so mehr wird das Schuldnerland dazu geneigt sein, seinen Reparationsverpflichtungen durch maximale Kreditaufnahme bis zu seinem Kreditlimit zu entgehen. Sobald sich das Land im kreditbeschränkten Bereich befindet, wählt es den Eckpunkt vollständiger Reparationsverweigerung: Die Summe aus Reparationszahlungen und kommerziellem Schuldendienst ist nunmehr für alle Niveaus des kommerziellen Schuldendiensts oberhalb von $f_2^* - s^D$ eine Konstante, so daß es keine Grenzkosten weiterer kommerzieller Kreditnahme in der ersten Periode gibt. Diese Bedingung wird in Abbildung 4.5 graphisch veranschaulicht.

Abbildung 4.5: Anreizverzerrungen für das Schuldnerland im Dawes-Plan

| Voller Schuldendienst | Teilweise Zahlungseinstellung |

$s^D = 0$ $s^D = f_2^* - f_2$ $s^D = f_2^*$

Bei Zunahme der Reparationen s^D von null bis zur vollen Ausschöpfung der Teilnahmebeschränkung f_2^* ändern sich die Anreize für das Schuldnerland, sobald die Reparationen die Differenz zwischen dem Maximum f_2^* und den bevorrechtigten kommerziellen Schulden f_2 überschreiten. In der Zone der Zahlungseinstellung hat das Schuldnerland den Anreiz, möglichst viel Kredit in der ersten Periode hereinzunehmen und in der zweiten Periode auf Kosten der Reparationen nur den konstanten Betrag f_2^* zurückzuzahlen. Dies ist der in Kapitel 3 besprochene Anreiz für die deutsche Seite, zukünftigen Reparationen in dem Maße zu entgehen, in dem unter dem Schutz der Transferklausel des Dawes-Plans kommerzielle Kredite hereingenommen wurden.

4.3.2.3. Der Übergang zu bevorrechtigten Reparationen I: Kreditlimit bekannt

Im Zusammenhang des Modells aus dem vorigen Abschnitt sei für einen Moment angenommen, daß zwischen Periode 1 und Periode 2 die Reparationsgläubiger plötzlich die Transferschutzklausel widerrufen und auf fixer Reparationszahlung in Periode 2 bestehen. Sind diese Reparationen „hoch", so ist der Weg in die Schuldenkrise unvermeidlich, da die Entscheidungen aus Periode 1 nicht mehr revidiert werden können. Die Summe aus Reparationen und Auslandsschulden übersteigt nun das Maß des Erzwingbaren, und für Deutschland ist die optimale Lösung eine Transfersperre auf den überschüssigen Teil der kommerziellen Auslandsschulden.

Ein solches Szenario wäre jedoch einfältig. Selbst der waghalsigste Gläubiger würde Vorsorge für das Risiko treffen, daß die Transferschutzklausel widerrufen werden könnte. Sei angenommen, daß der Markt den Eintritt des Reparationsregimes *Y* (Young) mit der Wahrscheinlichkeit $0 < p(Y) \equiv p(s_2 = s_2^Y) < 1$ bezeichnet wird. In der Logik eines principal-agent-Modells kann dies als die Wahrscheinlichkeit interpretiert werden, mit der der Reparationsgläubiger das Fehlverhalten des Reparationsschuldners entdeckt; ebenso kann sie als Wahrscheinlichkeit einer gemischten Strategie des Reparationsgläubigers im Reparations-„spiel" mit dem Reparationsschuldner aufgefaßt werden. In Periode 1 herrsche ein *D*-Regime (während vor Beginn des Dawes-Plans ein *Y*-Regime galt). In einem *D*-Regime sind - unterhalb des Kreditlimits - alle Kredite an Deutschland risikofrei. In einem *Y*-Regime dagegen hängt die Sicherheit kommerzieller Kredite von der Höhe der Reparationsforderungen ab. Daher werden Finanzmärkte vor der Vergabe von Krediten bis zur vollen Höhe des Kreditlimits $\frac{f_2^*}{1+i}$ zurückschrecken, denn dieses ist mit Wahrscheinlichkeit $p(Y)$ durch eine erstrangige Forderung vorbelastet. Unter Monopolbedingungen würde die Teilnahmebeschränkung Deutschlands auf dem Kreditmarkt gerade das gewichtete Mittel von $\frac{f_2^*}{1+i}$ und $\frac{f_2^* - s_2^Y}{1+i}$ sein, also der Erwartungswert des Schuldendiensts in Periode 2:

$$\left|f_1(1+i)\right| = f_2^* - p(Y) \cdot s_s^Y \qquad [4.14]$$

Dabei ist zu beachten, daß unsere Kreditgeber Unternehmen und daher risikoneutral sind, während der Sozialplaner die Risikoaversion seiner Konsumenten in der Wohlfahrtsfunktion zu berücksichtigen hat. Tatsächlich aber herrscht auf dem Kreditmarkt Konkurrenz, und die Kreditgeber werden ihr deutsches Länderrisiko nicht in gleicher Weise poolen wie ein Monopolist. Unter kompetitiven Bedingungen könnte Deutschland so lange zum internationalen Marktzinssatz Kredite aufnehmen, bis die Grenze risikofreier Kreditvergabe, definiert als der erzielbare Schuldendienst im schlechtesten Fall, $-f_1^{SAFE} = \frac{f_2^* - s_2^Y}{1+i}$, erreicht ist. Soweit später abgeschlossene Kredite geringeren Rang genießen als frühere[6], hätte jenseits der Sicherheitsgrenze ein Kreditgeber den Erwartungswert seines Risikokredits als:

$$\begin{aligned} E(f_2^{RISK}) &= p(D)\frac{f_2^{RISK}}{1+i} + 0 \cdot p(Y) \\ &= p(D)\left[\frac{f_2}{1+i} - \frac{f_2^{SAFE}}{1+i}\right] \\ &= p(D)\left[\frac{f_2}{1+i} - \frac{f_2^*}{1+i} + \frac{s}{1+i}\right] \end{aligned} \qquad [4.15]$$

zu berechnen, mit $p(D) = 1 - p(Y)$ als der Wahrscheinlichkeit, daß Transferschutz auch in der zweiten Periode vorherrscht. Wegen [4.10] gilt aber $f_2 > f_2^{SAFE} \Rightarrow f_2 = f^*$, und Gleichung [4.15] erfüllt sich mit:

---

6 Diese als negative Senioritätsklausel bezeichnete Bestimmung zur Rangfolge von Krediten nach Datum der Vergabe ist gängige Bankpraxis sowohl bei Unternehmenskrediten als auch im internationalen Kreditgeschäft, vgl. Bulow (1989).

$$E(f_1^{RISK}) = p(D)\frac{s_2}{1+i} \qquad [4.16]$$

Das Schuldnerland würde demnach den vollen Rückzahlungsspielraum der Periode 2 ausschöpfen, allerdings eine Risikoprämie zu zahlen haben, die sich als $\eta = (1+i)(p(D)^{-1} - 1)$ ergibt. Diese Risikoprämie ist augenscheinlich durch das Auftreten des Risikos für den Transferschutz bedingt; solange die Wahrscheinlichkeit für eine Fortsetzung des Dawes-Plan-Regimes unterhalb von 1 liegt, ist die Risikoprämie größer als null.

Allerdings impliziert dies, daß die Reparationsempfänger dem deutschen Anleiherausch tatenlos zusehen würden. Selbst wenn angenommen wird, daß die Reparationsgläubiger den Gesamtbetrag der deutschen Kreditnahme im Ausland nicht direkt beobachten können, so müßte sie der Umstand alarmieren, daß die deutsche Seite beginnt, mit Risikoprämien Kredite aufzunehmen. Sobald dies zu beobachten ist, hätten die Reparationsmächte einen übermächtigen Anreiz, die Transferschutzklausel zu widerrufen, da sie anderweitig derselben Situation gegenüberständen wie unter der Fortgeltung des Dawes-Plans mit Sicherheit, wo der gesamte maximal erzielbare Transferbetrag Deutschlands durch kommerziellen Schuldendienst ausgeschöpft wird und Reparationen notwendig leer ausgehen. Ist also das Reparationsregime die einzige Ursache von Risiko im Modell, wird es keinen Risikokredit an Deutschland geben, und das niedrigere Kreditlimit bei Geltung des Young-Plans, $\frac{f_2^* - s^Y}{1+i}$, wird mit Sicherheit bindend.

4.3.2.4. Der Übergang zu bevorrechtigten Reparationen II:Kreditlimit stochastisch

Nunmehr sei der realistischere Fall betrachtet, in dem überdies auch allgemeine Konjunkturrisiken bestehen. Der Einfachheit halber sei angenommen, daß zwei diskrete Zustände der Welt, g und b, eintreten können. Gute Zustände g lassen das Inlandsprodukt unberührt, während schlechte Zustände b es um den Betrag $\tilde{b}$ verringern, d.h. $y_b = f(k) - \tilde{b}$. Schlimmer ist, daß schlechte Zustände womöglich auch den maximalen Transferbetrag verringern, zu dem das Schuldnerland sich verpflichten kann: $f_b^* = f^* - b$. Unter sonst gleichen Umständen würde ein kompetitiver Kreditmarkt Anleihen an Deutschland zum Marktzinssatz bis zur Sicherheitsgrenze $-f_1^{SAFE} = \frac{f_{2,b}^* - s_Y}{1+i}$ bereitstellen. Zusätzlicher Kredit $-f_1^{RISK}$ würde gegen Risikoprämien verfügbar gemacht werden, ganz wie im vorigen Abschnitt.

Wird es im Gleichgewicht solchen Wagniskredit geben? Zuvor war argumentiert worden, daß Kreditnahme zu Risikoprämien den Schuldnertyp offenlegt und sich damit selbst vereitelt, wenn die Zustände der Welt allein durch das Reparationsregime identifiziert sind. Das gilt jedoch nicht, wenn gute und schlechte Zustände der Welt eintreten, auch dann nicht, wenn dies mit dem Eintritt des einen oder anderen Reparationsregimes unvollständig korreliert ist. Kreditnahme zu Risikoprämien kann nunmehr auch im Interesse eines benevolenten Sozialplaners liegen, dessen Interesse die internationale Versicherung des Konsums gegen das heimische Konjunkturrisiko ist. Im besonderen wird der Sozialplaner so entscheiden, daß:

$$\frac{\partial U_2}{\partial f_2} = \begin{cases} -\ \beta(p_g \cdot c_{2,g}^{-\sigma} + p_b \cdot c_{2,b}^{-\sigma}) < 0, & f_2 < f_b^* - s \\ -\ \beta \cdot p_g \cdot c_{2,g}^{-\sigma} < 0, & f_b^* - s \leq f_2 < f_g^* - s \\ 0\ , & f_2 \geq f_g^* - s \end{cases} \qquad [4.17]$$

mit einer inneren Lösung auch dann, wenn es für den Kreditgeber ein Risiko gibt, was in der zweiten Zeile von [4.17] eintritt, wo der vom heimischen Politiker gewünschte Rückzahlungsbetrag zwischen den durch den Konjunkturausschlag gesetzten Bindungsgrenzen liegt.

Tritt in Periode 2 ein guter Zustand der Welt ein, so wird die Ökonomie immer in der Lage sein, Schuldendienst und Reparationen in vollem Umfang zu leisten, ungeachtet des herrschenden Reparationsregimes. Sollte dagegen ein schlechter Zustand der Welt eintreten, so wird eine Transferkrise unvermeidlich. Im *D*-Regime werden dann die Reparationen nicht vollständig ausbezahlt werden können, während im *Y*-Regime die Reparationen erstrangig bedient werden. Weil die Kreditvergabe in der Vorperiode das Sicherheitslimit überschritten hatte, werden dann alle Risikokredite wertlos, die jenseits des Sicherheitslimits vergeben wurden, und ein Schuldenüberhang tritt auf.

Ob ein solcher Überhang allerdings die kommerziellen Gläubiger wirklich trifft, hängt allein von der Härte der Reparationsgläubiger ab. Beim Blick auf die Struktur des Reparationsspiels hat es ja zunächst den Anschein, als bestehe für die Reparationsgläubiger jeder Anreiz, zu einem *Y*-Regime zurückzukehren (so wie es auch keineswegs von vornherein klar ist, warum in der ersten Periode ein Anreiz bestand, ein *D*-Regime überhaupt je zuzulassen, denn es hatte sich ja gezeigt, daß eine Pauschalreparation unterhalb der Grenze der Zahlungs-„Fähigkeit" ein offenkundiger Kandidat für einen optimalen Reparations-„Kontrakt" ist). Wenn allerdings die Reparationsgläubiger beim Auftreten eines Schuldenüberhangs tatsächlich an der Erstrangigkeit ihrer Reparationsforderungen festhalten, so kann dies Erschütterungen auf ihren heimischen Finanzmärkten auslösen. In der bewußten Herbeiführung einer solchen Transferkrise zu dem Zweck, die Härte der Reparationsgläubiger zu testen, liegt der Sinn des Weimarer Reparationspokers[7].

---

[7] Das bedeutet nichts anderes, als daß die Reparationsgläubiger ebenfalls ein Zeitinkonsistenzproblem haben. Nicht modelliert ist hier der in Kapitel 3 angesprochene Aspekt, daß zwischen den Reparationsgläubigern selbst Interessenskonflikte bestanden.

Wird im Schuldnerland bei Realisierung eines schlechten Zustands der Welt eine Depression eintreten? Die Antwort hierauf hängt von der relativen Stärke der Schocks auf das Inlandsprodukt, $-\tilde{b}$, und auf das Transferlimit, $-b$, ab. Sind beide gleich hoch und ist die Teilnahmebeschränkung bindend, so ist das Land perfekt gegen heimische Konjunkturschwankungen versichert, da es sämtliche Schocks in voller Höhe an den internationalen Kreditmarkt weitergeben kann. Eine heimische Rezession tritt mithin dann auf, wenn $\tilde{b} > b$. In diesem Fall erleidet das Schuldnerland einen Teil des Schocks selbst, und Depression auf dem heimischen Markt ist der Preis, den es für die Herbeiführung einer Transferkrise zu zahlen hat.

4.3.3. Ein Blick in die Große Depression

Nimmt man an, daß in Periode 2 tatsächlich neben dem Young-Plan-Regime ein schlechter Zustand der Welt eingetreten ist, so kann der Zeithorizont des Modells für einen Moment um eine zusätzliche Periode 3 erweitert werden. Die einzige Annahme, die hierfür abzuändern ist, besteht in der Fristigkeit des Auslandskredits, da nunmehr die Gesamtsumme der Kredite aus Periode 1 erst in Periode 3 vollständig zurückgezahlt sein müssen, nicht bereits in Periode 2. Sei angenommen, Deutschland würde in Periode 2 einem Auslandskreditor ein zusätzliches Anleiheprojekt vorschlagen. Gäbe es eine positive Wahrscheinlichkeit für den Abschluß eines solchen Kreditvertrages, so müßte die Analyse hier abgebrochen oder wegen Rückwärtsinduktion das gesamte Optimierungsproblem für Periode 1 neu aufgerollt werden, da sich ja nun die Kreditlinie für Periode 2 verändert. Tatsächlich ist aber, nachdem sich der schlechte Zustand der Welt und das Young-Plan-Regime in Periode 2 eingestellt haben, die Kreditbeschränkung bindend, und unsere bislang eingehaltene Begrenzung des Modells auf nur zwei Perioden unproblematisch. Um dies zu zeigen, sei für einen Moment betrachtet, wie ein rationaler Kreditor ein zusätzliches Kreditprojekt in Periode 2 bewerten würde. Wäre mit Sicherheit bekannt, daß in Periode 3 ein guter Zustand der Welt eintritt, dann wäre in der Tat weiterer Kredit verfügbar (das Kreditlimit ist dann höher als unter risikobehafteten Weltzuständen). Vor allem aber wäre es dann möglich, die in Periode 2 nicht bedienten Kredite ohne Probleme zu prolongieren, d.h. es bestände kein wirklicher Schuldenüberhang. Es wäre dann nämlich mit Sicherheit bekannt, daß die Einstellung des Schuldendienstes nur temporär ist, was lediglich ein Liquiditätsproblem darstellt. Zusätzlicher Kredit kann also offensichtlich in Periode 2 nicht gegeben werden, solange sowohl die Reparationsregimes als auch die Zustände der Welt in Periode 3 stochastisch sind, denn für diesen stochastischen Fall war ja das Kreditlimit bereits nach Periode 1 ausgeschöpft.

Was aber, wenn in Periode 2 die Reparationsgläubiger ein befristetes Moratorium ausrufen? So wäre etwa an eine kontingente Formulierung zu denken, wonach das Reparationsregime *D* bei schlechten Zuständen und *Y* bei guten Zuständen in Periode 2 und 3 herrschen soll. Man könnte nun argumentieren – ganz wie dies in einem Teil der historischen Literatur zum Gegenstand der deutschen Krise in der Tat geschehen ist, vgl. Kapitel 3 oben –, daß ein partieller Schuldenerlaß dieser Form neue Kreditmöglichkeiten eröffnen würde, da nun auch im schlechten Zustand der Welt die volle Bedienung der kommerziellen Schulden wieder möglich wird. Dieses Argument wäre jedoch verfehlt. Weil das Risiko guter und schlechter Weltzustände bereits vollständig versichert ist, würde zusätzlicher Kredit wiederum Wagniskredit sein, der allein gegen das Risiko absichert, bei schlechten Zuständen der Welt positive Reparationsbeträge zahlen zu müssen. Zusätzliche Kreditnahme würde also den Reparationsgläubigern signalisieren, daß erneut ein Reparationspoker beabsichtigt ist, und sie darum zum sofortigen Widerruf des Moratoriums veranlassen. Sobald also die Kreditbeschränkung bindend wird, wird sie so lange bindend bleiben, bis wieder ein guter Zustand der Welt eingetreten ist.

Auf diese Weise läßt sich Deutschlands fortgesetzte Kreditklemme auch während des Hoover-Moratoriums erklären. Das Moratorium und die Stillhaltung ermöglichten eine Fortsetzung des Schuldendienstes, schlossen aber Deutschland von jeder zusätzlichen Kreditnahme aus, die nichts weiter bedeutet hätte als den erneuten Versuch, Reparationen durch Auslandskredite zu verdrängen. Zusätzliche, neue Kredite können also in der Situation eines Reparationsmoratoriums erst hereingenommen werden, wenn die Reparationsverpflichtungen vollständig beseitigt sind. Zuvor besteht die einzige Wahl des Schuldnerlandes zwischen einer Fortsetzung des Verhandlungsprozesses mit seinen Gläubigern über die Struktur und Höhe des Schuldendienstes oder einseitiger Zahlungseinstellung mit der Folge von Sanktionen und Zwangsmaßnahmen. Stresemanns Reparationspoker funktioniert also auch im Modell, allerdings setzt er eine langwierige Depression voraus, die die Glaubwürdigkeit des Reparationsverfahrens untergräbt.

4.4. Auswertung und Schlußfolgerungen

Die Erörterungen dieses Kapitels galten zwei Fragekomplexen. Der erste Teil untersuchte, ob in einem keynesianischen Modell der Umschwung der Zahlungsbilanz von 1929 das Eintreten und die Schwere der deutschen Depression erklären kann. Der zweite Teil analysierte die Anreizwirkungen des Reparationssystems und zeigte, daß der Übergang zum Young-Plan tatsächlich eine Aktivierung der Zahlungsbilanz erklären kann. Im keynesianischen Rahmen zeigte sich, daß die Erzwingung eines Zahlungsbilanzüberschusses in der Tat markante rezessive Wirkungen hat, mit denen ein großer Teil des Abschwungs im deutschen Sozialprodukt erklärt werden kann. Der Übergang zu einem Regime, in dem weitere Kreditnahme großen Umfangs unmöglich wird, legt eine asymmetrische Restriktion auf die Kapitalbilanz, wobei in der Umgebung der Restriktion die Einwärtsmobilität des Kapitals gleich null wird, während die Auswärtsmobilität beliebig hoch bleibt. Damit bleibt auch die Geldpolitik ohnmächtig, denn jeder Versuch, durch heimische Kreditexpansion den fehlenden auswärtigen Kapitalzustrom zu ersetzen, würde zum Abfließen von Kapital ins Ausland beitragen. Die Restriktion wirkt also nur gegen eine Expansion, nicht aber gegen eine Kontraktion der Geldmenge.

Das keynesianische Paradigma ist ebenfalls in der Lage, die Verbindung zwischen der Kreditexpansion der späten zwanziger Jahre und der Kreditrestriktion ab 1929 herzustellen. Eine Verstetigungspolitik ohne Kapitalimporte in den zwanziger Jahren würde bedeuten, daß während des Dawes-Plans Beschäftigung und Sozialprodukt unterhalb des tatsächlichen Niveaus gelegen hätten. Zugleich aber wäre die Kreditrestriktion der dreißiger Jahre nicht eingetreten, was bedeutet, daß Kapitalimporte zum Abfedern eines Krisenimpulses ab 1930 möglich gewesen wären. Keynesianisch betrachtet, bestand also in der Periode zwischen der Stabilisierung der Mark und dem Ende der Reparationen ein trade-off zwischen Unterbeschäftigung heute und Unterbeschäftigung morgen. Die Entscheidung für geringere Unterbeschäftigung in den ausgehenden zwanziger Jahren präjudizierte danach den schweren Krisenverlauf in den frühen dreißiger Jahren. Dies ist eine keynesianische Version der Borchardt-These, bei der die Zahlungsbilanzrestriktion das Bindeglied zwischen der Weimarer Lohn- und Konsumkonjunktur der zwanziger Jahre und der Krise der frühen dreißiger Jahre darstellt.

Allerdings kann eine keynesianische Betrachtungsweise – ganz abgesehen von dem Umstand, daß das IS-LM-Modell kein allgemein akzeptiertes Paradigma mehr ist – über die Anreizeffekte dieser Kreditkonjunktur nur wenig aussagen. Hierzu wurde im zweiten Teil dieses Kapitels die Kreditbeschränkung explizit modelliert. Durch stufenweise Verallgemeinerung der Ergebnisse ließ sich eine Reihe von Rückwirkungen des Reparations- und Auslandsschuldenproblems modellieren, mit denen die Hauptergebnisse von Kapitel 3 zur Entwicklung der deutschen Auslandsschulden ebenso erklärt werden können wie die stilisierten Fakten zu deutschen Konjunktur, die am Ende von Kapitel 2 aufgelistet waren. Infolge der Öffnung Deutschlands für den internationalen Kapitalmarkt ab 1924 wäre auch ohne Reparationsproblem in den zwanziger Jahren eine Konsumkonjunktur wahrscheinlich gewesen, allerdings ohne eine spätere Schuldenkrise. Ein pathologisches Element wird in das Modell erst durch den Transferschutz im Dawes-Plan hineingebracht. Dann ergibt der Anreiz, mit maximaler Rate Kredit aufzunehmen, der oben in Kapitel 3 beschrieben worden war. Im Extrem würde sich Deutschland bis zur Grenze des Möglichen verschulden, um danach dem Ausland nicht Reparationen, sondern allein Schuldendienst zu leisten.

In diesem Extremfall müßte ein Umschwung der Zahlungsbilanz genauso eintreten müßte wie im Falle der Reparationen. Der Unterschied bestände darin, daß netto keine Reparationen geleistet würden. Allerdings würde die Erwartung dieses Falles durch die Reparationsgläubiger schon zum Widerruf der Transferschutzklausel führen, bevor die Zahlungsmöglichkeiten Deutschlands durch kommerziellen Schuldendienst erschöpft sind. Dann kommt es zu jenem Umschwung in der Zahlungsbilanz, bei dem sowohl der Schuldendienst als auch die Reparationen aus Überschüssen transferiert werden müssen.

Bei Unsicherheit über die Höhe der zukünftigen Zahlungsfähigkeit kann ein hatrnäckiger Schuldenüberhang auftreten, dem auch nicht mit einem Teilmoratorium auf Reparationsleistungen – entsprechend dem Hoover-Moratorium von 1931 – abgeholfen werden kann. Zwar lassen sich mit einem solchen Moratorium die Transferlasten verringern, aber neue Kreditspielräume eröffnen sich hierdurch nicht, solange die gestundete Forderung nicht beseitigt ist. Dies ist die anreizorientierte Version der Borchardt-These. Das Scharnier zwischen den zwanziger und dreißiger Jahren bildet wiederum die deutsche Kreditnahme unter dem Dawes-Plan, durch die sich für die Weltwirtschaftskrise eine Situation nahe am Schuldenüberhang ergab. Die adverse Anreizwirkung der Transferschutzklausel gab der deutschen Seite die Möglichkeit gab, die Reparationsregelung auszuhebeln. Für diesen Anreiz und seine Wirkung bedarf es nicht einmal pathologischer Präferenzen auf seiten der deutschen Politik bedarf, wie sie in der politischen Geschichtsschreibung vermutet worden sind (vgl. besonders Schuker, 1988), sondern lehrbuchmäßige Annahmen reichen völlig aus.

Bestimmte Konstellationen vorausgesetzt, war es für die deutsche Seite optimal, Reparationspoker zu spielen und in hohem Umfang internationalen Kredit aufzunehmen, um in der anschließenden, vorprogrammierten Transferkrise die Reparationslast abzuwerfen. Offenkundig kam dieses Optimum nur unter höchst anomalen Nebenbedingungen zustande. Was war die Ursache dieser extremen Restriktionen? Wie konnte es kommen, daß die deutsche Seite den Dawes-Plan mißbrauchte, um gerade ein paar Jahre nach dem Ende der Hyperinflation erneut Vabanque zu spielen? Gab es 1929 für die Weimarer Republik wirklich keine andere Möglichkeit mehr, als den Kalvariengang durch die Transferkrise anzutreten? Mußte Weimar scheitern?

5. MUSSTE WEIMAR SCHEITERN?[1] SCHLUSSBETRACHTUNGEN ZUR POLITISCHEN ÖKONOMIE VON REPARATIONEN IN EINER SCHWACHEN DEMOKRATIE

Von seinem Zusammentreffen mit dem besiegten Kaiser hatte er sich einen unangenehmen Auftritt erwartet. Vier Jahre Krieg hatten den Gegner zwar ermattet, und die militärische Aussichtslosigkeit weiterer Kampfhandlungen war offenkundig geworden. Jedoch waren die chauvinistischen Tendenzen im Militär und in der Umgebung des Kaisers berüchtigt. Zuletzt aber war der Monarch erschienen, nervös zwar, aber gefaßt und im Auftreten bescheiden, und hatte in kurzen Sätzen erklärt, daß er für alles, was geschehen sei, die alleinige Verantwortung übernehme. Dann hatte er sich ohne weiteres der Gewalt der Sieger ausgeliefert.

Die Szene spielt nicht 1918, sondern 1945, und der Kaiser war nicht Wilhelm II., sondern Hirohito von Japan[2]. In dem beispiellosen Um- und Aufschwung, den Hirohitos Land nach dem Kriege erlebte, blieb eine Diskussion der Kriegsschuldfrage weitgehend tabu – immerhin hätte sie den Tenno als obersten Befehlshaber direkt impliziert –, jedoch regte sich keinerlei Widerstand gegen den neuen, radikal veränderten Kurs seines Landes als eines politischen Klienten der Siegermacht.

Im Deutschland der Jahre nach 1918 war dies anders. Wohl hatte im Herbst 1918 angesichts der aussichtslosen militärischen Lage die Oberste Heeresleitung ein Waffenstillstandsersuchen an die Alliierten gerichtet und hierfür die Genehmigung des Kaisers als dem obersten Kriegsherren erhalten. Jedoch waren Hindenburg und Ludendorff nicht für die Konsequenzen der Niederlage eingestanden, noch weniger der Kaiser. Das Unterzeichnen des Waffenstillstandes und des Friedensvertrags überließ man den Vertretern der neuen, im Werden begriffenen Republik, schon um sich nicht mit dem Makel der Kapitulation zu behaften und zugleich die Basis für eine Revanche vorzubereiten.

Einen Wechsel zwischen kriegführenden und vertragschließenden Parteien hatte es mit dem Ausscheiden der Amerikaner auch auf alliierter Seite gegeben, so daß Präsident Wilsons Vorstellungen eines Verständigungsfriedens auf der Basis einer Demokrati-

---

[1] So der Titel einer vom Historischen Kolleg in München im Jahre 1991 veranstalteten Tagung; die Beiträge sind bei Winkler (1992) erschienen.

[2] Die Szene findet sich beschrieben in den Memoiren des damaligen amerikanischen Oberbefehlshabers, MacArthur (1964, S. 288).

sierung und politischen Modernisierung in Deutschland in der Hintergrund traten gegenüber der Konzeption eines, wenn auch nur halben Siegfriedens mit harten Strafbestimmungen[3].

Vom Standpunkt politischer Legitimation aus betrachtet, war insofern der Versailler Vertrag, der dieses Friedenskonzept besiegelte, gleich in zweifacher Weise der falsche Friede. Mit seinem Ziel einer dauerhaften wirtschaftlichen und militärischen Schwächung des Kriegsgegners richtete er sich gegen das untergegangene kaiserliche Deutschland, dessen inneres politisch-ökonomisches Machtgefüge als unverändert voraussetzend[4]. Überdies brachte er ein anderes Interesse als das der dominierenden Siegermacht zur Geltung. Beide inneren Widersprüche zusammen bildeten den Hintergrund für Weimars spätere Reparationskonjunkturen und trugen zur Schwäche seines demokratischen Systems bei.

Dabei ist es nicht wirklich entscheidend, ob der Versailler Vertrag und seine später konkretisierten wirtschaftlichen Bestimmungen für Deutschland objektiv zu hart waren oder nicht. Ohnehin würde sich ein allseits akzeptierter Maßstab hierfür nicht ohne weiteres auffinden lassen. Die Reparationsbedingungen, wie sie in der Pariser Konferenz im Januar 1921 festgelegt und im Londoner Ultimatum vom Mai 1921 konkretisiert wurden, sahen Reparationen in einer Größenordnung vor, die etwa auch im heutigen französischen Schrifttum als realitätsfern betrachtet wird (vgl. etwa Sauvy, 1984). Allerdings ist bei näherem Hinsehen Vorsicht am Platze. Die Reparationsforderung an Deutschland von insgesamt 132 Mrd. Goldmark war in drei Tranchen aufgeteilt, deren Löwenanteil mit 82 Mrd. Goldmark auf die sogenannten C-Bonds entfiel. Diese waren den anderen Forderungen nachrangig und dienten hauptsächlich zu kosmetischen Zwecken, nämlich um astronomische Ziffern zu haben, mit denen die Bedürfnisse von Öffentlichkeit und Parlamenten in den westeuropäischen Siegerländern befriedigt werden konnten[5].

Es ließe sich immerhin argumentieren, daß die verbleibende Reparationslast vielleicht doch nicht ganz an den wirtschaftlichen Möglichkeiten Deutschlands vorbeiging. Reparationen waren seit jeher ein üblicher Bestandteil von Friedensverträgen gewesen. Die französische Kriegsentschädigung an Preußen-Deutschland nach dem Kriege von 1870/71 entsprach mit 5 Mrd. Goldfranken in etwa 20% des französischen Sozialprodukts von 1869 (Zahlenangaben aus Mitchell, 1992). Addiert man dies zu den bestehenden Staatsschulden, so errechnet sich ein Verhältnis zwischen Schuldenstand und

---

3 Zu den rivalisierenden Friedenskonzeptionen vgl. ausführlich Schwabe (1978), Hillgruber (1974). Besonders auf die deutschen Konzeptionen eingehend: Krüger (1985b, S. 31-65).

4 Vgl. Schwabe (1978, Kap. II) zu den rivalisierenden, einander widersprechenden Konzepten innerhalb der amerikanischen Administration.

5 Zur Diskussion um das Zustandekommen des Londoner Ultimatums vgl. noch immer etwa McDougall (1978). Neubewertungen und eine (nicht allgemein akzeptierte, vgl. Kolb, 1988, S. 191) Entlastung Frankreichs dort sowie bei Schuker (1976) und Trachtenberg (1980). Eine konzise Übersicht über die Diskussion bietet Krüger (1981). Umfassend sowie mit weitreichenden Implikationen für den Prozeß der Hyperinflation: Feldman (1993, S. 309-507).

Sozialprodukt von gut 100%, was nach heutigen Maßstäben als Anzeichen für drohende Überschuldung gelten kann. Tabelle 5.1 berechnet solche Schuldenlastquoten als Verhältnis der französischen Staatsverschuldung zum Sozialprodukt in laufenden Preisen. Selbstverständlich sind solche Schätzungen des Sozialprodukts für das 19. Jahrhundert mit gewissen Unsicherheiten behaftet. Dennoch wird eine klare Tendenz erkennbar, und es zeigt sich, daß die entstandene Staatsschuldenlast bis zum ersten Weltkrieg auf etwa zwei Drittel des Sozialprodukts reduziert wurde, dies obwohl der Realwert der französischen Staatsschuld während der Deflationsperiode der neunziger Jahre noch einmal deutlich anstieg.

Tabelle 5.1: Frankreichs Schuldenlastquote im 19. Jahrhundert

	1815	1848	1850	1869	1875	1890	1910	1913
Staatsverschuldung in % des BSP	20	30	32	55	81	101	80	67

Quelle: Mitchell (1992), Lévy-Leboyer (1985)

Auch eine hohe Schuldenbelastung ließ sich also auf konservativem Weg verringern, ohne daß zu drastischen Mitteln wie der Inflation oder einer Schuldenstreichung gegriffen werden mußte. Für Frankreich war das angesichts leidvoller Erfahrungen in der ersten Hälfte des 19. Jahrhunderts neu. Nach den Wirren der Revolution und der Assignateninflation hatte es gut ein halbes Jahrhundert gedauert, bis Frankreichs Finanzwesen wieder auf eine solide Grundlage gestellt worden war.

Schon die Revolution selbst war aus finanzpolitischer Sicht unter anderem ein Akt der Schuldenstreichung. Frankreichs Staatsfinanzen besserten sich durch Napoleons Feldzüge keineswegs, obwohl Frankreich seinen Verbündeten und den besetzten Gebieten drückende Kontributionen auferlegte. Aber auch umgekehrt hatte Frankreich nach dem Wiener Kongreß von 1815 beträchtliche Reparationen an die europäischen Sieger zu zahlen. Eine Untersuchung von White (1999) legt nahe, daß man in der Vergangenheit die Last dieser Reparationen und ihre Wirkungen auf die französische Volkswirtschaft im 19. Jahrhundert unterschätzt hat.

Staatsschulden belasteten aber auch die Gewinner der napoleonischen Kriege beträchtlich. Am besten läßt sich das für das Beispiel Englands dokumentieren, wo besonders gründliche Schätzungen unternommen worden sind (Tabelle 5.2).

Tabelle 5.2: Großbritanniens Schuldenlastquote im 19. Jahrhundert

Jahr	Staatsverschuldung in % des BSP	Jahr	Staatsverschuldung in % des BSP
1688/91	6	1861	123
1759	137	1871	86
1801	197	1881	73
1811	202	1891	53
1821	288	1901	43
1831	231	1911	39
1851	150		

Quelle: Mitchell (1990)

In England hatte sich mit der Glorious Revolution von 1688 die Trennung von königlichem und Staatshaushalt durchgesetzt, das Parlament besaß nun die Kontrolle über die Nationalverschuldung. Von seinen Möglichkeiten machte es regen Gebrauch; alsbald nahm die Staatsverschuldung als Form der Kriegsfinanzierung beträchtliche Ausmaße an. Durch Englands Festhalten am Goldstandard und allenfalls vorübergehende Suspensionen der Goldeinlösungspflicht mußten die Kriegsschulden in vollwertiger Währung bedient werden, und entsprechend hoch war die Belastung des Staatshaushalts. Andererseits gab dieses System den Kreditgebern Vertrauen und bewirkte, daß auch in Zeiten größter Kriegsanspannung das Schatzamt leichten Kredit bekam. Diese Form der Kriegsfinanzierung verschonte die Steuerzahler mit drückenden Kriegssteuern und verteilte die Kriegslasten gleichmäßiger über die Zeit (Bordo und White, 1991).

Wie elastisch dieses System funktioniert hat, zeigt sich eindrucksvoll am Beispiel des frühen 19. Jahrhunderts. Nach dem amerikanischen Unabhängigkeitskrieg und den Napoleonischen Kriegen schuldete das englische Staatswesen seinen Gläubigern zeitweise mehr als das Zweieinhalbfache des jährlichen Sozialprodukts (Tabelle 5.2). Unter solchen finanziellen Verhältnissen blieb für Armenfürsorge oder gar eine staatliche Sozialpolitik wenig übrig. Indirekt geben die Zahlen in Tabelle 5.2 auch Auskunft über die extremen sozialen Verwerfungen in England in der ersten Hälfte des 19. Jahrhunderts. Dennoch ist das erste Drittel des 19. Jahrhunderts die Zeit des eigentlichen Aufblühens der englischen Industrie gewesen. Von Rückschlägen kaum unterbrochen, wuchs die englische Wirtschaft allmählich aus den Belastungen der napoleonischen Kriege heraus. Lange Friedensperioden und eine konservative Budgetpolitik verringerten die Schuldenlast bis zur Bedeutungslosigkeit; am Vorabend des Ersten Weltkriegs betrug sie kaum mehr 40%.

Englands Beispiel hat ohne Frage als Vorbild gewirkt, auch und gerade in Deutschland. Englands Erfolgsgeheimnis schien in seiner Verbindung von Goldwährung und einer flexiblen Schuldenpolitik zu liegen. Neuere Arbeiten zur Theorie des Goldstandards haben die erfolgreiche Bedienung von Staatsschulden in vollwertiger Währung als das eigentliche Charakteristikum des klassischen Goldstandards bezeichnet (Bordo und Kydland, 1995).

Deutschland hatte sich nach dem Krieg von 1871 an das englische System angelehnt. Die neue Währung wurde an das Gold gebunden und eine Reichsbank nach dem Vorbild der Bank von England errichtet. Die Überlegungen hierbei waren durchaus praktischer Natur. Der in Deutschland einflußreiche Geldtheoretiker Georg Friedrich Knapp brachte das auf die prägnante Formel, man habe seinerzeit dieses System gewählt, „nicht deshalb, weil Gold Gold – sondern deshalb, weil England England ist“ Knapp (1905, §18b, S. 345). Die Bank von England spielte im internationalen Konzert der Geldpolitik die Rolle des Dirigenten (Eichengreen, 1992b).

Deutschlands Reichseinigung von 1871 brachte ungleiche Partner zusammen, das finanzpolitische kerngesunde Preußen etwa mit dem hochverschuldeten Bayern. Zusammengefaßt mag Deutschland Schuldenlastquote nach dem Krieg von 1871 bei etwa 50% gelegen haben, Ritschl (1996). Vor dem Ersten Weltkrieg befand sie sich bei etwa zwei Dritteln des Sozialprodukts, ähnlich dem Stand in Frankreich.

Das 19. Jahrhundert kannte also durchaus extrem hohe öffentliche Verschuldungsgrade und besaß historische Erfahrungen mit ihrer langfristige Konsolidierung. Diese Erfahrungen lassen auch zu einem Belastungsvergleich für die deutschen Reparationen heranziehen. Ein Beitrag des Finanzwissenschaftlers v. Eheberg (1927) zum Handwörterbuch der Staatswissenschaften, dem damals in Deutschland maßgeblichen volkswirtschaftlichen Nachschlagewerk, verglich die Schuldenbelastung der führenden Nationen zum Stand von September 1920. Danach stand Deutschland gegenüber England und Frankreich sehr günstig da, jedenfalls ohne Einrechnung der Reparationen. Tabelle 5.3 wiederholt diesen Vergleich mit Hilfe der heutigen, verbesserten Datenbasis.

Tabelle 5.3: Die Schuldenlast Deutschlands und der Westmächte (Goldwert und Verhältnis zum Bruttosozialprodukt von 1913)

		im Jahr 1913		im Jahr 1920	
		Goldwert	% des BSP 1913	Goldwert	% des BSP 1913
England (Mio. £)		711	33	3160	144
Frankreich (Mio. FF)		33637	67	66953	135
Deutschland (Mrd. GM)					
	(a)	32,8	63	25,2	48
	(b)			75,2	143
	(c)			157,2	299

(a) Deutsche Staatsverschuldung in Papiermark, umgerechnet auf Gold nach dem Wechselkurs der Papiermark zum Dollar
(b) (a) zuzüglich A- und B – Reparationsbonds
(c) (b) zuzüglich C-Bonds

Quellen: Eheberg (1927);Deutsche Bundesbank (1976a); Sozialprodukt in Deutschland 1913: siehe Anhang Tabelle B.9, Mitchell (1990, 1992), Lévy-Leboyer (1985)

Die erste Datenspalte in Tabelle 5.3 gibt den Vorkriegsstand der Staatsverschuldung in England, Frankreich und Deutschland an. Die zweite Spalte setzt diese Ziffern ins Verhältnis zum Sozialprodukt im selben Jahr. Die dritte Spalte enthält den Goldwert der Staatsverschuldung in den drei Ländern im Jahr 1920. Für Deutschland sind insgesamt drei verschiedene Werte angeführt. Zeile (a) schätzt den Stand der Staatsverschuldung, umgerechnet auf Goldmark über den Wechselkurs der Papiermark zum Dollar. Der Wert in Zeile (b) rechnet in diese Ziffern zusätzlich den Wert der A-Bonds in Höhe von 12 Mrd. Goldmark und B-Bonds in Höhe von 38 Mrd. Goldmark ein, also den realistischen Teil der Reparationsforderung. Die Angabe in Zeile (c) enthält zusätzlich die der C-Bonds in Höhe von 82 Mrd. Goldmark, also den propagandistischen Teil der Reparationen.

Die letzte Spalte von Tabelle 5.3 ist der eigentliche Belastungsvergleich, sie setzt die Staatsschulden in allen drei Ländern in Beziehung zum Sozialprodukt. Dies, allerdings im Verhältnis zum Sozialprodukt von 1920, war der Vergleich Ehebergs (1927). Um einen Maßstab für die Leistungsfähigkeit der jeweiligen Volkswirtschaft in Friedenszeiten zu gewinnen und den unterschiedlichen Stand der Nachkriegserholung im Jahr 1920 aus der Rechnung auszuschalten, verwendet Tabelle 5.1 in allen drei Fällen das Sozialprodukt des Jahres 1913. Die Prozentangaben in der letzten Spalte beziehen also den Schuldenstand des Jahres 1920 auf das jeweilige Sozialprodukt des Jahres 1913.

Vor diesem Hintergrund läßt sich ein neues Bild der Reparationsbelastung entwerfen (vgl. Ritschl, 1996, ähnlich Ferguson, 1996). Inflationsbedingt hatte sich 1920 die deutsche Staatsverschuldung bereits weitgehend entwertet. Im Verhältnis zum Sozialprodukt von 1913 lag sie weit unterhalb der Schuldenbelastung Englands und Frankreichs (vgl. für Deutschland: Reihe (a), letzte Spalte). Deutschlands Staatsfinanzen befanden sich wenigstens insofern in einer durchaus vorteilhaften Lage. Mit den steuerlichen Begleitgesetzen zur Weimarer Verfassung, der sogenannten Erzbergerschen Steuerreform vom März 1920, ging überdies die Steuerhoheit für die Einkommensteuer und die ertragreichsten indirekten Steuern von den Ländern auf das Reich über. Damit schien ein wesentlicher Defekt in der Finanzverfassung des Kaiserreichs beseitigt, in dem nach einer bekannten Redewendung "das Reich als Kostgänger der Länder" von den Matrikularbeiträgen der Länder abhängig war (zur Wandlung der Finanzverfassung im Überblick etwa Pagenkopf, 1981). Nun schien ein ausreichendes Steueraufkommen für die Aufgaben des Reichs gesichert. Weitere Entlastung versprach eine ebenfalls verabschiedete Vermögensabgabe. Mit der neuen Finanzverfassung schien Deutschland auf gutem Wege zu einer Stabilisierung des Budgets und einer Beendigung des Inflationsprozesses. Politische Ereignisse wie der kläglich gescheiterte Kapp-Putsch rundeten den Eindruck einer allmählichen Stabilisierung ab. In der Tat kam die Inflation in Deutschland in der Jahresmitte 1920 kurzfristig zum Stillstand. Zugleich erhöhte sich die Arbeitslosigkeit, Deutschland trat in eine klassische Stabilisierungskrise ein (Feldman, 1993, S. 218). Als unsichere Größe lasteten jedoch auf dem Reichshaushalt die zukünftigen Reparationen. Unter Erzberger als deutschem Verhandlungsführer hatte Deutschland schon in den Waffenstillstandsvereinbarungen vom November 1918 Reparationen im Prinzip anerkannt. Der Versailler Vertrag vom Juni 1919 konkretisierte sie jedoch nur der Bestimmung nach und überließ ihre Höhe den Regelungen durch eine Pariser Konferenz, deren Ergebnisse erst im Januar 1921 vorlagen.

Für den weiteren Gang der Ereignisse ist diese zeitliche Schrittfolge des Reparations-„Spiels“ von Bedeutung: Ganz offenbar hing die Radikalität der deutschen Reformschritte im Frühjahr 1920 mit der Erwartung hoher, jedoch tragbarer Reparationen zusammen. Wollte man die französische Kriegsentschädigung von 1871 zur Grundlage der Erwartungen machen, so war mit einer Reparationsforderung von etwa 20% des Volkseinkommens von 1913 zu rechnen, das zeitgenössisch auf knapp 50 Mrd. Goldmark geschätzt wurde (Helfferich, 1914). Spätere Berechnungen und Schätzungen, wiedergegeben in Anhang B zu dieser Arbeit, liegen in ganz derselben Größenordnung. Damit wäre eine echte Reparation von nicht mehr als 10 Mrd. Goldmark zu erwarten gewesen. In seiner Polemik gegen den Versailler Vertrag hatte Keynes (1920, S. 261) den für Deutschland tragbaren Höchstbetrag der Reparationen auf 40 Mrd. Goldmark beziffert, das entspräche rund 80% des Sozialprodukts von 1913. Eine ähnliche Größenordnung hatte man mit 50 Mrd. GM in den deutschen Vorbereitungen für die Pariser Konferenz vom Winter 1920/21 im Sinn gehabt (z.B. Feldman, 1993, S. 319), wenngleich beschlossen wurde, den Alliierten nur 30 Mrd. Goldmark anzubieten (ebda., S. 330). Daß diese Ziffern unrealistisch niedrig waren, ergibt sich schon aus dem Umstand, daß allein die alliierten Kriegskredite bei den USA, zu deren Bedienung Deutschland nach dem Versailler Vertrag faktisch verpflichtet war, bereits 45 Mrd. Goldmark ausmachten. Trat hierzu eine *indemnité nette*, eine Nettoreparation von nur 10 Mrd. Goldmark, vergleichbar in ihrer Belastungswirkung der Kriegsentschädigung von 1871, so war bereits eine Reparationsschuld von 55 Mrd. Goldmark oder etwas über 100% des Sozialprodukts von 1913 entstanden.

Es ist nur ein scheinbarer Widerspruch, daß die tatsächlich präsentierte Reparationsforderung des Londoner Ultimatums demgegenüber 132 Mrd. Goldmark, entsprechend dem mehr als Zweieinhalbfachen des Sozialprodukts von 1913, betrug. Wie bereits erwähnt, wurde die Reparationsschuld in drei Tranchen unterteilt, die der Reichsregierung als Schuldnerpapiere vorgelegt werden sollten. Dabei sollten die sogenannten A-Bonds zur Deckung der Kriegsschäden und die B-Bonds zur Deckung der Kriegsschulden dienen. Erstere stellten also die *indemnité nette* in deren engerer Auslegung dar, die den Waffenstillstandsvereinbarungen vom November 1918 zugrunde lag. Die größte Tranche bildeten mit 82 Mrd. Goldmark die C-Bonds. Ihre Einlösbarkeit stand von Anfang an unter Vorbehalt, und der deutschen Seite war bedeutet worden, diese Forderung stehe eher aus Gründen der englischen und französischen Innenpolitik auf dem Papier (Feldman, 1993, S. 324, S. 339, ähnlich Schuker, 1988, S. 17).

Rechnet man also die C-Bonds von der Reparationsschuld ab, so ergibt sich mit rd. 50 Mrd. Goldmark in etwa die oben berechnete Summe aus interalliierten Kriegsschulden und einer Kriegsentschädigung à la 1871 – ein Gesamtbetrag, der vermutlich keineswegs außerhalb der Vorstellungswelt der deutschen Politik gelegen haben dürfte. Auch im Belastungsvergleich mit England und Frankreich erscheint diese Summe nicht als völlig unrealistisch. In der letzten Spalte von Tabelle 5.3 geben die schattierten Felder die Schuldenlastquoten Englands und Frankreichs für das Jahr 1920 an sowie die entsprechende Zahl (letzte Spalte, Zeile (b)) für Deutschland einschließlich der A- und B-Bonds. Wie sich zeigt, liegen die Ergebnisse sehr dicht beieinander. Hätte Deutschland den „realistischen" Teil der Reparationen aufzubringen gehabt, so wäre die Schuldenlast für den deutschen Steuerzahler insgesamt nicht höher gewesen als in England und Frankreich. Die kontroversen, mehr propagandaorientierten C-Bonds einmal außer Ansatz gelassen, konnte also von einem besonderen Aufbringungsproblem für Deutschland nicht die Rede sein. Deutschland würde sich, so mag die Kalkulation der Reparationsforderung gewesen sein, durch die Abtragung dieser Reparationslast zumindest fiskalisch nicht schlechter stellen als die Siegerstaaten. Nur wenn man die zusätzlichen 82 Mrd. Goldmark der C–Bonds in die Rechnung einbezieht, kommt man zu erschreckenden Belastungsquoten nahe dem Dreifachen des Sozialprodukts von 1913. Deutschland hätte dann eine ungefähr so hohe Schuldenlast getragen wie England in den 20er Jahren des 19. Jahrhunderts, allerdings in einer ökonomisch weitaus weniger beneidenswerten Gesamtlage.

Die Wirkung der Reparationsforderungen auf die öffentliche Meinung in Deutschland war gleichwohl verheerend. Im Herbst 1920 sickerte zum ersten Mal in die Öffentlichkeit das Gerücht durch, daß die Reparationen insgesamt kaum weniger als 80 Mrd. GM betragen würden – auf der Boulogne-Konferenz der Alliierten im Juni waren in der Tat Reparationsforderungen zu einem Gegenwartswert von knapp 100 Mrd. GM beschlossen worden. Ab diesem Moment stürzte die frisch konstituierte, gerade stabilisierte Weimarer Republik in eine ganze Serie von Staats- und Finanzkrisen. Unterstützt oder doch wenigstens toleriert durch die Steuerbehörden vor Ort und die Reichsfinanzverwaltung, entwickelte sich bald ein regelrechter Steuerboykott. Die Durchführung der frisch verabschiedeten Erzbergerschen Steuer- und Finanzreformen wurde durch das zeitliche Auseinanderfallen von Steuerveranlagung und -entrichtung verwässert. Als die Geldentwertung wieder anzog, alimentiert durch neue massive Diskontierung von Schatzwechseln des Reichs, führte dies rasch zu einer Minderung des Realwerts der Steuerlast auf triviale Beträge (Feldman, 1993, S. 347ff.). Erzberger als Unterzeichner des Waffenstillstandes und Architekt des neuen Hochsteuersystems sah sich dem Vorwurf der Kollaboration mit den Feindmächten ausgesetzt. Konfrontiert mit einer demütigenden Kampagne gegen sein persönliches Finanzgebaren, zu der sich schrille antisemitische Töne gesellten, wurde er zum Rücktritt gezwungen und fiel am 26. August 1921 einem Attentat zum Opfer. Im Sommer 1922 folgte der Mord an Außenminister Rathenau, vormals Organisator der deutschen Kriegswirtschaft im Weltkrieg; dem Anschlag war dieselbe antisemitische gefärbte Kollaborationskampagne vorangegangen. In der Schußrichtung der Extremisten von rechts sowie im Kreuzfeuer der nationalistischen Presse stand die Gesamtkonzeption der sogenannten Erfüllungspolitik gegenüber den Alliierten, mithin die außenpolitische Staatsräson der Weimarer Republik.

Schon an dieser Stelle wird das grundsätzliche, doppelte Principal-Agent-Problem des Reparationsverfahrens deutlich, dessen Auswirkungen in der Periode nach 1924 in den vorangegangenen Kapiteln untersucht wurden. Die Siegermächte belasteten die frisch geformte Weimarer Republik mit der Durchführung einer Aufgabe, an deren Erfüllung sie bestenfalls ein zwiespältiges Interesse haben konnte und an der sie zuletzt scheiterte: Erfüllte sie die Reparationsforderungen, so gefährdete die Republik ihre ohnehin prekäre innenpolitische Legitimation und machte sich zur Zielscheibe des Vorwurfs der Kollaboration mit den Siegermächten. Setzte sie aber umgekehrt ihr Interesse in eine Nichterfüllungspolitik, so mochte sie zwar die Emotionen ihrer Bürger befriedigen, riskierte aber die Friedensordnung des Versailler Vertrages, die Besetzung weiter Landesteile, gar die Teilung des Reiches – Perspektiven, die nicht umsonst in die Zeit nach 1945 weisen.

Tatsächlich sind die Politik der Alliierten im besetzten Deutschland nach 1945 und ebenso das Beispiel des Krieges von 1871 lehrreich, um sich kontrafaktisch vor Augen zu führen, wie eine Alternative zum Frieden von Versailles auszusehen gehabt hätte, welche die Republik von Weimar vor dieser selbstzerstörerischen Aufgabe bewahrt hätte. Immerhin hatte sich durch die Kriegsentschädigung von 1871 die Gesamtlast der französischen Staatsschuld auf gut 100% des Vorkriegssozialprodukts erhöht; zugleich verlor Frankreich mit Elsaß und Lothringen ökonomisch wichtige Provinzen. Dennoch sehen wir in Frankreich nach dem Krieg von 1871 weder politische noch wirtschaftliche Instabilität. Es gab nicht einmal Ansätze zu einer Nachkriegsinflation, im Gegenteil ging Frankreich noch in den siebziger Jahren, praktisch zeitgleich mit der Gründung der Reichsbank in Deutschland, faktisch zum Goldstandard über. Genauso wenig versuchte Frankreich nach 1871 den französischen Auslandsschulden – im besonderen den auf deutsche Plätze lautenden Tranchen der Reparationsschuld – durch Transfersperren oder andere Manipulationen auszuweichen oder auf irregulärem Wege die Staatsschuld abzubauen. Ganz im Gegensatz zu Deutschland in der Zeit nach dem Ersten Weltkrieg war das innere politische Gefüge Frankreichs stabil genug, um innerhalb einer bestehenden Ordnung seine inneren und äußeren Verpflichtungen abzudecken, ohne den 1870/71 neu definierten Ordnungsrahmen sprengen zu wollen. Will man hierfür nicht zu fragwürdigen mentalitätssoziologischen Erklärungen greifen und etwa die französische Rationalität oder den Geist der Epoche bemühen, so muß nach der politischen Ökonomie der Umstände gefragt werden, welche die Übernahme einer hohen, aber noch tragbaren Reparations- und Staatsschuldenlast nach 1870 in Frankreich ermöglichten, nach 1918 in Deutschland aber verhinderten.

Eine mögliche Erklärung liegt im Kriegsergebnis selbst. Frankreichs Niederlage im Krieg von 1870/71 war rasch, eindeutig und auch für den Laien sichtbar. Schon in der Schlacht von Sedan, nur sechs Wochen nach Kriegsbeginn, geriet Kaiser Napoleon III. in preußische Gefangenschaft. In aufgepeitschter Stimmung wurde der Krieg fortgesetzt und bildeten sich irreguläre republikanischen Verbände, die *franctireurs*. Im Angesicht auch ihrer Niederlage gegen die vorrückenden preußisch-deutschen Truppen erlebte das Frühjahr 1871 nach dem Waffenstillstand die Aufstände der Pariser *Commune*, die unter den Augen der deutschen Besatzer von den republikanischen Verbänden zusammengeschossen wurden.

Um die Bedeutung dieses Ereignisablaufs für die innenpolitische Akzeptanz der darauffolgenden politischen Neuordnung zu ermessen, sei für einen Moment dasselbe Szenario in kontrafaktischer Analogie auf das Ende des Ersten Weltkriegs projiziert. Hierzu hätte man sich etwa vorzustellen, im Herbst 1918 wäre das kaiserliche Hauptquartier in Spa von alliierten Truppen gestürmt worden und Kaiser Wilhelm II. nicht etwa ins holländische Exil gegangen, sondern gefangengesetzt und in einem Schloß an der Loire interniert worden. Ganz ähnlich wie für 1870/71 dürfte man in dieses Szenario die – tatsächlich ja erfolgte – Bildung irregulärer, zur Fortsetzung des Krieges auf eigene Faust fanatisch entschlossener Freikorpsverbände einfügen. In Fortsetzung der Analogie wäre statt eines Waffenstillstandes im November 1918 ein alliiertes Vorrücken auf das Reichsgebiet etwa im Frühjahr 1919 anzunehmen. Am Ende des Prozesses stände womöglich – nach der unzweifelhaften Niederlage der Freikorps gegen die nunmehr rasch vorankommenden alliierten Verbände – die Einschließung Berlins, Münchens und der Marinegarnisonen an der Küste und zuletzt nach einem Waffenstillstand die Niederschlagung der dortigen kommunistischen Aufstände und Räterepubliken durch die Freikorps in Schußweite der alliierten Besatzer. Um die kontrafaktische Analogie auf die Spitze zu treiben, mag man sich noch dazu die Symbolik der Ausrufung einer neuen französischen Monarchie im Saal des Sommerschlosses von Sanssouci bei Potsdam ausmalen, während sich zu gleicher Zeit im eingeschlossenen Berlin und München noch Räterepubliken und Freikorps Gefechte liefern. – Womöglich ist Berlin mit Paris nicht zu vergleichen, bestimmt viel weniger Sanssouci mit Versailles. Vergleichbar jedoch ist ihre Rolle im Herrschaftsprogramm und Selbstverständnis der betreffenden Nation, und hierauf kommt es bei der Bemessung der politischen Symbolik an, nicht auf die Größe des jeweiligen Spiegelsaales.

Wie anders hätte sich wohl die politische Legitimation der Weimarer Republik nach innen und außen entwickelt, wenn der Erste Weltkrieg ein so eindeutiges Ende genommen hätte wie der Krieg von 1871? Über die Möglichkeit eines solchen Alternativszenarios zu spekulieren, ist selbstverständlich müßig[6]. Wohl aber ist es von Interesse, die Konsequenzen des wesentlich weniger eindeutigen Kriegsendes von 1918 im Vergleich zu 1871 zu verfolgen.

Zunächst tritt der Umstand hervor, daß der preußisch-französische Krieg von 1871 seiner Natur nach ein weitgehend bilateraler Krieg war: Preußen hatte sich seine nunmehrigen Bundesgenossen im vorangegangenen Krieg von 1866 gefügig gemacht, an seiner Dominanz bestand kein Zweifel. Entsprechend trugen sowohl das Kriegsszenario als auch der Friedensschluß Preußens Handschrift und folgte die Proklamation Wilhelms zum Deutschen Kaiser durch seinen gewesenen Kriegsgegner, Bayerns König Ludwig II., preußischer Regie. Demgegenüber war der erste Weltkrieg ein klassischer Koalitionskrieg und spiegelte der Friedensschluß das Auseinanderbrechen der siegreichen Kriegskoalition wieder. Für die USA war mit der Entmachtung des kaiserlichen Deutschland und dem Übergang zur parlamentarischen Demokratie das eigene Kriegsziel im wesentlichen erreicht; auf amerikanischen Druck und um den voraussehbar härteren Bedingungen der europäischen Kriegsgegner zu entgehen, hatte Deutschland noch vor dem Waffenstillstand rasche Schritte unternommen, um alle in diese Richtung abzielenden amerikanischen Bedingungen zu erfüllen. Zuletzt hatten sich durch diese politische Flucht nach vorn die Ereignisse revolutionär überschlagen.

Anders als auf amerikanischer Seite dominierte dagegen bei den europäischen Alliierten nicht etwa das Interesse an einer politischen Modernisierung Deutschlands, sondern vielmehr die Furcht vor seiner wirtschaftlichen und militärischen Wiedererstarkung. Angesichts der eigenen Schwächung im Kriege und der stärkeren wirtschaftlichen Dynamik Deutschlands im vorangegangenen Jahrzehnt war diese Sorge durchaus ratio-

---

6 Es hat 1918 im alliierten Lager an Stimmen nicht gefehlt, die vor einem zu raschen Waffenstillstand warnten, so etwa der US-Oberkommandierende in Europa, General Pershing. Dazu Schwabe (1978, S. 185).

nal. Insofern konnte die Schwächung Deutschlands als ein sinnvolles Kriegsziel erscheinen.

Den Resultaten des Weltkriegs entsprach diese Zielsetzung freilich nicht. Zu deutlich war der Umstand, daß die militärische Entscheidung in großen Teilen dem wirtschaftlichen Übergewicht Amerikas auf alliierter Seite zu verdanken war – nicht so sehr dem militärischen, denn die Front im Westen war schon in Bewegung geraten, bevor der amerikanische Aufmarsch richtig zum Abschluß kam. Hätte aber der Friedensvertrag die Kräfteverhältnisse der alliierten Kriegskoalition zutreffend widergespiegelt, so wäre schon nach 1918, nicht erst nach 1945 eine pax americana die notwendige Folge gewesen. Wilsons Schwächung durch die Nachwahlen zum amerikanischen Kongreß im Herbst 1918 und der amerikanische Rückzug aus den Friedensverhandlungen von 1919 gehören zu den großen, paradoxen und kontroversen Themen der politischen Geschichtsschreibung. Als Folge trug der Frieden in weiten Bereichen die Handschrift der europäischen Juniorpartner, deren Interesse die politische und wirtschaftliche Niederwerfung Deutschlands war, nicht etwa seine Modernisierung. Für dieses sehr „europäische" Kriegsziel wäre die Beibehaltung des überkommenen wilhelminischen Systems womöglich gar vorteilhaft gewesen. Wenig mehr hätte den Niedergang des alten kaiserlichen Deutschland so eindrucksvoll dokumentiert wie die Unterschrift eines kaiserlichen Ministers unter die Vereinbarungen von Compiègne und die Selbstauslieferung des Monarchen an die Sieger – ganz wie dies 1945 im Falle Japans durch Kaiser Hirohito vollzogen wurde.

Gerade dieses Kriegsziel aber wurde nicht erreicht; tatsächlich scheint die Oberste Heeresleitung durch ihr unvermitteltes, vehementes Drängen auf einen Waffenstillstand im Herbst 1918 und ihr nunmehriges Insistieren auf raschen innenpolitischen Reformen eben dieser Eventualität ausgewichen zu sein. Durch eine sofortige Wandlung des politischen Systems um den Preis der eigenen Entmachtung wollte man die amerikanischen, in einer Serie diplomatischer Noten konkretisierten Friedensbedingungen erfüllen und so versuchen, dem voraussehbaren Diktat der europäischen Koalitionsgegner zu entgehen. Bei einem Erfolg dieser Strategie war eine pax americana zu erreichen, deren wirtschaftliche Bedingungen mit Wahrscheinlichkeit milde sein würden, hatte doch die USA – ganz wie später nach dem Zweiten Weltkrieg – an der wirtschaftlichen Schwächung Deutschlands kein wirkliches Interesse. Im Falle des Mißerfolges war einem drohenden Karthago-Frieden ohnehin nichts mehr entgegenzusetzen. Allerdings würde der Fluch dieses Mißerfolgs dann auf die Vertreter der parlamentarischen Demokratie fallen, nicht auf das alte System, und so den Boden für die eigene Rückkehr zur Macht und die militärische Revanche zu günstiger Stunde bereiten. Dies waren die Umstände, unter denen später die fatale Konstellation eintreten konnte, in der die politische und wirtschaftliche Modernisierung in Deutschland nach 1918 identifiziert wurde mit der Erfüllung von Friedensbedingungen, die dem alten Regime galten, durch das Kriegsergebnis nicht legitimiert schienen und – anders als im französischen Falle nach 1871 – von der Bevölkerung nicht hingenommen wurden.

So sah sich die neue deutsche Republik ab dem Tage des Waffenstillstands, zwei Tage nur nach ihrer Ausrufung, gefangen in einem zweifachen Principal-Agent-Problem, einer strategischen Zwickmühle, der sie bis fast ans Ende ihres Bestehens nicht entkommen sollte und an der sie letztendlich zugrunde ging. Gegenüber der eigenen Bevölkerung leitete die Weimarer Republik ihre Legitimation allein aus dem – noch auf Wilsons Friedensangebote zurückgehenden – Versprechen von Prosperität und sozialer Modernisierung ab. Mit einer Austeritäts- und Deflationspolitik, wie sie ein sauber durchgeführtes Reparationsverfahren erfordert hätte und wie sie zuletzt von Brüning unter dem Druck widriger Umstände ins Werk gesetzt wurde, war das von vornherein nur schwer vereinbar. Die sozialpolitische Selbstbindung der Republik ist oftmals betont und als Ergebnis des Revolutionskompromisses von 1919/20 interpretiert worden. Sie ist unter anderem eine Folge des Umstandes, daß eine Machtbalance, in der die Republik sich gegen die Extreme von rechts und von links verteidigen konnte, nur mit Hilfe der Gewerkschaftsbewegung und des Revisionismus in der deutschen Sozialdemokratie hatte erreicht werden können. Das war in Frankreich nach 1871 anders, als die Auseinandersetzung zwischen franctireurs und commune noch unter Aufsicht der preußisch-deutschen Besatzer geführt worden war, mit dem Ergebnis, daß beide Extreme geschwächt waren und die neue Republik ihre wirtschaftlichen Kräfte, die unter anderem dem Reparationsverfahren dienen sollten, nicht durch einen Machtkompromiß nach innen binden mußte. Paradoxerweise hat Preußen-Deutschland womöglich damit der französischen Republik zu eben jener innenpolitischen Stabilität verholfen, an der es Weimar später als Folge des vorzeitigen Kriegsendes fehlen sollte. Eine Politik der Erfüllung der Reparationsbedingungen gefährdete den prekären Grundkonsens nach innen und damit die innenpolitische Legitimation des neuen Staats.

Umgekehrt war Weimar nach außen durch Waffenstillstand und Friedensvertrag an eben diese Erfüllungspolitik gebunden: Weimar war der Agent, der Erfüllungsgehilfe der Sieger im Reparationsverfahren und setzte sich bei jedem Versuch des Ausweichens alliierten Kontrollen und Pressionen aus. In den vorangegangenen Kapiteln ist gezeigt worden, wie die Anreizproblematik dieses principal-agent-Verhältnisses eine Abfolge von Sonderkonjunkturen der deutschen Volkswirtschaft in Bewegung gesetzt hat. Eine dritte, im Rahmen dieser Untersuchung außen vor gelassene principal-agent-Beziehung kam durch die amerikanische Entscheidung zustande, die Gestaltung der europäischen Friedensordnung weitgehend den Europäern zu überlassen und damit auch die Wahrnehmung der eigenen amerikanischen Interessen zu einem Großteil in die Hände Englands und Frankreichs zu legen.

Damit liegt bereits 1919 die Grundkonstellation für das Spiel zwischen den politischen Entscheidungsinstanzen bis 1933 fest. Durch Bildung wechselnder Koalitionen wurde versucht, die jeweils außenstehenden Akteure zu Wohlverhalten zu zwingen. Das widersprüchliche Interessenverhältnis zwischen Amerika und seinen europäischen Kriegsalliierten erschließt sich durch einen Blick auf die pax americana nach 1945; zugleich bietet es ein Beispiel für die ungenügende Glaubwürdigkeit von Modernisierungs- und Entwicklungspolitik bei Abwesenheit machtpolitischer Stabilisierung.

Verkürzt man den Gegenstand des Konfliktes zwischen den Amerikanern und ihren europäischen Alliierten für einen Moment auf das amerikanische Interesse an der Erschließung Kontinentaleuropas als einer Zone der Prosperität auf der einen Seite und das französisch-britische Dominanz- und Sicherheitsinteresse auf der anderen Seite, so tritt wiederum die unvollständige Beendigung des Krieges als Hemmschuh einer kooperativeren Politik für Europa hervor. Wohl hatte man die Armeen des Kaisers besiegt, nicht aber die Kriegsstimmung in Teilen der deutschen Bevölkerung. Und so hinterließen die Amerikaner mit ihrem Abzug vom westeuropäischen Kriegsschauplatz ein Sicherheitsvakuum, das nur sie selbst hätten ausfüllen können. Weil dies nicht geschah und ein glaubwürdiges System kollektiver Sicherheit vor (und für) Deutschland anders nicht errichtet werden konnte, verlagerte sich folgerichtig das Kräftemessen auf die Beschneidung des deutschen Wachstumspotentials und den Versuch seiner Entmodernisierung.

Ganz dasselbe Problem kehrte übrigens nach 1945 wieder. Paradoxerweise hatten die USA während der Schlußphase des Krieges mit dem Morgenthau-Plan eine fast malthusianische Strategie der wirtschaftlichen Kontrolle und Schwächung Deutschlands entworfen, deren Gesamtkonzept vielleicht besser in die Ideenwelt von Clemenceaus und Poincarés Frankreich nach 1918 gepaßt hätte. Noch in den ersten Schritten einer alliierten Viermächtepolitik im besetzten Deutschland spiegelte sich diese Bestrafungs- und Schwächungskonzeption wieder. Das 1946 fast gleichzeitig einsetzende, von gegenseitigen Verdächtigungen begleitete Abrücken der USA und der UdSSR von dieser Politik in ihren jeweiligen Besatzungsgebieten Deutschlands hatte einander parallele Gründe (für die USA vgl. Gimbel, 1976, für die UdSSR Karlsch, 1993). Beide Besatzungsmächte sahen sich demselben wirtschaftspolitischen Lernprozeß gegenüber. Hier spielten zum einen die hohen Besatzungskosten als Folge der Schwächungspolitik eine Rolle, zum zweiten die brachliegenden Möglichkeiten der deutschen Industrie als eines Lieferanten international dringend benötigter Kapitalgüter, zum dritten aber die wachsende Einsicht, daß Sicherheit vor Deutschland ein politisches Problem war, das vorerst durch fortgesetzte Anwesenheit eigener Truppen gelöst werden konnte und sich somit von der Frage eines wirtschaftlichen Aufschwungs abkoppeln ließ.

So wie die amerikanische Bindung an Europas Sicherheitsinteressen nach dem Zweiten Weltkrieg zum entscheidenden Hebel zur Durchsetzung der amerikanischen Modernisierungspolitik wurde, fehlte eine glaubwürdige amerikanische Selbstbindung an ein kooperatives Sicherheitssystem in Europa in den zwanziger Jahren. Das schwächte die Durchsetzbarkeit amerikanischer Stabilisierungskonzepte nach dem Ersten Weltkrieg. Im Ergebnis traten europäische Strategien gegenüber Deutschland phasenweise in den Vordergrund.

Entsprechend blieb es das Ziel deutscher Politik in der Reparationsfrage, Amerika in Europas Affären hineinzuziehen. In der Hoffnung auf eine amerikanische Lösung lag schon das Hauptmotiv für die Selbstentmachtung des Wilhelminismus mit der Entscheidung im Sommer 1918, eine Friedensregelung mit den Alliierten auf der Basis von Wilsons 14 Punkten zu suchen. Von hier aus läßt sich eine amerikaorientierte Grundlinie deutscher Außenpolitik bis hin zum Ende der Weimarer Republik zeichnen. Dieselbe Interessenlage wie 1918 legte es für Deutschland 1924 nahe, den Dawes-Plan anzunehmen, zum Goldstandard zurückzukehren und die britischen Offerten für einen Sterlingstandard zurückzuweisen. Sie führte zur massiven Hereinnahme amerikanischer Stabilisierungskredite in den darauffolgenden Jahren, gutwillig interpretiert mit dem Motiv der Bindung Amerikas an Deutschlands wirtschaftliches Interesse, weniger gutwillig zu werten als Geiselnahme amerikanischen Kapitals in der Reparationsfrage. Sie erklärt zuletzt 1931 die Annahme des Hoover-Moratoriums zu amerikanischen Bedingungen, besonders den Verzicht auf eine Abwertung der Mark mit möglichem späteren Anschluß an einen Sterlingstandard, wie er schon einmal 1923/24 ventiliert worden war.

Innenpolitische Legitimation verschaffte sich die Weimarer Republik nur in dem Ausmaß, in dem ihre Einbindungsstrategie gegenüber Amerika erfolgreich war. Bis 1920 wäre dies zu suchen in der heimlichen, dann aber nicht zum Tragen kommenden deutsch-amerikanischen Koalition gegen den Versailler Vertrag, deren Gegenkonzeption die Modernisierung, nicht Bestrafung Deutschlands und seine Einbettung in ein – allerdings unglaubwürdig bleibendes – kollektives Sicherheitssystem gewesen wäre. In den Jahren von 1924 bis 1928 ist dies die amerikanische Stabilisierung der deutschen Volkswirtschaft mit dem Verfahren, mit Hilfe der Transferschutzklausel den Dawes-Plan durch Kredite des Bankplatzes New York zu unterlaufen: Deutschland prosperierte auf Pump in einem Dollarstandard mit dem Bankplatz New York als „zweiter Reichsbank". 1931/32 war dies die Austeritätspolitik Politik Brünings, die dem Umschwung der amerikanischen Interessenlage folgte und gemäß dem Young-Plan deflationierte, um die langfristigen Anleihen Deutschlands voll bedienen zu können und die zukünftige Kreditwürdigkeit auf dem amerikanischen Markt wiederherzustellen.

Ein amerikaorientierter Grundkonsens in der deutschen Politik erstreckte sich von der SPD bis hinein in Teile der nationalistischen Rechten, er reichte von der prinzipiellen Annahme der 14 Punkte über die Abrüstungs- und Völkerbundspolitik in den mittleren zwanziger Jahren bis hin zum Deflationskonsens von 1931. Bei aller Heftigkeit der Auseinandersetzungen im Detail bestand doch der Minimalkonsens, die Kooperation mit dem Ausland nach amerikanischen Vorgaben den Risiken eines Bruchs internationaler Vereinbarungen und dem Weg in eine Autarkiepolitik vorzuziehen.

Diese Politik scheiterte mehrere Male, zuerst 1920/21, als die Reparationsbedingungen bekannt wurden und sich zeigte, daß im Jahre 1918 die Hoffnung auf eine ökonomisch verheißungsvolle pax americana getrogen hatte. Das Ergebnis der enttäuschten Hoffnung war die politische und wirtschaftliche Destabilisierung Weimars in der Inflation, der Übergang zu einer Nichterfüllungspolitik mit dem Ergebnis der Ruhrbesetzung und der nahende wirtschaftliche und politische Kollaps im Strudel der Hyperinflation und des passiven Widerstands. Nur um Haaresbreite hatte die Republik in der zweiten Jahreshälfte 1923 aufgefangen und zuletzt durch den zweifelhaften Kreditsegen des Dawes-Plans restauriert werden können.

Ein zweites Mal scheiterte diese Politik 1928, als die USA sich an Poincarés Frankreich annäherten und die Wiederaufnahme des französischen Schuldendienstes auf die Kriegskredite nach der französischen Ratifizierung des Berengér-Mellon-Abkommens in Sichtweite rückte. Der rasch einsetzende Ausstieg der New Yorker Bankhäuser aus dem deutschen Kreditgeschäft brachte die Kreditkonjunktur der Dawes-Zeit an ihr Ende und warf Deutschland zurück auf die harten reparationspolitischen Realitäten. Ganz konsequent präsentierte der Young-Plan nun wieder die alte Rechnung, vermehrt noch um die Zeche für Deutschlands Kreditrausch der „goldenen" zwanziger Jahre. Die unmittelbare Reaktion Weimars war die Selbstauflösung der Demokratie im parlamentarisch tolerierten Präsidialregime, einhergehend mit dem Austausch der wichtigsten politischen Entscheidungsträger – mit der prekären Ausnahme des Reichspräsidenten.

Ein drittes Mal scheiterte die amerikaorientierte Politik Weimars 1931/32, als das von Brüning erhoffte Ende des Young-Plans und damit die Aussicht auf erneute Stabilisierungsanleihen sich erst bis ins Frühjahr, dann aber bis in den Sommer 1932 verzögerte. Die Folge war ein Zerbrechen des Konsenses über die internationale Ausrichtung der deutschen Handelspolitik und der politisch von oben herab inszenierte Marsch nach rechtsaußen in eine Politik der Autarkie, des Schutzzolls und der Schuldenstreichung, die paradoxerweise erst durch die Aufhebung des Young-Plans ohne Gefahr möglich wurde.

Als Demokratie stand Weimar auf den tönernen Füßen amerikanischen Kredits, jenes unglücklichen Surrogats einer amerikanischen Stabilisierungspolitik für Europa zwischen den Weltkriegen. Feldman (1993, S. 837) hat das treffend als „mortgaged democracy" beschrieben. Wählermehrheiten für eine wirkliche Erfüllungspolitik à la Versailles hat es nicht gegeben, 1921/22 nicht und 1930 bis 1932 noch viel weniger. Man mag sich die Frage vorlegen, warum in diesem Dilemma zwischen der Erfüllung des Wählerwillens und der Erfüllung des Versailler Vertrages das Weimarer System überhaupt erst nach fünfzehn und nicht schon nach fünf Jahren zusammenbrach. Eine oftmals vorgetragene Antwort hierauf liegt in der Reserveverfassung, die das Notverordnungsrecht des Artikels 48 der Weimarer Reichsverfassung vorsah. Sie machte es der Weimarer Republik möglich, nach dem Muster der republikanisch-römischen Konsulatsdiktatur in Notzeiten auf das Diktat des Reichspräsidenten unter Gegenzeichnung durch den Reichskanzler auszuweichen. Man darf insofern die Weimarer Republik durchaus als einen sehr starken Staat ansehen – allerdings lag seine Stärke prekärerweise allein in der Möglichkeit zur zeitweiligen Suspension der Demokratie, nicht in seinen demokratischen Institutionen selbst.

Gerade die undemokratische Stärke Weimars hat eine tragende Rolle bei der Durchsetzung der Erfüllungspolitik in kritischen Phasen gespielt. So beruhte im Jahr 1923 die Stabilisierung der Mark und die Überwindung der Ruhrbesetzung in Teilen auf dieser Reserveverfassung, zusätzlich gestützt noch durch die Ermächtigungsgesetze vom 13. Oktober und 8. Dezember 1923, mit denen der Reichstag, hart am Rande des Verfassungsbruchs, der Reichsregierung befristet eine ganze Anzahl legislativer Befugnisse übertrug. Schon die Stabilisierung von 1923 war also auf dem Wege einer zeitweiligen

Aussetzung demokratischer Verfahrensregeln zustandegekommen, ja sie ging mit dem Ermächtigungsgesetz sogar noch über den in der Weimarer Reichsverfassung gegebenen, ungewöhnlich großzügigen Rahmen hinaus – formal im übrigen durchaus ähnlich wie zehn Jahre später das ebenfalls zunächst befristete Ermächtigungsgesetz für Hitler.

Vergleiche zwischen der Stabilisierung von 1923 und der Brüning-Zeit drängen sich auf. Auch hier wurde zu präsidialer statt parlamentarischer Legitimation Zuflucht genommen, um eine Stabilisierungspolitik durchzusetzen, die demokratisch in Deutschland nicht legitimierbar war. Wie 1923 verlangte diese Politik das Gegenteil der Maximierung von Regierungspopularität beim Wahlvolk, nämlich eine Wohlstandsverminderung zu dem Zweck, die außenwirtschaftspolitischen Restriktionen der Weimarer Republik zu erfüllen. Anders als 1923 und in den Jahren danach war jedoch dieses Mal der Wohlfahrtsverlust wirklich einschneidend und mußte es sein.

Reparationen waren als souveräne Verschuldung immer befrachtet mit dem Problem der Erzwingung. Kein Vertrag oder Gerichtshof konnte den Reparationstransfer wirklich garantieren; entscheidend waren allein die wirtschaftlichen Kräfteverhältnisse und das Drohpotential der Alliierten im Falle einer deutschen Verweigerung. Während der meisten Zeit des Reparationskonflikts stand nicht Deutschlands mangelnde Zahlungsfähigkeit, sondern seine fehlende Zahlungswilligkeit im Vordergrund. Nach Tabelle 5.2 waren die Reparationen (ohne die C-Bonds) im Vergleich zur Schuldenbelastung Englands oder Frankreichs durchaus nicht unmäßig. Dennoch bestand der grundsätzliche Unterschied, daß die Reparationen eine Schuldverpflichtung nach außen und nicht nach innen darstellten. Deutschland war durch die Reparationen in seinem Verhältnis zum Ausland ein prinzipiell überschuldetes Land, gefangen in dem Dauerdrama einer auswärtigen Schuldenkrise mit mehreren Akten. Erstaunlich ist hieran nur der Umstand, daß überhaupt während einer gewissen Zeitspanne auswärtige Kredite ins Land kamen.

Deutschlands Konjunkturphasen in der Zwischenkriegszeit waren insofern ein Abbild des Maßes, in dem das Ausland versuchte, einen echten Transfer der Reparationen zu erzwingen. Die Reparationskonjunktur des Dawes-Plans bestand in dem völligen Verzicht auf einen solchen Versuch. Nominell überwies Deutschland seine Reparationsleistungen zwar fristgerecht, borgte sich die Devisen dafür aber im Ausland auf dem Kreditwege. Die Transferschutzbestimmungen unter dem Dawes-Plan waren so angelegt, daß sie neuen Krediten an Deutschland faktisch Vorrang gegenüber den Reparationen einräumten. Die Reparationskonjunktur des Young-Plans hingegen war der Versuch, nunmehr einen Transfer der Reparationen aus Überschüssen zu erzwingen. Dieser Versuch, so die Ergebnisse dieser Untersuchung, konnte insofern erfolgreich sein, als er mit der faktischen Bevorrechtigung weiterer Kredite gegenüber den Reparationen Schluß machte und auf diese Weise Deutschland von weiterer zügelloser Kreditaufnahme im Ausland abschnitt.

Diese auswärtige Kreditrestriktion machte aber eine Politik der Kreditexpansion während der Krise so lange unmöglich, wie der Young-Plan und seine Sanktionsbestimmungen in Kraft blieben, d.h. bis zur Jahresmitte 1932. Wir sehen dies als den ökonomischen Hintergrund für die von Knut Borchardt in die neuere Diskussion eingebrachte These einer permanenten Krise des Reichsbudgets und der Unmöglichkeit expansiver Fiskalpolitik während der Kanzlerschaft Brünings.

Verschlimmert wurde diese Situation durch die Zinsverpflichtungen auf die kommerzielle Auslandsschuld. Mit der massiven Hereinnahme von Auslandskrediten war nach 1924 die Weimarer Wirtschaft zwar konjunkturell und sozialpolitisch erfolgreich stabilisiert worden, allerdings um den Preis einer Vorbelastung der künftigen Zahlungsbilanz. In der Dauerkrise der deutschen Zahlungsbilanz seit Ende 1930 wirkte sich diese Belastung als weitere Krisenverschärfung aus. Dies erscheint uns als der ökonomische Hintergrund für Knut Borchardts These, wonach die Ausweitung des Sozialstaats und die Lohnerhöhungen der ausgehenden zwanziger Jahre zur besonderen Schwere des anschließenden Krisenverlaufs in Deutschland beigetragen hätten.

Da der weit überwiegende Teil der seit 1924 aufgelaufenen kommerziellen Verschuldung Deutschlands nichts anderes darstellte als den Gegenwert einer Reparationsleistung auf Kredit, ergibt sich der paradoxe Effekt, daß die wirtschaftliche Erfüllung des Versailler Vertrages durch Deutschland in demselben Moment begann wie der internationale Ausbruch der Weltwirtschaftskrise. Nicht die Reparationen selbst haben also Deutschlands Krise und Konjunktur der Zwischenkriegszeit bestimmt, sondern der verhängnisvolle deutsche Versuch, die Reparationen mit immer neuen Manövern zu verweigern, zu unterlaufen und abzuschütteln, anstatt die gegebene Reparationslast möglichst gleichmäßig und langfristig abzutragen. Als diese Versuche ein Ende hatten und der Zahltag gekommen war, fiel Deutschland in die Grube, die es anderen gegraben hatte, selbst hinein, gemäß dem Sprichwort, mit dem man Kinder zu moralischem oder doch wenigstens vorausschauenden Verhalten erziehen will.

Damit sind wir zum Ausgangspunkt der Betrachtungen zurückgekehrt. In dieser Arbeit wurde argumentiert, daß die deutsche Deflationspolitik unter Brüning in den Jahren 1930 bis 1932 nicht primär Konjunkturpolitik gewesen ist, sondern eine außenwirtschaftlich erzwungene Austeritätspolitik, um gleichzeitig die Reparationsverpflichtungen des Young-Plans zu erfüllen und die Belastungen aus der Auslandsverschuldung der zwanziger Jahre zu tragen. Die vielfach gestellte Frage nach der Notwendigkeit der Brüningschen Deflationspolitik kann sich daher ebensowenig auf eine rein technokratische, unpolitische Konjunkturpolitik beschränken wie einst die akademische Transferdebatte um die deutschen Reparationen selbst. Solange die Erfüllungungspolitik und die Reintegration der deutschen Wirtschaft in die Weltwirtschaft das primäre Ziel deutscher Außenwirtschaftspolitik darstellte, war unter den gegebenen makroökonomischen Rahmenbedingungen eine Strategie der Deflation die einzig problemadäquate.

Die Frage nach der Notwendigkeit oder Vermeidbarkeit einer solchen Politik geht über die rein konjunkturpolitische Fragestellung weit hinaus, sie erstreckt sich in den Raum der politischen Ökonomie der deutschen Reparationen und Auslandsschulden, dem zentralen Problem internationaler Zusammenarbeit in Europa in den kritischen Jahren vor dem Machtantritt des deutschen Faschismus. Gegeben den Umstand, daß der

Young-Plan Deutschland angesichts der Höhe der kommerziellen deutschen Auslandsverschuldung von weiterem Auslandskredit abschnitt, konnte es naheliegen, die Ausstiegsoption wahrzunehmen und gegen die Gläubigerländer zu einer ostwärts gerichteten Autarkiepolitik überzugehen, ganz wie sich dies seit Brünings Sturz anbahnte, ab 1933 intensiviert und ab 1935 zur beherrschenden Doktrin der Außenwirtschaftspolitik im Nationalsozialismus wurde.

In den voranstehenden Kapiteln wurde gezeigt, daß vor dem Fall der Reparationen in der Lausanner Konferenz von 1932 die Option eines Ausstiegs aus der deutschen Auslandsverpflichtungen mit unkalkulierbaren Gefahren verbunden gewesen wäre, ganz wie 1923, als die deutsche Verzögerungs- und Verschleppungspolitik zum französisch-belgischen Einmarsch ins Ruhrgebiet geführt hatte. Wohl hatte sich damals bewahrheitet, daß Zwangsmaßnahmen den erhofften Reparationsertrag nicht erbrachten, ganz wie von der rechtsstehenden Opposition gegen die Erfüllungspolitik erwartet und erhofft. Jedoch hatte sich eine neue französische Strategie abgezeichnet, die als Substitut für die Reparationspolitik bei der Erfüllung des französischen Sicherheitsinteresses dienen konnte, mit dem militärischen Ergebnis des Weltkriegs und den französischen Kräften kompatibel war und von Deutschland nur durch rasches Einlenken auf einen Verständigungskurs hatte verhindert werden können, nämlich die Bildung einer französisch dominierten Einfluß- und Pufferzone am Rhein als eines strategischen Glacis mit dem Risiko einer französisch orchestrierten Separation, und damit einer Teilung des Reichs. In das Young-Abkommen waren auf französischen Druck sehr unbestimmte Sanktionsklauseln eingefügt worden, die für Frankreich im Falle einer deutschen Vertragsverletzung ähnliche Optionen eröffneten, so daß der Young-Plan nicht etwa, wie von deutscher Seite erhofft, den Einstieg in den Ausstieg aus dem Versailler Vertrag darstellte, sondern zunächst – ganz nach der französischen These – lediglich ein neues Verfahren zu dessen Erfüllung.

Vor dem Hintergrund der Erfahrung von 1923 und der prohibitiven Bestimmungen des Young-Abkommens beantwortet sich somit auch die Frage, ob Brünings Deflationspolitik ein Fehler war, ob sie wirklich, wie Karl-Dietrich Bracher (1971) dies einmal genannt hat, "unpolitische Politik" darstellte. Es ist Bracher darin zuzustimmen, daß sie innenpolitisch gesehen tatsächlich "unpolitisch" war. Zu ihrer Durchsetzung nahm sie Zuflucht zur Reserveverfassung des Weimarer Systems und ignorierte damit die Notwendigkeiten politischer Legitimation in einer Demokratie. Hochpolitisch allerdings war sie darin, richtig zu erkennen, daß unter dem Young-Plan der gesamte Bewegungsspielraum deutscher Budget-, Geld- und Kreditpolitik von der Reparationserfüllung abhängig sein würde, und darum die Erfüllung und allenfalls eine Revision des Young-Plans durch Nachverhandlung zur obersten Priorität deutscher Politik zu erheben.

Einen „Erfolg" dieser Stabilisierungspolitik mit Hilfe des Notverordnungsregimes hätte man sich in kontrafaktischer Analogie zur Stabilisierung von 1923/24 vorzustellen, nämlich als die Beseitigung der Kreditklemme und das anschließende Hereinströmen neuen Auslandskapitals mit der Folge eines Wiederaufschwungs rechtzeitig vor dem Auslaufen der Wahlperiode 1934. Im Zeitplan wurde diese Politik vereitelt durch die Verzögerung der Lausanner Konferenz, ursächlich jedoch durch das amerikanische Beharren auf der Bedienung der interalliierten Kriegskredite auch nach der Ausrufung des Hoover-Moratoriums. Damit wälzten die USA die Gesamtlast einer Revision des Young-Plans zunächst auf Frankreich und England ab, mit dem Ergebnis der englischen Pfundabwertung vom September 1931, der Aufkündigung internationaler wirtschaftspolitischer Kooperation 1932/33 und der noch beim deutschen Angriff 1940 nicht überwundenen politischen und konjunkturellen Destabilisierung Frankreichs.

Eine andere als die ab 1930 tatsächlich geübte Politik Brünings unter dem Notverordnungsregime braucht nicht ernsthaft in Betracht gezogen zu werden. Nach Lage der Dinge hätte sie allein eine stärkere Hinwendung zur Ausstiegsoption bedeuten können, damit aber nichts anderes als eine Verwirklichung des Programms der extremen Rechten. Hierfür aber war das Notverordnungsregime nicht erforderlich, denn für einen solchen Kurs gab es seit der Septemberwahl von 1930 potentielle Mehrheiten im Reichstag von der NSDAP bis hin zu den Kommunisten. Das partielle Eingehen Brünings auf den Druck von rechts in der eigenen Regierung im Zusammenhang des deutsch-österreichischen Zollunionsprojekts von 1931 gab einen Vorgeschmack von den internationalen Kosten einer solchen Politik und hatte wesentlichen Anteil daran, den „Deflationskonsens" eines Verzichts auf den Rückzug in die Autarkieposition kurzfristig noch einmal zu stabilisieren.

Allenfalls mag man sich die kontrafaktische Frage vorlegen, ob es zu einer deutschen Deflationspolitik gekommen wäre, wenn nach 1930 das Instrument der Notverordnungspolitik nicht zur Verfügung gestanden hätte. Unpolitische Politik im Sinne eines Regierens gegen die eigene Wählerschaft hätte dann nicht stattfinden können. Diese Frage allerdings rührt wiederum an den Kern der außenpolitischen Verfassungsräson der Weimarer Republik, denn es ist nur schwerlich vorstellbar, wie dieser Staat ohne das Notverordnungsrecht das Jahr 1930 je hätte erreichen können. Insofern ist es fraglich, ob man sich auf die kontrafaktische Analyse dieses Problems überhaupt einlassen mag. Immerhin hätten ohne das Notverordnungssystem die Septemberwahlen von 1930 womöglich Hitlers Aufstieg zur Machtbeteiligung gebracht. Über die Folgen einer solchen Entwicklung zu diesem Zeitpunkt darf man sich keinerlei Illusionen hingeben. Mit der Drohung einer Machtbeteiligung des deutschen Faschismus seit der Septemberwahl von 1930 lag die wirkliche Alternative zu Brünings Kurs klar zutage. Das Zurückdrängen des Parlaments durch ein Präsidialkabinett in der Periode Brüning spiegelt lediglich den vorerwähnten prinzipiellen Zwiespalt wieder, der die Weimarer Republik seit ihren Anfängen geprägt hatte, nämlich zwischen dem Versuch einer raschen Verwirklichung von Massendemokratie und Massenwohlstand oder der Verwirklichung der Reparationspolitik. Gefangen zu sein in der Zwickmühle zwischen außenpolitischer Staatsräson und der Schaffung einer innenpolitischen Legitimationsbasis, dieses Dilemma hat eigentlich die Zwangslagen und Handlungsspielräume der deutschen Politik seit den Anfängen der Weimarer Republik bestimmt.

Die kontrafaktischen Spekulationen dieser Arbeit scheitern an dem Versuch, sich eine erfolgreiche Erfüllungspolitik auszumalen. Der Grund hierfür liegt eher in der deutschen Innenpolitik des Reparationsproblems als in den Reparationen selbst. Hätte Deutschland nach dem Ersten Weltkrieg eine politische Kultur besessen, die eine Erfüllung der Reparationsverpflichtungen ohne Inflation, politischen Mord, Straßenkampf und zuletzt den Weg in die Diktatur und den Revanchekrieg denkbar gemacht hätte, dann wären trotz ihrer Höhe die deutschen Reparationen nach dem Ersten Weltkrieg wohl kaum mehr als eine Fußnote in der Geschichte geblieben, ein Kuriosum der Finanzgeschichte wie etwa Englands horrende Staatsverschuldung nach den Napoleonischen Kriegen.

Das alles war nicht gegeben, und so konnten Demokratie und Reparationen in Deutschland nur nebeneinander bestehen, solange die Reparationsverpflichtungen durch Kredite des Auslands refinanziert wurden. Am Ende der Weltwirtschaftskrise war in Deutschland die Zeit der Kredite, der Reparationen und der Präsidialkabinette vorbei, und Hindenburg entließ seinen Kanzler Brüning mit der unheilvollen Bemerkung, er sei nicht weit genug nach rechts gegangen. Und als dann die Demokratie als formales Verfahren für kurze Zeit noch einmal funktionierte, brachte sie Hitler an die Macht.

6. QUELLEN- UND LITERATURVERZEICHNIS

I. Unveröffentlichte Archivbestände

(a) Bundesarchiv, ehem Signaturen Koblenz

Bestand Reichsfinanzministerium (R 2)
230-33, 237, 1859, 1869, 3218-32, 3239, 3240, 3247, 3270, 3283, 3287-88, 3292, 3401, 3402, 3845, 5157, 21776-78, 24160-63, 24938-43

sowie besonders:

3251, 3269-70, 3392, 3434, 3437	Arbeitsbeschaffungs- und Mefowechsel (Buchungsverfahren),
3846-47	Statistiken über Umlauf und Rückkauf von Mefo-Wechseln
18682, 18656-8, 18660, 18701,18717-18	Einzelstatistiken über Umlauf und Einlösung von Arbeitsbeschaffungswechseln
21781	Abschlüsse des Reichshaushalts 1934-1939

Bestand Reichsfinanzministerium/Anhang (R 2 Anhang)

23, 27, 28, 30, 31, 37, 51, 53	u.a. Reichshaushalt: Rechnungsabschlüsse 1933/34-1938/39 Arbeitsbeschaffung: verstreute Daten Autobahnbau: Investitionen, Finanzierung Mefo: jährliche Umlaufsstatistik

Bestand Reichswirtschaftsministerium (R 7)
3009, 3012-15, 3067, 3068, 3074, 3082, 3283, 3401-02, 3411-12, 3447, 3630-38

sowie besonders:

2128, 2303	Volkseinkommensstatistiken, versch. Schätzungen
3068, 3629	Zahlungsbilanzstatistik 1936-41

(b) Bundesarchiv, ehem. Signaturen Potsdam

Bestand Reichswirtschaftsministerium (31.01)

15057-9	Akten Lausanner Konferenz 1932
9929-32	Gutachten Wilhelm Lautenbach 1931-33

Bestand Reichsbank (25.01)

6445-8, 6581	Devisenstatistiken und -bilanzen 1936-38
6441, 6501-07, 6514-7, 6576, 6637, 6638	Umlaufsstatistik Mefo- und Sonderwechsel

Bestand Reichsrechnungshof (23.01)

1578, 4861 (Film 37799)	Verordnungen etc. bezgl. ABM- und Mefo-Verfahren

(c) Hauptarchiv der Deutschen Bundesbank, Frankfurt/M. (HAdDB)

Rbk-1-Drs.1	Reichsbankrundverfügungen
Rbk. 1/7	Umlaufsstatistik Sonderwechsel, Reichsbankportefeuille

(d) Archiv des Instituts für Zeitgeschichte (IfZ), München

Da 03.03	Reichshaushaltsrechnungen 1934-40
ED 93.03	Tagebücher Hans Schäffer 1929-32 (Transskription)

II. Veröffentlichte Quellen

(a) Akten der Reichskanzlei (AdR)

Kabinett Müller II, Boppard/Rh: Boldt, 1982.,
Dok. 255,272

Kabinett Brüning I und II, Boppard/Rh.: Boldt, 1982, 1990.
Dok. 37, 41, 45-47, 50, 53-57, 67, 71, 127, 130, 131, 291, 316, 324, 337, 341, 347, 349-52, 354, 357-58, 362, 364, 368, 379, 385, 398, 416, 521, 525, 526, 528, 530, 533, 537, 539, 540, 550-552, 554, 557, 561, 562, 589, 591, 600, 603, 611, 618, 621, 629, 630, 637, 653, 664, 669, 670, 693, 699, 709, 719, 721, 732, 734, 736, 739, 745, 747, 757, 760, 762-64, 767, 770

Kabinett v. Papen, Boppard/Rh.: Boldt, 1989.
Dok. 9, 17, 24, 26, 29, 42, 77, 110, 112, 113, 115-17, 143, 172, 174, 176, 190.

Kabinett Hitler I, Boppard/Rh.: Boldt, 1983.
Dok. 17.

(b) Verhandlungen des Reichstages, 5. Wahlperiode

Bd. 448, 456.

(c) Foreign Relations of the United States (FRUS)

Jg, 1931.

III. Amtliche und halbamtliche statistische Quellenwerke

(a) Laufende statistische Berichterstattung

(aa) Statistisches Reichsamt

Statistisches Jahrbuch für das deutsche Reich
43. Jg. 1924 - 59. Jg. 1941/42

Statistik des Deutschen Reiches
Bd. 475 (Finanzstatistik 1925-1932)

(ab) Institut für Konjunkturforschung/
Deutsches Institut für Wirtschaftsforschung, Berlin

Vierteljahreshefte zur Konjunkturforschung Teil B, N.F., /
Statistik des In- und Auslands, 10. Jg. 1935-14.Jg.1939/40
Halbjahresberichte zur Wirtschaftslage 13. Jg. 1937/38; 14. Jg., 1939/40

(b) Einzelveröffentlichungen

(ba) Statistisches Reichsamt

"Das deutsche Volkseinkommen vor und nach dem Kriege", *Einzelschriften zur Statistik des Deutschen Reichs* 24 (1932).

(bb) Institut für Konjunkturforschung

Decken, H. v.d. /R. Wagenführ (1935), "Entwicklung und Wandlung der Sachgüterproduktion", in: *Vierteljahreshefte zur Konjunkturforschung*, NF 11, 1936, Teil A, S. 145-163.

Keiser, G./B. Benning (1931): "Kapitalbildung und Investitionen in der deutschen Volkswirtschaft 1924 bis 1928", = *Vierteljahreshefte zur Konjunkturforschung*, Sonderheft 22.

Wagemann, E. (1935) (Hrsg.), Konjunkturstatistisches Handbuch 1936, bearbeitet im Institut für Konjunkturforschung, Hamburg:

Wagenführ, R. (1933) "Die Industriewirtschaft. Entwicklungstendenzen der deutschen und internationalen Industrieproduktion 1860 bis 1932", *Vierteljahreshefte zur Konjunkturforschung*, Sonderheft 31 (1933), 3-70.

(bc) Sonstige vor 1950

Benning, B. (1940), "Statistik der Sachkapitalbildung", in: F. Burgdörfer (Hrsg.): *Die Statistik in Deutschland nach ihrem heutigen Stand*, Ehrengabe für Friedrich Zahn, Bd. II, Berlin: Reimar & Hobbing, S. 753-760.

Länderrat des amerikanischen Besatzungsgebiets (1949), *Statistisches Handbuch von Deutschland 1928-1944*, München: Ehrenwirth.

Reichskreditgesellschaft (Hrsg.), *Deutschlands wirtschaftliche Lage*, 1935-1939

(bd) Statistisches Bundesamt

Raabe, K.H. (1954), "Die langfristige Entwicklung des Sozialprodukts im Bundesgebiet", in: *Wirtschaft und Statistik, S. 63-66.*

IV. Sonstiges Schrifttum

Abraham, D. (1986), *The Collapse of the Weimar Republic: Political Economy and Crisis,* Princeton: Princeton University Press.

Albers, W. (1976), "Finanzpolitik in der Depression und in der Vollbeschäftigung." in: *Wirtschaft und Währung in Deutschland 1876-1975*, hrsg. von der Deutschen Bundesbank, Frankfurt/M.: Knapp, S. 331-365.

Alesina, A., und A. Drazen (1991), "Why Are Stabilizations Delayed?", *American Economic Review* 81, S. 1170-1188.

Andic, A., und J. Veverka (1963/64), "The Growth of Public Expenditure in Germany since the Unification", *Finanzarchiv* N.F. 23, S. 129-278.

Bachmann, U. (1996), *Reichskasse und öffentlicher Kredit in der Weimarer Republik 1924-1932,* Frankfurt am Main: Lang.

Bähr, J. (1989), *Staatliche Schlichtung in der Weimarer Republik,* Berlin: de Gruyter.

Balderston, T. (1977), "The German Business Cycle in the 1920s: A Comment", *Economic History Review* 30, S. 159-161.

Balderston, T. (1982), "The Origins of Economic Instability in Germany, 1924-1930. Market Forces versus Economic Policy", *Vierteljahrschrift für Sozial- und Wirtschaftsgeschichte* 69, S. 488-514.

Balderston, T. (1983), "The Beginning of Depression in Germany, 1927-1930. Investment and the Capital Market", *Economic History Review* 36, S. 395-414.

Balderston, T. (1985), "Links between Inflation and Depression. German Capital and Labour Markets, 1924-1931." in: *Die Nachwirkungen der Inflation auf die deutsche Geschichte 1924-1933*, hrsg. von G. Feldman, München: Oldenburg, S. 157-185.

Balderston, T. (1993), *The Origins and Course of the German Economic Crisis, 1924-1933,* Berlin: Haude & Spener.

Barkai, A. (1989), "Die deutschen Unternehmer und die Judenpolitik im 'Dritten Reich'", *Geschichte und Gesellschaft* 15, S. 227-247.

Barkai, A. (1990), *Nazi Economics: Ideology, Theory, and Policy,* Oxford: Berg.

Bernanke, B. (1983), "Nonmonetary Effects of the Financial Crisis in the Propagation of the Great Depression", *American Economic Review* 73, S. 257-276.

Bernanke, B., und H. James (1991), "The Gold Standard, Deflation, and Financial Crisis in the Great Depression: An International Comparison." in: *Financial Markets and Financial Crisis*, hrsg. von G. Hubbard, Chicago: Chicago University Press, S. 33-68.

Bhattacharya, S., und E. Detragiache (1994), "The Role of Multinational Institutions in the Market of Sovereign Debt", *Scandinavian Journal of Economics* 96, S. 515-529.

Blaich, F. (1977), *Die Wirtschaftskrise 1925/26 und die Reichsregierung. Von der Erwerbslosenfürsorge zur Konjunkturpolitik,* Kallmünz: Lassleben.

Boelcke, W. (1985), *Die Kosten von Hitlers Krieg. Kriegsfinanzierung und finanzielles Kriegserbe in Deutschland 1933-1948,* Paderborn: Schöningh.

Bombach, G., u.a. (1976), *Der Keynesianismus,* Berlin: Springer.

Borchardt, K. (1976), "Wachstum und Wechsellagen 1914/1970." in: *Handbuch der deutschen Wirtschafts- und Sozialgeschichte*, hrsg. von H. Aubin, und W. Zorn, Stuttgart: Klett-Cotta, S. 685-740.

Borchardt, K. (1979), "Zwangslagen und Handlungsspielräume in der großen Wirtschaftskrise der frühen dreißiger Jahre." in: *Jahrbuch der Bayerischen Akademie der Wissenschaften*, S. 85-132.

Borchardt, K. (1980), "Wirtschaftliche Ursachen des Scheiterns der Weimarer Republik." in: *Weimar, Selbstpreisgabe einer Demokratie: Eine Bilanz heute*, hrsg. von K.-D. Erdmann und H. Schulze, Düsseldorf: Droste, S. 211-249.

Borchardt, K. (1983a), "Die Deutsche Katastrophe. Wirtschaftshistorische Anmerkungen zum 30. Januar 1933.", in: *Frankfurter Allgemeine Zeitung*, 29.1.1983.

Borchardt, K. (1983b), "Zum Scheitern eines produktiven Diskurses über das Scheitern der Weimarer Republik: Replik auf Claus-Dieter Krohns Diskussionsbemerkungen", *Geschichte und Gesellschaft* 9, S. 124-137.

Borchardt, K. (1983c), "Noch einmal: Alternativen zu Brünings Wirtschaftspolitik?", *Historische Zeitschrift* 237, S. 67-83.

Borchardt, K. (1984), "Could and Should Germany Have Followed Britain in Leaving the Gold Standard?", *Journal of European Economic History* 13, S. 471-498.

Borchardt, K. (1985), "Das Gewicht der Inflationsangst in der wirtschaftspolitischen Entscheidungsprozessen während der Weltwirtschaftskrise." in: *Die Nachwirkungen der Inflation auf die deutsche Geschichte 1924-1933*, hrsg. von G. Feldman, München: Oldenbourg, S. 233-260.

Borchardt, K. (1990), "A Decade of Debate About Bruening's Economic Policy." in: *Economic Crisis and Political Collapse. The Weimar Republic 1924-1933*, hrsg. von J. v. Kruedener, Oxford: Berg, S. 99-151.

Borchardt, K. (1991), *Perspectives on Modern German Economic History and Policy*, Cambridge: Cambridge University Press.

Borchardt, K., und A. Ritschl (1992), "Could Brüning Have Done It? A Keynesian Model of Interwar Germany, 1925-1938", *European Economic Review* 36, S. 695-701.

Borchardt, K., und O. Schötz (1987), *Wirtschaftspolitik in der Krise. Die (Geheim-) Konferenz der Friedrich-List-Gesellschaft im September 1931 über die Möglichkeit und Folgen einer Kreditausweitung*, Baden-Baden: Nomos.

Borchardt, K., und C. Zahn (1990), "Zur Geschichte gewerkschaftlicher Lohnforderungen in den mittleren und späten Jahren der Weimarer Republik", *Volkswirtschaftliche Fakultät der Universität München*, Discussion Paper Nr. 90-33.

Bordo, M., und B. Eschweiler (1994), "Rules, Discretion, and Central Bank Independence: The German Experience, 1880-1989." in: *Varieties of Monetary Reform: Lessons and Experience on the Road to Monetary Union*, hrsg. von P. Siklos, Boston: Kluwer.

Bordo, M., und F. Kydland (1995), "The Gold Standard As a Rule: An Essay in Exploration", *Explorations in Economic History* 32, S. 423-464.

Bordo, M., und E. White (1991), "A Tale of Two Currencies: British and French Finance During the Napoleonic Wars", *Journal of Economic History* 51, S. 303-316.

Born, K.E. (1967), *Die deutsche Bankenkrise,* München: Piper.

Bracher, K.-D. (1971), "Brünings unpolitische Politik und die Auflösung der Weimarer Republik", *Vierteljahreshefte für Zeitgeschichte* 19, S. 113-123.

Bresciani-Turroni, C. (1937), *The Economics of Inflation: A Study of Currency Depreciation in Postwar Germany,* London: Allen & Unwin.

Broadberry, S. (1984), "Fiscal Policy in Britain during the 1930s", *Economic History Review* 37, S. 95-102.

Broadberry, S. (1993), "Manufacturing and the Convergence Hypothesis: What the Long Run Data Show", *Journal of Economic History* 53, S. 772-795.

Broadberry, S., und A. Ritschl (1994), "The Iron Twenties: Wages, Productivity, and the Lack of Prosperity in Britain and Germany before the Great Depression." in: *Zerrissene Zwischenkriegszeit, Festschrift Knut Borchardt*, hrsg. von C. Buchheim, M. Hutter und H. James, Baden-Baden: Nomos, S. 15-43.

Broadberry, S., und A. Ritschl (1995), "Real Wages, Productivity, and Unemployment in Britain and Germany during the 1920s,", *Explorations in Economic History* 32, S. 327-349.

Brown, E.C. (1956), "Fiscal Policy in the Thirties: A Reappraisal", *American Economic Review* 46, S. 857-879.

Brüning, H. (1970 [posthum]), *Memoiren*, Stuttgart: Deutsche Verlagsanstalt.

Buchheim, C. (1994), "Zur Natur des Wirtschaftsaufschwungs in der NS-Zeit." in: *Zerrissene Zwischenkriegszeit, Festschrift Knut Borchardt*, hrsg. von C. Buchheim, M. Hutter und H. James, Baden-Baden: Nomos, S. 97-119.

Bulow, J., und K. Rogoff (1988), "Multilateral Negotiations for Rescheduling Developing Country Debt", *IMF Staff Papers* , S. 644-657.

Bulow, J., und K. Rogoff (1989), "A Constant Recontracting Model of Sovereign Debt", *Journal of Political Economy* 97, S. 155-178.

Cairncross, A., und B. Eichengreen (1983), *Sterling in Decline: The Devaluations of 1931, 1949, and 1967*, Oxford: Blackwell.

Canova, F. (1994), "VAR Models: Specification, Estimation, Testing, and Forecasting." in: *Handbook of Applied Econometrics*, hrsg. von H. Pesaran and M. Wickens, Oxford: Blackwell, S. 31-65.

Caves, R., et al. (1990), *World Trade and Payments*, New York: Harper Collins.

Cassel, G. (1918), *Theoretische Sozialökonomie*, Leipzig: Winter.

Chandler, L.V. (1967), *American Monetary Policy, 1928-1941*, New York: Federal Reserve Board.

Chirinko, R. (1993), "Business Fixed Investment Spending: A Critical Survey of Modeling Strategies, Empirical Results, and Policy Implications", *Journal of Economic Literature* 31, S. 1875-1911.

Cohn, R. (1992), "Fiscal Policy in Germany during the Great Depression", *Explorations in Economic History* 29, S. 318-342.

Conze, W. (1967), "Die politischen Entscheidungen in Deutschland 1929-1933." in: *Die Staats- und Wirtschaftskrise des Deutschen Reiches 1929/33*, hrsg. von H. Raupach und W. Conze, Stuttgart: Klett, S. 176-252.

Corbett, D. (1991), *Unemployment in Interwar Germany, 1924-1938* (Diss.), Cambridge: Harvard University.

Corni, G. (1990), *Hitler and the Peasants: The Agrarian Policy of the Third Reich, 1930-1939*, New York: Berg.

Decken, H.v.d., und R. Wagenführ (1935), "Entwicklung und Wandlung der Sachgüterproduktion", *Vierteljahrshefte zur Konjunkturforschung* N.F. 11, S. 145-163.

Dengg, S. (1986), *Deutschlands Austritt aus dem Völkerbund und Schachts "Neuer Plan"*, Frankfurt am Main: Lang.

Doan, T., et al. (1984), "Forecasting and Conditional Projection using Realistic Prior Distributions", *Econometric Reviews* 3, S. 1-100.

Dornbusch, R, und S. Fisher (1977), *Macroeconomics*, Cambridge: MIT Press.

Dornbusch, R. (1987), "Lessons from the German Inflation Experience of the 1920s." in: *Macroeconomics and Finance: Essays in Honor of Franco Modigliani*, hrsg. von R. Dornbusch u.a., Cambridge: Cambridge University Press, S. 337-366.

Dräger, H. (1934), *Arbeitsbeschaffung durch produktive Kreditschöpfung,* München: Eher.

Edelstein, M. (1976), "Realized Rates of Return on U.K. Home and Overseas Portfolio Investment in the Age of High Imperialism", *Explorations in Economic History* 13, S. 283-329.

Eheberg, T. v. (1927), "Finanzen." in: *Handwörterbuch der Staatswissenschaften*, 4. Aufl, Bd. IV, Jena: Fischer.

Ehrlicher, W. (1956), *Geldkapitalbildung und Realkapitalbildung,* Tübingen: Mohr.

Eichengreen, B. (1986), "The Bank of France and the Sterilization of Gold", *Explorations in Economic History* 23, S. 56-84.

Eichengreen, B. (1992a), *Golden Fetters. The Gold Standard and the Great Depression 1919-1939,* Oxford: Oxford University Press.

Eichengreen, B. (1992b), "Conducting the International Orchestra: Bank of England Leadership Under the Classical Gold Standard, 1880-1913", *Journal of International Money and Finance*, S. 5-29.

Eichengreen, B., und C. Wyplosz (1988), "The Economic Consequences of the France Poincaré." in: *Economic Effects of Government Expenditure*, hrsg. von E. Helpman, Cambridge: Macmillan, S. 257-286.

Englberger, J. (1995), *Tarifautonomie im Deutschen Reich. Entwicklung des Tarifvertragswesens in Deutschland 1870/71 bis 1945,* Berlin: Duncker & Humblot.

Erbe, R. (1958), *Die nationalsozialistische Wirtschaftspolitik 1933-1939 im Lichte der modernen Theorie,* Zürich: Polygraphischer Verlag.

Eschweiler, B. (1993), *Rules and Central Bank Independence in German Monetary History* (Diss.), New Brunswick: Rutgers University.

Eyck, E. (1956), *Geschichte der Weimarer Republik, 2. Bd.: Von der Konferenz von Locarno bis zu Hitlers Machtübernahme,* Erlenbach: Rentsch.

Falkus, M.E. (1971), "United States Economic Policy and the 'Dollar Gap' of the 1920s", *Economic History Review* 24, S. 599-623.

Falkus, M.E. (1975), "The German Business Cycle in the 1920s", *Economic History Review* 28, S. 451-465.

Falter, W., u.a. (1986), *Wahlen und Abstimmungen in der Weimarer Republik. Materalien zum Wahlverhalten 1919-1932,* München: Beck.

Feinstein, C.H. (1972), *National Income, Expenditure and Output of the United Kingdom 1855-1965,* Cambridge: Cambridge University Press.

Feldman, G. (1993), *The Great Disorder. Politics, Economics, and Society in the German Inflation, 1914-1924,* Oxford: Oxford University Press.

Ferguson, N. (1996), "Constraints and Room for Manoeuvre in the German Inflation of the 1920s", *Economic History Review* 49, S. 635-66.

Fisher, I. (1933), "The Debt Deflation Theory of Great Depressions", *Econometrica* 1, S. 337-357.

Frey, B., und H. Weck (1981), "Hat Arbeitslosigkeit den Aufstieg des Nationalsozialismus bewirkt?", *Jahrbücher für Nationalökonomie und Statistik* 196, S. 1-31.

Friedman, M., und A. Schwartz (1963), *A Monetary History of the United States 1867-1960,* Princeton: Princeton University Press.

Funke, M. (1992), *Tobin's Q und die Investitionsentwicklung in den Wirtschaftszweigen der Unternehmenssektors in der Bundesrepublik Deutschland,* Berlin: Duncker & Humblot.

Gale, D., und M. Hellwig (1989), "Repudiation and Renegotiation: The Case of Sovereign Debt", *International Economic Review* 30, S. 3-31.

Gandenberger, O. (1973), *Zur Messung der konjunkturellen Wirkungen öffentlicher Haushalte,* Tübingen: Mohr (Siebeck).

Garvy, G. (1975), "Keynes and the Economic Activists of pre-Hitler Germany", *Journal of Political Economy* 83, S. 391-405.

Gehrig, G. (1961), "Eine Zeitreihe für den Sachkapitalbestand und die Investitionen." in: *Bestimmungsfaktoren der deutschen Produktion*, hrsg. von G. Gehrig: Ifo-Studien 7, S. 7-60.

Giersch, H., et al. (1992), *The Fading Miracle. Four Decades of Market Economy in Germany,* Cambridge: Cambridge University Press.

Gimbel, J. (1976), *The Origins of the Marshall Plan,* Stanford: Stanford University Press.

Glashagen, W. (1980), *Die Reparationspolitik Heinrich Brünings 1930-1931* (Diss.), .

Glismann, H., et al. (1978), "Zur Natur der Wachstumsschwäche in der Bundesrepublik Deutschland. Eine empirische Analyse langer Zyklen wirtschaftlicher Entwicklung", *Kieler Diskussionsbeiträge* Nr. 55.

Golla, G. (1996), *Nachfrageseitige Konzeptionen zur Zeit der Weltwirtschaftskrise in Deutschland: Keynesianer vor Keynes?,* Köln: Botermann und Botermann.

Graml, H. (2001), *Zwischen Stresemann und Hitler,* München: Oldenbourg.

Grossman, H., und J. Van Huyck (1988), "Sovereign Debt as a Contingent Claim: Excusable Default, Repudiation, and Reputation", *American Economic Review* 78, S. 1088-1097.

Grotkopp, W. (1954), *Die grosse Krise,* Düsseldorf: Econ-Verlag.

Habedank, H. (1981), *Die Reichsbank in der Weimarer Republik. Zur Rolle der Zentralbank in der Politik des deutschen Imperialismus,* Berlin: Akademie-Verlag.

Haberler, G. (1937), *Prosperity and Depression,* Genf: Völkerbund.

Haberler, G. (1976), *The World Economy, Money, and the Great Depression,* Washington D.C.: American Enterprise Institute.

Hachtmann, R. (1988), "Lebenshaltungskosten und Reallöhne während des Dritten Reiches", *Vierteljahrschrift für Sozial- und Wirtschaftsgeschichte* 75, S. 32-72.

Hachtmann, R. (1989), *Industriearbeit im Dritten Reich. Untersuchungen zu den Lohn- und Arbeitsbedingungen in Deutschland 1933-1945,* Göttingen: Vandenhoeck & Ruprecht.

Hagemann, H. (1984), "Lohnsenkungen als Mittel der Krisenbekämpfung? Überlegungen zum Beitrag der 'Kieler Schule' in der beschäftigungspolitischen Diskussion am Ende der Weimarer Republik." in: *Beschäftigung, Verteilung und Konjunktur. Festschrift Adolph Lowe*, hrsg. von H. Hagemann and H.D. Kurz, S. 97-129.

Hagemann, H., und H. Kurz (Hrsg.) (1984), *Beschäftigung, Verteilung und Konjunktur. Festschrift Adolph Lowe*. Bremen: Universität Bremen.

Hamilton, J.D. (1994), *Time Series Analysis*, Princeton: Princeton University Press.

Hansen, B., und W. Snyder (1969), *Fiscal Policy in Seven Countries 1955-1965*, Paris: OECD.

Hansmeyer, K.-H., und R. Caesar (1976), "Kriegswirtschaft und Inflation (1936-1948)." in: *Währung und Wirtschaft in Deutschland 1876-1975*, hrsg. von der Deutschen Bundesbank, Frankfurt am Main: Knapp, S. 367-429.

Hardach, G. (1974), "Die beiden Reichsbanken: Internationales Währungssystem und nationale Währungspolitik 1924-1931." in: *Industrielles System und politische Entwicklung in der Weimarer Republik*, hrsg. von H. Mommsen, D. Petzina, and B. Weisbrod, Düsseldorf: Droste, S. 375-386.

Hardach, G. (1976), *Weltmarktorientierung und relative Stagnation. Währungspolitik in Deutschland 1924-1931*, Berlin: Duncker & Humblot.

Hardach, K. (1980), *Wirtschaftsgeschichte Deutschlands im 20. Jahrhundert (1914-1970)*, Göttingen: Vandenhoeck & Ruprecht.

Harris, C. (1935), *Germany's Foreign Indebtedness*, Oxford: Oxford University Press.

Hart, O., und J. Moore (1989), "Default and Renegotiation: A Dynamic Model of Debt", *MIT Working Paper* Nr. 520.

Hayashi, F. (1982), "Tobin's Marginal q and Average q: A Neoclassical Interpretation", *Econometrica* 50, S. 213-224.

Helbich, W. (1962), *Die Reparationen in der Ära Brüning: Zur Bedeutung des Young-Plans für die deutsche Politik 1930 bis 1932*, Berlin: Colloquium-Verlag.

Helfferich, K. (1914), *Deutschlands Volkswohlstand 1888-1913*, Berlin: Stilke.

Hertz-Eichenrode, D. (1982), *Wirtschaftskrise und Arbeitsbeschaffung. Konjunkturpolitik 1925/25 und die Grundlagen der Krisenpolitik Brünings,* Frankfurt am Main: Campus.

Heyde, P. (1998), *Das Ende der Reparationen. Deutschland, Frankreich und der Youngplan 1929-1932,* Paderborn: Schoeningh.

Hillgruber, A. (1974), *Großmachtpolitik und Militarismus im 20. Jahrhundert,* Düsseldorf: Droste.

Hoffmann, W.G. (1965), *Das Wachstum der deutschen Wirtschaft seit der Mitte des 19. Jahrhunderts,* Berlin: Springer.

Hoffmann, W.G., und J.-H. Müller (1959), *Das deutsche Volkseinkommen 1851-1957,* Tübingen: Mohr.

Holtfrerich, C.-L. (1980), *Die deutsche Inflation 1914-1923. Ursachen und Folgen in internationaler Perspektive,* Berlin: de Gruyter.

Holtfrerich, C.-L. (1982), "Alternativen zu Brünings Politik in der Weltwirtschaftskrise?", *Historische Zeitschrift* 235, S. 605-631.

Holtfrerich, C.-L. (1984), "Zu hohe Löhne in der Weimarer Republik? Bemerkung zur Borchardt-These", *Geschichte und Gesellschaft* 10, S. 122-141.

Holtfrerich, C.-L. (1986), *The German Inflation,* New York: de Gruyter.

Holtfrerich, C.-L. (1990), "Was the Policy of Deflation in Germany Unavoidable?" in: *Economic Crisis and Political Collapse. The Weimar Republic 1924-1933*, hrsg. von Juergen v. Kruedener, Oxford: Berg, S. 63-80.

Holtfrerich, C.-L. (1991), "Vernachlässigte Perspektiven der wirtschaftlichen Probleme der Weimarer Republik." in: *Die deutsche Staatskrise 1930-1933*, hrsg. von H.A. Winkler, München: Oldenbourg, S. 133-150.

Holtfrerich, C.-L. (1996), "Zur Debatte um die deutsche Wirtschaftspolitik von Weimar zu Hitler", *Vierteljahreshefte für Zeitgeschichte* 44, S. 119-132.

Irmler, H. (1976), "Bankenkrise und Vollbeschäftigungspolitik (1931-1936)." in: *Währung und Wirtschaft in Deutschland 1876-1975*, hrsg. von Deutsche Bundesbank, Frankfurt am Main: Knapp, S. 283-329.

James, H. (1986), *The German Slump: Politics and Economics, 1924-1936,* Oxford: Clarendon Press.

James, H.G. (1983), "Gab es eine Alternative zur Wirtschaftspolitik Brünings?", *Vierteljahrschrift für Sozial- und Wirtschaftsgeschichte* 70, S. 523-541.

James, H.G. (1985a), *The Reichsbank and Public Finance in Germany, 1924-1933: A Study of the Politics of Economics during the Great Depression,* Frankfurt am Main: Knapp.

James, H.G. (1985b), "Did the Reichsbank Draw the Right Conclusions from the Great Inflation?" in: *Die Nachwirkungen der Inflation auf die deutsche Geschichte 1924-1933*, hrsg. von G. Feldman, München: Oldenbourg, S. 211-231.

James, H.G. (1988), *Deutschland in der Weltwirtschaftskrise 1924-1936,* Stuttgart: DVA.

Jochmann, W. (1978), "Brünings Deflationspolitik und der Untergang der Weimarer Republik." in: *Industrielle Gesellschaft und politisches System*, hrsg. von D. Stegmann u.a., Düsseldorf: Droste, S. 97-112.

Johnson, H.G. (1956), "The Transfer Problem and Exchange Stability", *Journal of Political Economy* 64, S. 212-225.

Karlsch, R. (1993), *Allein bezahlt? Die Reparationsleistungen der SBZ/DDR 1945,* Berlin: Links.

Keese, D. (1967), "Die volkswirtschaftlichen Gesamtgrößen für das Deutsche Reich in den Jahren 1925-1936." in: *Die Staats- und Wirtschaftskrise des Deutschen Reichs 1929/33*, hrsg. von W. Conze und H. Raupach, Stuttgart: Klett.

Keiser, G., und B. Benning (1931), "Kapitalbildung und Investitionen in der deutschen Volkswirtschaft 1924 bis 1928", *Vierteljahreshefte zur Konjunkturforschung*, Sonderheft 22.

Kendrick, J. (1961), *Productivity Trends in the United States,* New York: Columbia University Press.

Kent, B. (1991), *The Spoils of War: the Politics, Economics and Diplomacy of Reputations 1918-1932,* Oxford: Clarendon.

Keynes, J.M. (1920), *The Economic Consequences of the Peace,* London: Macmillan.

Keynes, J.M. (1922), *A Revision of the Treaty,* London: Macmillan.

Keynes, J.M. (1926), "Germany's Coming Problem." in: *The Collected Writing of John Maynard Keynes Vol. XVIII: Activities 1922-1932. The End of Reparations*, hrsg. von C. Johnson, London: Macmillan (1978), S. 271-277.

Keynes, J.M. (1929a), "The German Transfer Problem", *Economic Journal* 39, S. 1-7.

Keynes, J.M. (1929b), "The German Transfer Problem: A Discussion: II. A Rejoinder", *Economic Journal* 39, S. 179-182.

Kindleberger, C.P. (1973), *The World in Depression, 1929-1939,* Berkeley: University of California Press.

Kissenkoetter, U. (1978), *Gregor Strasser und die NSDAP,* Stuttgart: DVA.

Klein, B. (1959), *Germany's Economic Preparations for War,* Cambridge: Harvard University Press.

Klug, A. (1993), *The German Buybacks 1932-1939: A Cure for Overhang?,* Princeton: Princeton University Press.

Knapp, G.F. (1905), *Staatliche Theorie des Geldes,* München/Leipzig: Duncker & Humblot.

Köhler, H. (1969), "Arbeitsbeschaffung, Siedlung und Reparationen in der Schlußphase der Regierung Brüning", *Vierteljahreshefte für Zeitgeschichte* 17, S. 276-307.

Köhler, H. (1983), "Knut Borchardts 'Revision des überlieferten Geschichtsbilds' der Wirtschaftspolitik in der Großen Krise - Eine Zwangsvorstellung?", *Internationale Wissenschaftliche Korrespondenz zur Geschichte der Arbeiterbewegung* 19, S. 164-80.

Kolb, E. (1988), *Die Weimarer Republik,* München: Oldenbourg.

Krengel, R. (1986), *Das Deutsche Institut für Wirtschaftsforschung (Institut für Konjunkturforschung) 1925-1929,* Berlin: Duncker & Humblot.

Krohn, C.-D. (1974), *Stabilisierung und ökonomische Interessen. Die Finanzpolitik des Deutschen Reiches 1923-1927,* Düsseldorf: Droste.

Krohn, C.-D. (1982), "'Ökonomische Zwangslagen' und das Scheitern der Weimarer Republik. Zu Knut Borchardts Analyse der deutschen Wirtschaft in den zwanziger Jahren", *Geschichte und Gesellschaft* 8, S. 415-26.

Kroll, G. (1958), *Von der Weltwirtschaftskrise zur Staatskonjunktur,* Berlin: Duncker & Humblot.

Kruedener, J.v. (1985), "Die Überforderung der Weimarer Republik als Sozialstaat", *Geschichte und Gesellschaft* 11, S. 358-376.

Kruedener, J.v. (1990a), *Economic Crisis and Political Collapse: The Weimar Republic, 1924-1933,* Oxford: Berg.

Kruedener, J.v. (1990b), "Could Brüning's Policy of Deflation Have Been Successful?" in: *Economic Crisis and Political Collapse. The Weimarer Republic 1924-1933*, hrsg. von J.v. Kruedener, Oxford: Berg, S. 81-98.

Kruedener, J.v. (1994), "Hätte Brünings Deflationspolitik erfolgreich sein können?" in: *Zerrissene Zwischenkriegszeit, Festschrift Knut Borchardt*, hrsg. von C. Buchheim, M. Hutter und H. James, Baden-Baden: Nomos, S. 289-306.

Krüger, P. (1981), "Das Reparationsproblem der Weimarer Republik in fragwürdiger Sicht. Kritische Überlegungen zur neuesten Forschung", *Vierteljahreshefte für Zeitgeschichte* 29, S. 21-47.

Krüger, P. (1985b), *Die Außenpolitik der Republik von Weimar,* Darmstadt: Wissenschaftliche Buchgesellschaft.

Kuczynski, T. (1972), *Das Ende der Weltwirtschaftskrise in Deutschland 1932/33* (Diss.), Berlin: Hochschule für Ökonomie.

Kydland, F., und E. Prescott (1980), "Dynamic Optimal Taxation, Rational Expectations and Optimal Control", *Journal of Economic Dynamics and Optinal Control* 2, S. 79-91.

Lautenbach, W. (1952), *Zins, Kredit und Produktion,* Tübingen: Mohr (Siebeck).

Lee, M., und W. Michalka (1987), *German Foreign Policy 1917-1933: Continuity or Break?,* Leamington Spa: Berg.

Leeper, E., et al. (1996), "What Does Monetary Policy Do?", *Brookings Papers on Economic Activity* Series 2, pp. 1-63.

Lenk, R. (1979), *Zur Schätzung und Beurteilung konjunktureller Wirkungen öffentlicher Haushalte,* Berlin: Duncker & Humblot.

Lévy-Leboyer, M., und F. Bourguignon (1985), *L'économie française au XIXe siècle: analyse macroéconomique,* Paris: Economica.

Link, W. (1970), *Die amerikanische Stabilisierungspolitik in Deutschland 1921-32,* Düsseldorf: Droste.

Lölhöffel, M.v. (1974), "Zeitreihen für den Arbeitsmarkt. Lohnsatz, Beschäftigungsfälle, Arbeitskosten und Arbeitsstunden (1925 bis 1938 und 1950 bis 1967)", *IFO-Studien* 20.

Lüke, R. (1958), *Von der Stabilisierung zur Krise,* Zürich: Polygraphischer Verlag.

Luther, H. (1961), *Vor dem Abgrund 1930-1944. Reichspräsident in Krisenzeiten,* Berlin: Propyläen.

MacArthur, D. (1964), *Reminiscences,* New York: McGraw-Hill.

Maddison, A. (1982), *Phases of Capitalist Development,* Oxford: Oxford University Press.

Maddison, A. (1991), *Dynamic Forces in Capitalist Development: A Long-Run Comparative View,* Oxford: Oxford University Press.

Maier, C. (1985), "Die Nicht-Determiniertheit ökonomischer Modelle. Überlegungen zu Knut Borchardts These von der 'kranken Wirtschaft' der Weimarer Republik", *Geschichte und Gesellschaft* 11, S. 275-294.

Maier, C.S. (1975), *Recasting Bourgeois Europe: Stabilization in France, Germany and Italy in the Decade after World War I,* Princeton: Princeton University Press.

Mantoux, E. (1946), *The Carthaginian Peace, or the Economic Consequences of Mr. Keynes,* London: Oxford University Press.

Marcet, A., und R. Marimon (1992), "Communication, Commitment, and Growth", *Journal of Economic Theory* 58, S. 219-49.

Marcet, A., und R. Marimon (1994), *Recursive Contracts,* mimeo, Universitat Pompeu Fabra.

Maurer, I. (1973), *Reichsfinanzen und Große Koalition,* Bern/ Frankfurt a. M.: Lang.

Maxelon, M.-O. (1972), *Stresemann und Frankreich: 1914-1929; Deutsche Politik der Ost-West-Balance,* Düsseldorf: Droste.

McDougall, W. (1978), *France's Rhineland Diplomacy, 1914-1924. The Last Bid For a Balance of Power in Europe.,* Princeton: Princeton University Press.

McNeil, W.C. (1986), *American Money and the Weimar Republic,* New York: Columbia University Press.

Mehra, R., und E. Prescott (1985), "The Equity Premium: A Puzzle", *Journal of Monetary Economics* 15, S. 145-61.

Meissner, W. (1980), *Die Lehre der Fünf Weisen. Eine Auseinandersetzung mit den Jahresgutachten des Sachverständigenrats zur Begutachtung der gesamtwirtschaftlichen Entwicklung,* Köln: Bund-Verlag.

Mester, A.F. (1962), *Der private Verbrauch im Deutschen Reich. Eine Zeitreihe von 1924 bis 1938,* München.

Metzler, L.A. (1942), "The Transfer Problem Reconsidered", *Journal of Political Economy* 50, S. 397-414.

Meyer, J.R., und E. Kuh (1957), *The Investment Decision: An Empirical Study,* Cambridge: Harvard University Press.

Mitchell, B. (1990), *British Historical Statistics,* Cambridge: Cambridge University Press.

Mitchell, B. (1992), *European Historical Statistics,* New York: Stockton.

Mommsen, H. (1978), "Heinrich Brünings Politik als Reichskanzler: Das Scheitern eines politischen Alleinganges." in: *Wirtschaftskrise und liberale Demokratie. Das Ende der Weimarer Republik und die gegenwärtige Situation*, hrsg. von K. Holl, Göttingen: Vandenhoeck & Ruprecht, S. 16-45.

Morsey, R. (1974), “Brünings Kritik an der Reichsfinanzpolitik 1919-1929.” in: *Geschichte, Wirtschaft und Gesellschaft. Festschrift für Clemens Bauer*, hrsg. von E. Hassinger u.a., Berlin: Duncker & Humblot, S. 359-373.

Morsey, R. (1975), *Zur Entstehung, Authentizität und Kritik von Brünings "Memoiren 1918-1934"*, Opladen: Westdeutscher Verlag.

Moulton, H., und C. MacGuire (1923), *Germany's Capacity to Pay: A Study of the Reparation Problem,* New York: McGraw-Hill.

Müller, F. (1983), *Die 'Brüning Papers'. Der letzte Zentrumskanzler im Spiegel seiner Selbstzeugnisse,* Frankfurt/ M: Lang.

Müller, H. (1973), *Die Zentralbank - eine Nebenregierung,* Opladen: Westdeutscher Verlag.

Musgrave, R.A., und P.B. Musgrave (1989), *Public Finance in Theory and Practive,* New York et al.: McGraw-Hill.

Netzband, K.B., und H.P. Widmaier (1964), *Währungs- und Finanzpolitik der Ära Luther 1923-1925,* Basel/ Tübingen: Kyklos / J.C.B. Mohr.

Ohlin, B. (1929), “The German Transfer Problem: A Discussion: I: Transfer Difficulties, Real and Imagined”, *Economic Journal* , S. 172-178.

Pagenkopf, H. (1981), *Der Finanzausgleich im Bundesstaat,* Stuttgart: Kohlhammer.

Paqué, K.-H. (1994), “The Causes of Post-War Slumps and Miracles. An Evaluation of Oslonian Views on German Economic Performance in the 1920s and 1950s”, CEPR Discussion Papers.

Peacock, A., und R. Wiseman (1961), *The Growth of Public Expenditure in the United Kingdom,* Princeton: Princeton University Press.

Peppers, L. (1973), “Full Employment Surplus Analysis and Structural Change: the 1930's”, *Explorations in Economic History*, S. 197-210.

Petzina, D. (1973), “Elemente der Wirtschaftspolitik in der Spätphase der Weimarer Republik”, *Vierteljahreshefte der Zeitgeschichte* 21, S. 127-133.

Petzina, D. (1990), "Was the Crisis Before the Crisis? The State of the German Economy in the 1920s." in: *Economic Crisis and Political Collapse. The Weimarer Republic 1924-1933*, hrsg. von J.v. Kruedener, Oxford: Berg, S. 1-19.

Petzina, D. (1994), "Is Germany Prosperous? Die Reparationsfrage in der Diskussion angelsächsischer Experten zwischen 1918 und 1925." in: *Zerrissene Zwischenkriegszeit, Festschrift Knut Borchardt*, hrsg. von C. Buchheim, M. Hutter und H. James, Baden-Baden: Nomos, S. 241-262.

Petzina, D., und W. Abelshauser (1974), "Zum Problem der relativen Stagnation der deutschen Wirtschaft in den zwanziger Jahren." in: *Industrielles System und politische Entwicklung in der Weimarer Republik*, hrsg. von H. Mommsen, D. Petzina und B. Weisbrod, Düsseldorf: Droste.

Plumpe, G. (1985), "Wirtschaftspolitik in der Weltwirtschaftskrise. Realität und Alternativen", *Geschichte und Gesellschaft* 11, S. 326-357.

Prati, A. (1991), "Poincare's Stabilization: Stopping a Run on Government Debt", *Journal of Monetary Economics* 27, S. 231-239.

Reparationsagent (1927), *Die Reparationsleistungen in der ersten Hälfte des dritten Planjahres. Die Berichte des Generalagenten vom 10. Juni 1927 nebst Sonderberichten der Kommissare und Treuhänder*, Berlin: Reimar Hobbing.

Reparationsagent (1929), *Die Reparationsleistungen im zweiten Teil des vierten Planjahres. Bericht des Generalagenten vom 22. Dezember 1928 nebst Sonderberichten der Kommissare und Treuhänder*, Berlin: Reimar Hobbing.

Reparationsagent (1930), *Die Reparationsleistungen des fünften Planjahres. Der Bericht des Generalagenten vom 21. Mai 1930 nebst Sonderberichten der Kommissare und Treuhänder*, Berlin: Reimar Hobbing.

Ritschl, A. (1990a), "Zu hohe Löhne in der Weimarer Republik? Eine Auseinandersetzung mit Holtfrerichs Berechnungen zur Lohnposition der Arbeiterschaft 1925-1932", *Geschichte und Gesellschaft* 16, S. 375-402.

Ritschl, A. (1991), "Die deutsche Zahlungsbilanz 1936-1941 und das Problem des Devisenmangels vor Kriegsbeginn", *Vierteljahreshefte für Zeitgeschichte* 39, S. 103-23.

Ritschl, A. (1992a), "Über die Höhe und Struktur der gesamtwirtschaftlichen Investitionen in Deutschland 1935-1938", *Vierteljahrschrift zur Sozial- und Wirtschaftsgeschichte* , S. 156-176.

Ritschl, A. (1992b), "Die Wirtschaftspolitik des Dritten Reichs: Ein Überblick." in: *Deutschland 1933-1945. Neue Studien zur nationalsozialistischen Herrschaft*, hrsg. von Karl-Dietrich Bracher, M. Funke, und H.-A. Jacobsen, Düsseldorf: Droste, S. 118-134.

Ritschl, A. (1994), "Goldene Jahre? Zu den Investitionen in der Weimarer Republik", *Zeitschrift für Wirtschafts- und Sozialwissenschaften* 114, S. 99-111.

Ritschl, A. (1996), "Sustainability of High Public Debt: what the Historical Record Shows", *Swedish Economic Policy Review* 3, S. 175-198.

Ritschl, A. (1998a), "Measuring National Product in Germany, 1925-38: the State of the Debate and Some New Results." in: *Business Cycles since 1820*, hrsg. von T. Dick, Cheltenham: Elgar, S. 91-109.

Ritschl, A., und M. Spoerer (1997), "Das Bruttosozialprodukt in Deutschland nach den amtlichen Volkseinkommens- und Sozialproduktstatistiken 1901-1995", *Jahrbuch für Wirtschaftsgeschichte* 1997, S. 11-37.

Rueff, J. (1929), "Mr. Keynes' View on the Transfer Problem: A Criticism", *Economic Journal* 39, S. 388-399.

Sachverständigenrat zur Begutachtung der gesamtwirtschaftlichen Entwicklung. (1978), *Jahresgutachten 1978/9, "Wachstum und Währung"*, Stuttgart: 1978.

Sanmann, H. (1965), "Daten und Alternativen der deutschen Wirtschafts- und Finanzpolitik in der Ära Brüning", *Hamburger Jahrbuch für Wirtschafts- und Gesellschaftspolitik* 10, S. 109-140.

Sargent, T. (1984), "Die Beendigung von vier großen Inflationen." in: *Die Erfahrung der Inflation im internationalen Zusammenhang und Vergleich*, hrsg. von G. Feldman, Berlin: de Gruyter, S. 34-105.

Sauvy, A. (1984), *Histoire économique de la France entre les deux guerres,* Paris: Fayard.

Schacht, H. (1932), *Das Ende der Reparationen,* Oldenburg: Stalling.

Schacht, H. (1953), *76 Jahre meines Lebens,* Bad Wörishofen: Kindler und Schiermeyer.

Schiemann, J. (1985), "Abwertung, Devisenbewirtschaftung und Handelsprotektionismus. Das Kardinalproblem der Währungspolitik eines Schuldnerlandes während der Weltwirtschaftskrise und heute", *Konjunkturpolitik* 31, S. 151-187.

Schirmann, S. (1995), *Les relations économiques et financières franco-allemandes: 24 décembre 1932-1er septembre 1939,* Paris: Comité pour l'histoire économiques et financières de la France.

Schötz, O. (1987), *Der Kampf um die Mark 1923/24. Die deutsche Währungsstabilisierung unter dem Einfluß der nationalen Interessen Frankreichs, Großbritanniens und der USA* (Diss), FU Berlin.

Schröder, H.J. (1970), *Deutschland und die Vereinigten Staaten 1933-1939,* Wiesbaden: Steiner.

Schröter, H. (1983), *Außenpolitik und Wirtschaftsinteresse. Skandinavien im außenwirtschaftlichen Kalkül Deutschlands und Großbritanniens 1918-1939,* Frankfurt am Main: Lang.

Schubert, A. (1991), *The Credit-Anstalt Crisis of 1931,* New York: Cambridge University Press.

Schuker, S. (1976), *The End of French Predominance in Europe,* Chapel Hill: University of North Carolina Press.

Schuker, S. (1988), *American Reparations to Germany, 1924-1933,* Princeton: Princeton University Press.

Schuker, S. (1994), "Ambivalent Exile: Heinrich Brüning and America's Good War." in: *Zerrissene Zwischenkriegszeit, Festschrift Knut Borchardt,* hrsg. von C. Buchheim, M. Hutter und H. James, Baden-Baden: Nomos, S. 329-356.

Schulz, G. (1980), "Reparationen und Krisenprobleme nach dem Wahlsieg der NSDAP 1930. Betrachtungen zur Regierung Brüning", *Vierteljahrschrift für Sozial- und Wirtschaftsgeschichte* 67, S. 200-222.

Schumpeter, J.A. (1929), “Grenzen der Lohnpolitik”, *Der deutsche Volkswirt 3* Nr. 26 (18.03.1929), S. 847-851.

Schumpeter, J.A. (1932), “Weltkrise und Finanzpolitik”, *Der deutsche Volkswirt 6* Nr. 23, S. 739-742.

Schwabe, K. (1978), *Deutsche Revolution und Wilson- Frieden: Die amerikanische und deutsche Friedensstrategie zwischen Ideologie und Machtpolitik 1918/19,* Düsseldorf: Droste.

Sicsic, P. (1993), “Was the Franc Poincaré Undervalued?”, *Explorations in Economic History* 29, S. 69-92.

Silverman, D. (1998b), *Hitler's Economy. Nazi Work Creation Programs, 1933-1936,* Harvard: Harvard University Press.

Sims, C. (1972), "Money, Income, and Causality", *American Economic Review* 62, S. 540-552.

Sims, C. (1980), “Macroeconomics and Reality”, *Econometrica* 48, S. 1-48.

Skidelsky, R. (1992), *John Maynard Keynes,* London: Macmillan.

Sommariva, A., und G. Tullio (1987), *German Macroeconomic History, 1880-1979,* London: Macmillan.

Spoerer, M. (1994), “German Net Investment and the Cumulative Real Wage Position, 1925-1929: On a Premature Burial of the Borchardt Debate”, *Historical Social Research* 19, S. 26-41.

Spoerer, M. (1995), “"Wahre Bilanzen!" Die Steuerbilanz als unternehmenshistorische Quelle”, *Zeitschrift für Unternehmensgeschichte* 40, S. 158-79.

Spoerer, M. (1996a), *Von Scheingewinnen zum Rüstungsboom. Die Eigenkapitalrentabilität der deutschen Industrieaktiengesellschaften 1925-1941,* Stuttgart: Steiner.

Spoerer, M. (1996b), *What New Estimates of Industrial Profitability can Tell Us About the Weimar and Nazi Economy,* Discussion Paper, Universität Hohenheim.

Stiefel, D. (1987), *Die Große Krise in einem kleinen Land. Österreichs Finanz- und Wirtschaftspolitik 1929-1938,* Wien: Böhlau.

Stolper, W. (1960), *The Structure of the East German Economy,* Cambridge: Harvard University Press.

Stucken, R. (1964), *Deutsche Geldpolitik 1918-1961,* Tübingen: Mohr.

Stuebel, H. (1951), "Die Finanzierung der Aufrüstung im Dritten Reich", *Europa-Archiv* 6, S. 4128-4136.

Svejnar, J. (1981), "Relative Wage Effects of Unions, Dictatorship and Codetermination: Econometric Ecidence from Germany", *Review of Economics and Statistics* 63, S. 188-197.

Sweezy, M.Y. (1940), "German Corporate Profits: 1926-1938", *Quarterly Journal of Economics* 54, S. 384-98.

Temin, P. (1971), "The Beginning of the Great Depression in Germany", *Economic History Review* 24, S. 240-248.

Tilly, R., und W. Huck (1994), "Die deutsche Wirtschaft in der Krise 1924 bis 1934. Ein makroökonomischer Ansatz." in: *Zerrissene Zwischenkriegszeit, Festschrift Knut Borchardt,* hrsg. von C. Buchheim, M. Hutter, und H. James, Baden-Baden: Nomos, S. 45-95.

Trachtenberg, M. (1980), *Reparation in World Politics. France and European Diplomacy, 1916-1923,* New York: Columbia University Press.

Uhlig, H. (1994), "What Macroeconomists Should Know about Unit Roots: a Bayesian Perspective", *Econometric Theory* 10, S. 645-671.

van Riel, A., und A. Schram (1993), "Weimar Economic Decline, Nazi Economic Growth, and the Stabilization of Political Dictatorship", *Journal of Economic History* 53, S. 71-105.

Voth, H.-J. (1993a), "Investitionen in den 'Goldenen Jahren' der Weimarer Republik", *Zeitschrift für Wirtschafts- und Sozialwissenschaften* 113, S. 629-633.

Voth, H.-J. (1993b), "Wages, Investment, and the Fate of the Weimar Republic: A Long-term Perspective", *German History* , S. 265-92.

Voth, H.-J. (1994), "Much Ado about Nothing? A Note on Investment and Wage Pressure in Weimar Geramny, 1925-1929", *Historical Social Research* 19, S. 124-139.

Voth, H.-J. (1995), "Did High Wages or High Interest Rates Bring down the Weimar Republic?", *Journal of Economic History* 55, S. 801-821.

Voth, H.-J. (1999), *With a Bang, Not a Whimper: Pricking Germany's "Stockmarket Bubble" in 1927 and the Slide into Depression,* Discussion Paper, Universitat Pompeu Fabra.

Wagemann, E.H. (1935), *Konjunkturstatistisches Handbuch 1936,* Berlin / Hamburg: Hanseatische Verlagsanstalt.

Wagenführ, R. (1933), "Die Industriewirtschaft. Entwicklungstendenzen der deutschen und internationalen Industrieproduktion 1860 bis 1932", *Vierteljahreshefte zur Konjunkturforschung,* Sonderheft 31, S. 3-70.

Wagenführ, R. (1954), *Die deutsche Industrie im Kriege 1939-1945,* Berlin: Duncker & Humblot.

Wala, M. (2001), *Weimar und Amerika. Botschafter Friedrich von Pittwitz und Graffon und die deutsch-amerikanischen Beziehungen von 1927 bis 1933,* Stuttgart: Steiner.

Wallich, H. (1955), *Triebkräfte des deutschen Wiederaufstiegs,* Frankfurt/ M.: Knapp.

Wegerhoff, S. (1982), *Die Stillhalteabkommen 1931-33. Internationale Versuche zur Privatschuldenregelung unter der Bedingung des Reparations- und Kriegsschuldensystems* (Diss.), Universität München.

Weisbrod, B. (1985), "Die Befreiung von den 'Tariffesseln', Deflationspolitik als Krisenstrategie der Unternehmer in der Ära Brüning", *Geschichte und Gesellschaft* 11, S. 295-325.

Wendt, B.J. (1971), *Economic Appeasement. Handel u. Finanz in der britischen Deutschland-Politik 1933-1939,* Düsseldorf: Bertelsmann-Univ.-Verlag.

White, E. (1999), "The Cost and Consequences of the Napoleonic Reparations", *NBER Working Paper* Nr. 7438.

Winkler, H.A. (Hrsg.) (1992), *Die deutsche Staatskrise 1930-1933.* München: Oldenburg.

Winkler, H.A. (1993), *Weimar 1918-1933. Die Geschichte der ersten deutschen Demokratie,* München: Beck.

Wissenschaftlicher Beirat beim Bundesministerium der Finanzen (1977), *Gutachten zu den Problemen einer Verringerung der öffentlichen Netto-Neuverschuldung,* Bonn: Stollfuss.

Witt, P.-C. (1982), "Finanzpolitik als Verfassungs- und Gesellschaftspolitik", *Geschichte und Gesellschaft* 8, S. 386-414.

Witt, P.-C. (1985), "Die Auswirkungen der Inflation auf die Finanzen des Deutschen Reiches 1924-1935." in: *Die Nachwirkungen der Inflation auf die deutsche Geschichte 1924-1933*, hrsg. von G.D. Feldman, München: Oldenbourg, S. 43-95.

Wittmann, K. (1978), *Schwedens Handelsbeziehungen zum Dritten Reich 1933-1945,* München: Oldenbourg.

Zahn, C. (1993), *Lohnkosten und Lebenslagen zwischen Inflation und Großer Krise. Zur Geschichte der Weimarer Lohnbewegung* (Diss.), Universität München.

7. ANHANG: DIE DATENGRUNDLAGEN DER UNTERSUCHUNG

Die nachstehenden Anhänge enthalten das in dieser Arbeit verwendete Datenmaterial, soweit es nicht direkt aus den der Literatur direkt entnommen werden kann. Anhang A dient zur Gewinnung von Ziffern zum Reichshaushalt und zum öffentlichen Sektor in seiner Gesamtheit. Anhang B skizziert eine Volkswirtschaftliche Gesamtrechnung für 1925 bis 1938. Anhang C berichtet über die vierteljährliche Interpolation anderer Zeitreihen, die in dieser Arbeit Verwendung fanden.

7.1. Anhang A (Textteil): Die öffentlichen Haushalte

7.1.1. Einführung und Schrifttum

Daten zu den öffentlichen Haushalten Deutschlands in der Zwischenkriegszeit sind zahlreich, auch an aufbereitetem Material herrscht kein Mangel. Probleme ergeben sich allerdings aus den Besonderheiten des deutschen Haushaltsrechts, zudem aus der damals betriebenen Verschleierung der Haushaltslage. Im öffentlichen Sektor Deutschlands galt in der Zwischenkriegszeit die klassische kameralistische Buchungsmethode, nach der erstens das Budget in einen ordentlichen und einen außerordentlichen Haushalt zerfiel, zweitens der Rechnungsabschluß die Ein- und Auszahlungen während der Berichtsperiode nicht periodengerecht abgrenzte und zuletzt die Defizite oder Überschüsse teils über, teils unter dem Strich gebucht wurden. Diese buchungstechnischen Besonderheiten sowie die Verbuchung der öffentlichen Haushalte nach Haushaltsjahren jeweils von April bis März machen zahlreiche Umrechnungen erforderlich, um ein aussagefähiges Staatskonto im Sinne der Volkswirtschaftlichen Gesamtrechnung zu erhalten. Noch gravierender ist das Problem politisch gewollter Haushaltsverschleierung, das unmittelbar mit dem Gegenstand dieser Arbeit zusammenhängt. Unwahre, unklare oder fehlende Angaben zur tatsächlichen Haushaltslage stellten ein Mittel im Konflikt mit Deutschlands Auslandsgläubigern und später im Nationalsozialismus zur Tarnung der wirtschaftlichen Kriegsvorbereitung dar.

Für die zwanziger Jahre wird die Aufgabe einer Rekonstruktion des Reichsbudgets wesentlich dadurch erleichtert, daß während der Periode des Young-Plans die Zuverlässigkeit und Transparenz der deutschen Finanz- und Wirtschaftsstatistik erheblich zunahm, so bereits erwähnt im Abschlußbericht des Reparationsagenten, 1930, S. 194, mit einer nochmaligen massiven Kritik an der Verschleierungstaktik der deutschen Finanzstatistik. In der Zeitspanne zwischen 1929 und 1932 legte die offizielle Reichsstatistik eine ganze Anzahl von Übersichten zur öffentlichen Finanzwirtschaft vor, deren Ergebnisse auf methodisch einheitlicher Grundlage bis 1925, teilweise 1924 zurückgerechnet werden. Auf Grundlage dieser Übersichten und weiteren Bereinigungen kann ein realistisches Bild der tatsächlichen Haushaltsentwicklung gewonnen werden; unter anderem bestätigen sich dadurch die seinerzeit vom Reparationsagenten vorgelegten Berechnungen (vgl. Tabelle A.1).

Für die dreißiger Jahre war man bislang auf verstreutes Dokumentationsmaterial sowie private Schätzungen angewiesen, da ab 1935 die Veröffentlichung von Ziffern zu den Ausgaben und der Schuldenaufnahme des Reichs weitgehend eingestellt worden war. Die entstehenden Lücken lassen sich allerdings mit Hilfe von umfangreichem Zahlenmaterial aus den Archiven des ehemaligen Reichsfinanzministeriums sowie des Reichsarbeitsministeriums und der Reichsbank schließen.

Einige Bemerkungen zur Geschichte der Aktienüberlieferung sind am Platze. In den Akten des Reichsfinanzministeriums im Bundesarchiv fanden sich nur gelegentliche und verstreute Hinweise auf Haushaltsziffern ab 1933. Dies erklärt sich nur zum Teil durch die unvollständige Erschließung des Bestandes. Nach Kriegsende wurde ein Teil des statistischen Materials in die Bestände einer alliierten Arbeitsstelle in Berlin übernommen, die aus Mitarbeitern des ehemaligen Ministeriums gebildet war und der Klärung von Eigentumsansprüchen diente. Diese Akten, angereichert um nach dem Krieg angefertigte Übersichten zu Reichshaushalt und Kassenabschluß ab 1933, liegen im Bundesarchiv in einem eigenen Bestand[1]. Auch dieser Bestand wurde jedoch weiter geteilt. Das Primärmaterial in Gestalt der gedruckten, während des Dritten Reichs aber als geheim klassifizierten Reichshaushaltsrechnungen gelangte in den fünfziger Jahren an das heutige Institut für Zeitgeschichte in München[2]. Mit diesen Daten lassen sich die Abschlüsse des Reichshaushalts für die Jahre 1933 bis 1941 vollständig beschreiben.

Allerdings wurde nur ein Teil der tatsächlichen Reichsausgaben wirklich über den Reichshaushalt gebucht. Außerhalb verblieben besonders die Schattenhaushalte der Arbeitsbeschaffungs- und Mefo-Wechsel. Hierzu weiß man bislang wenig mehr, als aus dem statistischen Material für die Nürnberger Prozesse (selbst erstellt mit Hilfe der erwähnten Berliner Stelle) hervorgeht. Zusätzliche Informationen finden sich insbesondere in den Akten der Volkswirtschaftlichen und Statistischen Abteilung der Reichsbank[3]. Hiermit und unter Kontrolle durch zusätzliches Material aus dem Hauptarchiv der deut-

---

1 BA, Bestand R2/Anhang.

2 IfZ, Bestand Da 03.03. Zur Übernahme der Akten vgl. die Korrespondenz in BA R2/Anhang (unpag.).

3 BA, Bestand 25.01. Diese Ziffern sind teilweise auch dokumentiert bei Silverman (1998b), S. 256 f.

schen Bundesbank[4] läßt sich ein fast vollständiges, von den bisherigen Kenntnissen z.T. abweichendes Bild der Schattenhaushalte des Dritten Reichs gewinnen.

Die Rekonstruktion der deutschen Haushaltsziffern setzt bereits zeitgenössisch mit den Jahresberichten des Reparationsagenten (1928, 1929, 1930) ein. Die dort vorgenommenen Schätzungen werden durch unsere eigenen Berechnungen bestätigt. Für den Haushalt bis 1933 liegt eine Anzahl späterer Schätzungen vor, die sich um eine Aufklärung der Haushaltsverschleierung in der Weimarer Republik bemühen. Netzband und Widmaier (1964) bieten eine detaillierte Untersuchung der Kreditnahme und Haushaltsführung zwischen 1924 und 1926. Datenprobleme werden auch diskutiert bei Maurer (1973) und Krohn (1974). Witt (1982, 1985) errechnet überschlägige Korrekturen zu den ausgewiesenen Salden des Reichshaushalts. Umgekehrt schätzt Bachmann (1996) die Haushaltssalden von der Bestandsstatistik des Reichsschuldenausweises her.

Nachberechnungen und Schätzungen für den Reichshaushalt ab 1933 entstanden fast durchwegs erst nach dem Kriege, so im Statistischen Handbuch von Deutschland (1949) mit zutreffenden Angaben, allerdings hohem Aggregationsgrad. Die dortigen Ziffern zu den Mefo-Wechseln stimmen in der kumulierten Summe weitgehend mit den internen Aufstellungen aus der Reichsbank überein, nicht jedoch im Zeitprofil der Wechselausgabe. Summarische Angaben zur Arbeitsbeschaffung außerhalb des Reichshaushalts finden sich zeitgenössisch zuerst bei Schiller (1936), allerdings nur mit ungefähren Größenordnungen zum zeitlichen Ablauf der Wechselbegebung. Die ersten systematischen Ansätze zur Aggregation des Reichshaushalts und der Schattenhaushalte unternimmt Stuebel (1951), dessen Arbeit anscheinend unter Verwendung der Reichshaushaltsrechnungen im Bestand des jetzigen Instituts für Zeitgeschichte zustandegekommen ist[5], ohne allerdings methodisch voll befriedigen zu können. Ohne Zugang zu diesen Akten[6] und statt dessen mit den veröffentlichten Reichsschuldenausweisen der amtlichen Statistik arbeitend, berechnete Erbe (1958) Reichshaushalt und Schattenbudgets auf indirekte Weise. Erbe entnahm die Daten zur Begebung der Mefo-Wechsel aus den Akten der Nürnberger Prozesse. Für die eigentlichen Arbeitsbeschaffungswechsel machte sich Erbe den Umstand zunutze, daß zur buchmäßigen Deckung des Wechselumlaufs Schatzanweisungen und Steuergutscheine des Reichs bereitgestellt wurden, die im Reichsschuldenausweis aufscheinen. Vom Umlauf dieser Deckungspapiere schloß Erbe auf den Umlauf und die Begebung von Arbeitsbeschaffungswechseln zurück. Diese Schätzungen, auf deren Ergebnisse weiter unten einzugehen sein wird, haben Standardcharakter angenommen. Eine spätere Revision des Materials unternahm Keese (1967). Unabhängig und ohne Bezug auf diese Arbeiten nahm die Arbeitsgruppe um Hoffmann (1965) mit ähnlichen Methoden wie Erbe eigene Schätzungen vor, konnte dabei allerdings nicht von den Einsichten ihrer Vorgänger, insbesondere Erbes selbst, profitieren. Zusammenfassungen des Kenntnisstandes nach Öffnung der Archive in den

---

[4] HAdBB, Rbk/1/Drs.1, Rbk. 1/7.

[5] Vgl. die Korrespondenz in BA R 2 Anhang/51.

[6] Korrespondenz R. Erbe, ebd.

sechziger Jahren bieten Fischer (1978) sowie die Beiträge von Irmler (1976), Albers (1976)und Hansmeyer und Caesar (1976) zur Festschrift der Deutschen Bundesbank (1976a). Unter den neueren Arbeiten bietet Boelcke (1985) eine Reihe archivalischer Informationen aus dem Bestand des Reichsfinanzministeriums, allerdings ohne weitere Aufbereitung.

Aus den genannten Gründen sind die Originalziffern zu den Haushaltsrechnungen der Fiskaljahre 1924/25 bis 1929/30 weitgehend unbrauchbar. Wie bereits bei Witt (1982) werden statt dessen die Vergleichsübersichten über den Reichshaushalt seit 1924, wie sie in der Reichsstatistik während der Young-Plan-Periode veröffentlicht sind, zur Grundlage der Darstellung gemacht. Auch diese Ziffern sind jedoch nicht ohne weitere Bereinigung verwendbar. Im besonderen sind sie zunächst um "Fondsauflösungen" zu bereinigen, typischerweise Zuführungen aus einem Schattenhaushalt, der aus dem Münzüberschuß von 1924 gebildet worden war (zur Geschichte der Bildung und Auflösung dieses Fonds vgl. Netzband und Widmaier, 1964, sowie Bachmann, 1996). Diese Bereinigung läßt sich ohne weitere Probleme mit Hilfe der Anmerkungen zu den Vergleichsausweisungen des Reichshaushalts durchführen. Eine zweite, größere Bereinigung betrifft während der Weltwirtschaftskrise die Sondertilgungen der schwebenden Schuld, wie sie Ende 1929 dem Reich von der Reichsbank in der sogenannten "lex Schacht" aufgezwungen worden waren (vgl. dazu oben Kapitel 3). Diese Tilgungen sind in den Haushaltsrechnungen lediglich nachrichtlich ausgewiesen, nicht aber nach dem Bruttoprinzip verbucht. Ihre Einbeziehung führt zu einer Bilanzverlängerung mit Erhöhung der Ausgaben einerseits und der Verschuldung andererseits.

Ab 1933 müssen zu den Ziffern des Reichshaushalts die Nettozuwächse im Umlauf von Sonderwechseln hinzuaddiert werden. In den Haushaltsziffern selbst ergeben sich Korrekturen durch verschiedene Zusatzeinnahmen des Reichs aus der Kürzung von Länderanteilen bei den Überweisungssteuern, die im Reichshaushalt getrennt als Einnahmen ausgewiesen sind. Ihre Abrechnung führt zu einer Bilanzverkürzung. Zudem wird in allen Haushaltsziffern die künstliche Unterscheidung zwischen ordentlichem und außerordentlichem Haushalt aufgehoben.

Ziffern für die Finanzen der Länder und Gemeinden können den Angaben der zeitgenössischen Statistik direkt entnommen werden, müssen allerdings ebenso wie die des Reichs ab 1933 um die brutto verbuchten Änderungen in den Länderanteilen korrigiert werden. Mit Hilfe der vierteljährlichen Statistik der Steuereinnahmen sowie bis 1934 der Einnahmen und Ausgaben des Reichs lassen sich die Angaben zu den Haushalten von Reich, Länder und Gemeinden vierteljährlich interpolieren, um so von den Fiskaljahren der deutschen Haushaltsstatistik auf Kalenderjahre umzurechnen.

Direkt den Daten zu entnehmen waren die kalenderjährlichen Einnahmen und Ausgaben der Sozialversicherung sowie der Arbeitslosenversicherung. In den dreißiger Jahren wurden beide Institutionen zur Finanzierung des Autobahnbaus mit herangezogen; ein Teil ihrer Ausgaben stellte damit strenggenommen Reichsausgaben dar. Wegen schwankender Angaben und der insgesamt geringen Größenordnungen wurde allerdings hier auf den Versuch verzichtet, diese Ausgaben der Sozialversicherung ab- und dem Reich zuzurechnen.

7.1.2. Ergebnisse und Methoden im einzelnen

Tabelle A.1 stellt den Reichshaushalt auf kameralistischer Grundlage dar. Dabei wird von kameralistischen Ausgabenkonzept des Reinen Finanzbedarfs ausgegangen, der um Transaktionen mit anderen Gebietskörperschaften bereinigt ist. In der Buchungspraxis der Zwischenkriegszeit ist dieses Prinzip allerdings immer wieder durchbrochen worden, so daß gegenüber den Originalziffern zahlreiche Korrekturen notwendig wurden. Eine Besonderheit stellen in der Berichtsperiode zudem die Transaktionen zwischen ordentlichem und außerordentlichem Haushalt sowie eine ganze Reihe von Neben- und Schattenhaushalten, Sondervermögen, Tilgungsfonds usw. dar. In den hier konsultierten Quellenwerken werden diese Transaktionen bereits zum Teil korrigiert ausgewiesen, d.h. in die offiziellen Haushaltszahlen übernommen. Das gilt allerdings nicht allgemein, im besonderen nicht für die Schattenhaushalte der Arbeitsbeschaffung und Aufrüstung im Dritten Reich, die in Tabelle A.1 außer Ansatz bleiben und erst in Tabelle A.2 und nachfolgend einbezogen werden. Nach den Besonderheiten der Weimarer Finanzverfassung wurde ein Großteil der Steuereinnahmen vom Reich verwaltet und z.T. an die Länder überwiesen; diese Steuerüberweisungen sind von den Steuereingängen abzuziehen, um zu den Steuereinnahmen des Reichs zu gelangen. Wiederum wurde, insbesondere während des Dritten Reichs, dieses Prinzip an zahlreichen Stellen durchbrochen. Tabelle A.1 rechnet die Sonderüberweisungen und Kürzungen der Länderanteile aus den Originalziffern heraus, um zu einem zutreffenden Bild des tatsächlichen Finanzausgleichs zwischen Reich und Ländern zu gelangen. Verschleiernde Transaktionen vielfältiger Natur sind auf dem Vermögens- und Erwerbskonto anzutreffen, insbesondere Buchungen vom und zum sogenannten Betriebsmittelfonds, einer schwarzen Kasse aus den Einnahmen der Reichsmark-Münzprägung von 1924. Diese Transaktionen wurden vollständig herausgerechnet, soweit sie nicht echte Einnahmen oder Ausgaben während der Berichtsperiode darstellten. Nicht bereinigt wurden die Angaben dagegen um die Auflösungen von Sondervermögen während der NS-Zeit, bei denen es sich um echten Vermögensabbau gehandelt haben mag. Unproblematisch sind die Anleiheeinnahmen, wobei hier auf die kameralistische Unterscheidung zwischen budgetierten oder fundierten Anleihen „über dem Strich" und Kassenüberschüssen oder schwebenden Schulden „unter dem Strich" zu achten ist. Die Arbeitsbeschaffungs- und Rüstungswechsel der NS-Zeit stellen in diesem Sinne schwebende Schuld dar, erscheinen allerdings nicht im Budget, weil die zugehörigen Ausgaben dort nicht verbucht sind. Für die zwanziger Jahre führt das hier angewendete Verfahren zu denselben Ergebnissen wie die Berechnungen in den Jahresberichten des Reparationsagenten, die in Tabelle A.1. zu Vergleichszwecken angegeben sind. Ebenfalls wiedergegeben sind die Ergebnisse des offiziellen Rechnungsabschlusses, der in zwei Varianten den amtlichen Ziffern beigegeben wurde. Wie sich zeigt, sind die Unterschiede gegenüber dem tatsächlichen Kassendefizit oder -überschuß in einzelnen Jahren beträchtlich.

(A.1.1) Reiner Finanzbedarf: Ausgaben aller Art ohne Steuerüberweisungen usw. an Länder und Gemeinden. Ab 1932: Ohne Arbeitsbeschaffungs- und Rüstungswechsel. Bis 1931/32: *Statist. Jahrbuch für das Deutsche Reich* 1934, S. 434, Sp. 3. 1930/31, 1931/32, 1932/33, 1933/34: einschl. 465, 420, 420, 100 Mio. RM zur außerordentlichen Tilgung der schwebenden Schuld. 1932/33: *Statist. Jahrbuch für das Deutsche Reich* 1934, S. 417. 1933/34: ebda.

S. 426, Ausgaben abzüglich 186,4 Mio. RM als Ausgaben nachgewiesener Finanzzuweisung an die Länder sowie von 3,4 Mio. RM Überschuß des außerordentlichen Haushalts, der im ordentlichen Haushalt als Einnahme gebucht ist. Ab 1934/35: IfZ (Institut für Zeitgeschichte, München) Da 03.03 (*Haushaltsrechnungen des Deutschen Reichs* 1934-1938), nach Abzug des Postens „weitere Steuerüberweisungen an die Länder" von den Ausgaben.

(A.1.2) Nach Steuerüberweisungen verbleibende Nettoeinnahmen aus Reichssteuern, Zöllen sowie Sondersteuern auf die Reichsbahn zur Reparationsaufbringung. Bis 1928/29: *Statist. Jahrbuch für das Deutsche Reich* 1931, S. 446. Bis 1932/33: *Statist. Jahrbuch für das Deutsche Reich* 1934, S. 424. 1932/33: ebda. 1933/34: Nach dem Rechnungsergebnis, *Statist. Jahrbuch für das Deutsche Reich* 1934, S. 426, korrigiert um 186,4 Mio. RM Steuerüberweisungen, die bei den Ausgaben ausgewiesen sind, sowie von 3,7 Mio. RM Überschuß des außerordentlichen Haushalts, der in den Steuereinnahmen enthalten ist. Übereinstimmend: BA R 2 (Reichsfinanzministerium) Anhang/51. Ab 1934/35: *Haushaltsrechnungen des Deutschen Reichs*, IfZ Da. 03.03. Steuereinnahmen jeweils nach Abzug der Posten „Zuführung zum Sondervermögen Ehestandsdarlehen", „Eingelöste Steuergutscheine", „Weitere Steuerüberweisungen an die Länder", sowie nach Addition der Reparationsbeiträge der Reichsbahn. 1938 inkl. „Judenvermögensabgabe" (498,5 Mio. RM).

(A.1.3) Bis 1928/29: *Statist. Jahrbuch für das Deutsche Reich* 1931, S. 447. Ohne Erträge aus dem Betriebsmittelfonds. Bis 1932/33: *Statist. Jahrbuch für das Deutsche Reich* 1934, S. 425. 1933/34: *Statist. Jahrbuch für das Deutsche Reich* 1934, S. 426. Alle Ziffern einschließlich Anteil am Reichsbankgewinn (ca. 5,5 Mio. RM jährlich). 1933/34: *Statist. Jahrbuch für das Deutsche Reich* 1934. Ab 1935: IfZ DA. 03.03 (Auflösung von Sondervermögen sowie Erträge von Reichspost und Reichsdruckerei, Reichsbankgewinn).

(A.1.4) Vgl. (A.1.1). 1930/31 einschl. 21,2 Mio. RM aus Auflösung des Reservefonds beim Kommissar für die verpfändeten Einnahmen, ausgewiesen unter den Sondereinnahmen des außerordentlichen Haushalts zur Deckung der schwebenden Schuld, vgl. *Statist. Jahrbuch für das Deutsche Reich* 1934, S. 422, Fn. 5, S. 417, Fn. 3. Vgl. auch *Statist. Jahrbuch für das Deutsche Reich* 1932, S. 448, Fn. 7.

(A.1.5) Vgl. (A.1.1). Nettoeinnahmen nach Abzug der Kosten für die Münzprägung. Für 1927/28 und 1928/29 ohne Entnahmen aus dem Betriebsmittelfonds.

(A.1.6) = (A.1.1) + (A.1.2) + (A.1.3) + (A.1.4) + (A.1.5).

(A.1.7) Quelle: vgl. (A.1.1). 1925/26: 2. Tranche Dawes-Anleihe. 1926/27: 1. Tranche Anleihe von 1927 („Reinhard-Anleihe"). 1927/28: 2. Tranche Anleihe von 1927. 1928/29: 7%-Schatzanweisungen und Schuldscheindarlehen von 1928. 1929/30: Hilferding-Anleihe und 7%-Schatzanweisung von 1929. 1930/31: Beim Reich verbleibender Anteil der Young-Anleihe. Ab 1932: Ohne Arbeitsbeschaffungs- und Rüstungswechsel. 1935 und 1936: Einschl. Einnahmen aus Schatzanweisungen.

(A.1.8) Veränderung der kurzfristigen Forderungen, Überschuß (+), Defizit (-). (A.1.8) = (A.1.1) -(A.1.2-6). Vgl. weitgehend übereinstimmend Wirtschaft und Statistik (1930, S. 632 f.). Ab 1934/35 (mit veröffentlichten Angaben ab 1932/33 übereinstimmend) BA R2 Anhang/51, R2/21781. Ohne Arbeitsbeschaffungs- und Rüstungswechsel.

(A.1.9) Eigene Berechnung nach dem Abschlußbericht des Reparationsagenten (Gilbert, 1930, S. 286). Gilbert selbst berechnet als Grundbilanz das Defizit zwischen laufenden Ausgaben und Einnahmen aus Steuern usw. Addition der Anleiheerlöse (A.1.7) zu Gilberts Ziffern ergibt (A.1.9), übereinstimmend mit unseren eigenen Berechnungen in (A.1.8).

(A.1.10) Ausweis der "Mehrausgaben (+) / Mehreinnahmen (-)", berichtigt nach *Statist. Jahrbuch für das Deutsche Reich* 1931, S. 439; 1934, S. 417. Ab 1934/35: BA R2 Anhang/51.

Abweichungen gegenüber (A.1.8) sind durch Elimination von Einnahmen aus bzw. Zuführungen zu Schattenhaushalten (Betriebsmittelfonds, Tilgungsfonds, etc.) in (A.1.7) bedingt.

(A.1.11) Ausgewiesener Überschuß (+) / Fehlbetrag (-) der Haushaltsrechnung nach: *Statist. Jahrbuch für das Deutsche Reich* 1931, S. 439.

(A.1.12) Ausgewiesener Überschuß (+) / Fehlbetrag (-) der Haushaltsrechnung. Bis 1932/33 nach: *Statist. Jahrbuch für das Deutsche Reich* 1934, S. 417. 1933/34: nach dem Kassenausweis, ebda. S. 426. Ab 1934/35: BA R 2 Anhang/51.

Tabelle A.2 unterrichtet über die fiskaljährliche Begebung von Arbeitsbeschaffungs- und Mefo-Wechseln. Gleichsam neben dem Haushalt her wurden seit dem Ende des Fiskaljahres 1932/33 Sonderwechsel ausgegeben, die zum Teil der Arbeitsbeschaffung, zum größeren Teil aber der Aufrüstung dienten. Die in Tabelle A.2 wiedergegebenen Daten (A.2.1-5,7) entstammen internen Aufstellungen über Ausgabe und Einlösung von Arbeitsbeschaffungs- und Rüstungswechseln. Wie sich im Vergleich mit Erbes (1958, S. 48) Schätzungen (A.2.6) zeigt, liegt die Nettoausgabe solcher Wechsel im besonderen 1934 ungleich höher als bislang vermutet. Das gilt auch dann, wenn man den zeitweiligen Rückkauf noch laufender Wechsel durch die Reichsbank auf Rechnung des Reichs (A.2.4) in die Rechnung mit einbezieht.. In (A.2.7) ist die Zunahme des Umlaufs an Mefo-Wechseln wiedergegeben. Diese Ziffern, gewonnen aus internen Unterlagen der Reichsbank, weichen z.T. von den aus den Akten des Reichsfinanzministeriums bekannten Ziffern ab. Da die Reichsbank über die von ihr verwaltete Mefo Herrin des Ausgabeverfahrens war, ist hier ihren Ziffern der Vorzug gegeben worden. Zuletzt errechnet sich in (A.2.8) die Nettozunahme des Umlaufs an Sonderwechseln zwischen 1932/33 und 1938/39.

(A.2.3) Vgl. Tabelle A.7 unten. Errechnet aus dem geschätzten Gesamtumlauf von Wechseln (A.7.9) abzüglich Mefowechseln (A.7.1).

(A.2.2) BA R2/18660, R2/18701. Vgl. Tabelle A.7 unten, Reihe (A.2.2).

(A.2.3) 1934: Schätzung nach BA R2/23770 sowie BA 25.01(Reichsbank)/3368, Bl. 370. Ab 1935: BA R2/3846.

(A.2.4) BA 25.01/6641, Bl. 22; BA R2/3846, Bl. 26. Ab 1935/36: BA R 2/3846, Bl. 22.

(A.2.5) = (A.2.1) + (A.2.4).

(A.2.6) Erbe (1958, S. 48).

(A.2.7) Eigene Berechnungen nach BA 25.01/6516, Bl. 132; 6638, Bl.181; 6641, Bl. 15, Bl. 20, Bl. 22. Vgl. auch unten, Tabelle A.7, Reihe (A.7.1).

(A.2.8) = (A.2.5) + (A.2.7).

Tabelle A.3 berechnet aus den Ziffern zur Bruttoneuverschuldung in Tabelle A.1 unter Absetzung der Tilgung die Nettoneuverschuldung des Reichs. Unter die Tilgung fallen die im Haushalt der Reichsschuldenverwaltung ausgewiesene Tilgung von Anleihen sowie die im Kriegslastenhaushalt verborgene, zum Teil von uns nachgeschätzte Tilgung der Dawes- und Young-Anleihen. Innerhalb der ausgewiesenen Tilgung bilden bis weit in die dreißiger Jahre hinein die Markanleihen den weitaus größten Posten. Hierunter fällt im besonderen die Anleiheablösung, ein Losverfahren zur Bedienung und Tilgung eines Teils der 1925 wieder aufgewerteten Vorkriegsanleihen. Für die Jahre ab 1933 sind bei der Anleiheablösung Zins- und Tilgungsanteile nicht mehr getrennt ausgewiesen, so daß hier der Zinsanteil nach den Verhältnissen der Vorjahre geschätzt werden mußte. Kumuliert stimmen unsere Ergebnisse zum Tilgungsanteil mit der Abnahme der Anleiheablösungsschuld im Reichsschuldenausweis weitgehend überein. Die so errechnete haushaltsmäßige Nettokreditaufnahme (A.3.5) weicht deutlich von der Veränderung der ausgewiesenen Reichsschuld (A.3.6) ab. Während der zwanziger Jahre ist dies hauptsächlich durch die Aufwertung von Altschulden bedingt, wodurch sich die Reichsschuld erhöhte, ohne daß dem eine Kreditaufnahme gegenüberstand. Dieser Effekt ist in den Ziffern des Reichsschuldenausweises nur zum Teil ausgeschaltet. In den dreißiger Jahren ergeben sich Unterschiede durch die Währungsabwertungen des Auslandes und damit den RM-Wertverfall der auf ausländische Währung lautenden Schulden. Zudem ist im Schuldenausweis die sogenannte Arbeitsschatzanweisung von 1933 enthalten, ein Deckungspapier für die außerhalb des Etats laufenden Arbeitsbeschaffungswechsel, dessen Begebung und Tilgung im Reichsschuldenausweis, jedoch nicht im Haushalt der Reichsschuldenverwaltung aufscheint. Diese Merkwürdigkeit liegt darin begründet, daß haushaltsmäßig die Ausgaben für Arbeitsbeschaffungswechsel erst bei deren Tilgung gebucht wurden, dann allerdings im Sachhaushalt (besonders des Reichsarbeitsministeriums), nicht aber im Schuldendienst. Zur haushaltsmäßig erfaßten Nettoneuverschuldung kann demnach die Nettobegebung von Sonderwechseln direkt addiert werden, um die tatsächliche Nettoneuverschuldung (A.3.7) zu erfassen. Kumuliert liegt die haushaltsmäßige Nettoneuverschuldung ab 1933 um 780 Mio. RM unter dem von der Reichsstatistik ausgewiesenen Anstieg des Schuldenstandes im selben Zeitraum; rechnet man die kumulierte Begebung von Sonderwechseln ohne Mefo-Wechsel (d.h. 12680 Mio. ./. 11933 Mio. RM) hinzu, so gleicht sich diese Differenz bis auf 33 Mio. RM aus, die als Ungenauigkeit unserer ergänzenden Schätzungen stehenbleiben. Gegenüber den Schätzungen Erbes in (A.3.8) ergibt sich eine kumulierte Abweichung von gut +1,5 Mrd. RM. Diese Abweichung ist jedoch nicht durch unser Verfahren bedingt, ebensowenig etwa durch Fehler im Verfahren Erbes, sondern allein durch Diskrepanzen zwischen dem Reichsschuldenausweis für 1938/39 in der von Erbe verwendeten, veröffentlichten Quelle (*Wirtschaft und Statistik*, 1939) und dem (A.3.6) zugrundeliegenden Ausweis des *Statistischen Jahrbuchs für das Deutsche Reich* 1941/42. Erbes Konzept, die Begebung von Arbeitsbeschaffungswechseln indirekt durch die Umlaufsstatistik der zu ihrer Deckung verwendeten Papiere zu beschreiben, erweist sich somit im Grundsatz als richtig, leidet allerdings in der praktischen Anwendung unter der Unzuverlässigkeit des Reichsschuldenausweises – wie auch unter dem Umstand, daß im Zeitprofil die Bereitstellung und Tilgung der im Reichsschuldenausweis erscheinenden Deckungspapiere und der zugrundeliegende Umlauf an Arbeitsbeschaffungswechseln nicht voll übereinstimmen.

(A.3.1) = (A.1.7) + (A.1.8).

(A.3.2) *Statist. Jahrbuch für das Deutsche Reich* 1930, S. 466; *Statist. Jahrbuch für das Deutsche Reich* 1931, S. 442; 1934, S. 420. Ab 1934: IfZ Da 03.03, (*Haushaltsrechnungen des Deutschen Reichs*), div. Jge. Schuldbuchforderungen 1931: Haushaltsrechnung 1931, *Reichstagsdrucksache* 456/270, S. 539. (a): Tilgung von Markanleihen 1934: Ablösungsbetrag abzüglich 60 Mio. RM geschätzter Zinsanteil. Diskrepanz zwischen dem Ablösungsbetrag für April-Juni 1934 lt. Wirtschaft und Statistik (1934, S.547), (33,6 Mio. RM) und Reichsschuldenausweis, *Statist. Jahrbuch für das Deutsche Reich* 1935, (233,6 Mio. RM) beträgt 200 Mio. RM. Tilgung von Markanleihen ab 1935: IfZ Da 03.03 (*Haushaltsrechnungen des Deutschen Reichs*), div. Jge., Ablösungsbetrag abzüglich 60 Mio. geschätzter Zinsanteil, vgl. auch Tab. A.1.5. Ebenfalls 1934: Ohne 200 Mio. RM buchmäßiger Verringerung der Anleiheablösungsschuld, denen keine Ausgaben im Reichshaushalt gegenüberstehen. (b)-(f): Angaben für 1934 nach dem Kassenausweis, *Statist. Jahrbuch für das Deutsche Reich* 1935. Bei (b),(c) 1934-1938: In der Gesamtsumme enthalten.

(A.3.3) Bis 1932: Berechnet aus den Änderungen des Schuldenstandes, bewertet zur Goldparität, nach dem Ausweis der Reichsschuld, *Statist. Jahrbuch für das Deutsche Reich*, div. Jge. Tilgungsleistungen für diese Schulden werden im Reichshaushalt nicht getrennt ausgewiesen. Schuldendienst inkl. Verzinsung bei dem Ausweis der äußeren Kriegslasten, *Statist. Jahrbuch für das Deutsche Reich* 1932, S. 443, 1934, S. 421. 1933: Eigene Schätzung anhand der Angaben in Goldwert, *Statist. Jahrbuch für das Deutsche Reich* 1934, verringert um die durchschnittliche Valutenentwertung. Ab 1934: IfZ Da 03.03 (*Haushaltsrechnungen des Deutschen Reichs*), div. Jge. (e)-(f) 1936-1938: In der Gesamtsumme enthalten.

(A.3.4) = (A.3.2) + (A.3.3). 1934: Ohne 200 Mio. RM buchmäßiger Verringerung der Anleiheablösungsschuld, denen keine Ausgaben im Reichshaushalt gegenüberstehen. 1935-38: IfZ Da 03.03, Aufteilung in Inlands- und Auslandsschulden nicht verfügbar.

(A.3.5) = (A.3.1) - (A.3.4).1934: Ohne 200 Mio. RM buchmäßiger Verringerung der Anleiheablösungsschuld, denen keine Ausgaben im Reichshaushalt gegenüberstehen.

(A.3.6) Nettozuwachs der Reichsverschuldung, *Statist. Jahrbuch für das Deutsche Reich*, div. Jge. 1925/26: Ohne Aufwertungsschuld (später aber mit ihrer Tilgung). 1928/29: Ohne Kriegsschädenschuldbuchforderungen (später aber mit ihrer Tilgung). 1930/31: Ohne Polenschuldbuchforderungen (später aber mit ihrer Tilgung). Ab 1932/33: Ohne Steuergutscheine und deren Tilgung.

(A.3.7) = (A.3.5) + (A.2.8). Für 1932 ohne durchlaufende Posten der Young-Anleihe (Wert 1932 inkl. dieser Posten: 1886.4 Mio. RM).

(A.3.8) Erhöhung der gesamten Reichsschuld einschließlich schwebender Schulden, nach Erbe (1958, S. 54).

Tabelle A.4 berechnet die Zinsen auf die Reichsverschuldung. Zwar weisen die veröffentlichten Haushaltsrechnungen des Reiches den Zinsanteil im Schuldendienst im allgemeinen nicht aus, wohl aber die während der Weltwirtschaftskrise entstandenen Vergleichsübersichten sowie nach 1933 - allerdings nicht für die Anleiheablösung - die unveröffentlichten Haushaltsrechnungen. Zu ergänzen sind diese Angaben um die Verzinsung der Dawes- und Young-Anleihen, die z.T. anhand der Abweichungen zwischen im Kriegslastenhaushalt ausgewiesenem Schuldendienst und der Bestandsstatistik im Reichsschuldenausweis geschätzt werden mußten. Ab 1936 wird mit der Auflösung des Kriegslastenhaushalts der Schuldendienst für beide Anleihen im Haushalt der Reichsschuldenverwaltung geführt. Ab 1937 gilt dies auch für die Verzinsung der Mefo-Wechsel, die zuvor durch Ausgabe weiterer Papiere gedeckt worden war. Die Verzinsung der Arbeitsbeschaffungsschuld ist nicht im Haushalt der Reichsschuldenverwaltung enthalten, sondern als Sachausgabe im Haushalt des Reichsarbeitsministeriums verbucht und dort nicht getrennt ausgewiesen. Zur Erfassung der Größenordnungen wurde sie mit Hilfe des vierteljährlichen Umlaufs an Sonderwechseln (nach Abzug der Mefo-Wechsel) interpoliert und in Tabelle A.4 eingesetzt.

(A.4.1) (a)-(d): Bis 1933: Nach den Ausweisungen in *Statist. Jahrbuch für das Deutsche Reich* 1931, S. 442; 1934, S. 420. Ab 1934: IfZ Da 03.03 (*Haushaltsrechnungen des Deutschen Reichs*). Ab 1937 einschließlich Verzinsung der Mefo-Wechsel, vgl. dazu IfZ Da 03.03, *Haushaltsrechnung* 1937, S. 526 f. sowie BA R2 / 3219 (Akten der Reichsschuldenverwaltung), Bl. 30, Bl. 189, Bl. 236.

(A.4.2) (a), (b): Bis 1932: Schuldendienst (bei Young-Anleihe: Reichsanteil) (*Statist. Jahrbuch für das Deutsche Reich* 1928, S. 529; 1934, S. 421) abzüglich Veränderung des Schuldenstandes nach der Reichsschuldenstatistik, (*Statist. Jahrbuch für das Deutsche Reich*, div. Jge.). 1933-35: Kalkulatorischer Zinsfuß auf interpolierten Schuldenstand. 1936-38: Angaben nach Auflösung des Kriegslastenhaushaltes in den Ausweis des Schuldendienstes übernommen und in der Summe (A.4.1) enthalten: IfZ Da 03.03 (*Haushaltsrechnungen des Deutschen Reichs*). (c): Deutsch-amerikanisches Schuldenabkommen von 1931: Verzugszinsen für aufgeschobene Zahlung. Haushaltsrechnung 1931, *Reichstagsdrucksache* 456/270, S. 540.

(A.4.3) = (A.4.1) + (A.4.2).

(A.4.4) 1932 und 1933: BA, R 2/18701 (Denkschrift des Reichsfinanzministeriums zur Arbeitsbeschaffung in Deutschland von 1937). Ab 1934: Nach dem vierteljährlichen Schuldenstand, bewertet mit Durchschnittsverzinsung von 4,75%. Ab 1937 ohne Verzinsung für Mefo-Wechsel, die ab diesem Jahr auf den Reichshaushalt übernommen wurde. Vgl. Erläuterungen zu (A.4.1).

(A.4.5) = (A.4.3) + (A.4.4).

Tabelle A.5 bezieht sich auf die Angaben von Tabellen 2-.4 und rechnet mit ihrer Hilfe den kameralistischen Finanzbedarf und seine Deckung zum modernen Konzept der Sachausgaben und Transfers um. Dazu müssen einerseits die Ausgaben der Schattenhaushalte im Dritten Reich zu den Haushaltsangaben hinzuaddiert werden. Andererseits enthält das Konzept des Finanzbedarfs die Tilgungen auf die Reichsschuld. Bereinigung auch um diesen Posten ergibt die Sachausgaben und Transfers des Reichshaushalts im Sinn der Volkswirtschaftlichen Gesamtrechnung. Nach Saldierung mit den Steuer- und sonstigen Einnahmen des Reichs verbleibt als Saldo die Nettoneuverschuldung (sie würde sich analytisch auch aus der Summe aus Anleiheaufnahme und Kassendefizit in Tabelle A.1, dem Zuwachs der Sonderwechsel in Tabelle A. 2 und nach Abzug der Tilgung in Tabelle A.3 ergeben).

(A.5.1) = (A.1.1) + (A.2.8) - (A.3.4).

(A.5.2) = (A.3.7) + (A.4.5).

Tabelle A.6 berechnet und schätzt die vierteljährlichen Einnahmen und Ausgaben des Reichs zunächst nach kameralistischer Rechnungsweise. Diese vierteljährliche Interpolation ist erforderlich, um vom Fiskaljahr (April-März) zu Kalenderjahren überzugehen. Zur Interpolation kann für die Weimarer Zeit der vierteljährliche Kassenausweis verwendet werden. Allerdings stimmen Kassenausweis, Rechnungsabschluß und die später veröffentlichten Vergleichsübersichten nur unvollständig miteinander überein. Insbesondere entstehen Differenzen bei der Ansetzung der Steuerüberweisungen an die Länder sowie bei Überschüssen der Erwerbs- und Vermögenseinnahmen, die im Kassenausweis brutto gebucht, im Jahresausweis dagegen mit Zuschüssen verrechnet sind. Mangels besserer Informationen werden die Differenzen gleichmäßig auf die Vierteljahre verteilt. Weitgehende Übereinstimmung zwischen Kassenausweis und den fiskaljährlichen Vergleichsnachweisungen herrscht dagegen für Anleiheeinnahmen und Kassendefizite; hier treten allenfalls Rundungsungenauigkeiten sowie kleinere Abgrenzungsposten als Differenzen auf. Insgesamt ergeben sich Zeitreihen für Einnahmen und ihre Komponenten sowie für den Reinen Finanzbedarf als kameralistisches Ausgabenkonzept, die kumuliert mit den Fiskaljahresziffern übereinstimmen und eine brauchbare Grundlage zur Umrechnung des Haushalts auf Kalenderjahre darstellen. Nicht enthalten in Tabelle A.6 ist die Begebung von Sonderwechseln, vgl. dazu Tabelle A.7. Für die zweite Hälfte der dreißiger Jahre ist die Schätzgrundlage weniger befriedigend. Bis 1934/35 können aus den Vierteljahresausweisungen die Zeitreihen auf methodisch einheitlicher Grundlage fortgeführt werden. Für die Jahre danach liegen Vierteljahresdaten allein zu Steuereingängen und -überweisungen sowie zur Einlösung von Steuergutscheinen vor. Von den Jahressummen weichen sie durch Änderungen im Finanzausgleich und Zuweisungen zu einem Sonderfonds für Ehestandsdarlehen ab, die wir von den vierteljährlichen effektiven Steuereinnahmen absetzen. Die ausgewiesenen Vierteljahresdaten für Anleiheeinnahmen und Kasse sind behelfsweise anhand des Reichsschuldenausweises fortgeschrieben, ein Verfahren, das insbesondere bei den Kassendefiziten zu einer unplausibel hohen Volatilität führt und deshalb dort für das Fiskaljahr 1938/39 ganz aufgegeben wird. Die kalenderjährlich aufsummierten Ergebnisse von Tabelle A.6 stellen das Gegenstück zu Tabelle A. 1 dar. Zusätzlich ist hier das Jahr 1924 mit dargestellt. Ausgewiesen ist das kameralistische Haushaltsergebnis nach Kalenderjahren, aufgeschlüsselt von der Einnahmeseite her. Wie bereits bemerkt, sind die Ergebnisse dieser Aufsummierung nicht ganz frei von Interpolationen, da die Quartalsstatistik des Kassenausweises und die Ergebnisse der fiskaljährlichen Haushaltsrechnung methodisch voneinander abweichen. Allerdings sind in den meisten Jahren die Schätzunsicherheiten im Vergleich zu den Größenordnungen insgesamt recht gering. Wegen des Fehlens detaillierter vierteljährlicher Haushaltszahlen sind allerdings die kalenderjährlichen Ergebnisse ab 1935/36 von geringerer Qualität als zuvor.

(A.6.1) Vierteljährliche, beim Reich verbleibende Steuereinnahmen, *Statist. Jahrbuch für das Deutsche Reich*, div. Jge.

(A.6.2) = (A.6.1), kalenderjährlich und fiskaljährlich aufsummiert.

(A.6.3) Fiskaljährliche, beim Reich verbleibende Einnahmen aus Steuern, nach den Haushaltsrechnungen des Reichs. Bis 1933/34: *Statist. Jahrbuch für das Deutsche Reich*, div. Jge. Ab 1934/35: IfZ Da 03.03 (ohne Zuführungen zum Sondervermögen Ehestandsdarlehen, ohne weitere Überweisungen an die Länder, 1938/39: Einschließlich „Judenvermögensabgabe").

(A.6.4) Vierteljährlich aufgeteilte Differenz zwischen (A.6.3) und (A.6.2).

(A.6.5) = (A.6.1) + (A.6.4).

(A.6.6) Kalender- bzw. fiskaljährliche Aufsummierung der korrigierten vierteljährlichen Steuereinnahmen in (A.6.5). Die zur Kontrolle angegebenen fiskaljährlichen Summen stimmen mit (A.6.3) überein.

(A.6.7) Vierteljährliche Steuerüberweisungen an die Länder.

(A.6.8) Kalender- bzw. fiskaljährliche Aufsummierung von (A.6.7).

(A.6.9) Fiskaljährliche Steuerüberweisungen nach den Ergebnissen der Haushaltsrechnungen. Quelle: vgl. (A.1.2). Ab 1934/35: Nach Abzug der Kürzungen des Länderanteils sowie der Kürzungen aus Anlaß des Übergangs der Länderpolizei. Zuzüglich der zweckgebundenen zusätzlichen Steuerüberweisungen an die Länder.

(A.6.10) Vierteljährlich aufgeteilte Differenz zwischen (A.6.9) und (A.6.8).

(A.6.11) = (A.6.7) + (A.6.10).

(A.6.12) Kalender- bzw. fiskaljährliche Aufsummierung von (A.6.11).

(A.6.13) Steuermindereinnahmen aus der Anrechnung von Steuergutscheinen des Jahres 1932. Quelle: vgl. (A.1.2).

(A.6.14) Kalender- bzw. fiskaljährliche Aufsummierung von (A.6.13).

(A.6.15) = (A.6.5) – (A.6.11) – (A.6.13).

(A.6.16) Kalender- bzw. fiskaljährliche Aufsummierung von (A.6.15).

(A.6.17) Vierteljährlich interpolierter Reparationsbeitrag der Reichsbahn nach (A.1.18).

(A.6.18) Fiskaljährlicher sowie interpolierter kalenderjährlicher Reparationsbeitrag der Reichsbahn. Quelle: vgl. (A.1.2).

(A.6.19) = (A.6.16) + (A.6.17).

(A.6.20) Kalender- bzw. fiskaljährliche Aufsummierung von (A.6.19).

(A.6.21) Bis 1934/35: Nach den vierteljährlichen Kassenausweisen des Reichshaushalts, *Statist. Jahrbuch für das Deutsche Reich*, div. Jge., sowie *Wirtschaft und Statistik* (1935). Ab 1935/36: vierteljährliche Interpolation der fiskaljährlichen Angaben in (A.1.23).

(A.6.22) Kalender- bzw. fiskaljährliche Aufsummierung von (A.6.21).

(A.6.23) Sonstige Einnahmen nach den Haushaltsrechnungen, (A.6.23) = (A.1.3) + (A.1.4) + (A.1.5).

(A.6.24) Im Kassenausweis netto verbuchte Einnahmen aus Vermögensauflösungen etc., 1930/31: Anteilige Einnahmen aus der Auflösung des Reservefonds der Reparationskommission, 1932/33: Erlöse aus dem Wiederverkauf von Aktien der Dresdner Bank, der Landesbank der Rheinprovinz sowie von Gelsenkirchen-Akien, 1933/34: Einnahmen aus Münzprägung.

(A.6.25) Vierteljährlich aufgeteilte Differenz zwischen (A.6.23) und (A.6.22).

(A.6.26) = (A.6.22) + (A.6.24) + (A.6.25).

(A.6.27) Kalender- bzw. fiskaljährliche Aufsummierung von (A.6.26). Fiskaljährliche Summen identisch mit (A.6.23).

(A.6.28) Bis 1934/35: nach dem Kassenausweis, ab 1935/36: Nach der Bewegung der ausgewiesenen Reichsschuld, Quelle: *Statist. Jahrbuch für das Deutsche Reich* 1941/42, abgeglichen mit den Ergebnissen der Haushaltsrechnungen, Quelle vgl. (A.1.21).

(A.6.29) Kalender- bzw. fiskaljährliche Aufsummierung von (A.6.28). Fiskaljährliche Summen identisch mit (A.1.7).

(A.6.30) Vierteljährliche Einnahmen (+) aus Kassendefiziten. Bis 1934/35 nach dem Kassenausweis, 1935/36 und 1938/39 interpoliert nach den Ergebnissen der Haushaltsrechnungen, 1936/37 und 1937/38 nach der Bewegung der ausgewiesenen kurzfristigen Reichsschuld. Quelle vgl. (A.1.21).

(A.6.31) Kalender- bzw. fiskaljährliche Aufsummierung von (A.6.30).

(A.6.32) Vierteljährlich aufgeteilte Differenz zwischen (A.1.8) und (A.6.31).

(A.6.33) = (A.6.30) + (A.6.32).

(A.6.34) Kalender- bzw. fiskaljährliche Aufsummierung von (A.6.33). Fiskaljährliche Angaben identisch mit (A.1.8).

(A.6.35) Abschlußbuchung: Berechnung der vierteljährlichen kameralistischen Ausgaben von der Einnahmeseite her, (A.6.35) = (A.6.19) + (A.6.26) + (A.6.28) + (A.6.33).

(A.6.36) Kalender- bzw. fiskaljährliche Aufsummierung von (A.6.35). Fiskaljährliche Angaben identisch mit (A.1.1).

Tabelle A.7 beschreibt die vierteljährliche Begebung von Sonderwechseln zwischen 1932 und 1938/39. Die hier vorgenommenen Berechnungen sind zugleich Grundlage von Tabelle A.2. Berichtsgrundlage sind neben den Einzelreihen zu Begebung und Umlauf von Mefo- und Arbeitsbeschaffungswechseln die Gesamtausweisungen zu den Verbindlichkeiten des Reichs außerhalb des Reichsschuldenausweises (A.7.7-8). Diese Angaben werden von uns kombiniert zu (A.7.9). Die hier berechnete Umlaufsstatistik ist nicht frei von Schätzelementen; im besonderen mußten in (A.7.9) die Angaben für 1937 anhand der Daten zu den wichtigsten Einzelkomponenten geschätzt werden. Von den hieraus entstehenden Schätzunsicherheiten ist allerdings weder die Gesamtsumme noch die kalenderjährliche Zunahme in den anderen Jahren betroffen, so daß die Hauptaussagen zur kalenderjährlichen Zunahme des Wechselumlaufs in (A.7.10) von Schätzelementen frei bleiben. Hiervon abzusetzen ist der Bestand vorzeitig zurückgekaufter Wechsel auf Rechnung und in Händen des Reichs (A.7.11). Es ergibt sich der Nettoumlauf an Sonderwechseln in (A.7.12) und daraus die kalender- und fiskaljährliche Zunahme des Umlaufs in (A.7.13).

(A.7.1) Nettoumlauf Mefo-Wechsel, BA 25.01/6514, Bl. 473; BA 25.01/6641, Bl. 22; BA R2/3846, Bl. 26.

(A.7.2) Nettoumlauf Arbeitsbeschaffungswechsel Papen-/Sofort-/Reinhardtprogramm, BA R2/18656, Bl. 40; R2/18701 (unpag.); R2/3846, Bl. 26. Übereinstimmend: BA 25.01/6518, Bl. 223-226.

(A.7.3-4) Arbeitsbeschaffungswechsel von Reichsbahn (3.) und Reichsautobahnen (4.) im Portefeuille der Reichsbank, BA 25.01/6514, Bl. 473; HADBB, Rbk 1/7. Autobahnwechsel 1939 I/1939 lt. Ausweis für 7.5.1939, ebda.

(A.7.5) Umlauf an Zinsvergütungsscheinen, BA 25.01/6516, Bl. 132; 25.01/6638, Bl. 181.

(A.7.6) Umlauf an Solawechseln der Deutschen Golddiskontbank (Dego), wie (A.7.5). Ab 1938: HADBB, Rbk 1/7.

(A.7.7) Ausweis der Verbindlichkeiten des Reichs außerhalb des Etats, ohne Steuergutscheine und Anleihestock-Steuergutscheine. BA 25.01/6638, Bl. 181; 25.01/6641, Bl. 15, Bl. 20. Übereinstimmend mit Summe aus Umlauf an Sonder- und Degowechseln nach Ausweis der Reichsbank ab 1938 in HDBB, Rbk 1/7.

(A.7.8) Nettoumlauf von Arbeitsbeschaffungs- und Mefo-Wechseln des Reichs, (A.7.8) = (A.7.1.) + (A.7.2). Übereinstimmend mit (A.7.7) nach Absetzung des Umlaufs von Zinsvergütungsscheinen (A.7.5) und Solawechseln der Deutschen Golddiskontbank (A.7.6.).

(A.7.9) Nettoumlauf an Arbeitsbeschaffungs- und Sonderwechseln, BA 25.01/6580, Bl. 20f. Unterstrichene Ziffern: Bruttoumlauf an Sonderwechseln minus Abschöpfung, BA 25.01/6516, Bl. 132. IV/1936: Eigene Schätzung durch Interpolation des Umlaufs an Mefo-Wechseln und Addition des Umlaufs anderer Wechsel. 1937: Eigene Schätzung anhand des Umlaufs von Mefo-, ABM- und Autobahnwechseln zuzüglich Zinsvergütungsscheinen. Geschätzter Jahresdurchschnitt: 11,834 Mrd. RM gegenüber 11,87 Mrd. RM lt. HDBB Rbk 1/7. 1938: HDBB Rbk 1/7.

(A.7.10) Kalenderjährliche Zunahme des Umlaufs an Sonderwechseln.

(A.7.11) Vorzeitig zurückgekaufte Wechsel in Händen des Reichs, BA 25.01/6580, Bl. 21; BA R2/3846, Bl. 26.

(A.7.12) Umlauf an Sonderwechseln außerhalb des Reichsetats. (A.7.12) = (A.7.9) - (A.7.11).

(A.7.13) Kalenderjährliche Zunahme des Umlaufs an Sonderwechseln außerhalb des Reichsetats. $(A.7.13)_t = (A.7.12)_t - (A.7.12)_{t-4}$.

Tabelle A. 8 ergänzt die vierteljährliche Haushaltsstatistik durch Schätzungen der vierteljährlichen Zins- und Tilgungsraten auf die Reichsschuld. Die vierteljährlichen Kassenausweise zum Reichshaushalt geben lediglich den Schuldendienst als Summe von Tilgung und Verzinsung an, allerdings ohne die Zinsen auf die schwebende Schuld und auf die Reparationsanleihen. Anders als in den vorigen Tabellen handelt es sich daher bei den Reihen in Tabelle A.8 durchwegs um eigene Schätzungen, die einen plausiblen Verlauf markieren können, mehr aber nicht. In der fiskaljährlichen Summe stimmen diese Schätzungen mit den Angaben der voranstehenden Tabellen überein.

(A.8.1) Interpolation von (A.4.5) anhand der Veränderung der ausgewiesenen Reichsschuld, *Statist. Jahrbuch für das Deutsche Reich*, div. Jge. 1934 bis 1936 einschließlich Verzinsung der Mefo-Wechsel.

(A.8.2) Vgl. Tabelle A.6. Umlauf an Sonderwechseln, bewertet mit einer jahresdurchschnittlichen Verzinsung von 4,75%. Ab 1937 ohne Verzinsung der Mefo-Wechsel. Negative Beträge sind durch den zeitweiligen Rückkauf von Wechseln auf Rechnung des Reiches bedingt.
(A.8.3) = (A.8.1) + (A.8.2).
(A.8.4) = (A.8.3), kalenderjährlich aufsummiert.
(A.8.5) = ((A.4.1) + (A.4.4))/4, interpolierte vierteljährliche Zinsen ohne Zinsen auf Auslandsschulden. Ab 1936: Zinsen auf Auslandsschulden fortgeschrieben mit dem Stand von 1935.
(A.8.6) = (A.8.5), kalenderjährlich aufsummiert.
(A.8.7) Tilgungen bis 1934/35 nach den vierteljährlichen Kassenausweisen, vgl. Tabelle A.6. Ab 1935/36 interpoliert nach den Ergebnissen der Haushaltsrechnungen.
(A.8.8) = (A.8.7), kalender- und fiskaljährlich aufsummiert.

Tabelle A.9 stellt auf Grundlage der voranstehenden Tabellen die kalenderjährliche Entwicklung des Reichshaushaltes dar und rechnet die Reichsausgaben mit Hilfe der Daten zur Tilgung der Reichsschuld vom kameralistischen Konzept des Reinen Finanzbedarfs auf das heutige Konzept der Sachausgaben und Transfers um. Saldierung mit der Einnahmeseite ergibt den Finanzierungssaldo des Reichs, die Nettoneuverschuldung nach Kalenderjahren. Tabelle A.9 stellt insofern das kalenderjährliche Gegenstück zu Tabelle A.5 dar, wobei allerdings in die Umrechnung von Fiskal- auf Kalenderjahr die oben beschriebenen Schätzelemente eingehen.
(A.9.1) = (A.6.20) + (A.6.27).
(A.9.2) = (A.6.36) + (A.7.13)
(A.9.3) = (A.9.2) - (A.8.8).
(A.9.4) = (A.9.1) - (A.9.3).

Tabelle A.10 stellt die Länder- und Gemeindefinanzen in rechnungsjährlicher Abgrenzung dar und rechnet die kameralistische Darstellungsweise in Angaben zur Nettoneuverschuldung sowie Sachausgaben und Transfers um. Die hierfür erforderlichen Daten lassen sich aus verstreuten, allerdings miteinander übereinstimmenden Angaben der Reichsstatistik entnehmen; für die NS-Zeit entstammen die Daten dem nach Kriegsende herausgebrachten Statistischen Handbuch von Deutschland (1949).
(A.10.1-3) 1925-1929: *Statistische Übersicht zur Finanzwirtschaft der öffentlichen Verwaltung im Deutschen Reich für die Rechnungsjahre 1925/26-1932/33*, Abs. C: Die Deckung des Finanzbedarfs, S.40/41.1929-1939: *Statistisches Handbuch von Deutschland* (1949), Kap. XV: Öffentliche Finanzwirtschaft, Abs. A. Einnahmen und Ausgaben, S. 541. Teilergebnisse übereinstimmend in: *Statistische Praxis* Jg. 1947, Karteiblatt 6/F7120, 7/F7120, 10/F7120, 11/F7120, Jg. 1948, Karteiblatt 2/F7120, F7111.
(A.10.4) Bis 1932: Zinsen von Reich, Ländern, Gemeinden, *Statistik des Deutschen Reichs*, Nr. 437, S. 19, abzüglich den Zinszahlungen des Reichs in (A.4.5). 1933-1935: Nr. 493, S. 44. Ab 1936: *Statistik des Deutschen Reichs* Nr. 529, S. 20/24/29.
(A.10.5-7): Quellen wie (A.10.3).
(A.10.8) = (A.10.9)-(A.10.7).
(A.10.9) = (A.10.3) - (A.10.10).
(A.10.10) = (A.10.5) - (A.10.2) - (A.10.6).

Tabelle A.11 aggregiert die fiskaljährlichen Ziffern der voranstehenden Tabellen zu Reichs-, Länder- und Gemeindefinanzen und berechnet die Gesamtausgaben der Gebietskörperschaften im Deutschen Reich. Diese Aggregation kann problemlos durchgeführt werden, da das kameralistische Ausgabenkonzept des reinen Finanzbedarfs bereits um Transaktionen mit anderen Gebietskörperschaften bereinigt ist. Die in Tabelle A.12 enthaltenen Daten kommen bis auf geringfügige Ausnahmen im Bereich der Schuldentilgung des Reichs sowie bis auf die in Tabelle A.7 beschriebenen Ungenauigkeiten in der Erfassung der Schattenhaushalte des Dritten Reichs ohne Schätzelemente aus und können sämtlich der allerdings verstreuten Reichsstatistik und ihrer Fortsetzung im Statistischen Handbuch von Deutschland (1949) entnommen werden.

(A.11.1) = (A.1.1) + (A.10.1).
(A.11.2) = (A.11.1) + (A.2.8).
(A.11.3) = (A.3.4) + (A.10.2).
(A.11.4) = (A.11.2) - (A.11.3).
(A.11.5) = (A.1.2) + (A.10.9).
(A.11.6) = (A.1.3) + (A.1.4) + (A.1.5).

Tabelle A.12 rechnet diese Daten kalenderjährlich um und addiert hierzu die kalenderjährlichen Angaben der Reichsstatistik für die Arbeitslosen- und Sozialversicherung. Die vielfältigen Transaktionen insbesondere zwischen der Reichsanstalt für Arbeitsvermittlung und Arbeitslosenversicherung und dem Reichshaushalt sowie den Nebenhaushalten, insbesondere der Arbeitsbeschaffung im Dritten Reich, lassen sich nur mühsam entwirren. Ab 1933 wurde die Arbeitslosenversicherung in dem Maß, wie die Arbeitslosigkeit abnahm und Überschüsse anwuchsen, zur Finanzierung von vielfältigen Wohlfahrtsmaßnahmen und Arbeitsbeschaffungsvorhaben, etwa dem Autobahnbau, eingesetzt, aber auch zur Finanzierung von NS-Formationen, etwa über SA-Freizeitlager. Zahlreiche dieser Zahlungen und Ablieferungen sind in der Statistik der Arbeitslosenversicherung im einzelnen dokumentiert. Inwieweit die Ablieferungen an das Reich im Reichshaushalt als Einnahmen verbucht wurden, ließ sich nicht feststellen. Tabelle A.12 geht von der Annahme aus, daß alle Entnahmen aus der Arbeitslosenversicherung zu Zahlungen am Reichshaushalt vorbei verwendet wurden und insofern keine Doppelbuchungen darstellen. Soweit dies unzutreffend ist, werden in demselben Maß die Ausgaben des öffentlichen Sektors insgesamt sowie das Defizit überschätzt. Zu den Länder- und Gemeindehaushalten fehlen vierteljährliche Angaben weitgehend. Daher müssen die entsprechenden Ziffern interpoliert und zu den geschätzten kalenderjährlichen Ziffern von Tabelle A.7 hinzuaddiert werden. Die aggregierten Angaben in Tabelle A.13 bilden die Grundlage für die Einbeziehung des öffentlichen Sektors in die Volkswirtschaftliche Gesamtrechnung des nachfolgenden Anhangs B.

(A.12.1) (A.10.1), logarithmisch-linear interpoliert.
(A.12.2) = (A.9.2) + (A.12.1).
(A.12.3a) Einschließlich Beiträge an das Reich, Zuschüsse an Reichsautobahn/Arbeitsbeschaffung etc. Quelle: *Statist. Jahrbuch für das Deutsche Reich* 1934, S. 404f.; 1935, S. 412f.; 1935, S. 434f.; 1937, S. 452f.; 1938, S. 474f.; 1939/40, S. 492f. Identisch: *Reichsarbeitsblatt*, div. Jge. Abzüglich Tilgungsleistungen für die Arbeitsbeschaffungsprogramme von 1932 und 1933, und zwar 1937: 396,4 Mio. RM, 1938: 307,9 Mio. RM.
(A.12.3b) Ebda., Gesamtausgaben.
(A.12.4a) = (A.10.2), logarithmisch-linear interpoliert.
(A.12.4) = (A.8.8) + (A.12.3a). Schuldentilgungen der Sozialversicherung sind vernachlässigbar.
(A.12.5a) = (A.9.2) - (A.8.8).
(A.12.5b) = (A.12.1) - (A.12.4a).

(A.12.5) = (A.12.3) + (A.12.5).

(A.12.6) Hoffmann (1965), Tab. 231.

(A.12.7) Zahlungsbilanzstatistik im *Statist. Jahrbuch für das Deutsche Reich* 1936; identisch: BA R7 (Reichswirtschaftsministerium) / 3068.

(A.12.8a) = (A.10.4), logarithmisch-linear interpoliert.

(A.12.8) = (A.8.4) + (A.12.8a). Zinsendienst der Sozialversicherung ist vernachlässigbar.

(A.12.9) *Statist. Jahrbuch für das Deutsche Reich.*, „Volkswirtschaftliche Bilanzen", div. Jge.

(A.12.10) ebda.

(A.12.11) = (A.12.6) + (A.12.7) + (A.12.8) + (A.12.9) + (A.12.10).

(A.12.12) = (A.12.5) - (A.12.11).

(A.12.13) 1925-34: Investitionen der öffentlichen Verwaltung, *Statist. Jahrbuch für das Deutsche Reich*, „Volkswirtschaftliche Bilanzen", div Jge., ebenso Wagemann (1935, S. 61). 1935-38: Gehrig (1961), Ritschl (1992).

(A.12.14) = (A.12.12) - (A.12.13).

(A.12.15-16) Statist. Jb., div. Jge.

(A.12.17) Summe aus den Beitragseinnahmen der Reichsanstalt für Arbeitsvermittlung und Arbeitslosenversicherung sowie der Sozialversicherung, Quellen siehe (A.12.3). Übereinstimmend in den „Volkswirtschaftlichen Bilanzen", *Statist. Jahrbuch für das Deutsche Reich*, div. Jge., sowie *Statistisches Handbuch von Deutschland* (1949).

(A.12.18) ebda.

(A.12.19) = (A.11.7), logarithmisch-linear interpoliert.

(A.12.20a) Quelle vgl. (A.12.17), Einnahmen ohne Beiträge und Reichszuschüsse. Von 1933 bis 1935 einschließlich der (seit 1933 in den Haushalt der Reichsanstalt eingestellten) Einnahmen aus der Abgabe zur Arbeitslosenhilfe.

(A.12.20b) Quelle: ebda. Einnahmen ohne Beiträge und Reichszuschüsse. 1934-37: abzüglich der Einnahmen aus Beiträgen der Reichsanstalt für Arbeitsvermittlung an die Knappschafts- und Invalidenversicherung zur Aufrechterhaltung von Anwartschaften.

(A.12.21) = (A.12.15) + (A.12.16) + (A.12.17) + (A.6.27) + (A.12.19) + (A.12.20a) + (A.12.20b).

(A.12.22) = (A.12.21)-(A.12.5).

7.2. Anhang B (Textteil): Das Sozialprodukt

7.2.1. Einführung und Schrifttum

Das vorliegende Zahlenmaterial zum Sozialprodukt und seinen Komponenten ist für die Zwischenkriegszeit reichhaltig, allerdings auch widersprüchlich. So existiert neben der amtlichen Volkseinkommensrechnung eine ganze Anzahl späterer Schätzungen, die ihrerseits z.T. wieder voneinander abhängen. Unter diesen Arbeiten tritt im besonderen das monumental zu nennende Werk Walther Hoffmanns hervor, der mit wechselnden Mitarbeitern nicht weniger als vier voneinander unabhängige Schätzungen zum Sozialprodukt und seinen Komponenten für das Jahrhundert zwischen 1850 und 1950 vorgelegt hat.

Am Beginn der Sozialproduktsstatistik in Deutschland stehen die Miquelschen Steuerreformen von 1890, die in Preußen und bald den anderen deutschen Bundesstaaten ein umfassendes System der Einkommensbesteuerung brachten (zum Überblick über die Neuregelungen vgl. etwa Pagenkopf, 1981). Infolge des hohen Vollständigkeitsgrades steuerlicher Einkommenserfassung lag es nahe, eine an der Steuerstatistik orientierte Volkseinkommensstatistik zu entwickeln. Nach Vorarbeiten insbesondere bei Helfferich (1915) brachte das Statistische Reichsamt (1932) während der Weltwirtschaftskrise eine umfangreich dokumentierte Rückrechnung des Volkseinkommens bis 1890 nach der Steuerstatistik heraus. Diese Statistik wird in den amtlichen Veröffentlichungen des deutschen Reichs (zuletzt *Statist. Jahrbuch für das Deutsche Reich* 1941/42) fortgesetzt und nach Kriegsende im *Statistischen Handbuch von Deutschland* (1949) auf dem Gebietsstand von 1937 anhand interner Dokumente bis 1941 fortgeschrieben.

Parallel zur steuerstatistischen Volkseinkommensschätzung setzt um 1928 mit der Industrieberichterstattung des am Statistischen Reichsamt errichteten Instituts für Konjunkturforschung (ab 1936 als Deutsches Institut für Wirtschaftsforschung vom Reichsamt getrennt, vgl. hierzu Krengel, 1986, neuerdings Tooze, 1999) der schrittweise Aufbau einer umfassenden Produktionsstatistik ein. In diesem Zusammenhang wird die deutsche Industrieproduktion bis 1860 zurückgerechnet, vgl. Wagenführ (1933). Wegen der zunehmenden Steuerbefreiungen der Landwirtschaft erweist sich ab 1930 eine Umstellung der landwirtschaftlichen Einkommensstatistik auf Produktions- und Wertschöpfungsschätzungen als notwendig; anhand derselben Methoden wird die Produktion der Landwirtschaft bis 1890 zurückgerechnet, vgl. Decken und Wagenführ (1935). Zuletzt bringt der Industriezensus von 1936 (vgl. Reichsamt für Wehrwirtschaftliche Planung, 1939) die notwendige Gewichtungsgrundlage für einen breiteren Index der industriellen Produktion in Fortschreibung der Wagenführschen Arbeiten, der später zur Grundlage der Produktionsstatistik in beiden Teilen Nachkriegsdeutschlands wird.

Gleichzeitig hiermit wurde eine Investitionsstatistik (Keiser und Benning, 1931) sowie eine Zahlungsbilanzberichterstattung aufgebaut, deren Ergebnisse bis 1924 zurückgerechnet wurden. Somit liegen aus der amtlichen Statistik als verwertbare Informationen die Volkseinkommensrechnung, die Produktionsstatistik von Industrie und Landwirtschaft, eine Investitionsstatistik sowie die Zahlungsbilanz vor. Wie eingangs erwähnt, sind während der NS-Zeit diese Ziffern zum Teil nicht oder nur auszugsweise publiziert worden. Die fehlenden Informationen können jedoch im Fall der Zahlungsbilanz aus den Ministerialakten der Reichsregierung, im Fall der Investitionen aus der Statistik der reichseigenen Reichskreditgesellschaft ergänzt werden. Auf dieser Basis läßt sich eine praktisch vollständige volkswirtschaftliche Gesamtrechnung nach der Aufbereitungssystematik des Statistischen Reichsamts erstellen; diesem Unterfangen gelten die nachfolgenden Übersichten.

Zur Verwendung des Volkseinkommens existiert eine ganze Anzahl von Schätzungen, die mit den hier verwendeten Daten zum Großteil eng verwandt ist. Ähnlich wie im folgenden vom amtlichen Volkseinkommensbegriff ausgehend, unternahmen Erbe (1958) und Klein (1959) Schätzungen der Verwendungsstruktur für die NS-Zeit, wobei sich Klein offenbar in gewissem Umfang interner Arbeiten der US-Militäradministration nach dem Kriege bedienen kann. Unabhängig von diesen Ergebnissen unternahm Hoffmann (1965) eigene Schätzungen der Einkommensverwendung für die Periode 1925-1938, wobei allerdings Datenlücken besonders für die 30er Jahre durch Schätzungen überbrückt werden müssen. Trotz dieses Umstandes und mancher methodischer Unsicherheiten (Ritschl, 1998a) ist Hoffmanns Schätzung der Verwendungsrechnung zu einem Standard geworden.

Im folgenden wird die Verwendungsseite des Sozialprodukts auf Basis der amtlichen Ziffern neu berechnet. Dabei schreiten wir von einem korrigierten Einkommensbegriff zur Statistik der öffentlichen Ausgaben, der Investitionen und der Zahlungsbilanz fort und errechnen den privaten Konsum als Residuum. Das Ergebnis läßt sich mit den Berechnungen Hoffmanns zum privaten Konsum direkt in Vergleich setzen.

7.2.2. Ergebnisse und Methoden im einzelnen

Tabelle B.1 gilt einer Korrektur der amtlichen Volkseinkommensstatistik, die von einem heute nicht mehr gebräuchlichen Konzept ausgeht. Bereits Hoffmann und Müller (1959) haben eine ähnliche, nach der Abgrenzungssystematik modernisierte Volkseinkommensrechnung auf Grundlage der Volkseinkommensstatistik des Reichsamts erstellt. Hierbei wird der heutige, gegenüber dem zeitgenössisch verwendeten Konzept engere Volkseinkommensbegriff des Standardsystems SNA angewendet, demzufolge laufende staatliche Sachausgaben im Prinzip der Konsumsphäre zuzuschlagen sind; daher ist von den amtlichen Ziffern ein Korrekturposten "produktiv" verwendeter Steuern sowie die Zinsenlast auf die öffentliche Schuld abzuziehen (zu den Definitionen und Abgrenzungen der amtlichen Statistik vgl. Statistisches Reichsamt, 1932). Dieser Korrektur durch Hoffmann und Müller wird auch in Tabelle B.1 gefolgt. Allerdings haben Hoffmann und Müller, denen die Reichsfinanzstatistik nicht vollständig zugänglich war, die Zinsenlast auf die Staatsverschuldung erheblich überschätzt. Diese Überschätzung wird hier bereinigt, so daß sich etwas höhere Ziffern für das Volkseinkommen ergeben. Eine zweite Abweichung zu Hoffmann und Müller ergibt sich aus den Arbeitgeberbeiträgen zur Sozialversicherung, die zu den steuerlich maßgebenden Bruttoeinkommen der Arbeitnehmer hinzugerechnet werden müssen, um zum gesamtwirtschaftlich relevanten Arbeitseinkommensbegriff zu gelangen. Hoffmann und Müller entnehmen ihre Schätzungen der Arbeitgeberbeiträge der Beitragsstatistik zur Sozialversicherung; hierin sind allerdings die Beiträge zur Arbeitslosenversicherung nicht enthalten. Deren anteilige Einbeziehung führt zurück zu den Angaben der amtlichen Volkseinkommensrechnung über die Arbeitgeberbeiträge zur Sozialversicherung, so daß sich erneut eine leichte Korrektur der Hoffmann/Müllerschen Volkseinkommensschätzung nach oben ergibt.

(B.1.1) *Statist. Jahrbuch für das Deutsche Reich*, div. Jge., zuletzt 1941/42. Angaben für 1913: neues Reichsgebiet nach Gebietsabtretungen und ohne Saarland. Wert des Volkseinkommens 1913 auf dem alten Reichsgebiet: 50 313 Mio. M.

(B.1.2) Wie (B.1.1). Zum Basisjahr 1913 vgl. Statistisches Reichsamt (1932, S.59).

(B.1.3) Raabe (1954) (=*Wirtschaft und Statistik* (Textteil) N.F. 6), S. 63-66.

(B.1.4) Hoffmann und Müller (1959, S. 55).

(B.1.5) Hoffmann und Müller (1959, S. 43).

(B.1.6) = (B.1.3) - (B.1.4) - (A.12.18) + (B.1.5).

(B.1.7) Hoffmann und Müller (1959, S. 56). Startwert für 1913 (alter Gebietsstand): 49 501 Mio. RM. Auf den neuen Gebietsstand umgerechnet im Verhältnis der entsprechenden Ziffern in (B.1.1) bzw. Legende dazu.

(B.1.8) = (B.1.1) - (B.1.2) - (A.12.8).

Tabelle B.2 rechnet diese korrigierten Ziffern in das keynesianische Konzept des verfügbaren Einkommens um. Die hierzu erforderlichen Ziffern zu den öffentlichen Übertragungen können direkt der amtlichen Volkseinkommensrechnung entnommen werden; die Ziffern zu den direkten Steuern stammen aus den kalenderjährlichen Schätzungen des Steueraufkommens in Anhang A.

(B.2.1) = (B.1.8) - (A.12.15) - (A.12.17) + (A.12.8) + (A.12.9).

Tabelle B.3 berechnet die gesamtwirtschaftlichen Investitionen. Bis 1934 beruhen diese Angaben auf den amtlichen Ziffern. Ab 1935 enthält die amtliche Investitionsstatistik nurmehr Teilergebnisse, so für die Industrie und das Verkehrswesen. Allerdings wird die Investitionsstatistik in den Veröffentlichungen der halbamtlichen Reichskreditgesellschaft fortgesetzt. Es ist in der Literatur verschiedentlich argumentiert worden, daß diese Daten sich zu einer vollständigen Investitionsstatistik zusammenfügen lassen, so bei Ehrlicher (1956) sowie besonders Gehrig (1961). Ohne Bezug auf diese Arbeiten folgt auch Hoffmann (1965) jenen Ziffern, allerdings nicht durchgängig für den öffentlichen Sektor. In Tabelle B.3 wird für die NS-Zeit wie bei Gehrig (1961) die Statistik der Reichskreditgesellschaft zugrundegelegt, die eine in der Tat zuverlässige Zeitreihe darzustellen scheint (Ritschl, 1992a).

(B.3.1-4) 1925-1934: *Statist. Jahrbuch für das Deutsche Reich*, div. Jge., Wagemann (1935, S.61) 1935-1938: Ritschl (1992).

(B.3.5) = (B.3.1) - (B.3.4).

(B.3.6) 1925-1934: *Statist. Jahrbuch für das Deutsche Reich*, div. Jge., 1935-1938: Ritschl (1992).

(B.3.7) = (B.3.1) - (B.3.6).

(B.3.8) 1925-1934: *Statist. Jahrbuch für das Deutsche Reich*, div. Jge., deflationiert über den Index der Preise für Produktionsmittel des Instituts für Konjunkturforschung, Wagemann (1935, S. 104/Reihe 24), fortgesetzt in der Konjunkturberichterstattung der Vierteljahreshefte der Konjunkturforschung, div, Jge. 1935-1938: Eigene Schätzungen anhand der Statistik der Lagerbewegung in der Industrie, vgl. *Statist. Jahrbuch für das Deutsche Reich*, 1941/42.
(B.3.9) = (B.3.7) + (B.3.8).
(B.3.10) Hoffmann (1965, S. 828).

Tabelle B.4 gibt die Zahlungsbilanzstatistik wieder. Bis 1935 lassen sich die Angaben direkt der amtlichen Statistik entnehmen, für die späteren Jahre ist sie aus der archivalisch erhalten gebliebenen, ab 1936 geheimgehaltenen Zahlungsbilanzstatistik des Statistischen Reichsamts ergänzt (Ritschl, 1991). Für 1936 und 1937 liegen aus diesem internen Material lediglich die Salden vor. Hieraus läßt sich der Außenbeitrag direkt errechnen. Die Höhe von Export und Import nach dem Konzept der Zahlungsbilanz wurden von uns für diese Jahre nach der Außenhandelsstatistik und Schätzungen in internen Arbeitsunterlagen der Reichsbank geschätzt.
(B.4.1-2) 1925-1935: Statistisches Handbuch von Deutschland (1949). 1938: Ritschl (1991a), dort nach Bundesarchiv, R7/3068, R7/3629. Für 1936 enthalten die Quellen nur den Saldo. Bruttowerte geschätzt nach der Außenhandelsstatistik in Verbindung mit den Angaben der "vorläufigen Devisenbilanz", BA 25.01/6446, 25.01/6447.
(B.4.3) = (B.4.2) - (B.4.1).
(B.4.3a) = (B.4.2) - (B.4.1a).
(B.4.6) = (B.4.4) - (B.4.5).
(B.4.6a) = (B.4.4a) - (B.4.5).
(B.4.9) = (B.4.7) - (B.4.8).
(B.4.10a) = (B.4.1) + (B.4.4) + (B.4.7).
(B.4.10b) = (B.4.2) + (B.4.5) + (B.4.8).
(B.4.11) Restbeträge ab 1934 in der Zinsenbilanz enthalten
(B.4.17) = (B.4.14) - (B.4.16).
(B.4.17-18) Aufteilung 1936 geschätzt nach der Devisenbilanz, BA R7/3068.

Tabelle B.5 fügt die Ergebnisse zu einem Gesamtbild zusammen. Aus Tabelle B.1 wird die korrigierte Schätzung des Volkseinkommens übernommen und mit Hilfe von Schätzungen der Ersatzinvestitionen, des Aufkommens indirekter Steuern sowie von Hoffmanns Schätzung der Subventionen zum Bruttosozialprodukt umgerechnet. Davon abzusetzen sind die Ausgaben des Staates einschließlich der staatlichen Bauinvestitionen, die Unternehmensinvestitionen, die Lagerbewegung sowie der Außenbeitrag. Als Residuum ergibt sich eine Zeitreihe des privaten Konsums. Diese Ziffern liegen für die Weimarer Republik fast durchgängig leicht über denjenigen Hoffmanns, für die NS-Zeit ebenso konsistent darunter (dazu im einzelnen Ritschl, 1998a).
(B.5.1) = (B.1.7) + (B.3.6) + (A.13.16) - (A.13.6).
(B.5.2) = (B.3.6), deflationiert mit dem Index der Produktionsgüterpreise, *Statist. Jahrbuch für das Deutsche Reich*, div. Jge.
(B.5.3) = (B.5.1) - (A.12.12) - (B.3.5) - (B.5.2) - (B.4.10)
(B.5.4) Hoffmann (1965, S. 828)

Tabelle B.6 gilt einer Preisbereinigung für die Investitionen. Für die Ausrüstungsinvestitionen wird der Preisindex für gewerbliche Betriebseinrichtungen des Instituts für Konjunkturforschung verwendet. Zur Gewinnung eines Deflators für die Bauinvestitionen bilden wir das arithmetische Mittel aus dem amtlichen Baukostenindex sowie Hoffmanns (1965) Index der Preise für den Tiefbau.

(B.6.1) Wagemann (1935), Vierteljahreshefte zur Konjunkturforschung, div. Jge.

(B.6.2) Hoffmann (1965, S. 570).

(B.6.3) = ((B.6.1)+(B.6.2))/2.

(B.6.4) Wagemann (1935), Vierteljahreshefte zur Konjunkturforschung, div. Jge.

(B.6.5) = (B.3.2), deflationiert mit (B.6.4), (B.3.2)*100/(B.6.4).

(B.6.6) = (B.3.3), deflationiert mit (B.6.3), (B.3.3)*100/(B.6.3).

(B.6.7) = (B.6.5) + (B.6.6).

(B.6.8) = (B.6.7) - 100*(B.3.4)/(B.6.3).

(B.6.9) = (B.6.7) - (B.6.8).

(B.6.10) = (B.3.6), deflationiert mit Mittelwert aus (B.6.3) und (B.6.4)

Tabelle B.7 berechnet einen Außenbeitrag in konstanten Preisen nach den impliziten Deflatoren, wie sie sich aus den Angaben über Einheitswerte in konstanten Preisen in der Außenhandelsstatistik ergeben. Es sei darauf verwiesen, daß diese Deflatoren teilweise deutlich von den Preisindizes für die Zahlungsbilanz bei Hoffmann (1965) abweichen, die im Unterschied zu den hier verwendeten Deflatoren Laspeyres-Indizes darstellen und somit die Änderungen der Außenhandelsstrukturen nicht berücksichtigen.

(B.7.1-2) Nach den Wert- und Mengenangaben der Außenhandelsstatistik, *Statist. Jahrbuch für das Deutsche Reich*, div. Jge.

(B.7.3) = 100* (B.4.10a) / (B.7.1).

(B.7.4) = 100*(B.4.10b) / (B.7.2).

(B.7.5) = (B.7.3) - (B.7.4).

Tabelle B.8 enthält deflationierte Zeitreihen zum öffentlichen und privaten Konsum. Der Deflator für den öffentlichen Konsum ist bei Hoffmann (1965) entnommen, er besteht aus anteiligen Löhnen sowie den für laufende öffentliche Sachausgaben relevanten Preisindizes. Der private Konsum wird mit dem amtlichen Preisindex der Lebenshaltung deflationiert. Die hier errechnete Zeitreihe stimmt gut mit den Angaben der amtlichen Produktionsstatistik von Konsumgütern überein.

(B.8.1) Hoffmann (1965, S. 601).

(B.8.2) = (B.8.1) * 100 / (B.8.1).

(B.8.3) Amtlicher Lebenshaltungskostenindex, *Statist. Jahrbuch für das Deutsche Reich*, div.Jge.

(B.8.4) = (B.5.3) * 100 / (B.8.3).

Tabelle B.9 setzt die Ergebnisse zusammen und berechnet das Bruttosozialprodukt in Preisen von 1913. Absetzung einer Schätzung des Ersatzinvestitionsbedarfs in konstanten Preisen führt zum Nettosozialprodukt zu Marktpreisen, das sich direkt mit den Ergebnissen Hoffmanns vergleichen läßt. Die so erhaltenen Ziffern liegen bis 1930 nur unwesentlich von den Ergebnissen Hoffmanns entfernt, sind danach jedoch ganz erheblich niedriger, bedingt hauptsächlich durch Abweichungen in der Schätzung des privaten Konsums, durch die unterschiedliche Deflationierung der Zahlungsbilanz sowie durch die augenscheinlichen Überschätzung des öffentlichen Konsums durch Hoffmann (1965). Wie schon in den Daten in laufenden Preisen in Tabelle B.5 erreicht die Zeitreihe des privaten Konsums ihr Minimum erst 1933. Nachdem diese Zeitreihe dort als Residuum geschätzt worden war, nimmt sie die

Schätzfehler auch der anderen Zeitreihen auf. Ob sich dieses Ergebnis dennoch als robust erweist, muß späterer Forschung überlassen bleiben.

(B.9.1) = (B.8.3) +(B.8.5) + (B.6.7) + (B.3.8) + (B.7.6).

(B.9.2) = (B.9.1) - (B.6.9).

(B.9.3) Hoffmann (1965, S. 828). Hoffmanns Berechnung mit Außenbeitrag aus seiner Schätzung der Leistungsbilanz.

(B.9.4) Hoffmann (1965, S. 828). Hoffmanns Berechnung mit Außenbeitrag aus seiner Schätzung der Kapitalbilanz.

7.3. Anhang C (Textteil): Vierteljährliche Zeitreihen

7.3.1. Beschäftigung

Daten zur Beschäftigung lassen sich im Gegensatz zur Statistik der Arbeitslosigkeit aus den amtlichen Quellenwerken nicht ohne Bereinigung entnehmen. Die Beschäftigungsstatistik des Statistischen Reichsamts beruht auf der Mitgliederstatistik der gesetzlichen Krankenkassen. Allerdings wächst während der mittleren zwanziger Jahre der Berichtskreis der in die Statistik einbezogenen Krankenkassen ständig, so daß sich bis etwa 1928/29 in der Beschäftigung eine nach oben gerichtete Scheintendenz ergibt. Einen alternativen Weg zur Schätzung der Beschäftigung geht Hoffmann (1965) auf Grundlage der Mitgliederstatistik der Invalidenversicherung, die allerdings mit der Krankenkassenstatistik nicht übereinstimmt. Lölhöffel (1974) bereinigt Hoffmanns Ziffern auf Jahresbasis mit Hilfe der Volks- und Betriebszähluingsergebnisse.

Zur Bereinigung der Mitgliederstatistik der Krankenkassen kann man sich den Umstand zunutze machen, daß die Angaben der Reichsstatistik in jedem Jahr neben den laufenden Monatszahlen auch die Mitgliederbewegung auf Grundlage des Berichtskreises im jeweiligen Vorjahr enthalten. Hieraus läßt sich ein Index bilden und Jahr für Jahr miteinander verketten, um so zu einer weniger verzerrten Schätzung der abhängigen Beschäftigung zu kommen. Die so gewonnenen Ziffern stellen eine Alternative zu Lölhöffels Angaben dar; für den gewerblichen Sektor sind sie diesen womöglich vorzuziehen, nicht aber notwendig für die Gesamtwirtschaft einschließlich des damals noch großen landwirtschaftlichen Sektors. Tabelle C.1 gibt einen Überblick über die so gewonnenen Zahlen.

(C.1.1) Statistisches Jahrbuch für das Deutsche Reich, div. Jge.

(C.1.2) ebda.; eigene Berechnungen nach der dort angegebenen prozentualen Veränderung der Beschäftigung auf Grundlage des Berichtskreises am Ende des jeweiligen Vorjahres

(C.1.3) = Beschäftigung 1924:4, fortgeschrieben mit (C.1.2)

(C.1.4) Wagemann (1935), fortgesetzt in Vierteljahreshefte zur Konjunkturforschung, div. Jge.

(C.1.5) =(C.1.4), verkettet mit (C.1.3) auf Grundlage des Jahresdurchschnitts 1928

(C.1.6) (Hoffmann, 1965, S. 214)

(C.1.7) = (C.1.5)*(C.1.6)/100

7.3.2. Andere Zeitreihen

Nachstehend sind die Kürzel der sonstigen in den Regressionen von Kapitel 2 verwendeten Zeitreihen alphabetisch aufgelistet und mit kurzen Hinweisen zu Quellenbasis und Konstruktion versehen. Die Zeitreihen selbst sind in Tabelle C.2. im Zahlenteil wiedergegeben.

(C.2.1) KONSUM Konsum der privaten Haushalte in Preisen von 1913, Reihe (B.5.2), interpoliert nach der Chow-Lin-Methode mit Hilfe des IfK-Index der Produktion von Konsumgütern in Wagemann (1935, S. 53, Reihe 15), fortgesetzt in Vierteljahreshefte zur Konjunkturforschung, div. Jge.

(C.2.2) Y_VERF Vierteljährliches verfügbares Einkommen der privaten Haushalte, Reihe (B.2.4), deflationiert mit Hilfe des amtlichen Preisindex der Lebenshaltung (B.8.3) und interpoliert nach der Chow-Lin-Methode mit dem IfK-Index des Bruttoproduktionswerts aus Wagemann (1935, S. 54, Reihe 21), fortgesetzt in Vierteljahreshefte zur Konjunkturforschung, div. Jge.

(C.2.3) Y Vierteljährliches Bruttosozialprodukt zu Marktpreisen von 1913, Reihe (B.9.1), interpoliert nach der Chow-Lin-Methode mit dem IfK-Index des Bruttoproduktionswerts aus Wagemann (1935, S. 54, Reihe 21), fortgesetzt in Vierteljahreshefte zur Konjunkturforschung, div. Jge.

(C.2.4) DEFIZIT Vierteljährliches Defizit im Reichshaushalt einschließlich Arbeitsbeschaffungs- und Mefowechsel, gewonnen durch Aufsummierung der Anleiheeinnahmen (A.6.28), des Kassendefizits (A.6.33) sowie der Nettozunahme des Umlaufs von Schattenwechseln, berechnet aus (A.7.12), abzüglich der vierteljährlichen Tilgungen (A.8.7).

(C.2.5) CPI Index der Lebenshaltungskosten, Reihe (B.8.3), Vierteljahreswerte, Quelle s. dort.

(C.2.6) INV_PRIV Investitionen des Unternehmenssektors, Reihe (B.6.8), interpoliert nach der Chow-Lin-Methode mit dem IfK-Index der Produktion von Investitionsgütern in Wagemann (1935, S. 62, Reihe 3), fortgesetzt in Vierteljahreshefte zur Konjunkturforschung, div. Jge.

(C.2.7) ZINS Privatdiskont in Berlin, deflationiert mit Hilfe des IfK-Preisindex für industrielle Fertigwaren. Angaben aus Wagemann (1935, S. 112, Reihe 16; S. 104, Reihe 23), fortgesetzt in Vierteljahreshefte zur Konjunkturforschung, div. Jge.

(C.2.8) LOHN Jährliche Lohnsummen zuzüglich Arbeitgeberbeiträge aus der Volkseinkommensrechnung im Statistischen Jahrbuch für das deutsche Reich, div. Jge., interpoliert nach der Chow-Lin-Methode mit den vierteljährlichen Lohnsummen in Wagemann (1935, S. 95, Tab. B.2), fortgesetzt bis III/1938 in Vierteljahreshefte zur Konjunkturforschung, div. Jge. Deflationiert mit Hilfe IfK-Preisindex für industrielle Fertigwaren in Wagemann (1935, S. 104, Reihe 23), fortgesetzt in Vierteljahreshefte zur Konjunkturforschung, div. Jge., und dividiert durch ARBEIT (s. voranstehender Abschnitt).

(C.2.9) M_AUFTR Auftragseingang Inland im deutschen Maschinenbau, Wagemann (1935, S. 228, Reihe 66).

(C.2.10) TOBINS_Q Aktienindex des IfK aus Wagemann (1935, S. 115, Reihe 2), deflationiert mit Hilfe des IfK-Preisindex für gewerbliche Betriebseinrichtungen (ebd., S. 105, Reihe 27). Beide Reihen fortgesetzt in Vierteljahreshefte zur Konjunkturforschung, div. Jge.

(C.2.11) GELD Umlauf von Banknoten und Münzen, *Statist. Jahrbuch für das Deutsche Reich*, div. Jge.

(C.2.12) US_ZINS Commercial Paper Rate, New York, NBER Macrohistory Database, Reihe 13003.

(C.2.13) P_FERTIG Preisindex für industrielle Fertigwaren, Wagemann (1935, S. 104, Reihe 23), fortgesetzt in Vierteljahreshefte zur Konjunkturforschung, div. Jge.

(C.2.14) KAPITAL Reihe (B.6.7), interpoliert nach der Chow-Lin-Methode, kumuliert und mit Hilfe der Angaben von Gehrig (1961) zum Kapitalstock von 1924 als Anfangswert verknüpft. Angenommen wird eine degressive Abschreibungsrate von 3% p.a.

(C.2.15) P_ROHSTOFF Relativer Preis von Rohstoffen. Index der Preise für industrielle Rohstoffe und Halbwaren aus Wagemann (1935, S. 101, Reihe 9), deflationiert mit Hilfe des Preisindex für industrielle Fertigwaren in Wagemann (1935, S. 104, Reihe 23). Beide Reihen fortgesetzt in Vierteljahreshefte zur Konjunkturforschung, div. Jge.

TABELLE A.1

Die Einnahmen des Reiches nach Fiskaljahren 1925/26-1938/39 (Mio.RM)

				1925	1926	1927	1928	1929	1930	1931	1932	1933	1934	1935	1936	1937	1938
I.	**Reiner Finanzbedarf**		(A.1.1)	5321,0	6561,4	7153,9	8375,1	8041,9	8626,3	7042,9	6155,1	6089,2	7992,1	10004,9	13096,3	17146,3	28593,7
	davon gedeckt durch:																
	Steuern, Abgaben, Zölle		(A.1.2)	4731,4	5312,4	6356,8	6568,3	6740,7	6634,0	5703,6	4993,5	5025,9	5461,4	7071,9	8681,5	11276,6	15416,1
	Erwerbseinkünfte		(A.1.3)	-166,6	158,2	175,2	270,4	307,0	612,7	223,0	316,9	431,4	664,8	158,8	278,4	786,6	182,6
	Verwaltungseinnahmen		(A.1.4)	175,4	176,1	185,1	178,5	253,7	282,3	161,8	175,9	282,8	400,1	710,6	1337	1191,3	2429,2
	Münzgewinn		(A.1.5)	131,0	61,6	83,5	120,8	65,0	26,0	353,9	105,6	-8,0					
	ergibt:																
II.	**Reineinnahmen** (ohne Anleihen)		(A.1.6)	4871,2	5708,3	6800,6	7138,0	7366,4	7555,0	6442,3	5591,9	5732,1	6526,3	7941,3	10296,9	13254,5	18027,9
III.	**Anleihen**		(A.1.7)	340,4	329,4	123,1	100,5	364,0	487,1	0,0	0,0	92,1	1039,6	2065,7	3003,8	3959,9	7534,3
IV.	**Kassenüberschuss**		(A.1.8)	-109,4	-523,7	-230,2	-1136,6	-311,5	-584,2	-600,6	-563,2	-265,0	-426,2	2,1	204,4	68,1	-3031,5
	zum Vergleich:																
	Reparationsagent/ Gilbert (1930)		(A.1.9)	-110,0	-524,0	-232,0	-1136,0										
	Kassenausweis		(A.1.10)	-109,8	-524,2	-41,1	-1075,4	-312,8	-120,5	-182,5	-143,2	-245,8	-425,8	2,1	204,4	68,1	-3031,5
	Rechnungsabschluss	(a)	(A.1.11)	180,1	199,4	162,0	-1058,9	-1236,8									
	Rechnungsabschluss	(b)	(A.1.12)			-561,6	-1132,3	-1283,7	-1524,9	-1690,0	-1880,0	-2110,0	-2464,0	-2990,0	-3000,0	-3560,0	-5640,0

TABELLE A.2

Die Begebung von Arbeitsbeschaffungs- und Rüstungswechseln nach Fiskaljahren (Mio. RM)

		1932	1933	1934	1935	1936	1937	1938
I. Für Arbeitsbeschaffung	(A.2.1)	154	1111	959	458	-1295	-207	-433
darunter:								
staatlich	(A.2.2)	154	700	453	-261	-328	-365	-353
Autobahn	(A.2.3)			346	149	-45	0	-160
davon ab:								
Rückkauf (-) von Sonderwechseln durch das Reich	(A.2.4)			-120	-718	-267	60	1045
ergibt:								
Nettoausgabe (+) von AB-Wechseln	(A.2.5)	154	1111	839	-260	-1562	-147	612
zum Vergleich:								
Erbe (1958)	(A.2.6)		1441	48	-362	-367	-385	-375
II. Mefo-Rüstungsprogramm	(A.2.7)		166	1979	2715	4646	2494	-67
III. Nettokreditnahme (+) mit Arbeitsbeschaffungs- und Mefowechseln	(A.2.8)	154	1277	2818	2455	3084	2347	545

TABELLE A.3

Die Nettokreditaufnahme des Reiches nach Fiskaljahren 1925/26-1938/39 (Mio. RM)

			1925	1926	1927	1928	1929	1930	1931	1932	1933	1934	1935	1936	1937	1938
I.	**Verschuldung (-)**															
	Anleihen (-)	(A.1.7)	-340,4	-329,4	-123,1	-100,5	-364,0	-487,1	0,0	0,0	-92,1	-1039,6	-2065,7	-3003,8	-3959,9	-7534,3
	Kassenüberschuss(+)/ -defizit(-)	(A.1.8)	-109,4	-523,7	-230,2	-1136,6	-311,5	-584,2	-600,6	-563,2	-265,0	-426,2	2,1	204,4	68,1	-3031,5
	ergibt:															
	Sichtbare Bruttoneuverschuldung (-)	(A.3.1)	-449,8	-853,1	-353,3	-1237,1	-675,5	-1071,3	-600,6	-563,2	-357,1	-1465,8	-2063,6	-2799,4	-3891,8	-10565,8
II a.	**Tilgung von Inlandsschulden**															
	darunter:															
	Markanaleihen	(A.3.2a)	1,1	135,7	298,6	304,2	340,3	227,7	223,6	213,3	212,8	120,6	201,4	207,3	215,3	224,6
	Rentenbank	(A.3.2b)	72,2	64,2	65,5	65,2	65,3	18,0			18,0	.	.	.	.	.
	Reichsbank	(A.3.2c)	9,0	9,0	9,0	9,0	9,0	0,9	0,9	1,0	1,0	.	.	.	.	.
	Tilgungsfonds	(A.3.2d)		102,7	94,3	40,4	14,8	60,0	17,0	7,7	-	-	-	-	-	-
	Rückkauf	(A.3.2e)	9,1	1,1	11,3	104,5	0,0	12,2	60,2	40,4	25,5	52,6	1,1	94,3	3,0	103,2
	ausserordtl. Tilgung der schwebenden Schuld	(A.3.2f)	-	-	-	-	-	465,0	420,0	420,0	100,0	-	-	-	-	-
	ergibt:															
	Tilgung von Inlandsschulden gesamt	(A.3.2)	91,4	312,7	478,7	523,3	429,4	783,8	721,7	682,4	357,3	.	.	.	.	.
II b.	**Tilgung von Auslandsschulden**															
	darunter:															
	Dawes-Anleihe	(A.3.3a)	20,9	13,7	29,6	28,2	32,0	39,2	42,9	45,8	.	.	.	21,1	21,0	21,0
	$-Agio	(A.3.3b)	1,1	0,5	1,1	0,8	-	-	-	-	-	-	-	-	-	-
	Young-Anleihe	(A.3.3c)	-	-	-	-	-	17,7	32,0	37,1	.	.	.	10,2	1,0	7,7
	Deutsch-amerik. Schuldenabkommen	(A.3.3d)	-	-	-	-	65,9	66,3	0,5	2,8	.	.	.	.	.	.
	Dollar-Schätze	(A.3.3e)		9,2	0,2	0,0	1,1	4,9								
	Tilgung von Auslandsschulden gesamt	(A.3.3)	22,0	23,4	30,9	29,0	99,0	128,1	75,4	85,7	*33,0*	*33,0*	*33,0*	.	.	.
	ergibt:															
	Tilgung gesamt	(A.3.4)	113,4	336,1	509,6	552,3	528,4	911,9	797,1	768,1	390,3	352,0	348,4	674,4	624,4	928,0
III.	**Sichtbarer Überschuss (+) /Kreditaufnahme (-)**	(A.3.5)	-336,4	-517,0	156,3	-684,8	-147,1	-159,4	196,5	204,9	33,2	-1113,8	-1715,2	-2125,0	-3267,4	-9637,8
	zum Vergleich:															
	Nettoneuverschuldung (-) nach dem Reichsschuldenausweis	*(A.3.6)*	*408,8*	*-231,0*	*182,3*	*-535,5*	*-975,7*	*-1531,3*	*17,7*	*-255,7*	*-102,9*	*-659,5*	*-1919,4*	*-1322,7*	*-3040,4*	*-11577,8*
IV.	**ABM- und Mefokredite (-)**	(A.2.8)	-	-	-	-	-	-	-	-154,0	-1277,0	-2818,0	-2455,0	-3084,0	-2347,0	-545,0
	ergibt:															
V.	**Nettoneuverschuldung (-) gesamt**	(A.3.7)	-336,4	-517,0	156,3	-684,8	-147,1	-159,4	196,5	50,9	-1243,8	-3931,8	-4170,2	-5209,0	-5614,4	-10182,8
	zum Vergleich:															
	Erbe (1958)	(A.3.8)	-	-	-	-	-	-	-	-	*-1567*	*-2027*	*-4200*	*-5707*	*-5393*	*-10503*

TABELLE A.4

Der Zinsendienst auf die Schulden des Reiches nach Rechnungsjahren, 1925-1938 (Mio. RM)

		1925	1926	1927	1928	1929	1930	1931	1932	1933	1934	1935	1936	1937	1938
I. Ausgewiesene Zinsen															
darunter:															
Markanleihen	(A.4.1a)	0,0	2,4	16,4	27,4	26,2	32,7	39,0	55,9	*57,6*	*60,0*	*60,0*	*60,0*	*60,0*	*60,0*
Reichsanleihen	(A.4.1b)	1,2	1,1	24,2	27,0	42,7	63,8	96,8	115,1	*123,6*	101,4	162,1	366,6	481,3	
Betriebsmittel	(A.4.1c)	1,5	3,5	5,3	38,2	117,7	115,2	94,7	82,0	*84,1*	90,8	93,1	31,7	463,8	
Reichsbank	(A.4.1d)	5,8	5,5	5,0	5,0	4,7	4,4	4,4	4,4	*4,4*	4,3	4,3	4,3	4,2	
ergibt:															
"Ausgewiesene Zinsen" gesamt	(A.4.1)	8,5	12,5	50,9	97,6	191,3	216,1	234,9	257,4	*269,7*	256,5	319,5	462,6	1009,3	
II. Zinsen auf Kriegslastenkonto															
darunter:															
Dawes-Anleihe	(A.4.2a)	56,0	64,1	47,6	49,3	46,3	47,8	37,5	37,1	*33,2*	23,4	21,7			
Young-Anleihe	(A.4.2b)						42,9	31,7	26,5	*22,7*	20,0	20,0			
sonstige	(A.4.2c)							0,5							
ergibt:															
Zinsen auf Kriegslastenkonto gesamt	(A.4.2)	56,0	64,1	47,6	49,3	46,3	90,7	69,7	63,6	*55,9*	*43,4*	*41,7*			
ergibt:															
Zinsen im Reichshaushalt gesamt	(A.4.3)	64,5	76,6	98,5	146,9	237,6	306,8	304,6	321,0	325,6	299,9	361,2	462,6	1009,3	1405,8
Zinsen auf ABM- und Mefokredite	(A.4.4)								2,5	42,9	159,7	272,2	384,0	-13,1	20,2
ergibt:															
III. Zinsen gesamt	(A.4.5)	64,5	76,6	98,5	146,9	237,6	306,8	304,6	323,5	368,5	459,6	633,4	846,6	996,2	1426,0

TABELLE A.5

Die Ausgaben, Einnahmen und das Defizit des Reichshaushalts nach Fiskaljahren 1925/26-1938/39 (Mio. RM)

			1925	1926	1927	1928	1929	1930	1931	1932	1933	1934	1935	1936	1937	1938
I.	**Ausgaben (Reiner Finanzbedarf)**	(A.1.1)	5321,0	6561,4	7153,9	8375,1	8041,9	8626,3	7042,9	6155,1	6089,2	7992,1	10004,9	13096,3	17146,3	28593,7
	zuzüglich:															
	Arbeitsbeschaffungs- und Mefowechsel	(A.2.8)								154,0	1277,0	2818,0	2455,0	3084,0	2347,0	545,0
	abzüglich:															
	Tilgung	(A.3.4)	113,4	336,1	509,6	552,3	528,4	911,9	797,1	768,1	390,3	352,0	348,4	674,4	624,4	928,0
	ergibt:															
II.	**Sachausgaben und Transfers**	(A.5.1)	5207,6	6225,3	6644,3	7822,8	7513,5	7714,4	6245,8	5541,0	6975,9	10458,1	12111,5	15505,9	18868,9	28210,7
	zuzüglich:															
	Einnahmen aus Steuern, Vermögen, Gebühren usw.	(A.1.6)	4871,2	5708,3	6800,6	7138,0	7366,4	7555,0	6442,3	5591,9	5732,1	6526,3	7941,3	10296,9	13254,5	18027,9
	ergibt:															
III.	**Überschuss (+) / Nettokreditaufnahme (-)**	(A.3.7)	-336,4	-517,0	156,3	-684,8	-147,1	-159,4	196,5	50,9	-1243,8	-3931,8	-4170,2	-5209,0	-5614,4	-10182,8
	abzüglich:															
	Zinsen	(A.4.5)	64,5	76,6	98,5	146,9	237,6	306,8	304,6	323,5	368,5	459,6	633,4	846,6	996,2	1426,0
	ergibt:															
	primäres Defizit (-)	(A.5.2)	-271,9	-440,4	254,8	-537,9	90,5	147,4	501,1	374,4	-875,3	-3472,2	-3536,8	-4362,4	-4618,2	-8756,8

TABELLE A.6

Die vierteljährlichen Einnahmen und Ausgaben des Reiches 1925-1938 (Mio. RM)

		Steuereingänge						Steuerüberweisungen						Einlösung von Steuergutscheinen	
Fsk_Jahr	Kal_Jahr	vj.	Summe kj./fskj.	Haushaltsrechnung fskj.	Korrekt.-betrag	korrigiert vj.	korrigiert kj./fskj.	vj.	Summe kj./fskj.	Haushaltsrechnung fskj.	Korrekt.-betrag	korrigiert vj.	korrigiert kj.	vj.	kj.-fskj.
		(A.6.1)	(A.6.2)	(A.6.3)	(A.6.4)	(A.6.5)	(A.6.6)	(A.6.7)	(A.6.8)	(A.6.9)	(A.6.10)	(A.6.11)	(A.6.12)	(A.6.13)	(A.6.14)
	I/24	1516,8	6809,8			1516,80	6816,4	423,5	2341,2			423,5	2446,9	0,0	0,0
1924:1	II/24	1514,8	7311,7	7320,5	2,20	1517,00	7320,5	578,7	2629,5	2770,4	35,2	613,9	2770,4	0,0	0,0
	III/24	1784,3			2,20	1786,50		631,6			35,2	666,8		0,0	
	IV/24	1993,9			2,20	1996,10		707,4			35,2	742,6		0,0	
	I/25	2018,7	7301,7		2,20	2020,90	7303,1	711,8	2624,7		35,2	747,0	2690,6	0,0	0,0
1925:1	II/25	1825,1	6856,1	6855,0	-0,28	1824,83	6855,0	696,3	2541,6	2582,5	10,2	706,5	2582,5	0,0	0,0
	III/25	1759,0			-0,28	1758,73		634,3			10,2	644,5		0,0	
	IV/25	1698,9			-0,28	1698,63		582,3			10,2	592,5		0,0	
	I/26	1573,1	6866,3		-0,28	1572,83	6865,7	628,7	2537,9		10,2	638,9	2614,1	0,0	0,0
1926:1	II/26	1455,3	7173,7	7173,2	-0,13	1455,18	7173,2	511,0	2532,5	2620,5	22,0	533,0	2620,5	0,0	0,0
	III/26	1904,3			-0,13	1904,18		771,3			22,0	793,3		0,0	
	IV/26	1933,6			-0,13	1933,48		626,9			22,0	648,9		0,0	
	I/27	1880,5	8217,9		-0,13	1880,38	8216,4	623,3	2823,4		22,0	645,3	2845,4	0,0	0,0
1927:1	II/27	1925,8	8490,4	8488,6	-0,45	1925,35	8488,6	593,6	3011,8	3011,8	0,0	593,6	3011,8	0,0	0,0
	III/27	2189,6			-0,45	2189,15		765,2			0,0	765,2		0,0	
	IV/27	2222,0			-0,45	2221,55		841,3			0,0	841,3		0,0	
	I/28	2153,0	8964,5		-0,45	2152,55	8963,0	811,7	3400,8		0,0	811,7	3400,8	0,0	0,0
1928:1	II/28	2087,6	9024,2	9022,8	-0,35	2087,25	9022,8	751,9	3412,5	3412,5	0,0	751,9	3412,5	0,0	0,0
	III/28	2409,7			-0,35	2409,35		922,0			0,0	922,0		0,0	
	IV/28	2314,2			-0,35	2313,85		915,2			0,0	915,2		0,0	
	I/29	2212,7	9004,0		-0,35	2212,35	9002,2	823,4	3271,6		0,0	823,4	3271,6	0,0	0,0
1929:1	II/29	2136,6	9171,8	9169,8	-0,50	2136,10	9169,8	744,3	3292,9	3292,9	0,0	744,3	3292,9	0,0	0,0
	III/29	2408,8			-0,50	2408,30		860,3			0,0	860,3		0,0	
	IV/29	2245,9			-0,50	2245,40		843,6			0,0	843,6		0,0	
	I/30	2380,5	9258,8		-0,50	2380,00	9257,3	844,7	3213,1		0,0	844,7	3213,0	0,0	0,0
1930:1	II/30	2121,9	9025,7	9024,4	-0,33	2121,58	9024,4	779,3	3050,5	3050,4	0,0	779,3	3050,4	0,0	0,0
	III/30	2458,9			-0,33	2458,58		819,4			0,0	819,4		0,0	
	IV/30	2297,5			-0,33	2297,18		769,7			0,0	769,7		0,0	
	I/31	2147,4	7930,6		-0,33	2147,08	7940,8	682,1	2340,5		0,0	682,1	2340,6	0,0	0,0
1931:1	II/31	1807,9	7789,9	7803,9	3,50	1811,40	7803,9	579,6	2317,7	2317,8	0,0	579,6	2317,8	0,0	0,0
	III/31	2039,3			3,50	2042,80		568,3			0,0	568,3		0,0	
	IV/31	1936,0			3,50	1939,50		510,5			0,0	510,5		0,0	
	I/32	2006,7	7039,9		3,50	2010,20	7043,1	659,3	1845,3		0,0	659,3	1845,4	0,0	0,0
1932:1	II/32	1689,0	6646,9	6646,5	-0,10	1688,90	6646,5	359,9	1722,9	1723,0	0,0	359,9	1723,0	0,0	0,0
	III/32	1663,8			-0,10	1663,70		425,3			0,0	425,3		0,0	
	IV/32	1680,4			-0,10	1680,30		400,8			0,0	400,8		0,0	
	I/33	1613,7	6761,4		-0,10	1613,60	6761,3	536,9	1807,5		0,0	536,9	1807,5	0,0	0,0
1933:1	II/33	1617,8	6846,1	6846,1	0,00	1617,80	6846,1	338,5	1890,2	1890,2	*0,00*	338,5	1890,2	0,0	0,0
	III/33	1774,0			0,00	1774,00		495,5			*0,00*	495,5		0,0	
	IV/33	1755,9			0,00	1755,90		436,6			*0,00*	436,6		0,0	
	I/34	1698,4	7791,8		0,00	1698,40	7763,8	619,6	2272,6		*0,00*	619,6	2272,7	0,0	291,9
1934:1	II/34	1885,2	8222,7	8185,3	-9,35	1875,85	8185,3	404,2	2494,6	2494,7	*0,02*	404,2	2494,7	240,0	299,2
	III/34	2078,5			-9,35	2069,15		610,1			*0,02*	610,1		42,7	
	IV/34	2129,7			-9,35	2120,35		638,7			*0,02*	638,7		9,2	
	I/35	2129,3	9319,8		-9,35	2119,95	9197,9	841,6	2322,9		*0,02*	841,6	2470,7	7,3	323,1
1935:1	II/35	2113,0	9654,2	9504,1	-37,52	2075,48	9504,1	454,1	1987,1	2184,1	*49,25*	503,4	2184,1	290,6	318,1
	III/35	2424,6			-37,52	2387,08		526,3			*49,25*	575,6		18,1	
	IV/35	2652,9			-37,52	2615,37		500,9			*49,25*	550,2		7,1	
	I/36	2463,7	11048,3		-37,52	2426,17	10898,2	505,8	2065,0		*49,25*	555,1	2341,0	2,3	328,3
1936:1	II/36	2527,9	11492,4	11342,4	-37,50	2490,35	11342,4	486,7	2100,9	2403,2	*75,57*	562,3	2403,2	292,5	327,7
	III/36	2993,6			-37,50	2956,05		532,0			*75,57*	607,6		30,4	
	IV/36	3063,2			-37,50	3025,67		540,5			*75,57*	616,1		3,1	
	I/37	2907,8	13386,1		-37,50	2870,33	13198,6	541,7	2030,8		*75,57*	617,3	2285,3	1,6	342,0
1937:1	II/37	3077,5	13964,3	13764,2	-50,03	3027,47	13764,2	491,3	2042,9	2281,5	*59,65*	551,0	2281,5	299,7	343,9
	III/37	3712,5			-50,03	3662,47		485,1			*59,65*	544,8		34,0	
	IV/37	3688,3			-50,03	3638,28		512,7			*59,65*	572,4		6,7	
	I/38	3486,0	16507,5		-50,03	3435,97	16681,3	553,8	2289,0		*59,65*	613,5	2348,7	3,5	354,7
1938:1	II/38	3670,5	17712,1	18010,6	74,62	3745,12	18010,6	488,1	2409,7	2409,7	0,0	488,1	2409,7	312,8	357,7
	III/38	4633,2			74,62	4707,83		422,7			0,0	422,7		34,7	
	IV/38	4717,8			74,62	4792,42		824,4			0,0	824,4		3,7	
	I/39	4690,6			74,62	4765,23		674,5			0,0	674,5		6,5	

(Fortsetzung)

TABELLE A.6

(Fortsetzung)

		Steuern netto		Beitrag der Reichsbahn		ergibt: Steuern i.w.S.		Sonstige Einnahmen							Anleihe	
										Haushaltsrechnung						
Fsk_Jahr	Kal_Jahr		Summe kj./fskj.	vj.	Summe kj./fskj.	vj.	Summe kj./fskj.	vj.	Summe kj./fskj.	fskj.	verr. Ausg.	Korr.-betrag	korrigiert vj.	korrigiert kj./fskj.	vj.	kj./fskj.
		(A.6.15)	(A.6.16)	(A.6.17)	(A.6.18)	(A.6.19)	(A.6.20)	(A.6.21)	(A.6.22)	(A.6.23)	(A.6.24)	(A.6.25)	(A.6.26)	(A.6.27)	(A.6.28)	(A.6.29)
	I/24	1093,3	4369,5	0,0	75,2	1093,3	4444,8	84,5	493,0			-41,9	42,6	325,4	0,0	0,0
1924:1	II/24	903,1	4550,1	25,1	100,3	928,2	4650,4	161,1	474,7	307,1		-41,9	119,2	307,1	0,0	473,3
	III/24	1119,7		25,1		1144,8		121,7				-41,9	79,8		0,0	
	IV/24	1253,5		25,1		1278,6		125,7				-41,9	83,8		0,0	
	I/25	1273,9	4612,5	25,1	369,3	1299,0	4981,7	66,2	300,7			-41,9	24,3	105,3	473,3	813,7
1925:1	II/25	1118,3	4272,5	114,7	458,9	1233,0	4731,4	31,0	344,5	139,8		-51,2	-20,2	139,8	340,4	340,4
	III/25	1114,2		114,7		1228,9		55,2				-51,2	4,0		0,0	
	IV/25	1106,1		114,7		1220,8		148,3				-51,2	97,1		0,0	
	I/26	933,9	4251,5	114,7	684,5	1048,6	4936,0	110,0	486,0			-51,2	58,8	398,9	0,0	0,0
1926:1	II/26	922,2	4552,7	189,9	759,7	1112,1	5312,4	103,0	443,8	395,9		-12,0	91,0	395,9	0,0	329,4
	III/26	1110,9		189,9		1300,8		131,1				-12,0	119,1		0,0	
	IV/26	1284,6		189,9		1474,5		141,9				-12,0	129,9		0,0	
	I/27	1235,1	5371,0	189,9	849,9	1425,0	6221,0	67,8	374,2			-12,0	55,8	344,8	329,4	430,8
1927:1	II/27	1331,8	5476,8	220,0	880,0	1551,8	6356,8	83,9	467,1	443,8		-5,8	78,1	443,8	85,1	123,1
	III/27	1424,0		220,0		1644,0		124,0				-5,8	118,2		16,3	
	IV/27	1380,3		220,0		1600,3		98,5				-5,8	92,7		0,0	
	I/28	1340,9	5562,2	220,0	938,5	1560,9	6500,7	160,7	563,6			-5,8	154,9	515,8	21,7	21,7
1928:1	II/28	1335,4	5610,3	239,5	958,0	1574,9	6568,3	154,5	625,7	569,7		-14,0	140,5	569,7	0,0	100,5
	III/28	1487,4		239,5		1726,9		159,9				-14,0	145,9		0,0	
	IV/28	1398,7		239,5		1638,2		88,5				-14,0	74,5		0,0	
	I/29	1389,0	5730,6	239,5	598,6	1628,5	6329,2	222,8	691,1			-14,0	208,8	651,1	100,5	360,0
1929:1	II/29	1391,8	5876,9	119,7	863,8	1511,5	6740,7	200,2	660,4	625,7		-8,7	191,5	625,7	97,6	364,0
	III/29	1548,0		119,7		1667,7		145,5				-8,7	136,8		161,9	
	IV/29	1401,8		119,7		1521,5		122,6				-8,7	113,9		0,0	
	I/30	1535,3	6044,3	504,7	999,7	2040,0	7044,0	192,1	770,4			-8,7	183,4	725,7	104,5	591,6
1930:1	II/30	1342,3	5974,0	165,0	660,0	1507,3	6634,0	238,9	969,0	921,0	0,0	-12,0	226,9	921,0	487,1	487,1
	III/30	1639,2		165,0		1804,2		195,7			0,0	-12,0	183,7		0,0	
	IV/30	1527,5		165,0		1692,5		143,7			0,0	-12,0	131,7		0,0	
	I/31	1465,0	5600,2	165,0	365,0	1630,0	5965,2	390,7	963,7		0,0	-12,0	378,7	912,2	0,0	0,0
1931:1	II/31	1231,8	5486,1	165,0	217,5	1396,8	5703,6	150,7	898,9	738,7	0,0	-13,2	137,5	738,7	0,0	0,0
	III/31	1474,5		0,0		1474,5		88,5			0,0	-13,2	75,3		0,0	
	IV/31	1429,0		35,0		1464,0		333,8			0,0	-13,2	320,6		0,0	
	I/32	1350,9	5197,7	17,5	70,0	1368,4	5267,7	325,9	804,4		-107,5	-13,2	205,2	615,5	0,0	0,0
1932:1	II/32	1329,0	4923,5	17,5	70,0	1346,5	4993,5	188,6	659,6	598,4	0,0	-1,1	187,5	598,4	0,0	0,0
	III/32	1238,4		17,5		1255,9		149,2			-10,1	-1,1	138,0		0,0	
	IV/32	1279,5		17,5		1297,0		140,7			-54,8	-1,1	84,8		0,0	
	I/33	1076,7	4953,8	17,5	70,0	1094,2	5023,8	181,1	672,3		8,2	-1,1	188,2	673,1	0,0	0,0
1933:1	II/33	1279,3	4955,9	17,5	70,0	1296,8	5025,9	129,7	721,7	706,2	-0,2	0,0	129,5	706,2	0,0	92,1
	III/33	1278,5		17,5		1296,0		193,5			-3,7	0,0	189,8		0,0	
	IV/33	1319,3		17,5		1336,8		168,0			-2,4	0,0	165,6		0,0	
	I/34	1078,8	5199,2	17,5	70,0	1096,3	5269,2	230,5	940,6		-9,2	0,0	221,3	931,4	92,1	397,7
1934:1	II/34	1231,6	5391,4	17,5	70,0	1249,1	5461,4	252,7	1064,9	1064,9		0,0	252,7	1064,9	150,1	1039,6
	III/34	1416,3		17,5		1433,8		190,3				0,0	190,3		97,2	
	IV/34	1472,4		17,5		1489,9		267,1				0,0	267,1		58,3	
	I/35	1271,0	6404,1	17,5	70,0	1288,5	6474,1	354,8	1006,9			0,0	354,8	1006,9	734,0	2477,1
1935:1	II/35	1281,5	7001,9	17,5	70,0	1299,0	7071,9	217,4	869,4			0,0	217,4	869,4	423,5	2065,7
	III/35	1793,4		17,5		1810,9		217,4				0,0	217,4		551,6	
	IV/35	2058,1		17,5		2075,6		217,4				0,0	217,4		768,0	
	I/36	1868,8	8228,9	17,5	70,0	1886,3	8298,9	217,4	1428,9			0,0	217,4	1428,9	322,6	2367,0
1936:1	II/36	1635,6	8611,5	17,5	70,0	1653,1	8681,5	403,9	1615,4			0,0	403,9	1615,4	101,1	3003,8
	III/36	2318,1		17,5		2335,6		403,9				0,0	403,9		1188,6	
	IV/36	2406,5		17,5		2424,0		403,9				0,0	403,9		754,7	
	I/37	2251,4	10571,2	17,5	120,9	2268,9	10692,1	403,9	1887,3			0,0	403,9	1887,3	959,4	3089,5
1937:1	II/37	2176,9	11138,8	34,5	137,8	2211,3	11276,6	494,5	1977,9			0,0	494,5	1977,9	808,9	3959,9
	III/37	3083,7		34,5		3118,2		494,5				0,0	494,5		1010,2	
	IV/37	3059,2		34,5		3093,6		494,5				0,0	494,5		311,0	
	I/38	2819,0	13978,0	34,5	164,1	2853,5	14142,1	494,5	2453,3			0,0	494,5	2453,3	1829,8	6818,6
1938:1	II/38	2944,2	15243,2	43,2	172,9	2987,4	15416,1	653,0	2611,8			0,0	653,0	2611,8	2430,3	7534,3
	III/38	4250,4		43,2		4293,7		653,0				0,0	653,0		13,0	
	IV/38	3964,3		43,2		4007,5		653,0				0,0	653,0		2545,5	
	I/39	4084,2		43,2		4127,5		653,0				0,0	653,0		2545,5	

(Fortsetzung)

TABELLE A.6

(Fortsetzung)

		Einnahme (+) aus Kassendefizit						*ergibt zusammen* : Eigene Ausgaben	
Fsk_Jahr	Kal_Jahr	vj.	Summe kj./fskj.	Kasse fskj.HHR	Korr.-betrag	korrigiert vj.	korrigiert kj./fskj.	Reiner Finanzbedarf vj.	kj./fskj.
		(A.6.30)	(A.6.31)		(A.6.32)	(A.6.33)	(A.6.34)	(A.6.35)	(A.6.36)
	I/24	99,4	-289,4			99,4	-197,1	1235,3	4573,1
1924:1	II/24	35,1	-659,8	-536,7	*-30,8*	65,9	-536,7	1113,2	4894,1
	III/24	-184,3			*-30,8*	-153,5		1071,0	
	IV/24	-239,6			*-30,8*	-208,8		1153,5	
	I/25	-271,0	-448,7		*-30,8*	-240,2	-434,1	1556,3	5466,6
1925:1	II/25	-302,4	131,0	109,4	*5,4*	-307,8	109,4	1245,5	5321,0
	III/25	77,1			*5,4*	71,7		1304,7	
	IV/25	47,6			*5,4*	42,2		1360,2	
	I/26	308,7	1042,4		*5,4*	303,3	1065,1	1410,8	6400,1
1926:1	II/26	353,1	486,2	523,7	*-9,4*	362,5	523,7	1565,6	6561,4
	III/26	260,3			*-9,4*	269,7		1689,6	
	IV/26	120,3			*-9,4*	129,7		1734,1	
	I/27	-247,5	39,5		*-9,4*	-238,1	48,2	1572,1	7044,7
1927:1	II/27	31,3	231,1	230,2	*0,2*	31,1	230,2	1746,0	7153,9
	III/27	-64,2			*0,2*	-64,4		1714,0	
	IV/27	319,9			*0,2*	319,7		2012,6	
	I/28	-55,9	379,0		*0,2*	-56,1	378,3	1681,3	7416,4
1928:1	II/28	37,0	1137,3	1136,6	*0,2*	36,8	1136,6	1752,2	8375,1
	III/28	-80,3			*0,2*	-80,5		1792,3	
	IV/28	478,2			*0,2*	478,0		2190,7	
	I/29	702,4	894,2		*0,2*	702,2	893,1	2640,0	8233,4
1929:1	II/29	-105,6	312,7	311,5	*0,3*	-105,9	311,5	1694,7	8041,9
	III/29	-83,0			*0,3*	-83,3		1883,1	
	IV/29	380,4			*0,3*	380,1		2015,5	
	I/30	120,9	523,8		*0,3*	120,6	522,5	2448,5	8883,8
1930:1	II/30	-221,9	585,6	584,2	*0,3*	-222,3	584,2	1999,1	8626,3
	III/30	203,8			*0,3*	203,5		2191,4	
	IV/30	421,0			*0,3*	420,7		2244,9	
	I/31	182,7	393,1		*0,3*	182,4	391,4	2191,1	7268,8
1931:1	II/31	182,2	602,4	600,6	*0,4*	181,8	600,6	1716,1	7042,9
	III/31	-258,6			*0,4*	-259,1		1290,8	
	IV/31	286,8			*0,4*	286,4		2071,0	
	I/32	392,0	580,9		*0,4*	391,6	580,5	1965,2	6463,7
1932:1	II/32	-76,3	563,1	563,2	0,0	-76,3	563,2	1457,7	6155,1
	III/32	-10,7			0,0	-10,7		1383,2	
	IV/32	275,9			0,0	275,9		1657,7	
	I/33	374,2	228,2		0,0	374,2	228,2	1656,6	5925,1
1933:1	II/33	-32,5	265,0	265,0	0,0	-32,5	265,0	1393,8	6089,2
	III/33	-60,3			0,0	-60,3		1425,5	
	IV/33	-53,2			0,0	-53,2		1449,2	
	I/34	411,0	619,3		0,0	411,0	619,3	1820,7	7217,6
1934:1	II/34	158,3	426,2	426,2	0,0	158,3	426,2	1810,2	7992,1
	III/34	-135,1			0,0	-135,1		1586,2	
	IV/34	185,1			0,0	185,1		2000,4	
	I/35	217,9	216,3		0,0	217,9	216,3	2595,2	10174,4
1935:1	II/35	-0,5	-2,1	-2,1	0,0	-0,5	-2,1	1939,4	10004,9
	III/35	-0,5			0,0	-0,5		2579,4	
	IV/35	-0,5			0,0	-0,5		3060,4	
	I/36	-0,5	-182,1		0,0	-0,5	-182,1	2425,7	11912,7
1936:1	II/36	104,9	-204,4	-204,4	0,0	104,9	-204,4	2262,9	13096,3
	III/36	-114,6			0,0	-114,6		3813,4	
	IV/36	-171,9			0,0	-171,9		3410,6	
	I/37	-22,8	-27,9		0,0	-22,8	-29,0	3609,4	15639,8
1937:1	II/37	-107,7	-66,6	-68,1	*0,4*	-108,1	-68,1	3406,6	17146,3
	III/37	82,6			*0,4*	82,2		4705,1	
	IV/37	20,0			*0,4*	19,6		3918,7	
	I/38	-61,5	2212,1		*0,4*	-61,9	2211,7	5115,9	25625,8
1938:1	II/38	757,9	3031,5	3031,5	0,0	757,9	3031,5	6828,6	28593,7
	III/38	757,9			0,0	757,9		5717,5	
	IV/38	757,9			0,0	757,9		7963,9	
	I/39	757,9			0,0	757,9		8083,8	

TABELLE A.7

Der vierteljährliche Umlauf von Arbeitsbeschaffungs- und Mefowechseln 1932-1939 (Mio. RM)

		Umlauf von Sonderwechseln				Rbk.-Deckungswechsel		Schätzungen des Gesamtumlaufs				Berechnung des Nettoumlaufs		
Fsk_jahr	Kal_jahr	Mefo (A.7.1)	Reich (AB) (A.7.2)	Reichsbahn (A.7.3)	Reichspost (A.7.4)	Zinsgutscheine (A.7.5)	Dego-Solawechsel (A.7.6)	Reich ges. (A.7.7)	Mefo+AB (A.7.8)	Wechsel ges. (A.7.9)	Zunahme (A.7.10)	zurückgekauft (A.7.11)	Nettoumlauf (A.7.12)	Zunahme kj./fskj. (A.7.13)
	I/32	0	0	0	0	0	0		0	0		0	0	
1932:1	II/32	0	0	0	0	0	0		0	0		0	0	
	III/32	0	0	0	0	0	0		0	0	0	0	0	
	IV/32	0	57				0		57	57	57	0	57	57
	I/33	0	154				0		154	154		0	154	154
1933:1	II/33	0	*200*				0		200	*400*		0	400	
	III/33	0	*400*				0		400	*700*		0	700	
	IV/33	60	652	135					712	1078	1021	0	1078	1021
	I/34	166	854	240		36		1062	1020	1431	1277	0	1431	1277
1934:1	II/34	407	1048	387	15	150			1455	2182		0	2182	
	III/34	824	1183	320	119	224			2007	3164		0	3164	
	IV/34	1412	1276	411	248	297			2688	3914	2836	66	3848	2770
	I/35	2145	1307	460	346	253	379	4084	3452	4369	2938	120	4249	2818
1935:1	II/35		1206	496	475	254	358			5172		282	4890	
	III/35		1041			230	495			5975		*500*	5475	
	IV/35		1022	572	780					6571	2657	717	5854	2006
	I/36	4860	1046	341	495	253	495	7054	5906	7542	3173	838	6704	2455
1936:1	II/36	5991	929	247	545	254	545	7719	6920	8246		898	7348	
	III/36	6240	800	70	420	230	700		7040	8542		919	7623	
	IV/36			66	450					*9400*	2829	1619	7781	1927
	I/37	9506	718	19	450		854	11078	10223	*10893*	3351	1105	9788	3084
1937:1	II/37	9814	*700*		*450*	*200*		11570		*11164*		1535	9629	
	III/37	11077	*500*		*450*	*200*				*12227*		*1600*	10627	
	IV/37	12000	*400*	8	320	*200*				*13050*	3650	*1650*	11400	3619
	I/38	12000	353		450		405	13342	12353	13180	2287	1045	12135	2347
1938:1	II/38	11967	221		450			13227	12188	12980		1390	11590	
	III/38	11936	24		450			13082	11960	12720		201	12519	
	IV/38	11933	0	8	450			13096	11933	12690	-360	11	12679	1279
	I/39	11933	0	0	*290*			13098	11933	12680	-500	0	12680	545

kursiv gesetzte Ziffern: eigene Schätzung

TABELLE A.8

Die geschätzten vierteljährlichen Zins- und Tilgungszahlungen des Reiches 1925-1929

		Zinszahlungen insgesamt				*davon:* **Inlandszinsen**		**Tilgung**	
Fsk_jahr	Kal_jahr	im Haushalt vj.	auf Sonderwechsel vj.	Zins ges. vj.	Zins ges. Kj.	Inlandszins vj.	kj.	Tilgung vj.	Tilgung kj./fskj.
		(A.8.1)	(A.8.2)	(A.8.3)	(A.8.4)	(A.8.5)	(A.8.6)	(A.8.7)	(A.8.8)
	I/24							339,5	570,4
1924:1	II/24							223,7	230,9
	III/24							7,2	
	IV/24							0,0	
	I/25	18,0		18,0	67,0	2,1	8,5	0,0	85,0
1925:1	II/25	17,0		17,0	64,6	2,1		28,3	113,4
	III/25	16,3		16,3		2,1		28,3	
	IV/25	15,7		15,7		2,1		28,4	
	I/26	15,6		15,6	71,2	3,1	12,5	28,4	280,5
1926:1	II/26	18,5		18,5	76,6	3,1		84,0	336,1
	III/26	18,7		18,7		3,1		84,0	
	IV/26	18,4		18,4		3,1		84,1	
	I/27	21,0		21,0	95,2	12,7	50,9	84,0	490,1
1927:1	II/27	24,7		24,7	98,7	12,7		91,9	509,6
	III/27	24,3		24,3		12,7		81,9	
	IV/27	25,2		25,2		12,7		232,3	
	I/28	24,5		24,5	128,2	24,4	97,6	103,5	549,9
1928:1	II/28	32,3		32,3	146,9	24,4		123,1	552,3
	III/28	32,5		32,5		24,4		59,6	
	IV/28	38,9		38,9		24,4		263,7	
	I/29	43,2		43,2	217,4	47,8	191,3	105,9	484,9
1929:1	II/29	54,4		54,4	237,5	47,8		64,8	528,4
	III/29	56,3		56,3		47,8		74,5	
	IV/29	63,5		63,5		47,8		239,7	
	I/30	63,3		63,3	289,8	54,0	216,1	149,4	953,1
1930:1	II/30	73,5		73,5	306,9	54,0		69,1	911,9
	III/30	72,6		72,6		54,0		387,3	
	IV/30	80,4		80,4		54,0		347,3	
	I/31	80,4		80,4	309,3	58,7	234,9	108,1	747,1
1931:1	II/31	75,1		75,1	303,8	58,7		61,6	797,1
	III/31	76,5		76,5		58,7		48,9	
	IV/31	77,3		77,3		58,7		528,5	

(Fortsetzung)

TABELLE A.8 (Fortsetzung)

		Zinszahlungen insgesamt				davon: Inlandszinsen		Tilgung	
Fsk_jahr	Kal_jahr	im Haushalt vj.	auf Sonder-wechsel vj.	Zins ges. vj.	Zins ges. Kj.	Inlandszins vj.	kj.	Tilgung vj.	Tilgung kj./fskj.
		(A.8.1)	(A.8.2)	(A.8.3)	(A.8.4)	(A.8.5)	(A.8.6)	(A.8.7)	(A.8.8)
	I/32	74,9		74,9	310,8	65,0	259,9	158,1	771,7
1932:1	II/32	76,2		76,2	323,6	65,0		147,9	768,1
	III/32	74,4		74,4		65,0		149,4	
	IV/32	84,6	0,7	85,3		65,0		316,4	
	I/33	85,9	1,8	87,7	360,4	78,2	312,6	154,5	453,6
1933:1	II/33	85,2	4,8	90,0	368,5	78,2		54,9	390,3
	III/33	83,9	8,3	92,2		78,2		59,2	
	IV/33	77,7	12,8	90,5		78,2		185,0	
	I/34	78,8	17,0	95,8	425,5	104,1	416,2	91,1	372,5
1934:1	II/34	72,8	25,9	98,7	459,6	104,1		25,9	352,0
	III/34	73,6	37,6	111,2		104,1		122,2	
	IV/34	74,1	45,7	119,8		104,1		133,3	
	I/35	79,4	50,5	129,9	588,9	147,9	591,7	70,6	331,9
1935:1	II/35	85,4	58,1	143,5	633,4	147,9		87,1	348,4
	III/35	88,1	65,0	153,1		147,9		87,1	
	IV/35	92,9	69,5	162,4		147,9		87,1	
	I/36	94,8	79,6	174,4	785,6	211,7	846,6	87,2	593,0
1936:1	II/36	110,3	87,3	197,6	846,5	211,7		168,6	674,4
	III/36	116,0	90,5	206,5		211,7		168,6	
	IV/36	114,7	92,4	207,1		211,7		168,6	
	I/37	121,5	113,8	235,3	958,5	249,1	752,2	168,6	636,9
1937:1	II/37	231,2	-2,2	229,0	996,3	249,1		156,1	624,4
	III/37	249,1	-5,3	243,8		249,1		156,1	
	IV/37	257,5	-7,1	250,4		249,1		156,1	
	I/38	271,5	1,6	273,1	1291,8	5,1	15,2	156,1	852,1
1938:1	II/38	319,2	-4,5	314,7	1426,0	5,1		232,0	928,0
	III/38	323,6	6,9	330,5		5,1		232,0	
	IV/38	364,6	8,9	373,5		5,1		232,0	
	I/39	398,4	8,9	407,3				232,0	

TABELLE A.9

Die Ausgaben und Einnahmen des Reiches nach Kalenderjahren 1924-1938 (Mio. RM)

		1924	1925	1926	1927	1928	1929	1930	1931	1932	1933	1934	1935	1936	1937	1938
I. Einnahmen																
darunter:																
aus Steuern	(A.6.20)	4444,8	4981,7	4936,0	6221,0	6500,7	6329,2	7044,0	5965,2	5267,7	5023,8	5269,2	6474,1	8298,9	10692,1	14142,1
aus Erwerb, Vermögen etc.	(A.6.27)	325,4	105,3	398,9	344,8	515,8	651,1	725,7	912,2	615,5	673,1	931,4	1006,9	1428,9	1887,3	2453,3
ergibt:																
Einnahmen aus Steuern, Vermögen etc.	(A.9.1)	4770,2	5087,0	5334,9	6565,7	7016,5	6980,2	7769,7	6877,4	5883,2	5696,9	6200,6	7481,0	9727,8	12579,3	16595,4
II. Ausgaben																
im Budget:																
Reiner Finanzbedarf	(A.6.36)	4573,1	5466,6	6400,1	7044,7	7416,4	8233,4	8883,8	7268,8	6463,7	5925,1	7217,6	10174,4	11912,7	15639,8	25625,8
zuzüglich:																
Nettoausgabe von Sonderwechseln	(A.7.13)									57,0	1021,0	2770,0	2006,0	1927,0	3619,0	1279,0
ergibt:																
Ausgaben gesamt (tatsächlicher "Reiner Finanzbedarf")	(A.9.2)	4573,1	5466,6	6400,1	7044,7	7416,4	8233,4	8883,8	7268,8	6520,7	6946,1	9987,6	12180,4	13839,7	19258,8	26904,8
abzüglich:																
Tilgung	(A.8.8)	570,4	85,0	280,5	490,1	549,9	484,9	953,1	747,1	771,7	453,6	372,5	331,9	593,0	636,9	852,1
ergibt:																
Sachausgaben und Transfers des Reiches	(A.9.3)	4002,7	5381,6	6119,6	6554,6	6866,5	7748,5	7930,7	6521,7	5749,0	6492,5	9615,1	11848,5	13246,7	18621,9	26052,7
III. Finanzierung																
Nettoneuverschuldung (-) des Reiches	(A.9.4)	767,5	-294,6	-784,6	11,1	150,0	-768,2	-160,9	355,7	134,2	-795,7	-3414,5	-4367,5	-3518,9	-6042,6	-9457,2

TABELLE A.10

Die Ausgaben und Einnahmen von Ländern und Gemeinden nach Rechnungsjahren 1925-1938 (Mio. RM)

			1925	1926	1927	1929	1929	1930	1931	1932	1933	1934	1935	1936	1937	1938
I.	**Reiner Finanzbedarf**															
	Länder	(A.10.1a)	3364,6	3696,8	3967,1	4184,3	4142,6	4032,1	3494,8	2960,9	3004,3	3073,1	2559,7	2602,0	2468,0	2496,0
	Gemeinden	(A.10.1b)	5324,8	6437,4	7106,1	7620,0	8030,4	7583,9	6360,6	5408,0	5614,1	5693,4	5787,4	5949,0	6289,0	7244,0
	Hansestädte	(A.10.1c)	455,1	505,2	573,8	621,9	656,7	628,4	499,1	434,2	444,1	426,3	386,0	393,6	447,6	450,0
	ergibt:															
	"Reiner Finanzbedarf" zusammen	(A.10.1)	9144,5	10639,4	11647,0	12426,2	12829,7	12244,4	10354,5	8803,1	9062,5	9192,8	8733,1	8944,6	9204,6	10190,0
II.	**Tilgungen**															
	Länder	(A.10.2a)							47,7	33,5	90,4	68,1	85,8	137,2	155,9	155,0
	Gemeinden	(A.10.2b)							173,9	129,7	150,6	233,1	267,4	331,5	399,5	431,0
	Hansestädte	(A.10.2c)							7,9	10,0	8,3	9,8	12,6	28,2	50,3	
	Tilgung gesamt	(A.10.2)	53,7	100,4	124,5	203,0	195,0	235,9	229,5	173,2	249,3	311,0	365,8	496,9	605,7	586,0
III.	**Sachausgaben und Transfers gesamt**	(A.10.3)	9090,8	10539,0	11522,5	12223,2	12634,7	12008,5	10125,0	8629,9	8813,2	8881,8	8367,3	8447,7	8598,9	9604,0
	darunter:															
	Zinsen	(A.10.4)	96,0	174,5	204,2	382,9	515,2	563,9	608,1	489,2	489,8	481,4	493,7	419,9	404,0	358,0
IV.	**Anleiheaufnahme**															
	Länder	(A.10.5a)	93,5	257,2	301,8	238,3	174,9	186,0	125,0	82,8	121,7	104,2	62,6	30,1	27,4	39,0
	Gemeinden	(A.10.5b)	438,6	941,0	1173,7	1069,3	1092,5	591,6	258,3	122,3	323,1	291,7	150,9	92,1	84,9	119,0
	Hansestädte	(A.10.5c)	38,3	48,4	71,9	64,1	68,3	35,6	4,8	8,2	34,6	26,4	6,9	7,3	11,4	
	Anleiheaufnahme gesamt	(A.10.5)	570,4	1246,6	1547,4	1371,7	1335,7	813,2	388,1	213,3	479,4	422,3	220,4	129,5	123,7	158,0
V.	**Kassenüberschuß (+) / - defizit (-)**															
	Länder	(A.10.6a)	-166,7	-175,9	-25,3	-39,9	-151,5	-188,4	-112,8	-134,0	-0,8	-156,3	119,2	52,9	119,7	139,0
	Gemeinden	(A.10.6b)	-259,4	-118,4	-7,6	-101,7	-341,4	-297,8	-307,4	-567,0	-136,8	222,5	139,2	210,9	248,5	313,0
	Hansestädte	(A.10.6c)	-45,9	-15,9	5,0	6,9	-11,0	-32,8	-8,4	-39,2	-42,6	-6,0	2,8	22,7	27,2	
	Kassenüberschuß (+) gesamt	(A.10.6)	-472,0	-310,2	-27,9	-134,7	-503,9	-519,0	-428,6	-740,2	-180,2	60,2	261,2	286,5	395,4	452,0
VI.	**Einnahmen**															
	Steuern															
	Länder	(A.10.7a)	2396,0	2497,3	2754,0	2937,1	2860,7	2809,0	2427,5	2046,9	2090,3	2265,2	1987,1	2008,6	1901,0	1851,0
	Gemeinden	(A.10.7b)	3204,2	3594,3	4090,6	4398,0	4390,0	4333,1	3676,5	2957,5	3229,4	3483,5	3747,4	4104,0	4589,6	5058,0
	Hansestädte	(A.10.7c)	246,6	291,4	344,1	394,5	387,6	365,8	303,8	234,1	242,1	266,8	255,6	277,9	318,5	404,0
	Steuern gesamt	(A.10.7)	5846,8	6383,0	7188,7	7729,6	7638,3	7507,9	6407,8	5238,5	5561,8	6015,5	5990,1	6390,5	6809,1	7313,0
	Erwerbs und Vermögenseinnahmen	(A.10.8)	2255,3	2699,6	2883,0	3190,2	3351,8	3404,3	3130,0	2611,1	2841,1	2815,2	2783,8	2711,1	2667,2	3171,0
	Einnahmen gesamt	(A.10.9)	8102,1	9082,6	10071,7	10919,8	10990,1	10912,2	9537,8	7849,6	8402,9	8830,7	8773,9	9101,6	9476,3	10484,0
VII.	**Finanzierungssaldo**															
	(Nettoüberschuß + /															
	Nettoneuverschuldung -)	(A.10.10)	-988,7	-1456,4	-1450,8	-1303,4	-1644,6	-1096,3	-587,2	-780,3	-410,3	-51,1	406,6	653,9	877,4	880,0

TABELLE A.11

Die Ausgaben und Einnahmen von Reich, Ländern und Gemeinden nach Rechnungsjahren 1925-1938 (Mio. RM)

			1925	1926	1927	1928	1929	1930	1931	1932	1933	1934	1935	1936	1937	1938
I.	**Ausgaben**															
	Reich	(A.1.1)	5321,0	6561,4	7153,9	8375,1	8041,9	8626,3	7042,9	6155,1	6089,2	7992,1	10004,9	13096,3	17146,3	28593,7
	Länder, Gemeinden, Hansestädte	(A.10.1)	9144,5	10639,4	11647,0	12426,2	12829,7	12244,4	10354,5	8803,1	9062,5	9192,8	8733,1	8944,6	9204,6	10190,0
	ergibt:															
	"Reiner Finanzbedarf" der Gebietskörperschaften	(A.11.1)	14465,5	17200,8	18800,9	20801,3	20871,6	20870,7	17397,4	14958,2	15151,7	17184,9	18738,0	22040,9	26350,9	38783,7
	zuzüglich:															
	ABM- und Mefowechsel	(A.2.8)								154,0	1277,0	2818,0	2455,0	3084,0	2347,0	545,0
	ergibt:															
	"tatsächlicher reiner Finanzbedarf" der Gebietskörperschaften	(A.11.2)	14465,5	17200,8	18800,9	20801,3	20871,6	20870,7	17397,4	15112,2	16428,7	20002,9	21193,0	25124,9	28697,9	39328,7
	davon ab:															
II.	**Tilgungen**															
	Reich	(A.3.4)	113,4	336,1	509,6	552,3	528,4	911,9	797,1	768,1	390,3	352,0	348,4	674,4	624,4	928,0
	Länder, Gemeinden, Hansestädte	(A.10.2)	53,7	100,4	124,5	203,0	195,0	235,9	229,5	173,2	249,3	311,0	365,8	496,9	605,7	586,0
	ergibt:															
	Tilgung gesamt	(A.11.3)	167,1	436,5	634,1	755,3	723,4	1147,8	1026,6	941,3	639,6	663,0	714,2	1171,3	1230,1	1514,0
III.	**Sachausgaben und Transfers der Gebietskörperschaften**	(A.11.4)	14298,4	16764,3	18166,8	20046,0	20148,2	19722,9	16370,8	14170,9	15789,1	19339,9	20478,8	23953,6	27467,8	37814,7
	davon ab:															
IV.	**Einnahmen**															
	(a) Steuern:															
	Reich	(A.1.2)	4731,4	5312,4	6356,8	6568,3	6740,7	6634,0	5703,6	4993,5	5025,9	5461,4	7071,9	8681,5	11276,6	15416,1
	Länder, Gemeinden, Hansestädte	(A.10.9)	5846,8	6383,0	7188,7	7729,6	7638,3	7507,9	6407,8	5238,5	5561,8	6015,5	5990,1	6390,5	6809,1	7313,0
	ergibt:															
	Steuern gesamt	(A.11.5)	10578,2	11695,4	13545,5	14297,9	14379,0	14141,9	12111,4	10232,0	10587,7	11476,9	13062,0	15072,0	18085,7	22729,1
	(b) Vermögens- und Erwerbseinnahmen															
	Reich	(A.11.6)	139,8	395,9	443,8	569,7	625,7	921,0	738,7	598,4	706,2	1064,9	869,4	1615,4	1977,9	2611,8
	Länder, Gemeinden, Hansestädte	(A.10.10)	2255,3	2699,6	2883,0	3190,2	3351,8	3404,3	3130,0	2611,1	2841,1	2815,2	2783,8	2711,1	2667,2	3171,0
	ergibt:															
	Vermögens- und Erwerbseinnahmen gesamt	(A.11.7)	2395,1	3095,5	3326,8	3759,9	3977,5	4325,3	3868,7	3209,5	3547,3	3880,1	3653,2	4326,5	4645,1	5782,8
	ergibt:															
V.	**Nettoneuverschuldung der Gebietskörperschaften**	(A.11.8)	1325,1	1973,4	1294,5	1988,2	1791,7	1255,7	390,7	729,4	1654,1	3982,9	3763,6	4555,1	4737,0	9302,8

Tabelle A.12

Die Ausgaben und Einnahmen des öffentlichen Sektors nach Kalenderjahren 1925-1938 (Mio. RM)

			1925	1926	1927	1928	1929	1930	1931	1932	1933	1934	1935	1936	1937	1938
I.	**Reiner Finanzbedarf**															
	Reich	(A.9.2)	5467	6400	7045	7416	8233	8884	7269	6521	6946	9988	12180	13840	19259	26905
	Länder, Gemeinden, Hansestädte	(A.12.1)	9145	10244	11386	12227	12728	12388	10798	9168	8997	9160	8846	8891	9139	9934
	zusammen:															
	Gebietskörperschaften	(A.12.2)	14611	16644	18431	19643	20961	21272	18066	15688	15943	19148	21026	22731	28398	36839
	Arbeitslosenversicherung	(A.12.3a)			755	941	1372	1800	1531	875	1434	1289	1156	937	1065	1685
	Sozialversicherung	(A.12.3b)	2447	2849	3352	3920	4398	4380	4095	3304	3140	3356	3579	3750	3816	4205
	ergibt:															
	Ausgaben des öffentlichen Sektors	(A.12.3)	17058	19493	22539	24504	26731	27452	23692	19867	20516	23793	25760	27418	33278	42729
	davon ab:															
	Tilgung:															
	Reich	(A.8.8)	85	281	490	550	485	953	747	772	454	373	332	593	637	852
	LGH	(A.12.4a)	54	86	118	180	197	225	231	186	228	294	351	460	576	591
	Tilgung zusammen	(A.12.4)	139	366	608	730	682	1178	978	958	681	667	683	1053	1213	1443
	ergibt:															
II.	**Sachausgaben und Transfers**															
	Reich	(A.12.5a)	5382	6120	6555	6867	7748	7931	6522	5749	6493	9615	11848	13247	18622	26053
	LGH	(A.12.5b)	9091	10158	11269	12047	12531	12163	10567	8982	8769	8866	8495	8431	8562	9343
	Sachausgaben und Transfers des öffentlichen Sektors	(A.12.5)	16920	19127	21931	23775	26049	26274	22714	18909	19835	23126	25077	26365	32065	41286
III.	**Transfers,**															
	darunter:															
	Subventionen	(A.12.6)	114	103	160	216	181	291	300	310	312	344	320	310	350	360
	Reparationen	(A.12.7)	1080	1297	1712	2159	1964	1879	988	183	149	50				
	Zinsen:															
	Reich	(A.8.4)	67	71	95	128	217	290	309	311	360	426	589	786	959	1292
	Länder, Gemeinden, Hansestädte	(A.12.8a)	96	150	238	349	478	551	597	517	489	483	491	437	408	369
	Zinsen gesamt	(A.12.8)	163	221	333	477	696	841	906	827	849	909	1079	1223	1366	1661
	Sonstige Transfers an private Haushalte:															
	laufende	(A.12.9)	5334	6899	7193	8215	8970	9776	9862	9140	8282	7665	7672	7542	7350	7719
	einmalige	(A.12.10)	763	848	1042	1204	1342	1468	1252	864	930	1042	1139	1175	1215	1448
	Transfers insgesamt	(A.12.11)	7454	9368	10440	12271	13153	14255	13308	11324	10522	10010	10210	10250	10281	11188

(Fortsetzung)

Tabelle A. 12 (Fortsetzung)

			1925	1926	1927	1928	1929	1930	1931	1932	1933	1934	1935	1936	1937	1938
IV.	**Öffentlicher Konsum und öffentliche Investitionen** ("Staatskäufe")	(A.12.12)	9466	9758	11490	11504	12897	12018	9406	7585	9313	13116	14867	16115	21783	30098
	darunter:															
	öffentliche Investitionen	(A.12.13)	1407	2285	2690	2658	2670	2092	1456	1095	1416	2943	4900	5400	6100	7900
	öffentlicher Konsum	(A.12.14)	8059	7473	8800	8846	10227	9926	7950	6490	7897	10173	9967	10715	15683	22198
	abzüglich:															
V.	**Einnahmen**															
	(a) Steuern:															
	direkte	(A.12.15)	2976	3021	3686	4224	4235	4396	3550	2589	2287	2737	3785	5035	6554	8573
	indirekte	(A.12.16)	8394	8052	9602	10082	10089	9987	9002	8257	8321	8736	9348	10105	11457	13143
	(b) Beiträge zur Sozialversicherung	(A.12.17)	2551	2934	4200	4890	5174	5043	4559	3737	3990	4427	4509	4941	5472	5825
	darunter:															
	Arbeitgeberbeiträge	(A.12.18)	1256	1650	1950	2250	2391	2365	2918	1716	1694	1982	2187	2387	2622	2713
	(c) Erwerbs- und Vermögenseinnahmen:															
	Reich	(A.6.27)	105	399	345	516	651	726	912	615	673	931	1007	1429	1887	2453
	Länder und Gemeinden	(A.12.19)	2255	2581	2836	3110	3311	3391	3196	2732	2782	2822	2792	2729	2678	3037
	Arbeitslosenversicherung	(A.12.20a)			84	28	21	7	38	45	683	366	41	12	8	15
	Sozialversicherung	(A.12.20b)	117	230	243	284	339	366	385	329	319	286	378	445	404	463
	ergibt:															
	Einnahmen des öffentlichen Sektors insgesamt	(A.12.21)	16398	17216	20996	23133	23819	23916	21643	18304	19055	20305	21858	24696	28459	33509
VI.	**Finanzierungssaldo des öffentlichen Sektors**															
	Überschuß (+)															
	Nettoneuverschuldung (-)	(A.12.22)	-522	-1910	-935	-641	-2230	-2358	-1071	-605	-780	-2821	-3219	-1668	-3606	-7777

Tabelle B.1

Das Volkseinkommen 1913 sowie 1925-1938 (Mio. M/RM)

		1913	1925	1926	1927	1928	1929	1930	1931	1932	1933	1934	1935	1936	1937	1938
I. Amtliche Daten																
Volkseinkommen (Definition Statistisches Reichsamt)	(B.1.1)	45693	59978	62673	70754	75373	75949	70223	57458	45175	46514	52765	59112	65849	73757	82098
abzüglich: "in Privateinkommen nicht enthaltene Steuern"	(B.1.2)	100	2581	2623	3469	2978	3652	4024	3664	2578	2465	2322	2263	2250	2280	2300
ergibt: NSPF (Statistisches Bundesamt)	(B.1.3)	45593	57397	60050	67285	72395	72297	66199	53794	42597	44049	50443	56849	63599	71477	79798
II. Korrektur Hoffmann/Müller																
NSPF abzüglich: geschätzte Zinsen	(B.I.4)		167	630	710	782	1011	1240	1306	1203	1194	1154	1157	1138	1201	1307
ausgewiesene Arbeitgeberbeiträge zur Sozialversicherung	(A.12.18)		1256	1650	1950	2250	2391	2365	2918	1716	1694	1982	2187	2387	2622	2713
zuzüglich: geschätzte Arbeitgeberbeiträge zur Sozialversicherung	(B.I.5)		1019	1327	1594	1873	1985	1961	1828	1406	1389	1646	1836	2024	2233	2490
ergibt: NSPF korrigiert	(B.1.6)	44956	56993	59097	66219	71236	70880	64555	51398	41084	42550	48953	55341	62098	69887	78268
zum Vergleich: NSPF (Korrekturergebnis Hoffmann/Müller)	(B.1.7)	*44956*	*56993*	*59096*	*66219*	*71236*	*70880*	*64589*	*52006*	*41086*	*42552*	*48953*	*55341*	*62098*	*69887*	*78268*
III. Neue Korrektur																
NSPF (B.1.3) abzüglich: Zinsen auf die öffentliche Schuld	(A.12.8)	*100*	163,0	221,5	333,4	477,2	695,8	841,1	906,0	827,3	849,3	908,7	1079,5	1222,8	1366,4	1660,8
ergibt: **Volkseinkommen (NSPF), korrigierte Schätzung**	(B.1.8)	45493	57234	59829	66952	71918	71601	65358	52888	41770	43200	49534	55770	62376	70111	78137

Tabelle B.2

Die Umverteilung des Volkseinkommens 1925-1938 (Mio. RM)

		1925	1926	1927	1928	1929	1930	1931	1932	1933	1934	1935	1936	1937	1938
I. Volkseinkommen	(B.1.8)	57234,0	59828,5	66951,6	71917,8	71601,2	65357,9	52888,0	41769,7	43199,7	49534,3	55769,5	62376,2	70110,6	78137,2
abzüglich:															
Direkte Steuern	(A.12.15)	2975,9	3020,7	3685,8	4223,6	4234,6	4396,1	3550,2	2588,8	2286,9	2736,9	3785,0	5034,8	6553,5	8573,2
Beiträge zur Sozialversicherung	(A.12.17)	2550,5	2933,7	4200,2	4890,2	5173,6	5042,8	4559,4	3736,5	3990,1	4426,7	4508,7	4941,2	5471,8	5824,8
zuzüglich :															
Zinsen auf die öffentliche Schuld	(A.12.8)	163,0	221,5	333,4	477,2	695,8	841,1	906,0	827,3	849,3	908,7	1079,5	1222,8	1366,4	1660,8
Sonstige laufende Transfers durch den öffentlichen Sektor	(A.12.9)	5334,0	6899,0	7193,0	8215,0	8970,0	9776,0	9862,0	9140,0	8282,0	7665,0	7672,0	7542,0	7350,0	7719,0
ergibt:															
II. Verfügbares Einkommen	(B.2.1)	57204,6	60994,6	66592,0	71496,2	71858,8	66536,1	55546,4	45411,7	46054,0	50944,4	56227,3	61165,0	66801,7	73119,0

Tabelle B. 3

Die aggregierten Investitionen 1925-1938 (Mrd. RM)

			1925	1926	1927	1928	1929	1930	1931	1932	1933	1934	1935	1936	1937	1938
I.	**Bruttoanlageinvestitionen**	(B.3.1)	10,312	10,676	12,966	13,676	12,786	10,372	6,438	4,225	5,064	8,179	11,6	13,8	16	19
	darunter:															
	Ausrüstungen	(B.3.2)	5,112	5,576	6,666	6,876	6,876	4,972	3,438	2,125	2,664	3,979	5,2	6,1	7	8,5
	Bauten	(B.3.3)	5,2	5,1	6,3	6,8	6,0	5,4	3,0	2,1	2,4	4,2	6,4	7,7	9,0	10,5
	davon:															
	Bauten im Staatssektor	(B.3.4)	1,407	2,285	2,69	2,658	2,67	2,092	1,456	1,095	1,416	2,943	4,9	5,4	6,1	7,9
	ergibt:															
II.	**Bruttoanlageinvestitionen des Unternehmenssektors**	(B.3.5)	8,905	8,391	10,276	11,018	10,116	8,28	4,982	3,13	3,648	5,236	6,7	8,4	9,9	11,1
	abzüglich:															
	Abschreibungen	(B.3.6)	5,631	5,879	6,427	6,702	6,938	6,881	6,363	5,827	5,817	5,828	6,4	7	7,4	7,8
	ergibt:															
III.	**Nettoanlageinvestitionen**	(B.3.7)	4,681	4,797	6,539	6,974	5,848	3,491	0,075	-1,602	-0,753	2,351	5,2	6,8	8,6	11,2
	dazu:															
	Lagerbestandsänderungen	(B.3.8)	1,32	-0,83	2,38	1,31	0,36	-1,74	-3,13	-1,52	0,44	1,05	1,24	1,42	1,59	1,77
	ergibt:															
V.	**Nettoinvestitionen**	(B.3.9)	6,001	3,967	8,919	8,284	6,208	1,751	-3,055	-3,122	-0,313	3,401	6,44	8,22	10,19	12,97
	zum Vergleich:															
	Nettoinvestitionen (Hoffmann)	(B.3.10)	8,62	4,28	12,24	10,98	5,77	2,63	-3,15	-2,06	1,94	4,73	7,51	9	13,58	14,07

Tabelle B.4

Die Zahlungsbilanz 1925-1938 (Mio. RM)

		1925	1926	1927	1928	1929	1930	1931	1932	1933	1934	1935	1936	1937	1938
1. Warenhandel															
Exporte (fob)	(B.4.1)	9546	10677	11118	12627	13632	12175	9733	5834	4957	4240	4335	4850	6040	5819
dto. ohne Reparations-sachlieferungen	(B.4.1.a)	9054	10046	10539	11964	12813	11468	9340	5834	4957	4240	4335	4850	6040	5819
Importe (cif)	(B.4.2)	11990	9884	14078	13938	13676	10617	6955	4782	4291	4613	4343	4306	5603	6138
Saldo der Handelsbilanz	(B.4.3)	-2444	793	-2960	-1311	-44	1558	2778	1052	666	-373	-8	544	437	-319
dto. ohne Reparations-sachlieferungen	(B.4.3.a)	-2936	162	-3539	-1974	-863	851	2385	1052	666	-373	-8	544	437	-319
2. Dienstleistungen															
Dienstleistungsexporte	(B.4.4)	1056	1226	1542	1635	2257	1841	1516	1163	735	886	937	1600	2163	1944
dto. ohne Reparations-dienstleistungen	(B.4.4.a)	883	1133	1337	1460	2069	1841	1516	1163	735	886	937	1600	2163	1944
Dienstleistungsimporte	(B.4.5)	594	694	897	963	1545	1303	1066	898	422	422	486	1054	1850	1721
Saldo der Dienst-leistungsbilanz	(B.4.6)	462	532	645	672	712	538	450	265	313	464	451	546	313	223
dto. ohne Reparations-dienstleistungen	(B.4.6a)	289	439	440	497	524	538	450	265	313	464	451	546	313	223
3. Zinsen usw.															
Zinseinkommen aus dem Ausland	(B.4.7)	320	340	335	382	400	400	300	200	150	125	100	105	39	30
Zinseinkommen des Auslands	(B.4.8)	326	513	680	945	1200	1400	1500	1100	848	750	650	580	530	500
Saldo der Zinsen-bilanz	(B.4.9)	-6	-173	-345	-563	-800	-1000	-1200	-900	-698	-625	-550	-475	-491	-470
4. Außenbeitrag															
Zahlungsbilanzielle Exporte gesamt	(B.4.10a)	10922	12243	12995	14644	16289	14416	11549	7197	5842	5251	5372	6555	8242	7793
Zahlungsbilanzielle Importe gesamt	(B.4.10b)	12910	11091	15655	15846	16421	13320	9521	6780	5561	5785	5479	5940	7983	8359
Außenbeitrag	(B.4.10)	-1988	1152	-2660	-1202	-132	1096	2028	417	281	-534	-107	615	259	-566
dto. ohne Reparations-sachlieferungen und -dienstleistungen	(B.4.10a)	-2653	428	-3444	-2040	-1139	389	1635	417	281	-534	-107	615	259	-566
4. Ubertragungen / Reparationen	(B.4.11)	-1057	-1191	-1584	-1990	-2337	-1706	-988	-160	-149					
5. Saldo der Leistungsbilanz	(B.4.12)	-3045	-39	-4244	-3192	-2469	-610	1040	257	132	-534	-107	615	259	-566
6. Gold und Devisen	(B.4.13)	-90	-568	452	-931	165	120	1706	233	447	424	30	50	-111	-74
7. Kapitalbilanz															
aktiv (Kapitalimporte)	(B.4.14)	1518	1641	4336	5975	3544	3678	3817	550	603	1310	837			3305
davon: "Sondereinnahmen"	(B.4.15)	0	0	0	0	0	0	0	0	0	0	0		780	1000
passiv (Kapitalexporte)	(B.4.16)	87	118	854	2852	2119	2442	3160	1299	1410	1120	710			2772
Saldo	(B.4.17)	1431	1523	3482	3123	1425	1236	657	-749	-807	190	127	-111	-171	533
8. Ungeklärter Rest	(B.4.18)	1704	-916	310	1000	871	-746	-3350	236	228	-80	-50	-554	23	107

Tabelle B.5

Die Ausgabenseite des Sozialprodukts 1925-1938 (Mrd. RM)

		1925	1926	1927	1928	1929	1930	1931	1932	1933	1934	1935	1936	1937	1938
I. Volkseinkommen	(B.1.8)	57,234	59,829	66,952	71,918	71,601	65,358	52,888	41,770	43,200	49,534	55,770	62,376	70,111	78,137
zuzüglich:															
Kapitalverzehr	(B.3.6)	5,631	5,879	6,427	6,702	6,938	6,881	6,363	5,827	5,817	5,828	6,4	7	7,4	7,8
indirekte Steuern	(A.12.16)	8,394	8,052	9,602	10,082	10,089	9,987	9,002	8,257	8,321	8,736	9,348	10,105	11,457	13,143
abzüglich:															
Subventionen	(A.12.6)	0,114	0,103	0,16	0,216	0,181	0,291	0,3	0,31	0,312	0,344	0,32	0,31	0,35	0,36
ergibt:															
II. Bruttosozialprodukt	(B.5.1)	71,145	73,657	82,821	88,486	88,448	81,935	67,953	55,544	57,026	63,754	71,197	79,171	88,618	98,720
abzüglich:															
Staatskäufe	(A.12.12)	9,47	9,76	11,49	11,50	12,90	12,02	9,41	7,58	9,31	13,12	14,87	16,11	21,78	30,10
Anlageinvestitionen der Unternehmen	(B.3.5)	8,905	8,391	10,276	11,018	10,116	8,28	4,982	3,13	3,648	5,236	6,7	8,4	9,9	11,1
Lagerinvestitionen	(B.5.2)	1,32	-0,83	2,38	1,31	0,36	-1,74	-3,13	-1,52	0,44	1,05	1,24	1,42	1,59	1,77
Außenbeitrag	(B.4.10)	-1,988	1,152	-2,66	-1,202	-0,132	1,096	2,028	0,417	0,281	-0,534	-0,107	0,615	0,259	-0,566
verbleibt (Residuum):															
III. Privater Konsum	(B.5.3)	53,442	55,186	61,334	65,856	65,207	62,280	54,667	45,932	43,344	44,886	48,497	52,621	55,085	56,318
zum Vergleich:															
Privater Konsum (Hoffmann)	(B.5.4)	*52,79*	*51,78*	*62,04*	*64,26*	*63,94*	*58,45*	*51,13*	*44,92*	*45,69*	*49,48*	*50,68*	*51,85*	*55,23*	*58,45*

Tabelle B.6

Die Investitionen 1925-1938, Preise von 1913 (Mrd. M/RM)

		1925	1926	1927	1928	1929	1930	1931	1932	1933	1934	1935	1936	1937	1938
Amtlicher Baukostenindex	(B.6.1)	171	166	168	175,3	178,1	170,9	155,9	132,1	125,9	131,6	131,8	131,8	134,7	136,1
Preisindex für den Tiefbau (Hoffmann)	(B.6.2)	153,2	155,9	160,8	169,7	175,7	170	149,1	120,8	114,2	117,6	120,1	122,7	124,9	130,7
daraus:															
Preisindex für Bauinvestitionen	(B.6.3)	162,1	160,95	164,4	172,5	176,9	170,45	152,5	126,45	120,05	124,6	125,95	127,25	129,8	133,4
Preisindex für gewerbliche Beriebsausrüstungen	(B.6.4)	136,4	132,5	129,7	136,6	138,1	137,6	131	118,8	114,7	114,4	113,7	113,3	113,2	113,2
ergibt:															
I. Ausrüstungsinvestitionen in konstanten Peisen	(B.6.5)	3,748	4,208	5,140	5,034	4,979	3,613	2,624	1,789	2,323	3,478	4,573	5,384	6,184	7,509
II. Bauinvestitionen in konstanten Peisen	(B.6.6)	3,208	3,169	3,832	3,942	3,392	3,168	1,967	1,661	1,999	3,371	5,081	6,051	6,934	7,871
zusammen:															
III. Bruttoanlageinvestitionen in konstanten Preisen	(B.6.7)	6,956	7,377	8,972	8,976	8,371	6,781	4,592	3,449	4,322	6,849	9,655	11,435	13,117	15,380
darunter:															
Bruttoanlageinvestitionen des Unternehmenssektors in konstanten Preisen	(B.6.8)	6,088	5,957	7,335	7,435	6,861	5,554	3,637	2,584	3,142	4,487	5,764	7,191	8,418	9,458
Bruttoanlageinvestitionen des Staatssektors in konstanten Preisen	(B.6.9)	0,868	1,420	1,636	1,541	1,509	1,227	0,955	0,866	1,180	2,362	3,890	4,244	4,700	5,922
IV. Kapitalverzehr in konstanten Preisen	(B.6.10)	3,773	4,007	4,371	4,336	4,405	4,467	4,489	4,752	4,956	4,877	5,341	5,820	6,091	6,326

Tabelle B.7

Der Außenhandel 1925-1938, Preise von 1913 (Mio. RM)

		1925	1926	1927	1928	1929	1930	1931	1932	1933	1934	1935	1936	1937	1938
I. Implizite Deflatoren															
(1913 = 100)															
Exportpreise	(B.7.1)	146,7	145,7	147,1	147,4	145,4	136,9	120,2	104,2	94,2	90,2	85,8	86,9	93,1	97,6
Importpreise	(B.7.2)	147	133,9	132,8	135,6	134,9	117	89,8	66,8	61,2	61,5	62,9	66,4	73,5	68,5
II. Preisbereinigte Ziffern															
Exporte	(B.7.3)	7445,1	8402,9	8834,1	9934,9	11202,9	10530,3	9608,2	6906,9	6201,7	5821,5	6261,1	7543,2	8852,8	7984,6
Importe	(B.7.4)	8782,3	8283,0	11788,4	11685,8	12172,7	11384,6	10602,4	10149,7	9086,6	9406,5	8710,7	8945,8	10861,2	12202,9
Außenbeitrag	(B.7.5)	-1337,2	119,8	-2954,3	-1751,0	-969,8	-854,3	-994,3	-3242,8	-2884,9	-3585,0	-2449,6	-1402,6	-2008,4	-4218,3

Tabelle B.8

Öffentlicher und privater Konsum 1925-1938, Preise von 1913 (Mrd. RM)

			1925	1926	1927	1928	1929	1930	1931	1932	1933	1934	1935	1936	1937	1938
I.	**Öffentlicher Konsum** (laufende Werte)	(A.12.14)	8,059	7,473	8,800	8,846	10,227	9,926	7,950	6,490	7,897	10,173	9,967	10,715	15,683	22,198
	Deflator für den öffentlichen Konsum (Hoffmann, 1913=100)	(B.8.1)	136,6	133,6	138,6	148,4	151,1	149	134,1	119,6	114,6	112,2	112,6	112,7	115,4	114,9
II.	**Öffentlicher Konsum** (preisbereinigt)	(B.8.2)	5,900	5,594	6,349	5,961	6,768	6,662	5,929	5,426	6,891	9,067	8,851	9,507	13,590	19,319
III.	**Privater Konsum** (laufende Werte)	(B.5.3)	53,442	55,186	61,334	65,856	65,207	62,28	54,667	45,932	43,344	44,886	48,497	52,621	55,085	56,318
	Preisindex der Lebenshaltung (1913=100)	(B.8.3)	141,9	142,2	147,9	151,7	154	148,1	136,1	117,7	115,4	117,6	119,8	120,9	121,6	123,7
IV.	**Privater Konsum** (preisbereinigt)	(B.8.4)	37,662	38,809	41,47	43,412	42,342	42,053	40,167	39,024	37,56	38,168	40,482	43,525	45,301	45,528

Tabelle B.9

Die Verwendung des Sozialprodukts 1925-1938, Preise von 1913 (Mrd. RM)

			1925	1926	1927	1928	1929	1930	1931	1932	1933	1934	1935	1936	1937	1938
Öffentlicher Konsum		(B.8.3)	5,900	5,594	6,349	5,961	6,768	6,662	5,929	5,426	6,891	9,067	8,851	9,507	13,590	19,319
Privater Konsum		(B.8.5)	37,662	38,809	41,470	43,412	42,342	42,053	40,167	39,024	37,560	38,168	40,482	43,525	45,301	45,528
Bruttoanlage-investitionen		(B.6.7)	6,956	7,377	8,972	8,976	8,371	6,781	4,592	3,449	4,322	6,849	9,655	11,435	13,117	15,380
Lagerinvestitionen		(B.3.8)	1,320	-0,830	2,380	1,310	0,360	-1,740	-3,130	-1,520	0,440	1,050	1,240	1,420	1,590	1,770
Außenbeitrag		(B.7.5)	-1,337	0,120	-2,954	-1,751	-0,970	-0,854	-0,994	-3,243	-2,885	-3,585	-2,450	-1,403	-2,008	-4,218
ergibt:																
I. Bruttosozialprodukt in Preisen von 1913		(B.9.1)	50,500	51,069	56,217	57,907	56,871	52,902	46,563	43,138	46,327	51,549	57,779	64,485	71,590	77,779
davon ab:																
Abschreibungen (Ersatzinvestitionen)		(B.6.9)	3,773	4,007	4,371	4,336	4,405	4,467	4,489	4,752	4,956	4,877	5,341	5,820	6,091	6,326
ergibt:																
II. Nettosozialprodukt zu Marktpreisen in Preisen von 1913		(B.9.2)	46,727	47,062	51,846	53,571	52,466	48,435	42,074	38,386	41,371	46,672	52,438	58,665	65,500	71,453
zum Vergleich:																
NSPM (Hoffmann)	(a)	(B.9.3)	46,897	46,587	53,108	53,950	51,694	49,289	43,913	41,760	47,375	52,102	58,658			
	(b)	(B.9.4)	47,426	47,491	54,670	55,936	52,563	50,708	45,232	44,082	49,829	54,581	60,352	66,226	73,167	81,335

TABELLE C.1

Die abhängige Beschäftigung

	Statist. RA (laufende Angaben)	Statist. RA Index Berichtskreis 1924:12=100	daraus: Berichtskreis Dez. 1924	IFK (laufende Angaben)	IFK rückextra-poliert bis 1925	Index der Arbeitszeit (1938=100)	daraus: Beschäftigung in Vollerwerbs-tätigen von 1938
	(C.1.1)	(C.1.2)	(C.1.3)	(C.1.4)	(C.1.5)	(C.1.6)	(C.1.7)
I/25	12,703	101,5	15,952		16,500	97,3	16,054
II/25	14,423	107,9	16,957		17,540	97,3	17,066
III/25	14,442	107,6	16,910		17,490	97,3	17,018
IV/25	13,372	101,5	15,952		16,500	97,3	16,054
I/26	12,255	92,9	14,600		15,100	96,9	14,632
II/26	13,195	97,6	15,339		15,870	96,9	15,378
III/26	13,645	98,9	15,543		16,080	96,9	15,582
IV/26	13,198	98,7	15,511		16,050	96,9	15,552
I/27	12,79	97	15,244		15,770	98,6	15,549
II/27	14,655	107,7	16,926		17,510	98,6	17,265
III/27	14,576	110,4	17,350		17,950	98,6	17,699
IV/27	17,708	107,6	16,910		17,490	98,6	17,245
I/28	18,374	104,5	16,423	16,990	16,990	98,1	16,667
II/28	19,974	111,2	17,476	18,440	18,440	98,1	18,090
III/28	20,122	112,4	17,665	18,550	18,550	98,1	18,198
IV/28	19,506	107,8	16,942	17,780	17,780	98,1	17,442
I/29	18,138	99,8	15,684	16,320	16,320	95,8	15,635
II/29	20,524	112,3	17,649	18,600	18,600	95,8	17,819
III/29	20,646	113	17,759	17,770	17,770	95,8	17,024
IV/29	19,688	107,7	16,926	17,650	17,650	95,8	16,909
I/30				16,270	16,270	96,4	15,684
II/30				17,080	17,080	96,4	16,465
III/30				16,730	16,730	96,4	16,128
IV/30				15,510	15,510	96,4	14,952
I/31				13,920	13,920	95,9	13,349
II/31				15,020	15,020	95,9	14,404
III/31				14,620	14,620	95,9	14,021
IV/31				13,260	13,260	95,9	12,716
I/32				11,980	11,980	95,9	11,489
II/32				12,640	12,640	95,9	12,122
III/32				12,710	12,710	95,9	12,189
IV/32				12,460	12,460	95,9	11,949
I/33				11,690	11,690	94,8	11,082
II/33				12,890	12,890	94,8	12,220
III/33				13,360	13,360	94,8	12,665
IV/33				13,310	13,310	94,8	12,618
I/34				13,400	13,400	95,0	12,730
II/34				14,830	14,830	95,0	14,088
III/34				15,170	15,170	95,0	14,412
IV/34				14,990	14,990	95,0	14,241
I/35				14,450	14,450	96,8	13,988
II/35				15,910	15,910	96,8	15,401
III/35				16,370	16,370	96,8	15,846
IV/35				15,970	15,970	96,8	15,459
I/36				15,680	15,680	97,7	15,319
II/36				17,260	17,260	97,7	16,863
III/36				17,790	17,790	97,7	17,381
IV/36				17,370	17,370	97,7	16,970
I/37				16,970	16,970	99,2	16,834
II/37				18,640	18,640	99,2	18,491
III/37				19,060	19,060	99,2	18,908
IV/37				18,690	18,690	99,2	18,540
I/38				18,330	18,330	100	18,330
II/38				19,710	19,710	100	19,710
III/38				20,200	20,200	100	20,200
IV/38				19,910	19,910	100	19,910
I/39				19,640	19,640	100	19,640

Tabelle C.2

Sonstige vierteljährliche Zeitreihen

	KONSUM	Y_VERF	Y	DEFIZIT	CPI	INV_PRIV	ZINS	LOHN	M_AUFTR	TOBINS_Q	GELD	US_ZINS	P_FERTIG	KAPITAL	P_ROHST
	(C.2.1)	(C.2.2)	(C.2.3)	(C.2.4)	(C.2.5)	(C.2.6)	(C.2.7)	(C.2.8)	(C.2.9)	(C.2.10)	(C.2.11)	(C.2.12)	(C.2.13)	(C.2.14)	(C.2.15)
I/25	9,164	10,31	13,107	202,30	138,10	5,43	8,11	3,30	120,30	125,57	4479,00	3,75	152,50	227,37	106,16
II/25	9,335	10,17	12,854	9,70	139,00	5,72	5,51	3,27	99,80	99,47	4775,00	3,92	156,20	227,99	96,67
III/25	9,588	9,92	12,412	48,80	146,30	5,24	7,58	3,44	83,10	82,03	5056,00	4,04	158,80	228,73	95,65
IV/25	9,588	9,79	12,174	19,20	143,90	4,65	6,87	3,49	63,67	72,37	5181,00	4,38	159,40	229,26	92,91
I/26	9,357	10,58	12,591	280,30	140,60	4,30	5,58	3,80	61,30	82,43	5050,00	4,34	157,00	229,57	86,94
II/26	9,227	10,36	12,189	269,10	141,10	4,96	4,69	3,82	59,40	97,13	5169,00	4,13	152,20	229,91	85,09
III/26	9,583	10,50	12,442	176,30	142,90	4,76	4,68	4,13	77,20	116,83	5460,00	4,34	145,30	230,51	89,33
IV/26	10,314	11,30	13,867	36,20	144,00	5,98	4,73	4,24	83,83	139,50	5780,00	4,54	143,20	231,03	87,57
I/27	10,054	10,85	13,438	-2,10	145,50	6,50	4,34	4,22	100,23	167,57	5185,00	4,17	141,70	232,04	88,85
II/27	10,443	11,14	13,952	24,50	147,10	6,96	4,97	4,02	116,23	167,57	5376,00	4,17	144,40	232,85	89,06
III/27	10,525	11,43	14,467	-129,79	148,10	7,70	5,88	4,05	131,30	156,53	5660,00	4,08	148,70	233,84	90,18
IV/27	10,594	11,37	14,345	87,57	150,80	6,30	6,77	4,08	109,93	140,37	5852,00	4,00	154,40	235,13	88,67
I/28	11,146	11,83	14,700	-137,68	150,70	6,61	6,40	4,11	110,90	144,87	5669,00	4,04	156,70	235,85	87,11
II/28	10,928	11,80	14,640	-86,08	150,40	6,70	6,66	3,93	101,60	151,70	5802,00	4,54	158,40	236,83	86,87
III/28	10,825	11,75	14,565	-139,86	152,70	7,27	6,69	4,00	96,63	149,40	6040,00	5,38	159,50	237,84	84,64
IV/28	10,805	11,43	13,991	214,48	153,00	5,72	6,39	4,04	90,87	147,73	6234,00	5,42	159,80	239,08	82,35
I/29	10,641	11,26	13,690	696,96	154,80	5,60	5,97	4,24	91,93	143,13	5933,00	5,59	158,30	239,69	83,26
II/29	10,689	11,81	14,668	-72,83	153,10	7,18	7,21	4,14	95,70	138,43	5939,00	6,00	157,60	240,06	80,58
III/29	10,716	11,68	14,439	4,42	154,10	6,82	7,25	4,48	86,60	134,10	6091,00	6,13	157,30	241,08	78,51
IV/29	10,798	11,47	14,062	140,75	154,00	6,67	7,05	4,28	77,10	119,90	6268,00	5,67	156,40	241,94	76,02
I/30	10,943	11,67	14,263	75,96	151,00	5,66	5,66	4,40	70,77	119,87	5867,00	4,63	154,50	242,73	72,56
II/30	10,881	11,33	13,650	196,14	148,00	5,81	3,98	4,32	61,23	120,10	5874,00	3,71	151,50	243,28	70,36
III/30	10,676	10,82	12,749	-183,51	149,00	5,01	3,31	4,48	55,40	105,20	5915,00	3,08	149,40	243,90	65,33
IV/30	10,369	10,53	12,237	73,71	144,50	4,92	4,76	4,61	41,40	91,80	5998,00	2,92	144,90	244,18	61,15
I/31	9,999	10,28	11,911	74,56	139,50	3,38	4,80	4,87	41,77	86,17	5615,00	2,67	140,00	244,43	59,07
II/31	10,135	10,27	11,887	120,54	137,30	4,12	5,13	4,71	42,17	83,77	5529,00	2,21	137,20	244,29	58,24
III/31	10,005	10,06	11,520	-307,47	135,50	3,72	9,41	4,74	33,23	69,23	5964,00	2,00	135,60	244,44	55,83
IV/31	9,780	9,53	10,577	-241,67	132,20	2,65	7,77	4,87	26,47	49,00	6369,00	3,67	132,00	244,44	53,11

(Fortsetzung)

	KONSUM	Y_VERF	Y	DEFIZIT	CPI	INV_PRIV	ZINS	LOHN	M_AUFTR	TOBINS_Q	GELD	US_ZINS	P_FERTIG	KAPITAl	P_ROHST
	(C.2.1)	(C.2.2)	(C.2.3)	(C.2.4)	(C.2.5)	(C.2.6)	(C.2.7)	(C.2.8)	(C.2.9)	(C.2.10)	(C.2.11)	(C.2.12)	(C.2.13)	(C.2.14)	(C.2.15)
I/32	9,600	9,36	10,759	233,91	123,30	2,06	6,57	4,73	21,03	47,33	6224,00	3,80	122,70	244,01	54,20
II/32	9,197	9,22	10,504	-214,93	120,80	2,53	4,92	4,82	24,60	49,97	6026,00	3,13	118,70	243,54	51,64
III/32	9,170	9,13	10,351	-150,83	119,70	2,33	4,44	4,93	26,00	53,70	5863,00	2,29	116,00	243,26	53,28
IV/32	9,437	9,27	10,593	25,90	118,50	2,34	3,88	5,02	26,27	59,07	5642,00	1,71	114,20	242,90	54,29
I/33	8,887	9,35	10,956	325,97	116,60	2,29	3,88	5,14	30,43	66,73	5608,00	1,92	112,30	242,55	53,61
II/33	8,969	9,45	11,138	158,63	117,20	2,90	3,88	5,04	36,27	72,57	5515,00	2,21	111,70	242,16	57,39
III/33	9,256	9,70	11,589	180,52	118,10	3,12	3,88	5,03	48,57	65,73	5731,00	1,50	113,30	242,02	59,40
IV/33	9,489	9,85	11,845	140,76	120,10	3,29	3,88	4,98	50,67	64,50	5715,00	1,29	113,80	241,96	56,33
I/34	9,235	10,02	12,060	765,00	120,20	4,04	3,88	5,02	70,00	73,70	5698,00	1,38	114,40	241,98	58,30
II/34	9,345	10,30	12,552	1018,42	120,00	4,63	3,84	4,87	76,00	74,83	5775,00	0,96	114,80	242,20	58,97
III/34	9,242	10,31	12,579	806,76	121,90	5,00	3,75	4,81	86,00	80,27	5865,00	0,88	115,70	242,66	61,71
IV/34	9,379	10,68	13,233	779,00	122,20	4,92	3,63	4,72	116,57	81,13	5972,00	0,88	118,40	243,26	59,29
I/35	10,100	10,86	13,556	1266,72	122,40	4,75	3,40	4,73	115,93	85,90	5836,00	0,79	119,60	243,83	57,69
II/35	9,826	11,20	14,162	977,95	122,70	6,33	3,16	4,69	135,73	91,33	5968,00	0,75	119,40	244,40	57,29
III/35	9,908	11,25	14,251	1049,95	124,10	6,85	3,01	4,75		94,30	6258,00	0,75	119,20	245,60	58,56
IV/35	9,922	11,52	14,735	1060,45	123,00	6,68	3,02	4,83		89,93	6373,00	0,75	119,30	247,01	61,02
I/36	10,297	11,56	14,983	1085,95	124,20	6,10	3,00	4,70		92,97	6266,00	0,75	119,90	248,34	61,97
II/36	10,222	11,97	15,716	681,50	124,40	7,58	2,93	4,65		99,03	6351,00	0,75	120,50	249,40	61,83
III/36	10,338	12,12	15,978	1180,40	125,00	7,90	2,92	4,66		101,67	6653,00	0,75	121,50	251,05	61,98
IV/36	10,741	12,48	16,620	572,20	124,30	7,59	2,99	4,67		106,00	6964,00	0,75	122,80	252,81	63,52
I/37	10,861	12,67	16,863	2575,00	124,80	7,17	3,00	4,61		108,00	6838,00	0,75	123,30	254,45	66,99
II/37	10,717	13,07	17,571	801,50	125,20	8,41	2,89	4,49		111,73	6938,00	1,00	124,10	255,97	66,88
III/37	10,956	13,14	17,712	1769,50	125,80	8,53	2,88	4,53		115,03	7259,00	1,00	125,00	257,99	64,72
IV/37	11,079	13,43	18,215	907,90	124,80	8,46	2,88	4,63		112,17	7499,00	1,00	126,00	260,04	57,78
I/38	11,124	13,86	18,620	2471,00	125,20	8,04	2,88	4,44		113,77	7591,00	0,96	126,00	262,05	56,90
II/38	10,850	14,09	19,031	2411,10	125,80	9,15	2,88	4,47		112,67	8483,00	0,88	125,90	264,07	55,76
III/38	11,288	14,32	19,445	1467,80	126,20	9,45	2,88	4,59		104,43	10170,00	0,73	125,80	266,53	56,52
IV/38	11,786	14,62	19,979	3244,80	125,10	9,28	2,88	.		105,53	10403,00	0,67	125,60	.	.
I/39	11,740	13,08	17,318	3085,80	125,80	8,96	2,88	.		103,87	10497,00		125,60	.	.

www.ingramcontent.com/pod-product-compliance
Lightning Source LLC
LaVergne TN
LVHW081330011026
849161LV00013BB/2886